浙江省哲学社会科学规划
后期资助课题成果文库

现代汉语时间副词的形式语义研究

Xiandai Hanyu Shijian Fuci De Xingshi Yuyi Yanjiu

贾改琴 著

中国社会科学出版社

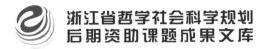

图书在版编目(CIP)数据

现代汉语时间副词的形式语义研究 / 贾改琴著 .—北京：中国社会科学出版社，2016.4

ISBN 978－7－5161－8150－8

Ⅰ.①现… Ⅱ.①贾… Ⅲ.①现代汉语－时间－副词－研究 Ⅳ.①H146.2

中国版本图书馆 CIP 数据核字(2016)第 099806 号

出 版 人 赵剑英
责任编辑 宫京蕾
特约编辑 李晓丽
责任校对 王 影
责任印制 何 艳

出 版 中国社会科学出版社
社 址 北京鼓楼西大街甲 158 号
邮 编 100720
网 址 http：//www.csspw.cn
发 行 部 010－84083685
门 市 部 010－84029450
经 销 新华书店及其他书店

印刷装订 北京市兴怀印刷厂
版 次 2016 年 4 月第 1 版
印 次 2016 年 4 月第 1 次印刷

开 本 710×1000 1/16
印 张 18.25
插 页 2
字 数 313 千字
定 价 68.00 元

摘　　要

现代汉语副词是现代汉语词汇中的一个大类，而时间副词又是现代汉语副词的重要组成部分，其数量约占副词总数的30%。以往对时间副词的研究大多从传统语法的角度入手，对其语义的形式分析尚不多见，但形式化的语义研究是自然语言实现信息处理的必经之路。

基于上述考虑，本书以形式语义学理论（包括时段语义学、时态逻辑、事件语义学、范畴语法、类型论等）为工具，以现代汉语时间副词为研究对象，以具体的汉语实例为依托，深入分析各类时间副词的形式语义，并在此基础上构建一个包含时间副词的现代汉语部分语句系统。

全书共分为七章。第一章为绪论，简单介绍选题意义、主要理论依据、语料来源、研究思路以及研究的重点和难点。第二章着重梳理时间副词的相关研究，包括时间副词本体研究的回顾、现代汉语时间系统的研究现状以及形式语义学理论应用于现代汉语所取得的研究成果，并在此基础上陈述研究路径。

第三章到第五章为核心内容，即时间副词的形式语义研究。时间副词可分为表时、表频和表序三大类，本书分别安排一章对各类时间副词具体分析，内容包括对此类副词的概述（包括语义特点、范围、再分类等）、部分时间副词的形式语义分析以及小结等。对三大类时间副词的语义分析都采取了相近的方法：首先，深入探析副词本身的语义特征，在结合大量语料分析后，给出它的句法规则；然后，把这些自然语言翻译成逻辑语言，从而得到其逻辑翻译规则；最后给出这个副词的模型论语义解释。在分析它们的句法规则时，主要考虑如下几个方面：该副词对其所修饰的动词的要求；对可与之共现的其他时间词（时间名词、时间副词等）的要求；与时态助词“着”、“了”、“过”共现的情况；与否定词连用的情况，等等。

第六章构建包含时间副词的现代汉语部分语句系统，本系统由句法部分、时间逻辑语言和翻译规则三部分组成。本系统对已有的汉语部分语句系统做了一定程度的简化，同时增加了大量刻画时间副词语义的技术手段，这也是本研究的重点和难点。此外，我们给出了副词的语义解释，并讨论了它们相互间的可推导关系以及其他的推导义。最后演示了一个语句在系统中的运作方式。

第七章为结语，总结了研究步骤及现代汉语时间副词在句法语义等方面所呈现的规律，并分析了本研究的创新点和不足之处。

附录部分给出了一个部分时间副词语义标注表，展示了本研究的主要成果，以期对今后的研究有所帮助。

关键词　现代汉语；时间副词；形式语义；汉语部分语句系统；语言逻辑

Abstract

Adverb is one big category of lexis in modern Chinese among which time adverbs are a significant constituent, accounting for 30% of the total adverbial group. Up till now, studies on time adverbs of modern Chinese are conducted on traditional grammaratical levels. Few studies have been seen about the formal analysis through semantic perspective which proves to be a necessary path to natural language research assisted with artificial intelligence.

In this book, we will make a profound analysis of the formal semantics of time adverbs based on relevant theories, including those of interval semantics, tense logic, event semantics, categorical grammar, type theory and so on. With abundant examples, we attempt to construct a fragment of modern Chinese addressed to time adverbs. .

This book is composed of seven chapters. Chapter I is the introduction, including significance of selected topic, main theories, source of corpus, research outline, research focus and difficulty.

Chapter II presents the frontier studies on time adverbs. Firstly, a literature review is made to introduce studies on definition, classification and syntactic functions of modern Chinese time adverbs. Secondly, influential studies on modern Chinese time system are expounded. Thirdly, we also make a review of the achievements in the field of formal semantics in modern Chinese studies. The research methodology of this book is presented at the end of this chapter.

Chapter Ⅲ, Ⅳ and Ⅴ focus on the formal semantic analysis of modern Chinese time adverbs, which are divided into three groups: adverbs of tense, frequency and sequence, followed by a detailed discussion about the three groups of time adverbs respectively by formal semantic means. Each chapter describes the semantic features, classification and scope of the specific group of time adverbs, and makes a formal semantic analysis with a similar procedure. First of all, by analyzing the semantic features of a specific time adverb with examples from corpus, we defines selective restrictions of syntactic generation, including the rules for selection of all phase types. Thereupon, the syntactic rules of this time adverb are concluded. Then, related logical interpretation rules for the translation of natural sentence into logic language are given. Finally, semantic interpretation of the time adverb in the light of Model Theory is presented. When analyzing its syntactic rules, we take the following into consideration: its designating of verbs and its co-occurrence with time point and section expressions, other time adverbs, tense auxiliaries verbs "zhe", "le", "guo" and negative lexis, etc.

ChapterVI manifests a fragment of modern Chinese including time adverbs based on previous chapters. This fragment consists of logical syntax, time logical language $\mathscr{L}$ and translation rules. It simplifies some aspects of current fragments of Chinese. As the focus of the study, the semantic characterization of modern Chinese time adverbs is realized by integrated approaches. In addition to the semantic interpretation of these adverbs, we also discuss issues such as deductive relations between time adverbs, their deductive semantics and so on. The whole process of the syntactic generation, logic translation and formal semantic interpretation of a sentence are also demonstrated with concrete examples.

Chapter Ⅶ is the conclusion, where research processing of this book is summarized, some rules are disclosed, the innovations and the deficiencies are both dealt with.

In the last section, based on the time adverbs analyzed in this book, we construct a semantic annotation table for some modern Chinese time adverbs in the hope of promoting future research.

Keywords: Modern Chinese; Time Adverbs; Formal Semantic; Fragment of Chinese; Logic of Language

目　　录

第一章

绪　　论

语言研究有多种方法。语言学界研究语言的方法通常是：大量搜集相关语料，进行分类整理，最后总结出句法语义的某些规律。这种方法的重点在于大量占有实际语料，并落实到每一种具体语言现象的归属。而形式语义学对语言的研究则侧重于从语言哲学的高度来考察自然语言的句法语义规律，采用一种理论性极强的演绎方法，即从哲学、数学和逻辑关于客观世界或人类认识的某些基本原则那里推出自然语言的句法语义规律，据此来解释具体的语言现象。本研究属于对现代汉语时间副词的形式语义学研究范畴。

第一节　选题意义

1. “现代汉语时间副词（以下简称时间副词）有 130 个左右，几乎占副词总数的 30%。”[①] 它作为现代汉语副词中的一个大类，其研究史可以追溯到黎锦熙先生（1924）的《新著国语文法》。但对时间副词的现有研究大多集中在对它的界定、句法功能、语义特征等方面的描写性探讨，主要以论文的形式呈现。到目前为止还很少看到一部系统研究时间副词的专著，从形式语义角度入手研究也不多见。本研究将从形式语义学角度对时间副词进行系统全面的研究，这可以补充现代汉语语法研究的这个空缺。

2. 随着人工智能的发展，面向信息处理的自然语言研究已经成为逻辑学界、语言学界和计算机学界新的前瞻性课题。计算机处理自然语言要经过形式化、数字化和程序化三个阶段。本研究以形式语义学的诸多逻辑理论为基础，对现代汉语的各类时间副词进行语义特征的准确描述，还将

---

① 陆俭明、马真：《现代汉语虚词散论》，语文出版社 1999 年版，第 98 页。

构建包含时间副词在内的汉语部分语句系统。这将初步完成时间副词形式化阶段的工作，在某种意义上也可以推动自然语言的信息处理工作向前迈进一步。

第二节　主要理论依据

本研究所依据的主要理论如下。

1. 词语组合的双向选择性原则，包括语义的一致性准则、语义的自足性准则和语义的决定性准则等三条准则。

2. 时态逻辑；时段语义学；时点语义学。

3. 模态逻辑；可能世界语义学。

4. 事件语义学。

5. 范畴语法；类型论。

第三节　语料来源

本研究的语料（主要指语例）来源如下。

1. 北京大学汉语语言学研究中心开发的 CCL 语料库检索系统。

2. 《人民日报》(2000) 语料库。

3. 相关专著论文。

4. 没有特别标注出来的语例是日常使用并被公认的合语法的汉语句子。

在分析时间副词的形式语义时，我们都以具体的语料来实证说明。但为了行文和阅读的顺畅，文中只选择了部分重要语料，其他仍然需要用来说明其句法及语义特征的语言实例则以附录的形式附于正文之后，便于讨论和阅读。

第四节　研究思路和方法

本研究的主要任务是分析时间副词的形式语义，基本思路如下。

1. 在探析副词本身的语义特征之基础上，以词语组合的双向选择性原则及其准则等理论为基础，以大量的语料为依据，对各类时间副词与谓词时相类型甚至事件的选择适用情况进行探讨，从而给出副词的句法规则。

2. 采用形式语义学理论对这些副词的逻辑翻译规则及具体语义的模型论解释定义进行分析，最后建立包含时间副词的汉语部分语句系统。

在进行逻辑翻译时要用到λ—转换，且邹崇理先生还根据 Dowty (1979) 的研究给出恰当的算子，如短暂态用 Short，起始态用 Inch，终结态用 Term，经历态用 Exp，而将行态用 Fut，等等。这很值得借鉴。

最后给出的包含时间副词的现代汉语部分语句系统分为三大板块：生成带有汉语时间副词语句的句法规则；能恰当解释这些副词语义的语义理论及其翻译规则，这些规则可使自然语言转换为形式语言。

之后便以一具体语句演示该系统的运作过程。

第五节 重点与难点

多学科交叉研究已经成为当今学术发展的重要方向。本研究属于逻辑、语言和信息的交叉研究。因此，本研究的重点在于逻辑与自然语言的有机结合，即对各类时间副词进行语义特征的分析，以及句法规则、翻译规则和模型论解释定义的探讨。而构建包含时间副词的现代汉语部分语句系统，必须具有和体现时间副词的特性，就成为了本研究的难点。

以上工作将以已有研究成果为基础，并根据研究需要创设新的形式分析工具并提出新的理论，这些对笔者来说无疑是个挑战。

第二章

现代汉语时间副词研究综述

自《马氏文通》以来，语言学者们就不断地讨论着现代汉语副词的定义、性质、范围及分类等问题。作为副词一个较大的子类，现代汉语时间副词早在20世纪20年代就受到学者们的关注。直到现在，仍有不少学者撰文从不同角度论述时间副词。然而，从形式语义学角度对时间副词进行研究的尚不多见，但国内外已经出现了一些与时间有关的形式语义学理论。本章将全面梳理现代汉语时间副词的研究和发展脉络，以及逻辑学界用形式语义方法探讨时间问题的研究现状。

第一节　现代汉语时间副词研究纵观

时间副词的研究历史悠久。它们在研究层面上大体可分为两类，宏观研究和微观探讨。

宏观研究指把时间副词作为一个整体来考察，侧重于共性问题的讨论，主要包括：时间副词与时间名词以及表时间义的形容词的区分、时间副词的再分类等问题。内容较多，在随后的章节中具体讨论。

微观研究包括聚合式研究、个案式研究以及聚合和个案相结合的研究。

聚合式研究成果主要有：李敬国（1998）以句主前时间副词为考察对象，从整体上描写了它们的语法特点和表达的语法意义；史金生（2002）以“逐渐”类时间副词为描写对象，具体考察它们和动词的组合情况，并由此把动词分为渐变动词和非渐变动词；王红斌（2004）以“后时时间副词”为考察对象，描写它们在事件句和非事件句中的不同表现，等等。

个案式研究包括张谊生（1996）、胡孝斌（1997）、施关淦（1998）、王志（1998）、杨平（2000）、季安锋（2000）、张邱林（2000）、董付兰

(2002)、于思远（2002）等。

聚合和个案结合的研究主要是把意义或用法相近的几个时间副词放在一起，在相互对比分析中，把各个时间副词的语法意义和语法特征逐步阐述清楚，这方面的研究成果很丰富，如：邢福义（1990）以“刚刚”为考察对象，指出时间词“刚刚”可以分化为“刚刚$_1$”和“刚刚$_2$”。“刚刚$_1$”相当于“刚”，是时间副词；“刚刚$_2$”相当于“刚才”，是时间名词。还从语义、语法、语值的角度对时间词“刚刚”作了多维研究。还有史金生（1993）、周小兵（1994）、郭春贵（1997）、郭风岚（1998）、张谊生（1999）、关键（2002）、寿永明（2002）、邓小宁（2002）、张亚军（2002）、彭湃（2004）等

下面梳理时间副词的宏观研究。

一　现代汉语时间副词的界定

要研究现代汉语时间副词，首先需要对它作出明确界定。这也是语言学研究中一直关注和讨论的问题之一。

纵观历史，考察文献，我们发现：对时间副词的界定，主要有三种方式：或给予明确定义；或从语义的角度做一些简单的说明，然后采取列举的方式来界定；或与其他和时间有关而又易混淆的词类进行比较分析。

（一）明确给出定义

对时间副词作出明确定义的学者并不多。汉语语法学界第一个提出“时间副词”这一术语的是黎锦熙先生，他也是对“时间副词”作初步界定的先行者。他指出：“表示有定时间的词，如日子、月份、季节等，大都是实体词；然而在叙述句中，他们总是在‘副位’。还有一类专从‘时间流’中区别某种动作的一个时限，或表动时的持续，或表动时的反复；多从名、形、动（或短语）的‘副附’用法，渐渐成专用的副词：这就叫‘时间副词’。”[①] 这个定将其他词类的词归入到时间副词中。

之后的学者很少给出明确的定义。李泉（1996）曾给出如下说明：时间副词表示事物或动作发生、变化的时间或频率，主要修饰动词或修饰带上“了、着、过”的形容词。这个定义比黎锦熙给出的清楚得多，不仅从语义方面给出了解释，还说明了其句法组合方面的特征。不过，该定义没

---

① 黎锦熙：《新著国语文法》，商务印书馆1992年版，第125页。

有把表序时间副词包括在内。

（二）列举方式

相比之下，从语义的角度给一些简单说明，而后采取列举的方式来讨论时间副词范围的方法则为大多数学者所使用。王力先生指出：“中国语的时间观念，除用情貌词尾表示外，还可以用副词。例如：‘我去’，这里并不表示时间，但若说‘我已经去了’，则‘已经’这一个词就表示事情已成过去。像‘已经’一类的词叫做时间副词。”① 采用同样方式讨论的还有胡裕树（1962）、吕叔湘（1980）、刘月华（1983）、钱乃荣（1990）等。

很多关于副词的论著都没有对时间副词加以明确界定，而是直接对时间副词的范围、性质及功能等进行讨论，如张谊生（2000）、张亚军（2002）、张谊生（2004）。

（三）与其他含有时间义的词比较区分

1. 时间副词与时间名词的区别

现代汉语中的时间副词和时间名词是非常容易混淆的。马建忠在《马氏文通》中把时间名词如“今天、明天”等当作副词。黎锦熙则把“刚才、现在、从前”等时间名词当作副词。20 世纪 80 年代至今，学者们注意到了这个问题并不断撰文探讨二者的区别。对其作出过区分的有：冯成林（1981）、周小兵（1987）、李少华（1996）、李泉（1996）、张谊生（2000），等。

冯成林（1981）概括出了时间名词和时间副词的四条划分标准：①词义上，表示时间或时刻意义者为时间名词而非时间副词；②结构上，从主语、谓语之间移至句首或从句首移至主语、谓语之间，该句基本意义不变者为时间名词而非时间副词；③作用上，可以独立回答问题者为时间名词而非时间副词；对谓语部分在时间上或程度上起积极的修饰限制作用者为时间副词（包含了程度副词）。仅仅表示某种事物或行动出现于某时刻（具体的或浑括的），不起积极的修饰限制作用者为时间名词；④功能上，具有名词功能的表时间的词为时间名词，具有副词功能者为时间副词。

除此之外，我们还可以从后来的学者那里归纳出几条。

李泉（1996）指出，①时间名词可以出现在“A 是 A，B 是 B”格式

① 王力：《中国现代语法》，商务印书馆 1985 年版，第 134 页。

中，如："以前是以前，现在是现在。/过去是过去，将来是将来"，而时间副词没有这种用法。②时间名词可做"在、到、等到"的宾语，而时间副词不能出现在"在/到＋X"的格式中。如"在过去……"、"到现在……"、"等到将来……"；而"在刚刚……"、"到马上……"则不成立。

周小兵（1987）通过分析"刚（刚才）＋V＋M（表示时量的宾语）"在句法形式和句法意义上的不同，得出"刚"和"刚才"的区别。这虽然是一篇分析个案的文章，但也提示了一种从句法语义角度区分时间名词和时间副词的方法。

2. 时间副词和时间义形容词的区别

时间副词与时间义形容词都表时间义，且都可以充当"状中结构"中的修饰成分，它们的区别主要在句法功能上。总结李泉（1996）、李少华（1996）等分析，二者的区别主要表现在以下几个方面。

（1）表时间义的形容词除了做状语外，还可以做谓语、定语，而时间副词没有这些功能。至于某些特定语境中独用的副词，是某种句法成分（特别是谓语）省略的结果，而并非是副词做谓语，如：

这件事对于我太突然了。	（形容词做谓语）
这是一起突然的事故。	（形容词做定语）
情况发生了突然的变化。	（形容词做定语）
"什么时候出发?""马上（出发）。"	（省略了谓语的时间副词独用）

（2）某些表时间义的形容词可以后置变成补语，而时间副词则不能移到补语位置上。如：

突然跑了——跑得很突然	偶然发生——发生得很偶然
刚刚发生——*发生得刚刚	暂且回去——*回去得暂且

（3）形容词可直接受程度副词"很"的修饰，如上例中的"很突然""很偶然"，也可以说"很突然地跑了"等。但时间副词则不能受"很"的直接修饰，不能说"很忽然"等。

（4）形容词可以用"A不A"方式提问，如"突然不突然"、"及时不及时”。而时间副词则不能这样说，如“*忽然不忽然”、“*偶尔不偶尔”等。

关于时间副词的语法特征，大多数语法学者已经得到共识，即“时间副词的语法意义是表示动作或行为发生和进行的时间，它的句法功能是只能充当修饰成分而不能充当被修饰成分”。①

（四）时间副词的范围

对时间副词进行多种方式的界定，主要目的还是划定出现代汉语时间副词的范围，对其做进一步的研究讨论。

以往的研究中，对时间副词列举较全面的大致有三家，即李泉（1996），陆俭明、马真（1999）和张谊生（2000）。

李泉（1996）总共列举了139个时间副词，如下：

> 便、本、本来、才$_2$、曾、曾经、常、从、常常、成年、从此、刹时、常年、迟早、成天、初、匆匆、从来、当即、顿时、方、刚、刚刚、姑且、忽、忽而、忽然、忽地、即、渐、将要、经常、即将、间或、渐渐、尽早、即刻、将、尽快、就要、快、快要、老、立即、屡屡、立刻、连年、连夜、屡、老是、连日、屡次、历来、马上、每、猛然间、每每、偶、偶尔、偶然、偶而、频、频频、权且、起初、起先、日渐、日夜、仍、日益、然后、仍然、仍旧、日见、霎时、时而、随时、同时、往往、先行、现、向来、先后、行将、业已、一下子、一再、永、有时、原来、眼前、眼看、一、一时、一向、一直、已、永远、预先、业经、一度、一下、已经、原、原先、再三、早就、在、早已、至今、终将、逐渐、逐年、终年、暂、早日、乍、正在、骤然、逐日、暂时、早晚、正、直、终、终于、总、终日……

陆俭明、马真（1999）列举了127个时间副词，如下：

> 按期、按时、必将、毕竟、便$_1$、便、不时、才$_1$、才、曾、曾经、常、常常、趁早、迟早、从、从此、从来、当即、到底、登时、都、顿

① 张斌、范开泰：《现代汉语虚词研究综述》，安徽教育出版社2002年版，第58页。

时、而后、赶紧、赶快、赶忙、刚、刚刚、姑且、忽然（间）、还、还是、及早、即将、即刻、急忙、间或、渐、渐次、渐渐、将要、就$_1$、就、就要、快、老、历来、立即、立刻、立时、连忙、临、马上、每每、猛地、猛然（间）、蓦地、偶尔（偶而）、且、权且、然后、仍、仍旧、仍然、日见、霎时、时常、时刻、时时、始终、继、向来、行将、业经、业已、一度、一齐、一同、一下（子）、一向、一直、依旧、依然、已、已经、永、永远、有时、在、暂、暂且、早就、早日、早晚、早已、照常、照旧、照样、正、正在、直、至今、终归、终将、终究、终久、终于、骤然、逐步、逐渐、总、总归、素、素来、先行、先、事先、随后、随即、先后、相继、往往、日渐、同时、随时、现

张谊生（2000）则列举了85个时间副词：

本、便、才$_1$、曾、曾经、迟早、初、从、从此、从来、当即、登时、都、陡然、顷、顿时、方、刚$_1$、刚刚$_1$、姑、即刻、既、将、将次、将要、久、就$_1$、就要、快、快要、老早、历来、立即、立刻、立时、马上、猛然、平时、起初、起先、且、顷刻、权、然而、然后、仍旧、仍然、霎时、少顷、时、随后、随即、突、先、先后、向来、新近、行将、旋即、要、业已、一朝、一旦、一度、一向、一直、已、已经、应时、永、永远、原来、在、暂、暂且、早就、早晚、早已、早早、乍、正、正在、至今、终于、自来

李泉、陆俭明等所持的是“广义的时间副词”观，而张谊生所持的是“狭义的时间副词”观。

本书赞成“广义的时间副词”观。结合语料和上述研究，本书的研究对象，即时间副词包括：

刚、刚刚、业已、业经、从来、向来、素（来）、历来、终于、毕竟、到底、一度、至今、趁早、及早、早日、立即、立刻、马上、终将、必将、终久、迟早、终究、最终、终于、早晚、一直、一向、已、已经、早已、早就、才、都、曾、曾经、就、就要、快要、将要、即将、行将、正、在、正在、逐渐、渐渐、永远、不断、暂时、

暂（且）、老、总、老是、总是、通常、时刻、不停、常、频、屡、连、经常、常常、时常、往往、时时、屡屡、频频、每每、连连、不断、不时、随时、偶、偶尔（而）、间或、偶或、有时、时而、一再、再三、先、起先、依次、接连、陆续、相继、先后、随后、随即、接着、然后、又、也、再、重、还$_1$、更$_2$、再度、重新、重行

二　现代汉语时间副词的再分类

“词类范畴都具有家族相似性。属于同一个类的成员具有典型和非典型之分，在语法性质上有程度不同的相似性。”① 时间副词也不例外。但为了更好地描写、分析语言事实，更准确地论证时间副词的特征，更好地认识它们的共性和内部间的差异，有必要对其进行再分类。

时间副词再分类的研究，可归结为两种观点，即广义的时间副词观和狭义的时间副词观，主要分歧在于是否把表重复和频率的副词包括在时间副词的范围之内。

持“狭义的时间副词观”的有刘月华、黄河、马庆株等。

刘月华（1983）把表“时间”和表“重复和频率”的副词分为并列两类。黄河（1990）与刘月华持相同观点，把副词分为 11 个小类，除时间副词外，他把表“重复”概念的副词独立出来，称为“重复副词”。但有些被称为“时间副词”的副词，如“逐步、逐渐”等则归在“方式副词”当中。

马庆株（2000）把时间副词分为同时、先时和后时三大类。他同样也把“不时、常常、顿时、还、还是、忽然、渐渐”等归入方式副词中。

吴春相（2006）指出，时体副词只表明事件是发生在过去、现在还是将来，而且发生的时间很具体；而频率副词虽然陈述的事件一般发生在过去，或者是从过去间隔持续到现在，但频率副词自身还带有事件发生次数多少的性质。也就是说，频率副词既具有时间性，也具有事件发生的数量性，应该属于时间副词。

因此，大多数学者还是持广义的时间副词观。如黎锦熙（1924），王力（1943），陆俭明、马真（1985），李少华（1996），肖奚强（2001），张亚军（2002），张谊生（2004）等。

---

① 袁毓林：《词类范畴的家族相似性》，《中国社会科学》1995 年第 1 期，第 154—155 页。

黎锦熙把时间副词分为四个大类，即过去时、现在时、未来时和不定时。其中表重复和频率的副词归入表绵延和表偶发的不定时类中。陆、马二位先生也同样把它们归入不定时类中。王力则把时间副词分为八个大类，其中有三类分别是着眼在事情的重复或延续、事情次序、事情常见或罕见。李少华、肖奚强和张亚军也从不同的角度出发，分别把时间副词分为 12 类、9 类和 3 类，都把频率副词和重复副词以及顺序副词包含在内。

要特别提到的是张谊生（2004）。他从三个层级、四个角度对现代汉语时间副词进行了分类。[①] 首先根据所表事件（event）是在时轴一维性中的长短和过程状态，还是在单位时间内发生的交替变化和次数频率，抑或是事件之间的相互关系和呈现方式，把时间副词分为三类：表时副词、表频副词和表序副词。其次，根据表示事件所涉及的是过去、现在还是将来、恒常等指示性的具体时间，还是表示事件在特定时间内的进程或性状的变化，可以把表时副词分为时制副词和时体副词；再根据所表事件在一定时轴上所占据的时间长度，可把时制副词分为表时段的和表时点的；根据所表事件同客观情状或主观认识的联系方式，又可以把时体副词分为有定的和无定的。再次，根据事件在单位时间内发生次数的多少，把表频副词依次分为高频、中频和低频三种。最后根据两个或多个事件在时轴上排列时，是重在前后的顺序性还是相似性，把表序副词分为表次序和表重复的两种，如图 2—1 所示。

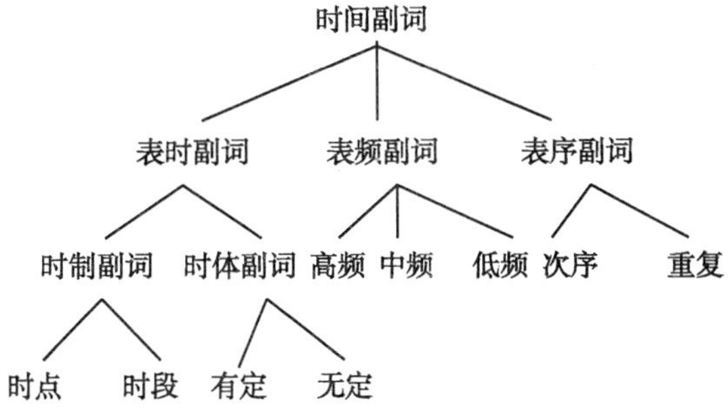

图 2—1　“时间副词”的分类体系

对时间副词的分类真可谓是仁者见仁，智者见智。他们大多是根据时间副词的语义特点和自己研究的需要而做出系统分类的。

① 以下讨论来自张谊生《现代汉语副词探索》，学林出版社 2004 年版，第 171—172 页。

本研究拟以张谊生（2004）关于三个层级、四个角度的分类方法得出的分类系统作为结构框架。一来这一套分类系统把现代汉语时间副词较全面地包括在内，且层次清晰；二来这样分类更便于应用逻辑语义学理论对时间副词进行准确的语义和句法的形式刻画。

三 现代汉语时间副词的句法功能

时间副词的句法功能指它的句法分布。一个词在句子中充当什么角色，处于什么位置，不仅要受到其词性的影响，而且要受到其语义的制约。邵敬敏（2004）提出了词语组合的双向选择性原则，包括语义的一致性准则、语义的自足性准则和语义的决定性准则三条子原则。因此，语义对一个词的语法功能也具有决定性作用。

副词的主要句法功能就是做状语，时间副词也不例外。对于时间副词做状语的问题，学者们的讨论主要围绕以下几个方面展开：时间副词与动词的搭配情况，如张谊生（2004）、张言军（2006）等；时间副词是否可修饰形容词，如李泉（2001）、张言军（2006）等；时间副词做状语是否带“地”的问题，如张言军（2006）等等。

时间副词是否可以做定语修饰名词性成分？这也是学者们讨论的一个热点问题。这方面的讨论20世纪60年代就已出现，如张静（1961）、邢福义（1962）主要讨论可否修饰名词。到20世纪90年代，又出现了一批学者，如邹韶华（1990），于根元（1991），卢福波（1992），储泽祥、刘街生（1997）等。此时主要讨论的是副词为什么可以修饰名词，具有什么语义特征的名词可以受副词修饰等。

进入21世纪，关于时间副词做名词修饰语的合理性还是吸引着学者们的眼球，如张谊生（2000）、张谊生（2004）、张言军（2006）、倪重阳（2007）、周丽颖（2007）等。他们分别分析了哪些时间副词可以修饰名词，如刚、早已、已经、曾经、从来、一度、预先、偶尔、永远，等等，且指出了形成此现象的原因。概括起来，“时间副词＋的＋X”结构槽，是形成时间副词做定语的语言背景；求新求异的语用心理和独特的语用价值是形成“时间副词＋的＋X”的结构槽的文化背景；还有谓词的隐含，语义的一致性等。同时他们都一致认为，受时间副词修饰的名词一定具有时间性或顺序义。

有些学者还提到了时间副词在句中的非常规功能，如做谓语、宾语等。这些都需要进一步探讨和研究。

第二节　现代汉语时间系统研究现状

时间副词是现代汉语中表达时间义的主要手段之一，也是汉语时间系统的重要组成部分。语言学界有一批学者专门研究汉语的时间系统，他们的前期成果对本研究有很大的启发作用。

现代汉语的时间系统包含时相、时制、时体三部分。它们纵横交错，组成一个统一的综合系统。在这个综合系统中，“汉语的时相结构为句子（事件）表现时制和时态提供了基础，为选择适当的时制和时态创造了现实条件；时制则据此而选定事件的时间坐标，确立其结构框架；至于时态，则在这些基础之上考虑事件在时轴上的位置，从而最终选用恰当的时态成分来加以表达”。[①]

一　时相（phase）

句子的时相结构指句子纯命题意义所表现的时间特征，由谓语动词的词汇意义来决定，主要指由语言中动词所表示的状态（或静止、或活动）和方式（或者持续、或者瞬间）。时相说明的对象或是状态，或是事件，或是过程。根据时相特征划分出的类型称为情状类型（situation type）。

在西方哲学和语言学界，历史情状类型的研究很悠久，最早能追溯到亚里士多德时代。亚里士多德已经注意到，有动词的意义必然涉及某种结局，而也有动词的意义与结果无关，且提出可以依据动词的此类特征对它们进行分类。随后在哲学界和语言学界也陆续出现了一些情状类型方面的专著和论文，重要的有 Vendler（1967）、Verkuyl（1972）、Comrie（1976）、Mourelators（1978）、Dowty（1979、1982）、Carlson（1981）、Bache（1982）、Smith（1983、1985）等。这些研究表明，情状类型可分为四种，即状态（state）、活动（activity）、完结（accomplishment）和达成（achievement）。

国内对时相结构的研究，比较有代表性的是马庆株（1981）、邓守信（1986）、陈平（1988）、龚千炎（1991）等。

---

① 龚千炎：《汉语的时相时制时态》，商务印书馆 1995 年版，第 111 页。

马庆株（1981）的着眼点主要在单个动词上。他根据动词带时量宾语时表现出来的语法和语义特点的不同来检验动词的时相结构。且利用［±持续］、［±完成］、［±状态］三对语义特征，将动词分为V_a、V_{b1}、V_{b21}和V_{b22}四类，如表2－1所示，可表述如下：

表2－1　动词时相分类表

语义特征 时相类别	持续	完成	状态
V_a（死）	－	＋	
V_b（等、看、挂）	＋		
V_{b1}（等）	＋	－	
V_{b2}（看、挂）	＋	＋	
V_{b21}（看）	＋	－	
V_{b22}（挂）	＋	＋	＋

其中，V_a类属于瞬间完成性动作，如“死、知道、看见”等，后接的时量宾语一般用来说明动作完成后经历的时间。如：那只小猫已经死了三天了。

V_b类表示持续性动作。其中，V_{b1}指延续性动作，不具有瞬间特征，其后的时量宾语指动作行为持续的时间。如：等了三天了；坐了两小时了。V_{b2}表示的动作行为既可以是瞬间完成的，也可以是持续的，因此，其后接的时量宾语的语义存在歧义。如“看了一年了”、“挂了一年了”可以表示“看”、“挂”这些动作持续了一年，也可以表示动作结束后经过了一年的时间。这在一定的语境中可以区分。例如：“这本书看了一年了，还没看完。”“那场戏我已经看了一年了，还记得很清楚。”前一句指“看”这个动作延续了一年时间，而后一句则指“看”结束后有一年的时间了。

另外，V_{b22}可以表示状态，但V_{b21}不能表示状态。因此，V_{b22}后的时量宾语除了表示以上两种时间外，还可以表示由该动作行为导致的状态所持续的时间。如：这幅画挂了一年了。“一年”指的就是“挂”这个状态存续的时间。

马文虽未直接提到有关情状分类的情况，但提出了［±持续］、［±完成］、［±状态］三对区别性语义特征，且利用这三组特征对动词进行了分类，这种做法与西方语言学家在处理命题的情状分类时所遵循的惯例一致。

邓守信（1986）基本同意 Vendler（1967）的类情状观点，且将 Vendler 的四类情状的名称应用于汉语研究。与马文不同的是文中情状分类的对象是整个句子，而不是单个动词。这四类分别是：

（1）活动（activity）：张老师在美国教汉语。

（2）完结（accomplishment）：他学会法语了。

（3）达成（achievement）：老王丢了一只手表。

（4）状态（state）：我们都知道他的名字。

邓守信还分别讨论了四类情状各自的语法特征。“活动表明纯粹的动作过程，如‘走路’。原则上，这类动作一旦开始本身便是它的目标。即是说，走路本身并不需要走到一个特定的地点，走到一个地方只是一个偶然的现象。”①

与此不同，完结则强调动作目标的出现，而且此目标的实现是瞬间完成的，达到目标的这类情况在未达到目标前是不存在的。如“学会法语了”这个结果是“学习”的目标，也是在“学习”过程中不曾存在的。达成则只表明某种状态的发生或某种状态的转变，即某种情况的出现，如“丢了”。而状态只表明一个情况的存在，如“知道”。

邓文中还详细论述了各类情状与时间结构的搭配关系。活动类情状后的时量宾语表示的是活动的起点到终点的时间长度。而时间副词“马上”、“一会儿”表明的却是活动开始的时间，而不表示活动持续多久。如：我马上写信；他一会儿就上街。句中的“马上”指说话时间到动作（写信）开始这段时间是很短暂的。

有些时间副词如“一下”则只能表明说话时间到动作完结时间的时段，如：我一下就吃完了。因此，“马上”类时间副词是“向起点”（inception-oriented），而“一下”类是“向终点”（termination-oriented）的。

时点出现在活动中表示活动的开始或进行，而时频出现在活动中表示活动出现的频率。如：他们家偶尔做饭；小孩儿老哭。

① 邓守信：《汉语动词的时间结构》，见《第一届国际汉语教学讨论会论文选》，北京语言学院出版社 1986 年版，第 31 页。

时段出现在完结句中表示活动完成时的终点。而“马上”与“一下”在完结句中都指活动完结的终点。如：他一下（或马上）就煮好饭了；他一下（或马上）就写好三封信了。且时间副词在活动句和完结句中的辖域（scope）是不同的。时点出现在完结句中指明活动完结的终点，而时频一般不在完结句中出现。

达成句表示瞬间完成的状态变化。时段和时点在达成句中表明状态的起点或终点，视动词而定。时间副词“马上”、“一下”都可以出现在达成句中，但在“向终点”和“向起点”动词的达成句中情况有所不同。

先看“向终点”动词句：鱼马上（一下）就死了；鱼马上就死。这儿加了“了”和没有“了”的语句意义不同。而“向起点”动词句就不存在这种请况。如：大门马上就开（了）；小孩儿马上就醒（了）。这是因为“死”类动词到达终点即“死”的状态前有一个过程，而“醒”这类“向起点”的动词则没有。

时点和时频词不出现在状态句中。时段词在状态句中指状态持续的时间，而一般形容词谓语表示的状态不与时段连用。因此，“一下、马上”等时间副词与状态句是不相容的。

陈平（1988）利用［±静态］（static）、［±持续］（durative）、［±完成］（telic）三对区别性特征，把汉语句子表现的情状分出五种类型，如表 2—2 所示：

陈平在文中详细论述了各类情状的语义特征，且列举了各类情状的典型动词，也提到了其所适合的句法槽，但是都没有具体分析每种情状与时间副词的语义选择关系。

表 2—2　　汉语句子的情状分类

区别性特征 情状	静态	持续	完成
状态	+		
活动	−	+	−
结束	−	+	+
复变	−	−	+
单变	−	−	−

龚千炎（1994）提到：“就现代汉语而言，我们概括为如下四种：状

态（静态）情状、活动情状、终结情状和实现（瞬间）情状。”[①] 他认为，动词意义的时间特征对句子的情状类型起决定作用，分出了八种动词，但是没有提到它们与时间副词间的关系。

从表现形式上，龚先生认为时间情状是隐性的，而时制则是显性的。时相部分是语义层，属于词汇范畴，时制属于语法范畴，而时制既有词汇成分，也有语法因素。并用图 2—2 表示。

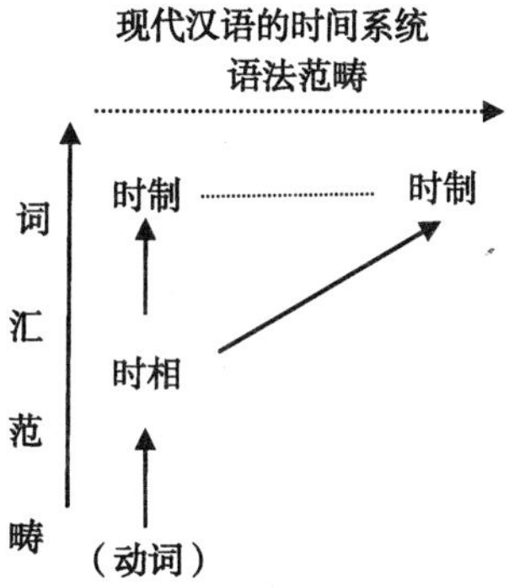

图 2—2　现代汉语时间系统

由此看来，时间情状与谓语动词的语义有很大的联系，且其语义特征决定了对时间副词的选择。

二　时制（tense）

时制（tense）和时体（aspect）是西方语言学理论所确立的与动词有关的两个重要的语法范畴。时制是用来表示句子所述事件（event）之发生时间的语言形式。它总是以某一时刻为参照时间（reference time，简称 R），表现为该事件的发生时间点（event time，简称 E）同参照时间点（R）以及说话时间（speech time，简称 S）在时轴上的相对位置。因此，时制强调从外部对事件时间进行观察，反映某一事件相对于参照时间（R）点的先后关系或同时关系。

有关汉语时制问题的研究大致可以划分为三个阶段。

① 龚千炎：《现代汉语的时间系统》，《世界汉语教学》1994 年第 1 期，第 1 页。

（一）汉语时制三分论与汉语无时制论并存时期（20世纪20—50年代）

这一时期国外的时制分类研究都建立在过去时、现在时和未来时的三分法基础之上。受其影响，国内学者也开始尝试用三分法来解释汉语的时制问题。

黎锦熙（1924）认为单句中的时制可以分为过去时、现在时、未来时和不定时，复句中的时制可以分为前时、同时、后时和永久时，大多数时间词和少数助动词是各个时制的标记。

王力（1944）反对汉语中有时制范畴的观点，他认为汉语中的情貌（aspect）都是独立的，不属于任何的“tense”，因为汉语没有“tense”可言。高名凯（1948）持相同观点，认为：汉语的动词在时间方面没有任何语法形式的变化。“着”、“了”、“过”等既然可以在三个时段中同样存在，就证明这些虚字根本不是表示时间的不同，而是另外的东西。汉语的语法构造没有时制，而有“态”（即“体”）。王力和高名凯的观点影响极大，后来绝大多数语法论著在谈到时体问题时，都认为汉语只有体范畴，而无时范畴，“着”、“了”、“过”这类虚词只表体，而不表“时”。

与此相反，吕叔湘（1942）全面讨论了汉语的时制。他在《中国文法要略》下卷《表达论·范畴》列出了“时间”一章，探讨跟时间表达有关的一些问题，提出了汉语的“三时”系统，即“基点时”、“基点前时”和“基点后时”。虽然在分类时主要依靠时间词，但也突破了汉语没有动词的形态变化就没有时制的主张。

总之，黎锦熙、吕叔湘是从意义出发来观察汉语的时制，持汉语时制三分论；而高名凯、王力则从形式出发，认为汉语动词在语法形式方面没有任何变化，否认汉语有时制。

（二）汉语无时制论占绝对主流时期（20世纪50—80年代）

进入结构主义和生成语法时期，二分法的时制分类替代了三分法的分类。该时期西方语言学界对时制的研究成果非常丰富，国内的研究却较少。

“现代汉语”教材都认为“了”是表完成体的动态助词，“语言学概论”的教材则指出时制是以说话时间为标准的语法范畴，这些说法都是以绝对时制为理论基础的，是汉语无时制派的继承。20世纪50年代在国内影响很大的《现代汉语语法讲话》则回避了时制和体的问题，把“了”放在“语气”一章中，把“了”的典型用法定义为在陈述语气中“表示变化”。

总体来说，这一时期汉语时制研究没有显著进展，汉语无时制论占主导地位。

（三）汉语时制与体的持久争议时期（20世纪80年代至今）

随着对国外时制研究理论的吸收和借鉴，到了20世纪80年代，汉语时制研究又开始活跃起来，相关的语法论著不断出现，汉语时制问题研究也进入了一个深入发展的阶段。这一时期的主要论述如下。

陈平（1988）在句法层面上全面讨论了时间的三元结构：时相、时制和时体。他不仅肯定了汉语中时制的地位，还指出时制和时体关系密切，但它们彼此有别，应给予区别对待。

李临定（1990）也肯定汉语存在时制系统。他认为汉语中既存在“绝对三时系统”，又存在“相对三时系统”，且分出了11种时制类型，然后分别加以详细描写和分析。这一时制系统是目前描写现代汉语动词时制结构较为详细的系统，但他的分类系统也存在将时制和时体混淆、时制和情态混淆的问题，无法把“时”和“体”区分开来。

龚千炎（1991、1994、1995）认为汉语并不具备表达时制的语法成分系统，尚未形成“时制”的语法范畴。汉语句子是采用词汇手段表达时制的。戴耀晶（1997）也否定了汉语中有时制范畴的看法，把“了”看作完整体标记。

张济卿（1998）讨论了汉语的时制与体结构，肯定了汉语有绝对时制和相对时制。他把时制和时体混在一起，认为时体分为15类。李铁根（1999）也肯定了汉语有时制范畴，从时间表达的角度对时态助词“了”、“着”、“过”的表时功能作了综合考察分析，认为绝对时制和相对时制在汉语中均有所反映。

陈立民（2002）认为汉语中的“了、着、过、在、将”等语言形式属于时态范畴，既表体意义，又表时意义。他从事件的存在与不存在、四个时域的划分、事件的范畴等角度分析了“$了_1$、$了_2$、过、来着、着、在、将”的时体混合性质。

总体看来，20世纪80年代以后，在对国外时制研究成果引进和借鉴的基础上，赞同现代汉语存在或在一定程度上存在时制范畴的学者越来越多，从而引发了时制与时体的持久争议。当然，认为现代汉语只存在体系统的学者还是占优势。

总结已有研究，学者们指出，在时轴上体现的三时点即 E、R 和 S 前后关系呈现多种格局，汉语的时制也因此概括为如下几种：

时制结构	名称
E-R-S	先事过去时（Anterior past）
E，R-S	简单过去时（Simple past）
R-E-S	
R-S，E	后事过去时（Posterior past）
R-S-E	
E-S，R	先事现在时（Anterior present）
S，R，E	简单现在时（Simple present）
S，R-E	后事现在时（Posterior present）
S-E-R	
S，E-R	先事将来时（Anterior future）
E-S-R	
S-R，E	简单将来时（Simple future）
S-R-E	后事将来时（Posterior future）

或者叫做先事—过去时、先事—现在时、先事—将来时、当事—过去时、当事—现在时、当事—将来时、后事—过去时、后事—现在时、后事—将来时。

陈立民（2002）则把汉语的时间分为四段，即四个区域：现在、过去$_1$、过去$_2$、将来。如图 2—3 所示：

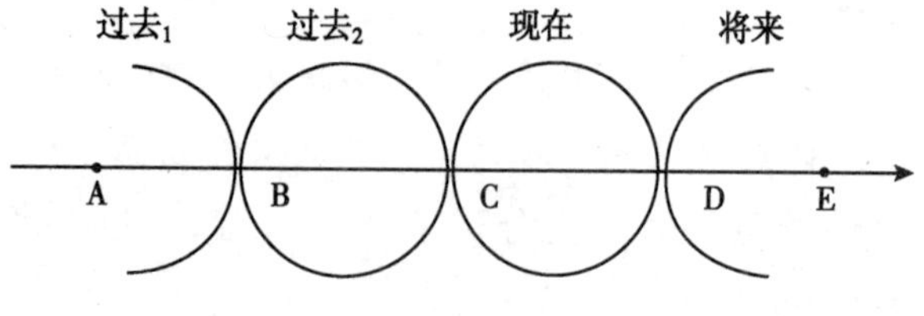

图 2—3 汉语时间区域

他是通过定义“现在”来定义其他时域的。说话时刻为参照点，“现在”表示说话时刻，那么，现在时域之前的时段属于过去时域，后于现在时域的时段属于将来时域。又把过去时域的某个时点作为分界点，位于这个时点之前的时段为过去$_1$，位于该时点和现在时域的起点间的时段为过去$_2$。例如“他 1985 年去了美国”。1985 年之前为“过去$_1$”，1985 年到说话时刻为“过去$_2$”，说话时刻为“现在”，而说话时刻之后为“将来”。

也可以以某个事件发生的时间为参照点。该事件发生的时间为现在时域，先于这个事件发生的时间为过去时域，过去时域又可以以某个特定时点为界划出过去$_1$和过去$_2$，后于这个事件发生的时间为将来时域。如“我明天下了课给你打电话”。如果以“我打电话”发生的时间为现在时域，则“下课”发生的时间属于过去时域。如果以“下课”的时间为界，则“下课”之前的时间属于过去$_1$，“下课”到“打电话”的时段属于过去$_2$，“打电话”之后的时间属于将来时域。

Comrie 把这种以说话时间为参照时间的时制，称为绝对时制（absolute tense）；而把以另一事态为参照时间的时制，称为相对时制（relative tense）。

汉语中有些时间副词如“再、又、就、才、然后……”可以表示时制。如果 E 先于 R，则语序可以是：E 副词 R 或 R 副词 E，可以分别表示先事与后事。

三　时体（aspect）

“体跟时制不同，它是对事态本身的观察方式，是用来说明事态处于何种状况或阶段的语法形式。时体跟时间也有关系，但只跟事态过程中的内部时间有关，跟这以外的时间（如发生时间）并没关系。”①

因此，“时体是观察时间进程中的事件构成的方式”。② 观察角度可以着眼于事件外部，也可以着眼于事件内部。据此，时体基本可分为两类：完整体（perfective）和非完整体（imperfective）。

（一）汉语时体研究发展史

现代汉语时体研究大致可以分为两个阶段。20 世纪 20 年代到 70 年代末为初探阶段。这一阶段时间跨度较大，开始以借鉴西方的语言理论为主要特点，其间经历了较长的缓慢发展过程。从 20 世纪 80 年代初至今为发展和深化阶段。这一阶段充分重视了汉语自身的特点，不仅在语言事实

---

① 张济卿：《论现代汉语的时制和体结构》，《语文研究》1998 年第 3 期，第 17 页。

② 戴耀晶：《现代汉语时体系统研究》，浙江教育出版社 1997 年版，第 5 页。

的发掘上有所突破，同时在理论上也有许多独到的建树。

1. 初探阶段理论探讨占优势

早在20年代，黎锦熙（1924）就已经对时体问题有所涉及："后附的助动词"（如"了"、"着"、"起来"等）可以看成"表动作完成或进行之动词词尾"，而"动词'时制'（tense）的变化，依靠'时间副词'和'助动词'的参伍活用"。① 这实际上是把时间副词和助动词看成是汉语的时体标记。

吕叔湘（1942）称之为"动相"，认为是"一个动作的过程中的各种阶段"②，动相虽然与时间有关，但时间观念已经融化在动作观念里。吕先生作出的分类包括方事相、既事相、起事相、继事相、先事相、后事相、短时相、反复相等。

王力（1943）把时体（aspect）叫作"情貌"，并给出定义为"凡时间的表示，着重在远近、长短及阶段者，叫作情貌"。③ "现代汉语里，有事情开始的表示，继续的表示，正在进行的表示，完成的表示，又有经过时间极短的表示等。"④ 这个定义从时间的角度来规定情貌。虽然时体与时间密切相关，但从时间方面下定义容易与时制混淆。

高名凯（1948）认为时体"着重于动作或历程在绵延的段落中是如何的状态……动作或历程的绵延是已完成抑或正在进行，方为开始抑或已有结果等等"。⑤ 这个定义与吕先生的定义都强调了时体与动作的关系。我们不否认动作（action）和动作的过程（process）与时体关系密切，但要对时体（aspect）有个全面的认识，我们必须着眼于整个句子所表述的事件（event）。Quirk等人以英语为研究对象，也指出：体是运用句法形态变化来体现与时间关联的动词动作。汉语中句法形态变化不明显，但"体"的意义是附着于整个句子的。

2. 发展和深化阶段

20世纪80年代以后，汉语时体研究进入了发展和深化阶段。这一阶段出现了一些讨论汉语时间系统包括时体系统的研究成果，还有一些对个别时

---

① 黎锦熙：《新著国语文法》，商务印书馆1992年版，第128页。

② 吕叔湘：《中国文法要略》，商务印书馆1982年版，第228页。

③ 王力：《中国现代语法》，商务印书馆1985年版，第159页。

④ 王力：《中国现代语法》，商务印书馆1985年版，第151页。

⑤ 高名凯：《汉语语法论》，开明出版社1948年版，第188页。

体形式进行深入描写的文章，也有一些关于时体标记的对比性方面的研究。

下面讨论与本研究关系密切的汉语时体分类情况及时间副词的标记作用。

（二）现代汉语时体

目前已知的汉语时体划分至少有九种，许多著名的语言学家都对时体作过划分，如王力（7种）、吕叔湘（13种）、高名凯（6种）、赵元任（7种）、张志公（3种）、龚千炎（8种）、戴耀晶（6种）、邹崇理（7种）等。这儿详细讨论六种。

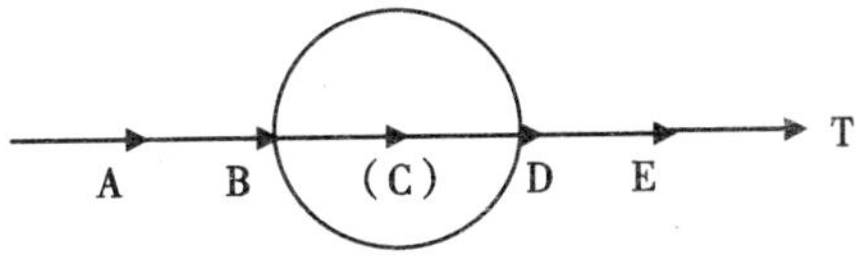

图2—4　时轴示意

先看时轴示意图2—4：图中的B和D分别代表事件的起点和终点。

1. 完整体（perfective）

观察的角度可以选择在事件外部，即把从B点持续到D点的事件看作一个不予分解的整体，称之为完整体（perfective），揭示事件的整体性质（entirety）。完整体有完全（completive）的性质，即事件的起始、持续和终结等要素俱全。完整体在图2—4中体现的是B以前的时段和D以后的时段。

戴耀晶（1997）指出，现代汉语的完整体主要有现实体、经历体和短时体。也有学者提出，完整体可分为实现体、经历体和未然体。

（1）实现体

实现体表达一个现实的动态完整事件，“了”为其形态标记。这种时体以D点为界，D点以后的时段为现实体。如：宋金樨绘制了第一张四色地图；马兰知道了这件事。

动态性、完整性、现实性是实现体的主要语义内涵。由此可知，相对某一参照时间来说，现实体表述的事件是一个已经实现了（realized）的现实事件，强调事件的实现性。因此，“实现体”比“现实体”更确切。现代汉语时间副词“已经、已”等表述的就是实现体。

（2）经历体

学者们对经历体的看法比较一致。经历体强调句子所表达事件的历时性。“过”为其形态标记。如：我教过郑海波，当过他的班主任。

经历体也具有动态性，不过与实现体有所不同。当与瞬间状态动词共现时，实现体的动态性表示进入某种状态，即该状态的起始。而经历体的动态性则表明的是脱离某种状态的变化，即该状态的终结。如：

a. 他俩红了脸。

b. 他俩红过脸。

a 句表明的是经过起始的动态变化，他俩进入了“红脸”的状态。而 b 句则表示经过终结的动态变化，他俩脱离了“红脸”的状态。

经历体另一个特征是历时整体性。所谓历时（experience），指的是相对某个参照时间来说，句子所表述的事件在参照时间之前发生并在参照时间已经终结的事件。但该事件在参照时间以后可能会重复发生。因此，“过”表示某事件在某一时间至少出现过一次，而这个时间通常是过去。

经历体与实现体的相同点是强调事件的现实性。但实现体并不关心参照时间点位置事件是否终结，而经历体则强调事件的终结性。如：

这地方我住了三年。

这地方我住过三年。

二者的区别可用时轴图示（见图 2—5）：

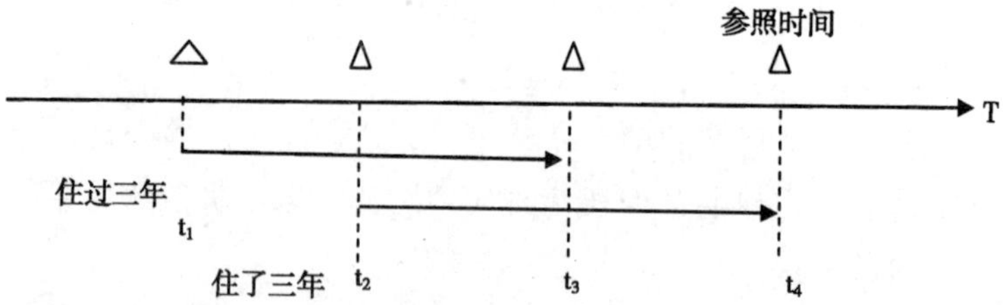

图 2—5 “实现体”与“经历体”比较示意

图 2—5 中以 t_4 为参照时间。实现体指从 t_2 开始，一直持续到 t_4，为一个完整的事件，但可能就此终止，也可能继续下去。而经历体则指的是从 t_1 开始，持续三年，到 t_3 结束。在参照时间 t_4 之前已经终结。

经历体在时轴示意图（见图 2—4）中指的应该是以 D 点后面的任何

一个时点（不包括D点）为参照时间来谈论从B点持续到D点的事件。主要由时间副词“曾经、曾”等表示，因为“曾、曾经”表示从前有过某种行为或情况，是主体所具有的经验或阅历。

（3）短时体和未然体

“短时性是动词重叠的本质特性，句子既可表示过去的短时事件，也可表示未来的短时事件。”[①] 据此，戴耀晶（1997）提到，短时体指句子所表达的一个完整的短时动态事件，汉语中常用动词重叠的形式表示，如“AA”式或“A了A”等。短时体强调事件的时量因素，且经常在表示未来事件的句子里使用。如：

> 小青年向他诉苦，他笑笑说：“你们占便宜了。”
> 他们希望老汉动动金口，给他们批一块宅基地。

其实，短时体与实现体和经历体的划分标准并不一致，且可能出现表示短时体加实现体的句子，如：他有点不好意思地笑了笑。考虑到划分必须依据一个标准且子项间必须具有不相容关系，我们认为短时体与实现体和经历体同时作为时体的一个子类不太合适，而未然体会更合理一些。

未然体指还没有发生但将来可能发生的事件。在图2—4中以B点为界。B点以前的任一点（不包括D点）为参照点来谈论从B点持续到D点的事件。与此相对，也可以说现实体和经历体属于已然体。时间副词“将、将要，即将、要、就要、快、快要、必将”等都可以作为未然体的标记。

2. 非完整体（imperfective）

现在我们把观察的视角伸入到事件内部，把事件的构成要素予以分解来考察事件。这样，事件就或者处于起始状态，或者处于持续状态，或者表现其终结状态。因此，我们称其为非完整体（imperfective），揭示事件的局部（section）性质。

现代汉语中的非完整体主要有三类：持续体、起始体和继续体。

图2—4中，非完整体就是对B点到D点所表示的事件内部的某一部分进行观察的一种反映。观察B点得到起始体，观察D点得到终结体，

---

① 戴耀晶：《现代汉语时体系统研究》，浙江教育出版社1997年版，第70页。

观察C点得到持续体。C点不是一个固定位点，指BD之间的任何一个位点（B点和D点除外）。

（1）持续体

持续体（durative）也叫进行体，是对事件持续时段进行观察的结果，指句子所表达的事件正在进行或持续。因此，持续体具有非完整性和持续性。现代汉语中助词“着”是其主要形态标记。

持续体的非完整性体现在它是对实践进程中的事件起始后与终结前之间持续情况的考察，仅仅关注一个事件的持续部分，并不关心其起始和终结部分。因此，它与表达事件具体时间长度的词语不相容，如“*姑娘在线箱里翻腾着一阵”不成立。它与动量词也不相容，如“*我很得意地又朝空中抡着几拳”也不成立。在表示持续体的语句中，谓语动词也不能与表动作结果的词语同现，如“*他果断地拉亮着电灯，坐了起来”。

持续性指句子所表达的事件正处在持续不断的过程中，或者说事件正处在进行过程中，主要强调事件在时间上的广延性。“着”主要表示持续，因此，表延续的动词和部分状态形容词可以与“着”连用。非持续的瞬间动词如“死、炸、忘……”等，关系动词如“等于、适合、属于……”等不能用来表述持续体。可重复的瞬间动词也可以与“着”连用，表示持续性，如“敲、拍（手）……”，它们由这些动作的重复而形成了事件的持续和进行，而延续动词是动作本身的延续形成的持续过程。如：

A. 王军敲着门。

B. 王军推着门。

在时轴上可以表现为（图2—6）：

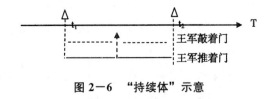

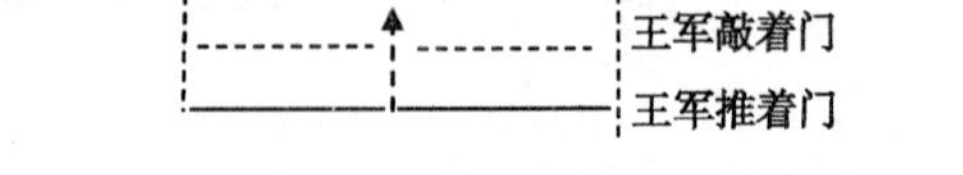

图2—6 “持续体”示意

时间副词“正、正在、在”等都可以表示事件的持续和进行。

（2）起始体

起始体指事件（动作行为或状态变化）的起始，现代汉语中由趋向动词“起来”做其标记语。起始体观察事件的起始部分，即图 2—4 中的 B 点。

图 2—4 中，BD 间表示一个事件所发生的时段。从 B 点观察事件时，事件正处于起始状态，因此，B 点为起始体的观察点。起始体表示该事件已经开始并将延续下去。如“她望着镜中的自己，莫名其妙地高兴起来”中，“高兴”的状态会延续下去。其与持续体的不同在于持续体的延续是双向的，而起始体只能向前方延伸。如：

我们海阔天空地闲扯起来。

我们海阔天空地闲扯着。

起始体具有极强的动态性，即情况从无到有。因此，作为起始体标志的“起来”一般不能与静态动词和瞬间动词连用。但可以附着于动作行为、发展变化、心理活动等各类动词之后，也可以用在形容词之后，表示某事物或某人进入“形容词”所反映的那一类静态的状态之中。如：

三天部队饭一吃，芦花的脸色红润起来了。

毕业临近，郭辉一时竟怅然起来。

时间副词“逐渐，渐渐、不断”等常常在起始体的语句中出现。

（3）继续体

继续体着眼于时间内部结构的某一点，图 2—4 中指 C 点和 D 点，C 点同样可指 BD 间的任何一点。其语义指的是语句所描述的事件将继续持续，用形态成分“下去”表示，且“下去”主要指时间意义上的持续。

继续体只强调事件在观察点后将继续下去，反映事件的单项延伸，即向前延伸，并不关心观察点前的情况。事实上有两种情况。其一是不中断的事件发展到某一点再继续下去，观察点前后相连。在时轴上表现如图 2—7所示：

图 2—7 中，B 点为观察点，“下去”强调事件在 B 点以后仍将继续，而对 B 点以前 AB 段的情况则不予考虑。如：歌声渐渐低了下去。

其二是事件发展到某一点后中断了，插入了其他事件，而后原事件又继续下去。在时轴上表现如图 2—8 所示。图中，事件分为 AB_1 和 B_2C 两

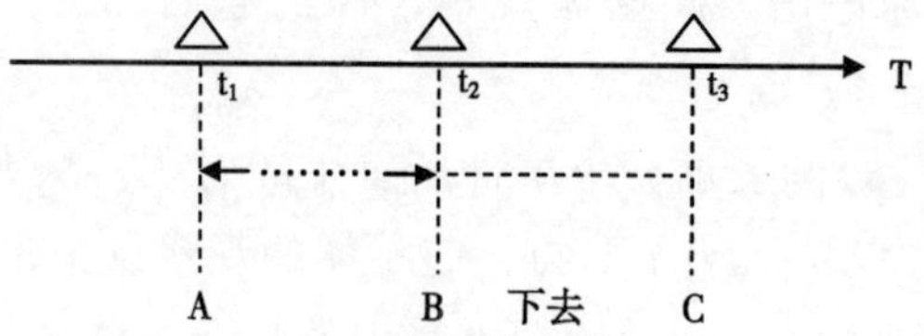

图 2—7 “继续体”示意（一）

段，中间 B_1B_2 段插入了其他事件。B_2 点的“下去”为继续 AB_1 的事件。相对于 B_2C 来说，B_2 点的“下去”则是开始。因此，黎锦熙（1924）认为动词后附“下去”表示“方开始的继续”①。

继续体表示事件继续发展下去，具有动态的性质，因此它不能用在静态动词和瞬间动词之后。由于它表示的是一个延绵过程，有时具有“渐变”的性质，因此有时与“渐渐，不停地”等词连用。如：

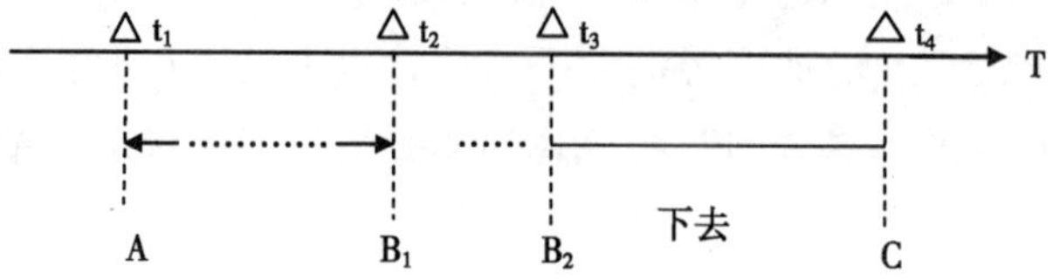

图 2—8 “继续体”示意（二）

天空的霞光渐渐地淡下去。（具有“渐变”性质，含“越……越……”的意味）

他不停地说下去。（表示没有间歇地继续进行下去）

如果是第二种情况，即中间有其他事件插入，则通常会与“继续”连用。如：他停下来，喝了口水，又继续说下去。

（三）小结

现代汉语的时体系统非常复杂，表现形式也多种多样。除了上述形态标记如“起来”、“下去”、“着”等外，时间副词也是很重要的一种表现形式。

① 黎锦熙：《新著国语文法》，商务印书馆 1992 年版，第 145 页。

句子的体意义虽然不是时意义，因为没有时间上的指示功能[①]，但与时间有密切关系。“如持续体、起始体、继续体表达的事件都具有时间上的可延续性，而经历体的一个重要语义特征是时间上的历时性质，现实体相对于参照事件而言，也有已然的意义。”[②]

第三节　与时相关的形式语义学理论及其应用

一　时态逻辑及其在汉语研究中的应用

（一）时态逻辑（tense logic）

时态逻辑，也叫时制逻辑，主要研究真值依赖时间而定的命题。这个逻辑分支历史悠久，最早可追溯到古希腊的麦加拉学派。后来，亚里士多德、阿拉伯逻辑学家阿维森那（Avicenna）、中世纪经院学者等都对时间因素在逻辑中的重要作用有所探讨。在此意义上，与其说是时态逻辑，不如说是时间逻辑。其实，该逻辑分支在后来的发展中也讨论与时间有关的问题，而不仅仅是时态问题。

现代时态逻辑的真正开创性工作起源于普赖尔（A. N. Prior）的《时间和模态》（1957）。它在经典命题演算和谓词演算的基础上，通过加入几个时态算子和一些不同的时态公理，构造了几个不同的时态逻辑系统，也成为了现代时态逻辑的奠基性著作。

“时态逻辑起初是研究英语的，由于原子命题在英语中动词用现在时态，后来现在时态算子可以省略，结果剩下时态算子 P 和 F。”[③] 这两个算子是逻辑学家阿瑟·普赖尔（Arthur Prior）于 1974 年提出的。

到 20 世纪 80 年代前后，时态逻辑已有相当规模的发展。总结起来，可分出三种类型。其一，在《时间和模态》提出的系统基础上，通过引入时态算子 P、F（或 G、H）及相应的公理和规则，对经典逻辑进行扩充而

---

① 时间上的指示功能，按照 Comrie，B.（1976）的解释，指的是相对于某一参照时间的时间定位（locate situation in TIM）功能。英语中的时（tense）范畴具有这种功能，而体（aspect）不具备这种功能。

② 戴耀晶：《现代汉语时体系统研究》，浙江教育出版社 1997 年版，第 105 页。

③ 周礼全主编：《逻辑——正确思维和有效交际的理论》，人民出版社 1994 年版，第 213 页。

得到 P—F（或 G—H）时态逻辑。其二，Rt 时态逻辑。它将时态词换成事件发生的具体时刻，将句子的时态去掉，从而用 $Rt(p)$ 表示“在时刻 t 有事件 p”。在经典逻辑的基础上加入与 Rt 相关的公理和规则，就得到了此类时态逻辑的形式系统。这类系统起源于洛斯（J. Los），莱肖尔是其重要代表人物。其三，在经典谓词逻辑的框架内用不增加算子的方法研究时间问题，是将时态逻辑变成经典谓词逻辑的一种应用。与本研究相关的为第一种和第二种类型的逻辑。

时态逻辑中有三个算子：P、T、F。其中，P 表示过去，T 表示现在，而 F 表示将来。如：杨振宁、李政道获得过诺贝尔奖。可表示为：P（杨振宁、李政道获得诺贝尔奖）；殷勤将游览长城，可表示为：F（殷勤游览长城）；北京正在下雨，可表示为：T（北京下雨）。

此外，时态逻辑中还有两个导出算子，即 G 和 H。“G”表示“将要永远”，“H”表示“过去一直”。如“并非地球将不绕着太阳转”，可表示为 $\neg F \neg p$，即在将来没有任何时候，地球不绕着太阳转，也就是说，地球将永远绕着太阳转，表示为 Gp。同理，“人民群众过去一直是历史的创造者”，可表示为 Hp。所以，$G = \neg F \neg$，而 $H = \neg P \neg$。

在时态逻辑中，时态算子的语义模型是一个有序的三元组 $<X, R, V>$。其中，X 是时间点的非空集合，也可以视为这个世界在每一时间总的状态（简称世界历史状态）的非空集合，其元素就是一个个时间点或这一时间点上的世界历史状态 χ_1，χ_2，…。R 为时间上的先后关系，具体具有什么性质，要视具体的系统要求而定。赋值函数 V 是一个从命题 A 到 X 的子集合的函项，它给每个命题指派时间点集上的元素，即它说明每一个 A 是在何时发生的，或者在何时为真。

设 A 为任一命题，则：

$V(FA, \chi_i) = 1$，当且仅当，$\exists \chi_j \in X$，使得 $(\chi_i R \chi_j \wedge V(A, \chi_j) = 1)$

$V(PA, \chi_i) = 1$，当且仅当，$\exists \chi_j \in X$，使得 $(\chi_j R \chi_i \wedge V(A, \chi_j) = 1)$

$V(GA, \chi_i) = 1$，当且仅当，$\forall \chi_j \in X$，使得 $(\chi_i R \chi_j \rightarrow V(A, \chi_j) = 1)$

$V(HA, \chi_i) = 1$，当且仅当，$\forall \chi_j \in X$，使得 $(\chi_j R \chi_i \rightarrow V(A, \chi_j) = 1)$

可以看出，时态命题的真假是相对于特定的时点而言的，这个时间点叫作该命题的时间参考点。如果时间参考点不固定，时态命题就可能被给出多种不同的解释。

在生成语义学文献（Mc Cawley，1971）中，时态和一些辅助成分在逻辑结构中被看作“高阶语句谓词”，为了与类型论中所理解的高阶谓词保持一致，Dowty等逻辑学家主张把时态看作逻辑结构中的语句算子。包括PROG（进行态）、PAST（过去态）以及FUTURE（将来态）等。如：John is drawing a circle的逻辑结构就是由John draws a circle的无时态逻辑结构前加上语句算子PROG构成的。

（二）该理论在汉语研究中的体现

在汉语时制和时态的形式语义研究方面，目前较有影响的是蒋严和潘海华的《形式语义学引论》下面简称《引论》。

《引论》中先引入了两个关于时间的概念：参照时间（RT）即我们用来评价一个事件是否为真的时间；事件时间（ET），即句子所描述的事件发生的时间。此外还有一个说话时间（ST）。这三个概念是莱辛巴赫（Reichenbach）于1947年提出的。时制的确定要依赖这三个时间之间的关系。如果ET在RT之前，则为英语中的完成时；如果RT＝ET，则为现在时，如果RT在ET之前，则为将来时。语义模型中同样也增加了时点的集合T和时间的单向有序关系“＜”，且逻辑式的语义解释也由 $[\![A]\!]^{M,g}$ 变成 $[\![A]\!]^{M,g,t}$。

《引论》中，作者主要讨论了时制算子过去时$\underline{P}$和将来时$\underline{F}$，其语义解释为：

如果有一个时点t'，t'＜t，且有 $[\![\psi]\!]^{M,g,t'}=1$，则 $[\![\underline{P}\psi]\!]^{M,g,t}=1$；

如果有一个时点t'，t＜t'，且有 $[\![\psi]\!]^{M,g,t'}=1$，则 $[\![\underline{F}\psi]\!]^{M,g,t}=1$。

该语义可简单解释为：过去时表示要解释的逻辑式在过去的某个时点为真；将来时则意味着该逻辑式在将来的某个时点为真。时点t可以是说话时间ST，也可以不是。[①] 这种语义解释使用的就是相对时制（relative tense）的概念，即右边一个时制的解释只依赖于左边算子提供的参照时间t，因此$\underline{P}$和$\underline{F}$就是相对时制算子。

如果作为绝对时制（absolute tense）算子，就应该要么在说话时间n之前，要么在n之后，而不可能用有时在它之前，有时在它之后来确定一个时点。用$\underline{\underline{P}}$和$\underline{\underline{F}}$来表示绝对过去时和绝对将来时。其语义定义如下：

如果有一个时点t'，t'＜n，且有 $[\![\psi]\!]^{M,g,t'}=1$，则 $[\![\underline{\underline{P}}\psi]\!]^{M,g,n}=1$；

① 如果时点t就是ST时，所给出的是绝对时制，而时点t不是ST时，所给出的就是相对时制。

如果有一个时点 t'，n＜t'，且有 $[\![\psi]\!]^{M,g,t'}=1$，则 $[\![\underline{F}\psi]\!]^{M,g,n}=1$。

《引论》中较详细地讨论了两个时制算子叠用时的赋值情况，否定算子与时制算子共现的情况和时制算子的量化问题等。在讨论否定算子和时制算子的时候也引入了 G 和 H 两个新的时制算子，并给出了语义解释。

$[\![GA]\!]^{M,g,t}=1,\text{iff}\quad \forall t'[(t<t')\wedge[\![\psi]\!]^{M,g,t'}=1]$

$[\![HA]\!]^{M,g,t}=1,\text{iff}\quad \forall t'[(t'<t)\wedge[\![\psi]\!]^{M,g,t'}=1]$

这也正是时态逻辑中引入的四个时态算子。

《引论》提出了对时间进行语义类型的直接运算。为了能直接对时间进行运算，作者在原来类型论的系统内引入类型 s，时间变量 i、i'等。i 和 i'等都具有类型 s，且有 $g(i)\in T$，即变量赋值函数 g 赋给变量 i 一个属于时间集合 T 的值。再引入一个二元关系 AT，则 $AT(i,\psi)$ 表示句子 ψ 在时点 i 处为真。其解释规则为：$[\![AT(i,\psi)]\!]^{M,g,t}=1$ 当且仅当 $[\![\psi]\!]^{M,g(i),t}=1$。

一元谓词的赋值函数 F 把时点集看作其论域，把个体域的幂集看作其值域。即，不再是 F（J，三点钟）＝｛陈规｝（J 为一元谓词“在睡觉”），而变为 F（J）＝｛三点钟 → ｛陈规｝，两点钟 → ｛王五，小兵，陈规｝，…｝。这样，一元谓词 J 的指谓不再是一个简单的个体集合，而是一个函项，其论域为时点集的一个子集，而值域则为个体域的幂集。因此，一元谓词的类型不再是＜e，t＞，而变为了＜s，＜e，t≫。同理，专有名词的类型也变为＜s，e＞，句子的类型变为＜s，t＞。时制算子的类型也由原来的＜t，t＞变为≪s，t＞，＜s，t≫。

为了区分，作者把类型为＜s，e＞的常量叫做个体概念（individual concept），类型为＜s，＜e，t≫的常量叫做属性（property），具有类型＜s，t＞的变量叫做命题（proposition）。这些不只是名称上的不同，带有 s 的类型属于内涵性类型，由于它们没有落实到具体的时间和可能世界，因此不具有外延性。

这样，个体概念 I 就不能和属性 P 直接结合成句子，只有将它们分别和时间变量 i 结合后，变成 I(i)和 P(i)，类型变为＜e＞和＜e，t＞后，才能结合为 P(i)(I(i))，类型为 t。为了能与时制算子相结合，作者利用 λ－抽象(λ－abstraction)使 P(i)(I(i))的类型变为＜s，t＞，λ－抽象如下：语句 ψ：λi［P(i)(I(i))］。因为时间 i 的类型为 s，λi［P(i)(I(i))］的类型则为＜s,t＞。

在此基础上，作者给出了时制算子 $\underline{P}$ 和 $\underline{F}$ 的定义，如下：

$\underline{P}$：$\lambda q\lambda i\ \underline{\exists i'\ [i'<i\ \wedge q\ (i')]}$

$\underline{F}$：$\lambda q\lambda i\ \underline{\exists i'\ [i<i' \wedge q\ (i')]}$

这两个时制算子的类型都是≪s，t＞，＜s，t≫。因为 i 的类型为＜s＞，画线部分的类型为 t。对含有 i 的逻辑式进行 λ 抽象后变成 i 的函项，即在该逻辑式的原类型 t 中加入一个与 i 对应的类型 s，其结果便是＜s，t＞。q 的类型为＜s，t＞，对含有 q 的逻辑式即 $\lambda i\ \underline{\exists i'\ [i'<i \wedge q\ (i')]}$ 进行 λ—抽象，就在原来的类型＜s，t＞的基础上加入一个相应的类型＜s，t＞，便得到了时制算子的类型≪s，t＞，＜s，t≫。上面关于时制算子的定义就是说时制算子可以由命题 q 生出一个新命题，该命题也是时间的函项。因此，含有时制算子的命题$\underline{P}$A 和$\underline{F}$A 的 λ—抽象式就分别为：$\lambda i\exists i'[(i'<i) \wedge P(i')(I(i'))]$和 $\lambda i\exists i'[(i<i') \wedge P(i')(I(i'))]$，类型为＜s，t＞。

作者还指出，时制算子只作用于命题，不能作用于句子，因为命题是内涵式，其类型为＜s，t＞，而句子为外延式，其类型为 t。在时制算子叠用的语句中，必须把所有的时制运算完成之后，才能用 λ—还原的方法把逻辑式转换为句子。

在这个新的模型中，时间也是一种实体（entity），在逻辑式中具体指的是时点。这种含有两种实体的模型系统叫作两体类型论（two-sorted type theory），是加林（Gallin）于 1975 年提出的。

《引论》中还给出了绝对时制算子的定义，如下：

$\underline{\underline{P}}$：$\lambda p\lambda i\exists i'[i'<n \wedge p(i')]$

$\underline{\underline{F}}$：$\lambda p\lambda i\exists i'[n<i' \wedge p(i')]$

这儿的 n 指代说话时间，i 表示参照时间。它们的类型同样是≪s，t＞，＜s，t≫。

《引论》中把“昨天”、“下午”等名词作为时间副词来研究，并认为“昨天”是绝对时间副词，而“下午”是相对时间副词。同时也给出了“昨天”的逻辑定义，即：$\lambda p\lambda i\ [Y(n)(i) \wedge p(i)]$，因此其语义类型同样为≪s，t＞，＜s，t≫，即由一个命题 p 可以生成另一个命题 $\lambda i\ [Y(n)(i) \wedge p(i)]$。

此外，《引论》还讨论了对时间的量化。这儿的量化指如“总是”、“经常”、“从不”、“很少”等对时间的修饰作用。作者给出了这么一组例句：

1. A. 小李昨天哭过。

B. 小李总是哭。

C. 小李经常哭。

D. 小李大部分时间都在哭。

E. 小李从不哭。

F. 小李有时哭。

G. 小李很少哭。

"这些时间副词与量词'每个'(every)、'很多'(many)、'大部分'(most)、'没'(no)、'一些'(some)等有关。"① 作者分别给出了它们的语义表达。

2. A. EVERY(P)(Q):$\lambda P\lambda Q[P \rightarrow Q]$或 $\lambda P\lambda Q\forall x[P(x)\rightarrow Q(x)]$

B. MANY(P)(Q):$\lambda P\lambda Q[\#(P\cap Q) > s]$

C. MOST(P)(Q):$\lambda P\lambda Q[\#(P\cap Q)/\#P > 1/2]$

D. NO(P)(Q):$\lambda P\lambda Q[(P\cap Q)=\emptyset]$ 或 $\lambda P\lambda Q\neg\exists x[(P(x)\wedge Q(x)]$

E. SOME(P)(Q):$\lambda P\lambda Q[(P\cap Q)\neq\emptyset]$ 或 $\lambda P\lambda Q\exists x[(P(x)\wedge Q(x)]$

F. FEW(P)(Q):$\lambda P\lambda Q[(\#(P\cap Q)< s]$

3. B':EVERY(I)(λi[Ku'(i)(xiaoli'(i))])

C':MANY(I)(λi[Ku'(i)(xiaoli'(i)))])

D':MOST(I)(λi[Ku'(i)(xiaoli'(i)))])

E':NO(I)(λi[Ku'(i)(xiaoli'(i)))])

F':SOME(I)(λi[Ku'(i)(xiaoli'(i)))])

G':FEW(I)(λi[Ku'(i)(xiaoli'(i)))])

在第 2 组中,":"左边的语义表达包括两部分,P 为"限定部分"(restrictor),Q 为"主体部分"(matrix)。P 和 Q 都表示集合,#P 表示 P 中元素的个数,s 是某种客观标准。MOST 叫做比例性量词(proportional quantifier)或者关系量词(relational quantifier),因为其评价是相对于限定部分而言的,只要 P 和 Q 交集的个数大于 P 中元素个数的一半,MOST 就取真值。MANY 和 FEW 叫做个数量词(cardinal quantifier),只考虑 P 和 Q 的交集的个数是否大于或小于某个标准 s。

---

① 蒋严、潘海华:《形式语义学引论》,中国社会科学出版社 1998 年版,第 313 页。

《引论》继续讨论了对时间量化加以限制的三种方法（即时制和时间副词，以及像“的时候/的时”这样的词引导的时间状语从句）和对它们的语义解释。他们把“昨天”看作时间副词，且具体分析了其逻辑语义。如：小李昨天总是笑。

时间副词“总是”同样是作为量词处理的，其语义表达为① $\lambda q\lambda p[\underline{EVERY(p)(q)}]$，画线部分为一个句子，其类型为 t。用 λ—抽象 q，变成 p 的函项，相当于得到了类型 $\langle\langle s,t\rangle,t\rangle$。再进一步对 p 进行抽象，得到“总是”的语义类型 $\langle\langle s,t\rangle,\langle\langle s,t\rangle,t\rangle\rangle$。

设“小李笑”为 Ψ，则 Ψ 的逻辑式为② $\lambda i[Xiao'(i)(xiaoli'(i))]$，类型为 $\langle s,t\rangle$。“总是 Ψ”：③ $\lambda q\lambda p[EVERY(p)(q)](\lambda i[Xiao'(i)(xiaoli'(i))])=\lambda p[EVERY(p)(\lambda i[Xiao'(i)(xiaoli'(i))])]$，语义类型为 $\langle\langle s,t\rangle,t\rangle$。

而“昨天”的语义定义为④ $\lambda R[R(\lambda i[Y(n)(i)])]$，其类型为 $\langle\langle\langle s,t\rangle,t\rangle,t\rangle$。这样，(3) 和 (4) 通过 λ—还原，得到“昨天”（“总是 Ψ”）的语义表达式为 $\forall i[Y(n)(i)\rightarrow Xiao'(i)(xiaoli'(i))]$，其类型为 t。其意义是：对于所有的时点 i，如果 i 是在说话时间 n 前的一天之内，那么小李在时点 i 笑就为真。“……的时候/的时”等时间状语对时间量化的情况也分析得细致精确。

作者在上述分析的基础上总结出两种操作方法：扩展和提升。

扩展主要是为了使某个算子可以再吸收一个同类型的论元。如过去时算子定义为：$\lambda p[\lambda i[i<n\wedge p(i)]]$，p 的类型为 $\langle s,t\rangle$，该算子的类型为 $\langle\langle s,t\rangle,\langle s,t\rangle\rangle$。也就是说，该算子可以接受一个类型为 $\langle s,t\rangle$ 的论元。如果想让它再接受一个类型同 p 的论元，则要采用合取的方式加入一个命题 q，逻辑式定义为：$\lambda p\lambda q[\lambda i[i<n\wedge p(i)\wedge q(i)]]$，其类型为 $\langle\langle s,t\rangle,\langle s,t\rangle,\langle s,t\rangle\rangle$。

提升的原因是因为当前的函项或算子不能接受某种类型的论元。如假设 N 为 $\lambda p[\lambda i[i<n\wedge p(i)]]$，其类型为 $\langle\langle s,t\rangle,\langle s,t\rangle\rangle$。如果想让它接受高于 $\langle s,t\rangle$ 的论元，就必须把当前算子变为那个高阶论元的函项。例如：为了使 N 接受类型为 $\langle\langle s,t\rangle,t\rangle$ 的论元 R，可以先把 R 和 $\lambda i[i<n\wedge p(i)]$ 结合起来，形成一个句子 $R(\lambda i[i<n\wedge p(i)])$，类型为 t。再通过 λ—抽象使 N 成为 R 的函项，得到的结果为 $\lambda R\lambda p[R(\lambda i[i<n\wedge p(i)]]$，这个算子的类型就是 $\langle\langle\langle s,t\rangle,t\rangle,\langle\langle s,t\rangle,t\rangle\rangle$。这样，提升后的算子就可

以接受一个类型为≪s,t>,t>的论元了，而这个论元正是我们想要的R类型。提升后的N就是R的函项。

词项类型的提升和扩展，副词、时制副词以及副词性表达的语义表达的生成，等等，都对本研究提供了非常有益的借鉴。

二 时段语义学及其在汉语研究中的应用

时段语义学（interval semantic），也有人译为区间语义学［邹崇理（2000）］，是在传统时点（moment 或 instant）语义学基础上发展出关于时间的形式语义学理论。时段语义学由 Bennett 等提出了初步方案，Dowty 给予了充分展开，Benthem 从逻辑角度进行了深入讨论。

时点语义学在给语言表达式或逻辑表达式指派语义值时通常参照的时间因素是时点，其语义模型中的X是时点的集合。而在时段语义学中，参照的时间因素是时间片断，或者叫时间区间。时间片断是由若干时点构成的集合，时段也有长短之分和先后之别。用时段语义学刻画自然语言的语义更加灵活和方便。

与时点语义学一样，时段语义学也把时点i看作初始类型，类型也为s。其内涵模型M为一个有序的八元组<E，W，M，<，R，Inr，$，F>。其中：

（1）E为非空个体集。

（2）W为非空可能世界集。

（3）M为非空时点集。

（4）<为M上的严格的线性关系。

（5）时段集I是M的所有子集i的集合，使得，如果 $i \in I$，则对所有 m_1，m_2，$m_3 \in M$ 而言，如果 m_1，$m_3 \in i$，且 $m_1 < m_2 < m_3$，则 $m_2 \in i$。

（6）设J为一时段集合，如果I为J的子区间（subinterval），当且仅当 $I \subseteq J$，即所有 $m \in I$，都有 $m \in J$。

（7）I为J的真子时段（proper subinterval），当且仅当 $I \subset J$。

（8）I为J的初始子时段（initial subinterval），当且仅当 $I \subseteq J$，并且对于 $t' \in I$ 来说，不存在 $t \in (J-I)$，使得 $t < t'$。

（9）I是J的终结子时段（final subinterval），当且仅当 $I \subseteq J$，且不存在 $t \in (J-I)$，使得 $t' \in I$，满足 $t' < t$。

（10）I为J的真初始子时段，当且仅当I是J的初始子时段且 $I \neq J$，

记作 $I\subset_{in}J$。

（11）I 为 J 的真终结子时段，当且仅当 I 是 J 的终结子时段且 $I\neq J$，记作 $I\subset_{fi}J$。

邹崇理（2000）依据的是 Van Eynde 在介绍时段语义学[①]时所提出的时段间的七种基本关系。时段结构<T，∩，<>中，T 为时段的集合，∩是时段上的二元交运算，而<则是时段之间的居前关系。在此基础上，任两个时段间的基本关系共有七种，如图 2—9 所示：

（1）$I\cap J=\emptyset$

$I<J$

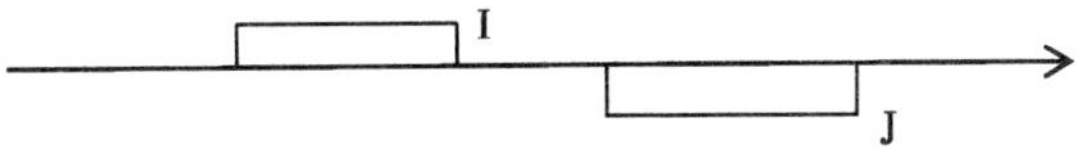

（2）$I\cap J=\emptyset$

$J<I$

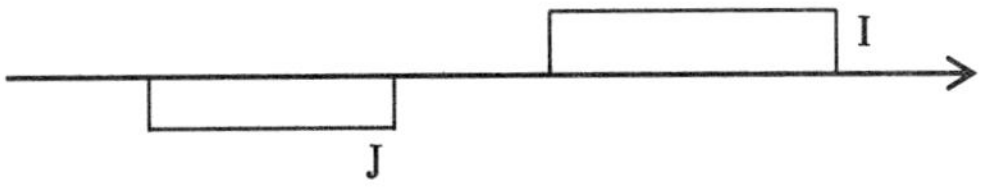

（3）$I\cap J=I$

$I\cap J=J$

（记作：$I=J$）

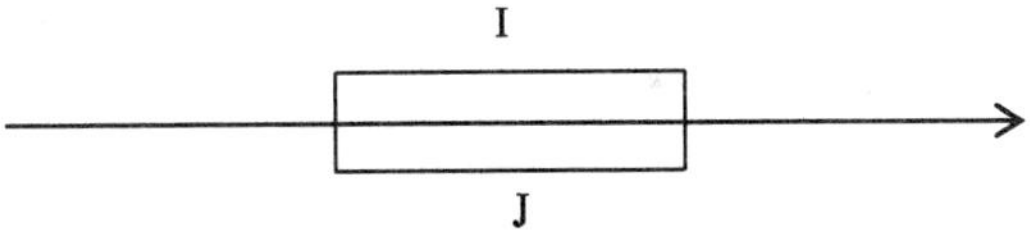

（4）$I\cap J=I$

$I\cap J\neq J$

（记为：$I\subset J$）

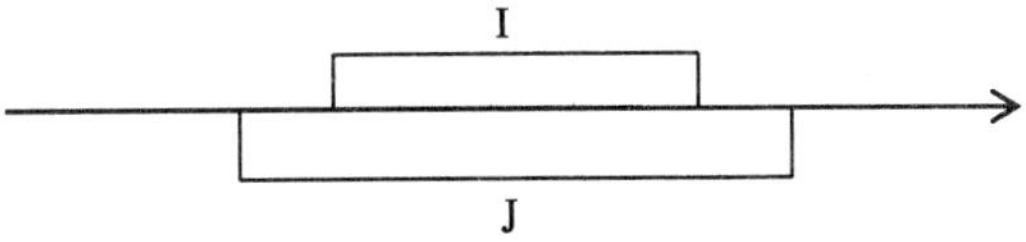

（5）$I\cap J=J$

$I\cap J\neq I$

（记作：$J\subset I$）

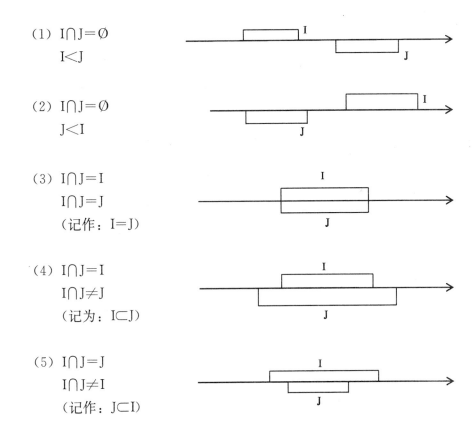

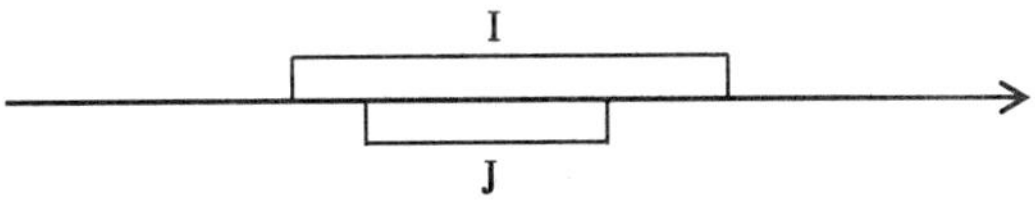

① 参见 Frank Van Eynde，The Semantics of Tense and Aspect，*Computational Linguistics and Formal Semantics*，In M. Rosner eds，1992.

(6) $I \cap J \neq \emptyset$

$I \cap J \neq I$

$I \cap J \neq J$

有 $I' \subset I$ 满足 $I' < J$

（记作：$I \infty J$）

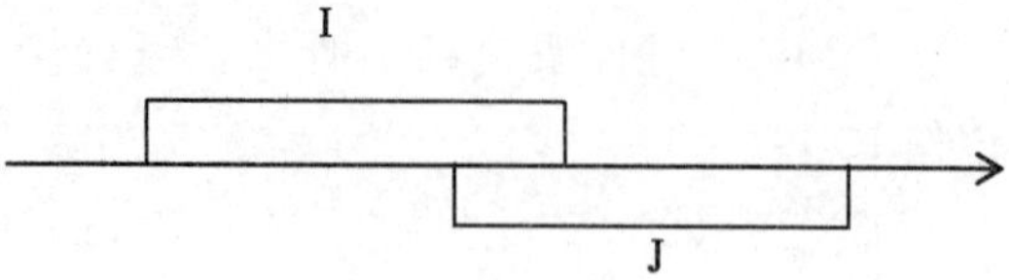

(7) $I \cap J \neq \emptyset$

$I \cap J \neq I$

$I \cap J \neq J$

有 $J' \subset J$ 满足 $J' < I$

（记作 $J \infty I$）

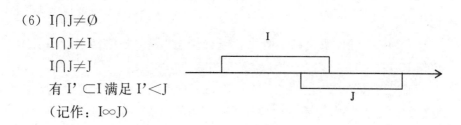

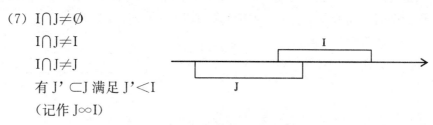

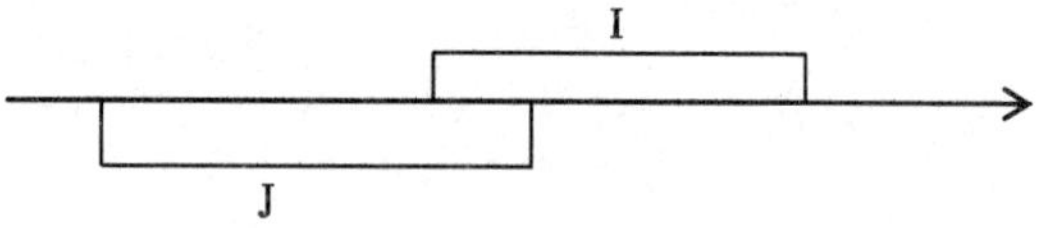

图 2—9 任两时段间的基本关系

关系<，∞和＝也可用文字表述如下：

$I < J$，当且仅当，对于任意的 $m \in I$ 和 $m' \in J$，都有 $m < m'$；

$I \infty J$，当且仅当，存在 $I_1 \subset_{fi} I$ 和 $I_2 \subset_{in} J$，使得 $I_1 = I_2$；

$I = J$，当且仅当，$I \subseteq J$ 并且 $J \subseteq I$。

邹先生把以上七种时段关系与汉语中的七种基本时态相对应，即：进行态、短暂态、完成态、起始态、终结态、将行态和经历态。他通过形式语义学方法处理汉语时态结构的基本思路为：构造一个展现时态结构各种类型的现代汉语部分语句系统，该系统句法部分由基本词项及句法规则生成具有时态特征的汉语句，再把这些汉语句翻译成引进各种“态”算子的时间逻辑语言，然后由该逻辑语言的语义模型提供关于时态结构的语义解释，这种语义解释的核心是通过说话者的观察参照时间和事件的事件过程的某种关系表现时态类型。①

由于时态结构与时相结构的关系非常密切，邹先生便首先从时相角度对汉语动词进行分类，再据此生成不同时态类型的动词短语。他把汉语动词分为如下九类：及物关系动词（B_{TVs1}）、及物心理动词（B_{TVs2}）、不及物性质动词（B_{IVS3}）、不及物静态动作动词（B_{IVa1}）、及物心理动作动词（B_{TVa2}）、及物纯粹动作动词（B_{TVa3}）、不及物纯粹动作动词（B_{TVa4}）、及物

① 邹崇理：《自然语言逻辑研究》，北京大学出版社 2000 年版，第 385 页。

瞬间动词（B_{TVac1}）、不及物瞬间动词（B_{IVac2}）。由这些动词生成带相应时态标记的动词短语，再生成整个语句。如，表达进行态的语句的句法规则为：

（1）若 $\delta \in B_{IVa1}$，则 $F_4(\delta)=\delta$ 着 $\in P_{IV}$.

（2）若 $\delta \in B_{TVa2} \cup B_{TVa3}$，则 $F_5(\delta)=\delta$ 着 $\in P_{TV}$.

（3）若 $\delta \in B_{TVa2} \cup B_{TVa3}$，则 $F_6(\delta)=$正在 $\delta \in P_{TV}$.

（4）若 $\delta \in B_{IVa4}$，则 $F_7(\delta)=$正在 $\delta \in P_{IV}$.①

然后再在对各类时态进行语义分析的基础上，把生成的带有时态标记的动词短语翻译成带时态算子的逻辑语言，给出其翻译规则，并给出对时态算子进行语义解释的模型论定义。如作者在讨论进行态时，所给出的翻译规则为：

（5）若 $\delta \in B_{IVa1}$，则 $F_4(\delta)$翻译为：

$\lambda x(Prog(\delta'(x)))$，其中 δ' 是 δ 的翻译。

（6）若 $\delta \in B_{TVa2} \cup B_{TVa3}$，则 $F_5(\delta)$翻译为：

$\lambda P \lambda x P((\lambda y(Prog(\delta'(x,y)))))$，其中 δ' 是 δ 的翻译。

（7）若 $\delta \in B_{TVa2} \cup B_{TVa3}$，则 $F_6(\delta)$翻译为：

（同 $F_5(\delta)$的翻译）。

（8）若 $\delta \in B_{TVa4}$，则 $F_7(\delta)$翻译为：

（同 $F_4(\delta)$的翻译）。

根据上述翻译规则，“张三躺着”可以翻译为：Prog（tang（zh））②。进行态的时态算子便是 Prog，邹先生给出的模型论定义为：

（9）$\|Prog\Phi\|_{\Omega,i}=1$，当且仅当，存在 $i' \in I$ 满足 $i \subset i'$，并且 $\neg(i \subset_{fi} i')$ 且 $\neg(i \subset_{in} i')$ 使得 $\|\Phi\|_{\Omega,i'}=1$。

据此，Prog（tang（zh））的语义值可理解为：i 是说话者的观察参照时间，该公式参照 i 真就是说，存在一个时段点 i’是 i 的延续，而参照 i’就使公式 tang（zh）为真，也就是说，i’是事件“zh 所指个体属于 tang 所指集合”的时间过程。

邹先生对汉语中的各类时态都这样系统地给出了分析和解释。并在此基础上，总结出了处理汉语时态结构的部分语句系统，该系统由句法部

① 邹崇理：《自然语言逻辑研究》，北京大学出版社 2000 年版，第 388 页。

② tang 表示“躺”相应的一元谓词常项，zh 表示“张三”相应的个体常项。

分、时间逻辑语言和翻译部分组成。其中句法部分包括句法范畴标记的集合、基本语词的集合和句法规则；而时间逻辑语言 $\mathscr{L}$ 包括 $\mathscr{L}$ 的语形理论、语义理论两部分；翻译部分包括从句法范畴标记集合 Cat 到 $\mathscr{L}$ 的逻辑类型集合 T 的映射函项和翻译过程中常用的逻辑变项及其类型对照和翻译规则。这个部分语句系统可以生成汉语进行态、完成态、起始态、终结态、经历态、将行态和一般态等时态语句。

邹先生分析汉语时态的方法系统严谨，生成和解释能力较强，且汉语的针对性明显，这为研究时间副词的形式语义提供了很好的范例。

三 事件语义学及其在汉语研究中的应用

“事件语义学（event semantic）是形式语义学领域中的一个重要理论思想。”[①] 把事件作为论元应用到谓词逻辑中最早是由 Reichenbach（1947）提出的，但事件语义学理论是由美国哲学家和逻辑学家 Donald Davidson 于 1967 年在《行为句的逻辑式》中首次系统提出的。之后，形式语言学家们不断对 Davidson 所建议的逻辑分析法提出局部的修正，如 Parsons（1990）、Landman（2000、2004）、Rothstein（2004）等。

事件语义学的核心思想是在逻辑式中增加一个表示事件的论元。该思想的起源是在对自然语言中那些加了状语（包括表时间、地点、方式等状语）的语句进行逻辑分析时，发现同一个谓词会出现两个、三个、四个等数量不等的论元，那该谓词到底应该是几元谓词呢？如：

（1）我吃饭。
（2）我在食堂吃饭。
（3）我中午在食堂吃饭。

例中的谓词是“吃”。但按传统逻辑，上述（1）—（3）的逻辑式应该分别是：

（1’）吃（我，饭）
（2’）吃（我，食堂，饭）

① 吴平：《试论事件语义学的研究方法》，《外语与教学研究》2007 年第 4 期，第 8 页。

（3'）吃（我，中午，食堂，饭）

为了解决这个问题，Davidson（1967）提出：仍然把谓词看做有固定数量论元的谓词，并用合取关系来体现这些修饰成分所传递的信息。上述四句又可译为：

（1"）∃e((吃(我,饭,e)))

（2"）∃e((吃(我,饭,e)∧IN(食堂,e)))

（3"）∃e((吃(我,饭,e)∧IN(食堂,e)∧AT(中午,e)))

其中，e指事件，（3"）可读作：存在一个事件e，这个事件是我吃饭，且这个事件发生在食堂里，时间是中午。Davidson的这种做法把事件e作为一个新论元引入逻辑式中。且他同意Austin（1962）的观点，即“以言行事是日常会话中最自然、最常见的表达方式”①。因此行为（act）也是事件（event），行为动词就是事件动词。动词除了必带论元外，又增加了一个论元，即事件e。而语句中的副词性修饰语转化作命题的形式来表述的必要性是：表示合取关系的逻辑联结词“∧”所联结的只能是命题。

在事件语义学中，（1"）这样的基本命题被称为原子命题（atomic proposition）。后来针对自然语言中会出现如“被”字句这样的某一必带论元省略的情况，Parsons（1990）提出原子命题还可以进一步分析作若干个次原子命题（subatomic proposition）的合取形式。（1"）、（2"）、（3"）就可以改写为（a）、（b）、（c），其中，“AGT”表示施事（“agent”的缩写形式），“TH”表示客体（“theme”的缩写形式）。

(a)∃e(吃(e)∧AGT(我,e)∧TH(饭,e))

(b)∃e(吃(e)∧AGT(我,e)∧TH(饭,e)∧IN(食堂,e))

(c)∃e(吃(e)∧AGT(我,e)∧TH(饭,e)∧IN(食堂,e)∧AT(中午,e))

① 吴平：《试论事件语义学的研究方法》，《外语与教学研究》2007年第4期，第9页。

也有些形式语言学家（如 Landman、Rothstein 等）习惯把（a）、（b）、（c）写成（a'）、（b'）、（c'）的形式：其中，“W”、“F”、“S”、“Z”分别代表“我”、“饭”、“食堂”和“中午”。

（a'）$\exists e($吃$(e) \wedge AGT(e)=W \wedge TH(e)=F)$

（b'）$\exists e($吃$(e) \wedge (e)=W \wedge TH(e)=F \wedge IN(e)=S)$

（c'）$\exists e($吃$(e) \wedge AGT(e)=W \wedge TH(e)=F \wedge IN(e)=S \wedge AT(e)=Z)$

这种新的表述方式被称为新戴维森分析法，它与戴维森分析法间最显著的区别在于，前者中与动词相对应的谓词只带一个表示事件的论元，语句中的主客体分别是在独立的命题形式中出现的；但后者中与动词相对应的谓词所带论元的数量却是三个，其中包含着一个表示事件的论元。

新戴维森分析法与戴维森分析法之间另一个不同之处在于它广泛采用了题元角色（thematic role）的描写手段，即除了语句中的动词被用作谓词之外，合取关系中的其他命题往往都是以某一题元角色作为谓词的。而（b'）和（c'）中的谓词“IN”和“AT”不能算作题元角色，因此可以用地点格“LOC”（LOCATIVE 的缩略形式）和时间格“TIM”（TIM 的缩写）来替代，则（c'）可以表示为（c"）：

（c"）$\exists e($吃$(e) \wedge AGT(e)=W \wedge TH(e)=F \wedge LOC(e)=S \wedge TIM(e)=Z)$

当然，除了事件（event）以外，还有状态（state）。Parsons（1990）认为，所有句子的语义，基本上都可以概括为表示“事件”和表示“状态”两类情况。它们的区别由句中的事件谓词和状态谓词的性质所决定。

Parsons（1990）率先把 Vendler 的动词分类理论的基本思想明确而系统地纳入事件语义学的研究范围之内。他把 Vendler 分出的四种动词归结为事件谓词和状态谓词两类。其中，完成谓词和实现谓词被认为是典型的事件谓词，因为它们表示的动作都含有明显的可完成义。而活动谓词所表示的动作可以被看做由若干较小的动作重复相加所组成的，这样活动谓词同样可理解为含有动作的完成义，也可划入事件动词的范围内。Parsons

（1990）称这类谓词具有事件的“终结性”（culmination）。与此不同，状态谓词则隐含某一状态的固有和恒定的语义内涵，Parson 称其具有状态的“保持性”（holding）。

事件谓词数量较多，而状态谓词的数量还不到事件谓词总数的 1/4。且有些谓词既可以做事件谓词，也可以做状态谓词，如“当、在、该、说明、占”等。正如吴平（2007）指出的，判断一个谓词是否是事件谓词的常用方法就是提问这个动词所表示的行为动作（或动作行为完成后所形成的状态）持续了多长时间。如果能问，则是事件谓词；如果不能问，则是状态谓词。如：我们可以问“刘强在家多长时间了”而不能问“颐和园在海淀区多长时间了”或“张三具有男人的特性多长时间了”等。

吴平以“刘强$在_1$家”和“颐和园$在_2$海淀区”为例，说明了 Parsons 的分析方法。我们知道，“$在_1$”是事件谓词，而“$在_2$”则是状态谓词。“刘强在家”和“颐和园在海淀区”的逻辑翻译式分别表示作 A 和 B。

A. $\exists e \exists I[I \subseteq T_e \wedge t \in I \wedge$ 在(e, 刘强, 家) $\wedge$ Cul(e, t)]

B. $\exists s \exists I[I \subseteq T_s \wedge t \in I \wedge$ 在(s, 颐和园, 海淀区)] $\wedge$ hold(e, t)

其中，I 代表时段，t 代表时点。① 时段由时点组成。T_e指的是事件的时点集，T_s则表示的是状态的时点集。时段 I 则是 T_e的子集。时点 t 是时段 I 的元素。存在量词不仅约束事件论元 e 和状态论元 s，而且还约束时段 I。

到目前为止，我们很少见到用事件语义学理论来专门对现代汉语时间问题或与时间有关的问题进行深入探讨的文章和论著。吴平（2007）应用该理论具体分析了句式“NP＋在＋NP－loc＋Vt＋NP”的事件语义类型的分化。他主要讨论了该句式表示复合事件和简单事件的情况以及应用事件语义学对其分析的区别，从而讨论了当某两类动词共现时所表达的时段间的包孕关系。他指出，从时间的时段性来看，活动谓词的发生时段永远不可能包孕状态谓词的发生时段，且状态谓词所表示的时段总是长于活动谓

---

① Cann（1993）对时段 I 的含义做出了精确的描写：$I = \{i \subseteq T \mid ((t_i \in i) \wedge (t_k \in i) \wedge (t_i < t_j < t_k)) \rightarrow (t_j \in i)\}$。

词所表示的时段。因此，在一个复合事件中，活动事件是不能包孕状态的，但它可以包孕完成事件、实现事件和另一个活动事件。

第四节　现代汉语时间副词的形式语义研究策略

本研究的目的是在分析各类时间副词逻辑句法和形式语义的基础上，构造一个包括现代汉语时间副词在内的现代汉语部分语句系统。该系统的句法部分由基本词项及句法规则生成带有时间副词的现代汉语语句，再把这些汉语语句翻译成包含各种时间算子的时间逻辑语言，然后由该逻辑语言的语义模型提供各类时间副词的语义解释。

本系统的特点就是其逻辑翻译和语义解释会呈现出多样化的格局。现代汉语时间副词比较丰富，其内部语义也不同，有表时的、表序的，还有表频的，因此，我们必须借助多样的逻辑语义学理论作为工具才能给出较合理的解释。

此外，词与词的组合不是随意的，而是由双方双向选择决定的。每一个词都具有一个可供组合的个体选择网络，你选择人家，人家也选择你，从而构成一个综合选择网络。这种选择关系主要是语义在起重要的作用，要符合语义一致性准则，具有双向选择性。因此，我们要分析现代汉语时间副词的句法规则，势必先从时相角度对汉语谓词（考虑到受时间副词修饰的不仅是动词，还包括形容词，因此选用“谓词”这一说法）进行分类，再据此生成合适的谓词短语，并在此基础上生成合语法的包含时间副词的现代汉语语句。

关于汉语谓词时相类型的分类，前面已经作了大概介绍。在最有影响力的 Vender（1967）的四分法理论的基础上，我国学者马庆株（1981）、邓守信（1986）、龚千炎（1994）和邹崇理（2000）等都结合汉语的特点分别作出了不同的分类。根据本书研究的需要，我们对龚先生和邹先生的分类系统进行了一定程度的必要修正。在本书构造的汉语部分语句系统中，谓词时相分类的情况如下：

及物关系动词（用 B_{TVa1} 表示该集合）：是、有、在、位于、（好）像、仿佛、属于、位于、具有、等于、不如、不及、包括、姓、叫（作）、适合、符合、作为、当做、显得……

及物心理动词（B_{TVa2}）：相信、觉得、认识、喜欢、同情、知道、热爱、佩服、尊敬、羡慕、讨厌、害怕、恨、了解、嫉妒、忘记、怀念……

心理状态的形容词（B_{IVa1}）：高兴、满意、焦虑、后悔、惊讶、沮丧、晓得……

性质形容词（B_{IVa2}）：红、黄、干、湿、勇敢、勤劳……

不及物状态动作动词（B_{IVa3}）：躺、坐、站、蹲、跪、趴、凉、关、穿、架、搭……

及物纯粹动作动词（B_{TVa3}）：听、说、阅读、看、写、询问、回答、学、修、打、教、找、买、卖、吹、拉、弹、唱、吃、喝、玩、研究、批改、演奏、观察、收拾、等候、拧……

不及物纯粹动作动词（B_{IVa4}）：奔跑、奔走、工作、劳动、挑战、休息、运动、战斗、服务、旅行、前进、就业、生活、玩耍、问世、致敬、推却……

及物心理活动动词（B_{TVa4}）：猜想、思考、回忆、寻思、琢磨、考虑、想、回想、思索……

及物状态动作动词（B_{TVa5}）：插、坐、捆、绑、吊、悬、顶、盖、张、开、关、敞、锁……

及物不可重复的瞬间动词（B_{TVa6}）：丢失、发现、打破、认出、找到、看到、取到、收到、掀翻、写错、看见、读懂、烧焦、写完、学会、修好、接到……

及物可重复的瞬间动作动词（B_{TVa7}）：敲、砍、砸、踢……

不及物不可重复的瞬间动作动词（B_{IVa5}）：逝世、枯死、停止、开始、出发、牺牲、归来、批准、离开、塌方、熄灭、爆炸、死、垮、醒、熄、炸、灭……

不及物可重复的瞬间动作动词（B_{IVa6}）：咳嗽、蹦、跳……

其中，B_{TVa1}、B_{TVa2}、B_{IVa2}、B_{IVa3}均属于状态情状（state situation），表静止不动的状态，无所谓持续或完成。B_{TVa3}、B_{IVa4}、B_{TVa4}、B_{TVa5}属于活动情状（activity situation），是最具动态性的情状，它不含内在的终结点，理论上可以无限地持续下去。

而当B_{TVa3}、B_{TVa4}、B_{TVa5}之类的动词与其他句子成分共同作用时，有时会表示终结情状（accomplishment situation），如“冰已经化为水了”和“我正在解开绳子”中的动词“化”、“解”分别与“为”、“开”结合形成述补短语，就可以表示终结情状；又如“小红每天早晨读两首唐诗”和

“她裁了几件衣服”等语句中，动词“读”和“裁”由于与宾语“两首唐诗”和“几件衣服”结合，使它们可以表示终结情状。终结情状的特点就是颇具动态性，且都能表示动作行为的持续，但是它们含有自然终结点，情状一开始就会朝着这个终结点演进，总会有结束的时候。

B_{IVa5}和B_{TVa6}则属于实现情状（achievement situation）。该情状最大的特点就是瞬间性，持续时间很短，起点和终点几乎重合。另一特点就是实现性，就是该动作一发生，便会由一种状态变为另一种状态。

在本研究中，笔者用δ示上述时相分类系统中的某个具体谓词，用F表示句法规则，P表示由时间副词和上述谓词短语组合而成的含有时间副词的谓词短语集。同时，所有汉语词项译成逻辑词项时，都取其汉语拼音的形式，且谓词以大写字母开头，而论元以小写字母开头。如“三毛”译为“sanmao”，而“工作”译为“Gongzuo”等。

第三章

表时时间副词的形式语义研究

从本章开始，我们将分别对现代汉语各类时间副词进行形式语义的分析研究。在各类时间副词中，表时时间副词数量最多，所占比例最大。因此，我们首先对表时时间副词进行具体分析。表频时间副词和表序时间副词将在后两章中逐章讨论。

第一节　表时时间副词概述

一　表时时间副词的界定

表时时间副词指可以体现时制和时体的时间副词。其中，时制表示事件的发生时间与参照时间在同一时轴上的相对位置；时体则强调事件本身处于何种状态或阶段。如果二者结合起来，那么表时副词就是指那些可以描述“事件（event）在时间一维性中的长短先后和过程状态”[①] 的时间副词。

表时副词的数量较多，几乎占时间副词总数的60%以上。根据以往研究和作者的理解，本研究中的表时时间副词包括：

> 刚、刚刚、业已、业经、从来、向来、素（来）、历来、终于、毕竟、到底、一度、至今、趁早、及早、早日、立即、立刻、马上、终将、必将、终久、迟早、终究、最终、终于、早晚、一直、一向、已、已经、早已、早就、才、都、曾、曾经、就、就要、快要、将要、即将、行将、正、在、正在、逐渐、渐渐、永远、不断、暂时、暂（且）

---

① 张谊生：《现代汉语副词探索》，学林出版社2004年版，第171页。

二　表时时间副词的再分类：时制副词和时体副词

表时时间副词可分为时制副词和时体副词两大类。

时制副词指反映某事件的发生时间与参照时间在一维性时轴中的相对位置的表时副词，如“已经、一直、一向、马上”等。时体副词是可以表明事件在特定时间内处于何种状态或阶段的表时副词，如“曾经、才、将要”等。

“由于现代汉语副词的语法化程度还不是很高，所表的时制义和时体义还不能算严格意义上的语法义或范畴义，在很大程度上还只是一种词汇义和语法义的混合体；所以，现代汉语表时副词的语义内涵中大多兼有时制和时体两个方面，只是各有不同的侧重点而已。”[①] 有的侧重于时制义，兼表时体；有的侧重于时体义，兼表时制。我们把以时制义为主的表时副词称为时制副词，而把侧重于时体义的表时副词称为时体副词。

据此，时制副词包括：

刚、刚刚、业已、业经、已、已经、从来、向来、素（来）、历来、终于、毕竟、到底、一度、暂时、暂（且）、至今、趁早、及早、早日、立即、立刻、马上、终将、必将、终久、迟早、终究、最终、终于、早晚、一直、一向

时体副词有：

早已、早就、才、都、曾、曾经、就（要）、快要、将要、即将、行将、正、在、正在、逐渐、渐渐、永远、不断

其中，时制副词又可以分为表过去时、表现在时、表将来时和表恒常时的时制副词。而时体副词也可以分出表已然态、表未然态和表进行态三类。

已有研究表明：“过去时多与已然体交叉；将来时多与未然体交叉；

① 张谊生：《现代汉语副词探索》，学林出版社2004年版，第172页。

恒常时多与已然体或进行体交叉。”[①]

三　表时副词的研究概况

对时制副词的研究，主要集中在语言学界。从整体上进行研究的有两篇博士学位论文，即许卫东的《〈高僧传〉时间副词研究》和肖奚强的《面向中文信息处理的现代汉语副词研究》。不过许卫东主要是对《高僧传》中的语料进行分析，还不属于现代汉语的范畴。真正系统地对现代汉语时制副词研究的只有《面向中文信息处理的现代汉语副词研究》。

肖先生在文中把我们所称的表时副词分为表时副词和表态副词。其中，“表时副词是以说话时间为参照点，只能在时轴上占据确定的位置（如过去、现在、将来）的时态副词”[②]，正是时制副词。据此，肖先生把表时副词分为表过去时、表现在时和表将来时三类。在讨论表过去时的表时副词时，他又分了五类：表示事件在说话时间之前存在、发生过；表示事件在说话时间之前已经完成或出现；表示事件从过去到说话时为止一直如此；表示事件在经历了较长的过程之后，在说话时间之前出现了某种结果；表示事件只是在说话时间之前某一时间内进行或发生过，共讨论了13个时间副词的句法语义特征。他认为表示现在时的表时副词只有“至今”，而把表将来时的表时副词分了两组，即表说话人希望某种情况在说话之后尽快发生、进行或实现；以及表某种行为或情况在说话之后或迟或早一定会发生、进行或实现。不过只是通过例句对其语义作了简单解释。在讨论表态副词（相当于本书中的时体副词）时，作者主要分析了表已然态、未然态和进行态三类副词。前两类表态副词也只是通过例句对其基本语义作了简单说明。不过在分析表示进行态的副词“正”、“正在”和“在”上则大肆挥毫，不仅详细讨论了“正”、“正在”与“在”的异同，还从八个方面分析了“正（在）”、“在”与“着”句法语用的不同。

相对而言，对某个或某组副词就某个方面进行讨论的论文就较多了。其中，讨论最多的要数“正”、“正在”和“在”，讨论角度也涉及这些词的功能比较、虚化过程、语法意义、句法位置及其来源等各个方面。如：

---

① 张谊生：《现代汉语副词探索》，学林出版社2004年版，第172页。

② 肖奚强：《面向中文信息处理的现代汉语副词研究》，博士学位论文，上海师范大学，2001年，第9页。

王志（1998），陈月明（1999），杨平（2000），肖奚强（2002），张亚军（2002），付义琴、赵家栋（2007）等。但至今还未见有从形式角度对其语义进行刻画分析的。

由于时间副词“才”与“就”在语义上相互对立，但在有些情况下又表示相同的主观量，因此，大多数学者将二者放在一起进行比较研究。如史锡尧（1991），史金生（1993），卫澜、朱俐（2000），陈立民（2005），王群（2006）等。这些大都是从语法和语义角度对二者进行比较分析的。当然，也有单独研究的，如：张谊生（1996、1999）两篇文章，分别从“才”的意义（即基本义和派生义）、其适用的句型和搭配以及“才”与“刚”、“只”、“方才”“不过”等词的语义和句法比较等方面对“才”作了详尽且深入的探析。

对“刚刚”、“刚才”、“刚”的比较研究在20世纪90年代也比较多。如孙占林（1992），周晓冰（1993），聂建军、尚秀妍（1998）等，也有少数学者通过对“刚”和“刚才”的比较分析来说明时间副词和时间名词的区别，如冯成林（1981）。21世纪以来，张邱林（2000）、胡建刚（2007）还分别从语用节律和语义参数等方面对“刚刚”进行研究。

对其他时间副词的语义、语法甚至其虚化过程进行分析的论文也经常会见到，如对“曾经”、“已经”等的分析，有曹凤霞（2002）、张谊生（2003）等；对“常常”和“通常”等进行比较研究的有周小兵（1994），寿永明（2002），彭湃、彭爽（2004）等；对“一直”、“总”的语义进行对比分析的有邓小宁（2002）、关键（2002）、刘靖（2008）等。此外，也有对时间副词“老”、“永远”、“毕竟”等的语义、语法、语用等方面的探讨。

但从形式刻画角度对表时副词的语法、语义等研究的论文还没有见到。不过，已有的关于语法、语义及其虚化过程等的探讨将是我们形式分析的基础和起点。

第二节　时制副词的形式语义

一　时制副词概述

所谓时制（tense），就是指某事件的发生时间与某一参照时间在时轴上的相对位置。参照时间可以是说话时间（S），也可以是之外的另一时间。大多数学者认为，时制副词可以分为过去时、现在时和将来时三种。除此之外，我们还可以考虑另外一种，即恒常时，相当于英语中的一般时。

张谊生（2004）在对时间副词分类的讨论中指出：根据表示事件所涉及的是过去、将来、现在、恒常等指示性具体时间，还是表示事件在特定时间内的进程或性状变化，把表时副词分为时制副词和时体副词。可见，在他看来，时制副词也就是那些可以用来表述事件发生在过去、现在还是将来，抑或是恒常等的时间副词。

二　过去时制的时间副词（“刚、刚刚”）的形式语义

过去时制指所讨论的事件发生在参照时间之前。根据肖奚强先生的分析，过去时制可以分为如下几种：事件在参照时间之前存在；事件在参照时间之前已完成或出现；事件在参照时间之前出现了某种结果；事件在参照时间之前某一时间内进行或发生过。据此，表过去时的时制副词包括“刚、刚刚、业已、业经、已、已经、从来、向来、素（来）、历来、终于、毕竟、到底、一度、暂时、暂（且）”等。

由于篇幅、时间和精力所限，本研究只能对部分副词作具体分析。同时为了行文的流畅和阅读的方便，部分例句将在附录中一并列出。此处具体分析“刚、刚刚”，它们均表示事件存在或发生在参照时间之前。

“‘刚’和‘刚刚’在意义和用法上基本相同。”① 很多学者把它们与“刚才”进行比较研究，以说明时间副词和时间名词的区别。② “刚、刚刚”为时间副词已经是不争的事实。

“‘刚’从刀，冈声，最早为形容词，《说文解字注》说：‘凡有力曰刚’。”③ 在《论语》、《左传》乃至《战国策》等文献中，“刚”都只有形容词的用法。现代汉语中，“刚”作为形容词的语义仍保留着，即“硬；

① 具体可参见张斌《现代汉语虚词词典》和吕叔湘《现代汉语八百词》。

② 具体可参见周晓冰（1993）、聂建军（1998）、孙占林（1992）等。

③ 胡建刚：《副词“刚”的语义参数模式和语义发展脉络》，《语言教学与研究》2007 年第 5 期，第 72 页。

坚强（跟‘柔’相对）”[①]。“‘刚’的副词用法是随着语言使用的发展假借产生的。”[②] 据考察，“刚”作为时间副词的用法在《三国演义》中就已经出现。但其表程度义的用法在后来的《红楼梦》、《骆驼祥子》和一些当代作品中才出现。在现代文献考察中发现，“刚”作为时间副词的用法在使用频率上始终占据着绝对优势。因此，“形容词‘刚’被假借为副词后最初的义项应只是表示时间，而且这一义项始终是其主要义项；‘刚’的程度义是从时间义隐喻转化而来的”。[③] “刚刚”为“刚”的叠用现象，其语义有两种，即同“刚”和同“刚才”，此处主要讨论它作为时间副词的语义，即同“刚”的“$刚刚_1$”。

《现代汉语八百词》（吕叔湘，2005）对“刚（刚刚）”的语义解释为：①表示发生在不久前；②正好在那一点上（指时间、空间、数量等）；有不早不晚，不前不后、不多不少、不……不……的意思；③表示勉强达到某种程度；仅仅。《现代汉语词典》（第5版）中还补充了一个义项：用在复句里，后面用“就”字呼应，表示两件事情紧接。其中，第一个义项为基本义项，很多论文都着力于对其进行分析，且主要笔墨集中在义素［±不久前］上，如：周小兵（1987），周晓冰（1993），王还（1998），聂建军、尚秀妍（1998）等。

首先，分析第一个义项。这个义项表述为“表示行动或情况发生在不久之前”（《现代汉语词典》第5版）。首先，既然在不久前已经发生，“刚（刚刚）”就表示过去时，表示行为或状态在过去已经发生，在说话时已经停止，因此跟“正、在、着呢”等表进行体的词发生语义冲突，不能共现。而与表已然的“已经”、“业已”等语义上有重复，也不同现。但“刚、刚刚”可以与表示已然的动态助词“了”共现。如：

1. 原来，他们刚刚接受了江泽民主席接见。（《WTO与中国》）

2. 他们刚走了一段路，风来了，雨也跟着来了，大雨点子铜扣子一般大。（浩然：《夏青苗求师》）

---

① 中国社会科学院语言研究所词典编辑室：《现代汉语词典》，商务印书馆2005年版，第446页。

② 胡建刚：《副词“刚”的语义参数模式和语义发展脉络》，《语言教学与研究》2007年第5期，第72页。

③ 同上书，第72页。

据语料考究，与“刚、刚刚”共现的“了”一般位于“VP”或“VP完”之后，很少位于句尾，即“刚/刚刚＋完＋名词＋了”的结构很少见到。

其次，要重点解释义素［±不久前］。所谓“不久”，就是某时点与某参照时点间的时间间隔短，因此，“刚/刚刚”着眼于时段。时段性也是与“刚才”的主要区别。很显然，这个时段的起点 T_1 即前一个某时点指的是动作行为或事件的始发时点，但时段的终点 T_2 即参照时点就比较复杂了。根据参照时点的不同，胡建刚（2007）提出了四种“刚”的语义参数模式，即：前后参照、叙述参照、另时参照和状态参照。

前后参照模式中，作为参照时点的 T_2 是另一个具体动作的时间。因此，时段 T 就指前后两个动作之间的间隔时间。例如：

3. 我们在他刚懂事时就要告诉他：“这一辈子，直到永远永远，决不跟那些坏东西妥协!”（张炜：《秋天的愤怒》）

例 3 中的“刚”所指时段为从“他懂事”这个事件发生之时到“告诉”这个动作发生之时的时间间隔。这时“刚/刚刚”的“时段”义就表现为发生在同一个时间层面的两个动作动词在一句话中前后相继。因此称为前后参照。

叙述参照模式中，作为参照点的 T_2 为说话者的叙述时点，即说话时点。如：

4. 刚刚吃了饼，只觉得肚子难过，嘴里发干，想喝点水。（《中华上下五千年》）

叙述时点作参照时点时一般是隐含的，但有时也会通过部分时间词在句法形式上加以外化，表示对这一时间的强调，如：

5. 现在他刚从六百里外的煤矿回来，矿里罢了工，他是煽动者之一。（曹禺：《雷雨》）

例 5 中的“现在”所表示的正是 T_2。这种模式主要体现在对话体中。

另时参照模式中，表示参照点的 T_2 为说话人对动作行为或事件观察的时点。“刚、刚刚”的时段意义为它们所限定动作的时点和说话者进行观察的时点之间的间隔时间。如：

6. 我跟他交手刚开始的时候，就是十几年前那会儿，我好比被困在一个有野物的大山里了。（张炜：《秋天的愤怒》）。

这时的观察时点不同于说话时点，在句中往往是隐含的，且同动作行为或事件发生的时点一样，都为过去时点。在句中，常常以“……时”、“……的时候”、“……那回/那次”为形式标记。

状态参照模式，顾名思义，作为参照点的是现实中的一种状态，而起始点通常是一个虚拟场景中的动作。在语义上，虚拟场景中的动作发生后产生的状态和句中所描述的现实状态内涵基本一致，二者以“同义”作为在句中共存的基础。在句法形式上，状态参照模式常以“像……一样”、“……似的”等为形式标记。如：

7. 两个礼拜之后，害群之马姗姗归巢，面孔微黑，胳膊稍细，两眼炯炯有神，就像刚从海滨度假归来一样。（刘恒：《贫嘴张大民的幸福生活》）

例 7 中的时段 T 指“从海滨度假归来”到“面孔微黑，胳膊稍细，两眼炯炯有神”两种状态之间的时间间隔。这种间隔怎么理解呢？实际上，这里的 T_1 和 T_2 所具有的状态只是通过类比的方式说明二者具有相似点。二者间的时间间隔很难准确量化。是否可用时段来表示，值得我们重新思考。

“不久”的另一个重要义素是间隔时段短。周小兵（1987）、王还（1998）、胡建刚（2007）等都强调“刚、刚刚”的语法意义为“对动作或状态持续时段的主观认定趋短”，而“刚才”则是对“不久之前”的“客观陈述”。因此，“刚、刚刚”所指示的时段可短到几秒，也可以长到几年，只要主观认定不长，就可以用“刚、刚刚”表示。例如：

8. 而这个专业在中国又和其他重要的专业一样，是一个刚刚起

步的行业而且前途非常广阔。(《MBA宝典》)

9. 中国的经济状况刚好转。(聂建军、尚秀妍1998年用例)

以上例句中的“刚”就可能长达几年甚至几十年。

我们同意孙占林(1992)的观点。他在文中提出:“长与短是相对的,它的确切内涵是以叙述者选定的参照系为标准而确定的。当实现的时段少于其参照系时段时,则为短;反之则为长。而参照系时段的选定是多种因素相互作用的结果。离开了特定的参照系,则无所谓长,也无所谓短。”[①]因此,上例中的时段一定比说话人心目中的参照系时段短,所以用了“刚”。比较这样一个对话:

10. A. 他才刚走了一个月啊!

B. 什么啊?都一个月了,还说刚一个月!

说话者A的参照时段一定长于一个月,因此用了“刚”。而B的参照时段短于一个月,所以用“都”。

总之,“在时间量上的主观趋短性”是时间副词“刚/刚刚”的基本特性。发展到后来,出现了“(刚/刚刚)V_1……就V_2”的句式及各种变式。该句式强调V_1和V_2在时点上日益趋近,甚至几乎同时发生。例如:

11. 每年除夕夜,时钟刚刚敲过11下,人们就高举火把,唱着赞歌,争先恐后地奔向附近的山林,去找幸福的“金桦果”。(《人民日报》1993年1月)

12. 当她刚一踏上社会,就被恶少奸污,还受到社会舆论的非议,把她看成不贞洁的罪人。(《中国儿童百科全书》)

13. 高妈刚一转脸,他奔了天桥,足玩了一天。(老舍:《骆驼祥子》)

14. 结果他俩一进入谷口,就被狼群包围。(王凤麟:《野狼出没的山谷》)

---

① 孙占林:《也谈“刚+V+M”和“刚才+V+M”》,《蒙自师专学报》1992年第3期,第81页。

15. 鸿渐俩从桂林回来了两天，就收到汪处厚的帖子。(钱锺书：《围城》)

句式中有了“一”和“就”的参与，V_1和V_2时点间的间隔变得更短暂，有时甚至同时发生。于是又发展出了“两时点趋同”的意思，即义项2：时间上趋同，不早不晚。时间量上的趋短性和趋同性又进一步发展出了程度上的趋近性和趋同性，即义项3。

“刚、刚刚”的用法也基本相同，它们常可以出现在如下一些结构当中。

第一，“刚/刚刚＋VP”，这是它们所出现的最基本，最简单，也是最常见的结构。如：

16. 老师的话音刚落，华罗庚的答案就脱口而出，老师连连点头称赞他的运算能力。(《中国儿童百科全书》)

17. 老秀才晚年得子，深怕断了香火，匆匆在邻村里选中一个姑娘，便逼着刚刚成年的儿子结婚。(边震遐：《秋鸿》)

18. 天刚麻麻亮，刘祥、子元就带着演员去林中、河边、山上练武功、吼嗓子。(何洁：《落花时节》)

“刚/刚刚＋VP”结构在句中既可以做谓语成分（例16)，也可以做定语成分（例17)。但“刚/刚刚”在整个结构中都是做VP的状语成分的，修饰VP，且其语义指向VP。这儿的“刚/刚刚”取其基本义，即VP所表示事件的始发时点与参照时点间时间相隔不久。且“刚/刚刚”往往是说话者要强调的焦点信息。

“刚刚”与“刚”稍有不同的地方是：“刚刚”为叠音词，不修饰单音节光杆中心词。如例16中的“刚落”，如果说成“刚刚落”，就会觉得语用上节律失衡。这是因为“由于节律和谐的要求，现代汉语的双音节副词多要求配双音节或多音节中心语，少修饰单音节光杆中心语。叠音副词在这方面的倾向性更强”。[1]

不仅如此，“刚刚”还避免与含叠音成分的中心语连用，如例18中的

[1] 张邱林：《副词“刚刚”语用上的节律制约》，《修辞学习》2000年第3期，第11页。

“麻麻亮”。如果说成“天刚刚麻麻亮”，读起来就很拗口，也很少见这种表达。“刚刚”也很少与后缀叠音中心语连用，如“天刚灰蒙蒙”，很少说成“天刚刚灰蒙蒙”。这说明现代汉语有时需要避免叠用复现，以错综求顺口。

出现在“刚/刚刚＋VP”结构中的VP一定有一个明显的开始时点。由于“刚/刚刚”表示VP所表事件的始发点与参照点间隔时间不长，因此可以出现在此类结构中的VP一定是过程动词，且过程动词所表示状态还可能延续下去，出现在该类结构中的动词可以是B_{TVa2}、B_{IVa3}、B_{TVa3}、B_{TVa6}、B_{TVa7}或B_{IVa5}等。

第二，“时点时间词语＋刚/刚刚＋VP”。如：

19. 早上刚摘的，看，还带着露水呢。（周晓冰1993年用例）
20. 我两天前刚领到工资。（张斌：《现代汉语虚词词典》用例）

“时点时间词语”包括时点时间名词（如“早上”）和表达时点的时间短语（如“两天前”）。表时间的词语在句中指明动作行为或事件发生的具体时间，“刚/刚刚”则表示说话者主观认定动作行为或事件发生在参照点不久之前。二者相互补充，并不矛盾。其中，“刚/刚刚”为语法重音，语义指向后面的VP，强调主观认定事件发生在不久前。而位于“刚/刚刚”之前的时点时间词与“刚/刚刚”一起作为句子的焦点信息，客观说明事件发生的具体时间。

需要说明的是：说话者认为动作行为或事件在不久前发生或出现，因此出现在其中的VP必须可表达过程的持续，这些谓词总结起来包括B_{TVa2}、B_{IVa3}、B_{TVa3}、B_{TVa6}、B_{TVa7}、B_{IVa5}等。

但是此结构中的时点时间词语不能位于“刚/刚刚”的后面。例如：

*刚早上摘的，看，还带着露水呢。
*我爹刚去年死，才还清棺材钱。……①

现代汉语中还存在着这样一种结构，即“刚/刚刚＋时点时间词语”，

① 例句前带“＊”，表示这是一个在现代汉语中不成立的句子。

这时没有VP出现。如：

21. 表上刚九点钟，可是校门口大操场上人影都没有。（钱锺书：《围城》）

22. 刚刚早晨，空气又粘又脏，站里站外的人，……吆喝着挤来挤去。（孟晓云：《多思的年华》）

这些例句中，“刚/刚刚”作状语，其语义指向后面的时间名词组。但语义不再是其基本义，而是“恰好，恰恰”之义，且隐含有“到”的意思。

第三，“刚/刚刚＋VP＋时/的时候”。例如：

23. 刚解放时候儿就在路东那儿住，在那儿住了几年又搬到这儿来。（马光英：《北京话口语》）

24. 据史料介绍，狭义相对论在刚提出来之时，世界上只有12个人理解它。（《21世纪的牛顿力学》）

例句中，“刚/刚刚＋VP”做“……时/时候”的定语，而时间副词“刚/刚刚”主要修饰VP，做VP的状语。也可以看作固定结构，即“刚/刚刚……时/的时候”的用法，它们一起表示时间。其中，“时/时候”把时间定位在某时点；而“刚/刚刚”则进一步说明这个时点是指VP所表达的动作行为或状态的始发点。因此，VP必须是过程性谓词词组，可出现的谓词包括B_{TVa2}、B_{IVa3}、B_{TVa3}、B_{TVa6}、B_{TVa7}、B_{IVa5}等。

第四，“刚/刚刚＋VP＋时段时间词语”。例如：

25. 我刚来一会儿。（《现代汉语八百词》用例）

26. 刚刚出来几天，就常常被一种说不清、道不明、莫名其妙的情绪搅得睡不安然。（闵国库：《在倾斜的版图上》）

“VP＋时段时间词语”说明的是VP所表达的动作或状态持续了一个时段，该时段正是时段时间词语所表达的时段，且时段长短取决于说话者的主观看法。“刚/刚刚”取其基本义，即“对动作或状态持续时段的主观认定趋短”，为句中的语法重音。而时段时间词为其焦点信息，也是“刚/刚刚”的语义指向。

有些情况下，这种结构中谓语所指行为或其产生的状态往往可以持续到说话时，如例 25 和例 26。因此，出现在这类结构中的 VP 同样必须是过程动词，可以是瞬间的，也可以是延续的，包括 B_{TVa2}、B_{IVa3}、B_{TVa3}、B_{TVa6}、B_{TVa7}、B_{IVa5} 等。

我们还注意到，句中的时段时间词不能提到 VP 前，否则句子就不成立。如“＊我刚一会儿来；＊他刚半小时睡了；＊雨刚刚几分钟下了”等都不成立。但当把“VP”提前到“刚/刚刚”之前时，发现句子是可以成立的。如：他睡了刚半个小时；他回到京城刚一个月，就上奏章给明世宗弹劾严嵩，大胆揭发严嵩十大罪状，条条都有真凭实据。(《中华上下五千年》)。但语义不同，此时的“刚/刚刚”的意义为“正好，恰好，不长不短”，当然也隐含着说话人认为时间短的语义。

第五，介词短语做状语时，出现在“刚/刚刚”结构前后均可。如：

27. 当时他刚从大学毕业，第一篇论文就提出后来被称为基尔霍夫第一和第二定律的两个定律，运用这两个定律能正确而迅速地求解任何复杂的电路。(《中国儿童百科全书》)

28. 4 时正，227 次列车在深圳站刚刚停稳，客运员李燕贺等人立即登上 5 号车厢……(《人民日报》1993 年 1 月)

当其他副词与“刚”共现时，一般都出现在“刚”的前面。如：二婶儿才刚出院；我也刚到家。①

但“刚刚”一般仅与单音节副词连用，避免与叠音副词连用。如：我的事业仅仅刚开始，今后若干年内，除了回美国向研究所汇报外，我准备用大部分时间待在这里和猩猩一同生活（德兰：《真》）。此处“仅仅刚”就不能说成“仅仅刚刚”，这是由语用节律决定的，读起来太拗口，不符合习惯。谓词性状语也一般位于时间副词“刚”的前面，如“几个孩子高高兴兴刚回来”。

综上，时间副词“刚、刚刚”倾向于位于各类状语之后。

① 以上两例都来自于周晓冰 1993 年用例。

第六，“刚”还会出现在一些固定搭配中，如“刚（一）VP_1……，就/又/便 VP_2”等。如：

29. 这人刚一死，自然这个鼓手就得来了。（白文渊：《北京话口语》）

30. 丈夫刚回来，又被人喊走了。（张斌：《现代汉语虚词词典》用例）

31. 陆母刚刚坐下，突然弹射而起……（祖慰：《困惑，在双轨上运行》）

这种结构以事件（即 VP_1所表达的事件）为参照点，强调前后两动作或事件发生的时点日趋接近，两事件间的时间间隔很短。有学者称这种结构是“顺接时点强调式”①，因为它强调 VP_1 于始发点同 VP_2 顺向紧接。“刚”仍取其基本义，即事件发生在不久之前。“刚……就/又/便”为这类句子的自然重音，且“刚”语义指向紧跟在其后面的 VP_1。VP_1 也必须是过程动词，但不包括心理动词，因为它属于另一种情况，我们马上会提及。因此，适合这类结构的谓词包括 B_{IVa3}、B_{TVa3}、B_{TVa6}、B_{TVa7}、B_{IVa5} 等。

但由于言语节律因素的制约，“刚刚”一般不插入“一……就……”结构当中。当“刚刚”出现在“刚刚 VP_1……，就/又/便 VP_2”结构中时，后面的分句中一定有“立即、突然、猛然”之类表示瞬间速发的词语，如例 31。

第七，刚＋心理动词，如“想、要、准备、打算”等。例如：

32. 1997 年 2 月，五位探险者乘坐一架水上飞机到达百慕大三角区上空时，刚要就餐，突然叉子弯了，飞机上所有的钥匙都变了形。（《中国儿童百科全书》）

33. 我刚想走，突然想起有人要来找我。（张斌：《现代汉语虚词词典》用例）

例句显示：“刚＋心理动词”位于句中时，句子往往是复句。且

① 张邱林：《副词“刚刚”语用上的节律制约》，《修辞学习》2000 年第 3 期，第 11 页。

“刚＋心理动词”必须位于句前一个分句中，后一个分句往往表示转折。整个复句表示事件正要发生之时，被另一件意想不到的事情打断了，没有继续下去。因此，“刚”表示“心理动词”所表示的动作正处于始发时点，但其具体的事件还没开始。这是由“心理动词”的特殊性决定的，因为人的某种心理活动到其所思考的事件付诸实践总是要有个过程的。此类结构也可以称作“逆接时点强调式”[①]，表示 VP_1 想法于始发点同 VP_2 逆向紧接，适合的动词只有 B_{TVa2}。

以上便是时间副词“刚、刚刚”在现代汉语中可能出现的全部句法结构及其在各种结构中的不同意义。

虽然“刚刚”和“刚”是一对同义词，都表示动作的始发点，其用法也基本相同。但仔细品味，还是略有不同。

首先，在表意方面，“刚刚”往往可以比“刚”更能突出强调动作或事件的速发性。当两动作行为间的时间间隔事实上间不容发时，“刚刚”比“刚”更能给人鲜明的感觉。例如：

34. 刚刚和这辆卡车错过，迎面又来了一辆同样的运输原木的卡车。（白桦：《一支枯竭了的歌》）

35. 曹操的人马刚刚到了汴水，就遇到董卓部将徐荣的拦击。（《中华上下五千年》）

如果上例中的“刚刚”由“刚”替代的话，两事件时间承接的紧密性就没有原句明显。当“刚刚”出现在“刚刚 X 就 Y”中时，后面的分句常出现“突然、立即、忽然”之类表示瞬间速发的词语，比“刚 X 就 Y”更强调两动作的紧接性和动作 Y 的速发性。

其次，“刚刚”为叠音词，而“刚”是单音词。虽然“刚刚”在句法搭配上受到很多限制（如前面所具体讨论过的），但在某种情况下，“刚刚”更能加强语句的节奏感和音乐美。如：

36. 刚刚背道而驰，马上迎头碰到。（高晓声：《巨灵夫人》）

37. 春风刚刚过去，清明即将到来。（郭沫若：《科学的春天》）

---

① 张邱林：《副词“刚刚”语用上的节律制约》，《修辞学习》2000 年第 3 期，第 11 页。

因此，语流中音节配合的需要，也是选择“刚”和“刚刚”的重要因素。

据上述分析，“刚/刚刚”的句法规则可总结如下：

1. 若 $\delta \in B_{TVa2} \cup B_{TVa3} \cup B_{TVa6} \cup B_{TVa7}$，则 $F_1(\delta)$＝刚/刚刚 $\delta \in P_{TV}$.

2. 若 $\delta \in B_{Iva3} \cup B_{Iva5}$，则 $F_2(\delta)$＝刚/刚刚 $\delta \in P_{IV}$.

3. 若 $\delta \in B_{TVa2} \cup B_{TVa3} \cup B_{TVa6} \cup B_{TVa7}$，则 $F_3(\delta)$＝时点词语刚/刚刚 $\delta \in P_{TV}$.

4. 若 $\delta \in B_{Iva3} \cup B_{Iva5}$，则 $F_4(\delta)$＝时点词语刚/刚刚 $\delta \in P_{IV}$.

5. 若 $\delta \in \emptyset$，则 $F_5(\delta)$＝刚/刚刚 时点词语 $\in P_{\emptyset}$.

6. 若 $\delta \in B_{TVa2} \cup B_{TVa3} \cup B_{TVa6} \cup B_{TVa7}$，则 $F_6(\delta)$＝刚/刚刚 δ（之）时/的时候 $\in P_{TV}$.

7. 若 $\delta \in B_{Iva3} \cup B_{Iva5}$，则 $F_7(\delta)$＝刚/刚刚 δ（之）时/的时候 $\in P_{IV}$.

8. 若 $\delta \in B_{TVa2} \cup B_{TVa3} \cup B_{TVa6} \cup B_{TVa7}$，则 $F_8(\delta)$＝刚/刚刚 δ 时段词语 $\in P_{TV}$.

9. 若 $\delta \in B_{Iva3} \cup B_{Iva5}$，则 $F_9(\delta)$＝刚/刚刚 δ 时段词语 $\in P_{IV}$.

10. 若 $\delta \in B_{TVa2} \cup B_{TVa3} \cup B_{TVa6} \cup B_{TVa7}$，则 $F_{10}(\delta)$＝δ 刚/刚刚 时段词语 $\in P_{TV}$.

11. 若 $\delta \in B_{Iva3} \cup B_{Iva5}$，则 $F_{11}(\delta)$＝δ 刚/刚刚 时段词语 $\in P_{IV}$.

12. 若 $\delta \in B_{TVa3} \cup B_{TVa6} \cup B_{TVa7}$，则 $F_{12}(\delta)$＝刚（一）δ，就/又/便 $\delta' \in P_{TV}$.

13. 若 $\delta \in B_{Iva3} \cup B_{Iva5}$，则 $F_{13}(\delta)$＝刚（一）δ，就/又/便 $\delta' \in P_{IV}$.

14. 若 $\delta \in B_{TVa3} \cup B_{TVa6} \cup B_{TVa7}$，则 $F_{14}(\delta)$＝刚刚 δ，（突然/立即/猛然……）$\in P_{TV}$.

15. 若 $\delta \in B_{Iva3} \cup B_{Iva5}$，则 $F_{15}(\delta)$＝刚刚 δ，（突然/立即/猛然……）$\in P_{IV}$.

16. 若 $\delta \in B_{TVa2}$，则 $F_{16}(\delta)$＝刚/刚刚 $\delta \in P_{TV}$.

据此便可以生成所有合语法的语句，而避免生成诸如“*我刚刚是学生三天了”、“*我刚惊讶”等不合法的语句。现需要引入一个与“刚/刚刚”对应的模态算子“Ga”，上述句法规则对应的翻译规则和模型论解释定义如下。

17. 若 $\delta \in B_{TVa2} \cup B_{TVa3} \cup B_{TVa6} \cup B_{TVa7}$，则 $F_1(\delta)$ 翻译为：

$\lambda\mathscr{P}(\lambda x\, \mathscr{P}(\lambda y(Ga(\delta'(x,y)))))$，其中，$\delta'$是 δ 的翻译。

把此处的“Ga”记为“Ga_1”，则“Ga_1”的模型论定义如下：如果，

（1）I 为该模型的参照时间段，一般理解为说话时间；

（2）（m_1，m_2）为开区间时间段，其中 $m_1 < m_2$；

那么 $\| Ga_1\ \Phi \|_{\Omega,i}=1$，当且仅当，存在 i，m_1，$m_2 \in M$，I，I'，$I'' \in I$，满足 $I'=\{m_1\}$，$\{m_2\} \subset_{fi} I$，$i \in I$，I'' 是说话者的主观感受时段，$\|\Phi\|_{\Omega,I'}=1$，且 $(m_1, m_2) \subset I''$。

18. 若 $\delta \in B_{Iva3} \cup B_{Iva5}$，则 $F_2(\delta)$ 可翻译为：

$\lambda x\ [Ga\ (\delta'(x))]$，其中，$\delta'$ 是 δ 的翻译。

“Ga”的模型论定义同“Ga_1”。

19. 若 $\delta \in B_{TVa2} \cup B_{TVa3} \cup B_{TVa6} \cup B_{TVa7}$，则 $F_3(\delta)$ 翻译为：

$\exists e \exists_i [\lambda \mathscr{P}(\lambda x \mathscr{P}((\lambda y(Ga(\delta'(x,y)))) \wedge e=\delta'(x,y) \wedge i=$ 时点词$' \wedge \tau(e) \subseteq i_e]$，其中，$\delta'$ 是 δ 的翻译，“时点词'”为时点词所对应的逻辑翻译，$\tau(e) \subseteq i_e$ 表示事件 e 的发生时间为 i。

设此处的“Ga”为“Ga_2”，则“Ga_2”的语义解释为：$\| Ga_2\ \Phi \|_{\Omega,i}=1$，当且仅当，存在 i，i'，满足，$i \in I$，$i' \in I_{时点}'$，且 $I_{时点}' < I$，$I' \cap I=\emptyset$，使得 $\|\Phi\|_{\Omega,i'}=1$。其中，I 为说话者主观参照时点所组成的时段，而 $I_{时点}'$ 为时点时间词所表示的时段，“<”表示时段间的居前关系。

20. 若 $\delta \in B_{Iva3} \cup B_{Iva5}$，则 $F_4(\delta)$ 可翻译为：

$\exists e \exists_i [\lambda x[Ga(\delta'(x)) \wedge e=\delta'(x) \wedge i=$ 时点词语$' \wedge \tau(e) \subseteq i_e]$，其中，$\delta'$ 是 δ 的翻译，“时点词'”为时点词对应的逻辑翻译，$\tau(e) \subseteq i_e$ 表示事件 e 的发生时间为 i。

“Ga”的模型论定义同“Ga_2”。

21. 若 $\delta \in \emptyset$，则 $F_5(\delta)$ 翻译为：

$\lambda x\ [\exists_i(i=$ 时点词语$' \wedge Ga\ (R\ (x,\ i)))]$，其中，$\delta'$ 是 δ 的翻译，“时点词'”为时点词对应的逻辑翻译，R 为二元关系“是”。

设此处的“Ga”为“Ga_3”，则其模型论解释定义为：$\| Ga_3\ \Phi \|_{\Omega,i}=1$，当且仅当，存在 i，$i \in I$，且 $i \subset_{in} I$，使得 $\|\Phi\|_{\Omega,i}=1$。

22. 若 $\delta \in B_{TVa2} \cup B_{TVa3} \cup B_{TVa6} \cup B_{TVa7}$，则 $F_6(\delta)$ 可翻译为：

$\exists e \exists_i [\lambda \mathscr{P}(\lambda x\ \mathscr{P}((\lambda y(Ga(\delta'(x,y)))) \wedge e=\delta'(x,y) \wedge \tau(e)=i]$。其中，$\delta'$ 是 δ 的翻译，$\tau(e)=i$ 表示时点 i 就是事件 e 发生的时间。

“Ga”的模型论定义同“Ga_2”。

23. 若 $\delta \in B_{Iva3} \cup B_{Iva5}$，则 $F_7(\delta)$ 翻译为：

$\exists e \exists_i [\lambda x(Ga(\delta'(x))) \wedge e=\delta'(x) \wedge \tau(e)=i]$。其中，δ'是δ的翻译，$\tau$（e）$=$i 表示时间 i 就是事件 e 发生的时间。

"Ga"的模型论定义同"Ga_2"。

24. 若 $\delta \in B_{TVa2} \cup B_{TVa3} \cup B_{TVa6} \cup B_{TVa7}$，则 $F_8(\delta)$ 翻译为：

$\exists e \exists_I [\lambda \mathscr{P}(\lambda x\, \mathscr{P}(\lambda y(Ga(\delta'(x,y))))) \wedge e=\delta'(x,y) \wedge I=$时段词语$' \wedge LAST(e)=I]$，其中，δ'是δ的翻译，"时段词语'"为时段词语对应的逻辑翻译，LAST 指事件 e 所持续的时间。

把这儿的"Ga"记为"Ga_4"，其模型论解释定义则为：$\| Ga_4 \Phi \|_{\Omega,I}=1$，当且仅当，存在时段 I 和 I'，满足 I＜I'，使得 LAST $(\Phi)^{预想}=I'$，但 LAST $(\Phi)^{实际}=I$。

25. 若 $\delta \in B_{Iva3} \cup B_{Iva5}$，则 $F_9(\delta)$ 翻译为：

$\exists e \exists_I [\lambda x(Ga(\delta'(x))) \wedge e=\delta'(x) \wedge I=$时段词语$' \wedge LAST(e)=I]$，其中，δ'是δ的翻译，"时段词语'"为时段所对应的逻辑翻译，LAST 指事件 e 所持续的时间。

"Ga"的模型论解释定义同"Ga_3"。

26. 若 $\delta \in B_{TVa2} \cup B_{TVa3} \cup B_{TVa6} \cup B_{TVa7}$，则 $F_{10}(\delta)$ 翻译为：同 $F_8(\delta)$。

"Ga"的模型论解释定义同"Ga_3"。

27. 若 $\delta \in B_{Iva3} \cup B_{Iva5}$，则 $F_{11}(\delta)$ 翻译为：同 $F_9(\delta)$。

"Ga"的模型论定义同"Ga_3"。

28. 若 $\delta \in B_{TVa3} \cup B_{TVa6} \cup B_{TVa7}$，则 $F_{12}(\delta)$ 翻译为：

$\exists e_1 \exists e_2 [\lambda \mathscr{P}(\lambda x\, \mathscr{P}(\lambda y(Ga(\delta'(x,y))))) \wedge e_1=\delta'(x,y) \wedge \exists_{i1} \exists_{i2} (i_1 < i_2 \wedge \tau(e_1) \subseteq i_1 \wedge \tau(e_2) \subseteq i_2]$。其中，δ'是δ的翻译，$\tau$（e）$\subseteq i_e$表示 e 的发生时间为 i_e。

29. 若 $\delta \in B_{Iva3} \cup B_{Iva5}$，则 $F_{13}(\delta)$ 翻译为：

$\exists e_1 \exists e_2 [\lambda x(Ga(\delta'(x))) \wedge e_1=\delta'(x) \wedge \exists_{i1} \exists i_2 (i_1 < i_2 \wedge \tau(e_1) \subseteq i_1 \wedge \tau(e_2) \subseteq i_2]$。其中，δ'是δ的翻译，$\tau$（e）$\subseteq i_e$表示事件 e 的发生时间为 i_e。

30. 若 $\delta \in B_{TVa3} \cup B_{TVa6} \cup B_{TVa7}$，则 $F_{14}(\delta)$ 翻译为：同 $F_{12}(\delta)$。

31. 若 $\delta \in B_{Iva3} \cup B_{Iva5}$，则 $F_{15}(\delta)$ 翻译为：同 $F_{13}(\delta)$。

32. 若 $\delta \in B_{TVa2}$，则 $F_{16}(\delta)$ 翻译为：同 $F_{12}(\delta)$。

例 28—32 中"Ga"的模型论定义均为"Ga_1"。它们的解释之所以同 $F_{12}(\delta)$ 和 $F_{13}(\delta)$，是因为：δ指的是那些如"想、要、打算、准备"等心理动词。"前一事件被后一事件打断了"指"δ+宾语"部分所表示的事件

被 VP_2打断了，但 δ 所表达的动作行为还是出现了的。

总之，时间副词“刚/刚刚”最基本的语义特点就是主观认定时段趋短。可修饰具有明显始发时点的过程动词及动词性短语，也可以与表示时点和时段的时间词共现。“刚/刚刚”多为说话者要强调的焦点信息，同时也是句子的重音所在。它们在句中除了表达基本语义外，还可以表达说话者认为时间趋短的情态义。

三　现在时制的时间副词（“至今”）的形式语义

如果事件发生的时间（E）与参照时间（R）在时轴上重合，我们就称其为现在时（present），相当于进行态（邹崇理，2000）。

现代汉语中表现在时的大多为时间名词，如：现在、当前、如今……。“时间副词中表现在时的极少，只有一个‘至今’。”①

“至今”表示到目前为止，后边常用“还”、“仍然”、“依然”等。②正如陆俭明（1985）和肖奚强（2001）所说，“至今”不单纯指说话时间如何，而表示事件从过去某时间直到说话时一直如此。而现在时强调的是事件在参照时间正在发生。显然，“至今”的语义内涵比现在时要丰富。但在现代汉语时间副词中只有“至今”与现在时制最接近，陆、肖二位先生也把它归为表现在时制的时间副词中。当然，“正、在、正在”也有现在时制的语义特点，但它们更强调事件的持续和进行，因此归为持续体更合适。

“至今”强调事件从过去某时间到现在一直如此，因此，［±持续］是其重要的语义特征。语义中的过去某时间要视具体语境来定，有时有明确指示，有时并没有明确说明，如：

1. 从 1907 年哈佛学院建立至今，MBA 走过了风风雨雨。（《MBA 宝典》）

2. 这个奇特的名称一直沿用至今。（《中国儿童百科全书》）

3. 至今上海郊区有的农民还把玉米叫番麦。（《中国儿童百科全

① 肖奚强：《面向中文信息处理的现代汉语副词研究》，博士学位论文，上海师范大学，2001 年，第 13 页。

② 张斌：《现代汉语虚词词典》，商务印书馆 2006 年版，第 744 页。

书》)

在没有明确指明起点的例句中，有些可以根据上下文推测出来，如例2，也许上文中提到了这个奇特名称的来历及时间；有些则是无法确定的，如例3。这说明，事件的开始时间并不是“至今”所关心的，它主要关心和强调的还是在参照时间（即“现在”）事件处于进行之状态。而将来如何，这个事件是否会存在或进行下去也不是“至今”的语义所在。

在现代汉语中，“至今”较少与谓词或谓词短语直接连用。

4. 已经过去七年多了，王永明双脚上至今留有清晰可见的大镣啃烂过的伤痕。(《中国农民调查》)

5. 此二藏至今保存，为研究道教提供了基本资料。(阴法鲁、许树安:《中国古代文化史》(三))

6. 他们的业绩，至今是当代文学永不凋谢的主题。(《人民日报》1993年6月)

从CCL随机收集的含有“至今”的500个语料中，仅有两例（例4和例5）是“至今”直接与动作性谓词或谓词短语连用。这些谓词包括B_{TVa3}和B_{IVa4}，而且这两类动词在理论上是可以与其直接连用的。而在后来的查询中，发现“至今”与关系动词B_{TVa1}连用的例句相对较多，如例6。

当“至今”直接与谓词或谓词短语连用时，其语义指向紧随其后的谓语部分，强调句子主语所进行的事件在参照时间之时处于存在或进行状态。“至今”为句子的语法重音和焦点信息，在句中起强调作用。

更多情况下，“至今”是与“还、仍（然）、依然”等表示持续的副词连用的，一起修饰谓语动词。如：

7. 中国在历史上曾是化学武器的受害国，领土上至今还遗留着侵华日军遗弃的大量化学武器。(《2000年中国的国防》来自《中国政府白皮书》)

8. 所有这些问题至今仍然是一个谜。(《中国儿童百科全书》)

9. 秦时蜀郡李冰修筑的都江堰，至今仍造福于人民。(《中国儿童百科全书》)

10. 它成为衣阿华大学的特色之一，至今依然存在。(《读书》第147卷)

通过语料分析发现如下规律：“至今”经常与“还”和“仍（然）”搭配一起来修饰谓词，而与“依然”搭配使用相对较少，在CCL语料库中，仅发现84例。其次，“至今”与“还、仍（然）、依然”连用，与动词“是”、“有”共现的几率是最大的。再次，它们均可以共同修饰及物或不及物动作动词或动词短语，但一定要是具有[±持续]语义的动词。另外，“至今仍”还可与“为”连用，而其他两者则不行。因此，可以出现在它们后面的谓词包括“是、有”、B_{TVa3}和B_{IVa4}中的可持续动词。

“还、仍然、依然”都是强调过去存在的某事件现在存在或进行，具有[+持续]的特征。这一点与“至今”的语义同。因此，它们连用一方面是阅读或说话之习惯，另一方面也是加强语气和强调之便。但“至今”仍是句子的语法重音和焦点信息。

此外，“至今”与“还、仍（然）、依然”一起还经常修饰带有状语的谓词短语，如：

11. 在楚芬豪森的保时捷公司总部，他的办公室至今还按原样保存着。(《人民日报》1995年3月)

12. 2000多年前建造的都江堰，至今仍对中国四川省的成都平原发挥着防洪、灌溉、航运作用，……(《中国儿童百科全书》)

13. ……，其意义在于再现传统文化活泼泼的流动精神，这种精神至今依然在我们心中流淌。(《报刊精选》1994年12月)

“至今还（仍然/依然）”后接的状语包括地点状语、对象状语和方式状语等，和这些状语连用的谓词多为B_{TVa3}和B_{IVa4}。

“至今”的语义指向状语部分，强调事件的方式、地点或对象的持续性。“至今还（仍然/依然）”等为句子的重音所在，也是语句的焦点信息。

“至今还（仍然）”还经常与否定词“没有/不”连用。先来看“至今还”与否定词连用的情况。如：

14. 历史上我们曾经多少次与机遇失之交臂，因此我们的经济至

今还不发达。(《人民日报》1993 年 3 月)

15. ……，我们至今还不知道它们的存在，……(《中国儿童百科全书》)

16. 另一方面，赔偿伪钞带来的损失至今还不是银行的业务范围。(《报刊精选》1994 年 4 月)

17. 至今还没有确切的答案。(《中国儿童百科全书》)

18. 这个由美国物理学家 W. 纽科姆提出的悖论，至今还没有解决。(《中国儿童百科全书》)

“至今还”与“不”连用时，修饰的中心语多为心理动词，如“知道、认识、明白、忘记”等，即 B_{TVa2}；其次是系动词“是”，如例 16；B_{TVa3} 和 B_{IVa4} 也可以与其共现，但出现频率不高，如例 18。而“至今没有”的使用就没那么广泛了，紧随其后的多为名词宾语，如例 17，强调名词所表示的事物到“现在”没有出现。

现在看“至今仍（然）”与否定词连用的情况。

19. 库凡达说，伊拉克至今仍不承认联合国划定的伊拉克—科威特国际边界。(《人民日报》1994 年 1 月)

20. 第二台是该厂提供的国产化产品，安装了两个月左右，至今仍不能正常工作。(《报刊精选》1994 年 9 月)

21. 但被告至今仍不执行我院责令其提供担保的裁定，……(《人民日报》1994 年 3 月)

22. 二种驱逐与被驱逐的兽名与神名在当时有不同的记载，但其深层意义至今仍没有较合适的解释。(阴法鲁、许树安：《中国古代文化史》(三))

23. 似乎我听说，小傅至今仍没有找到一位合适的恋人。(苗长水：《等待》，见《作家文摘》1997B)

语料统计发现，“至今仍（然）”与否定词“不”共现时，可供修饰的最多的是心理动词 B_{TVa2}，如“明白、相信、愿意、承认”等，占了此类语料总数的一半以上。其次是能愿动词，如“能、敢、会”等，如例 20。此外，B_{TVa3} 和 B_{IVa4} 也可与之共现。而“至今仍（然）”与“没/没有”共现时，可供修饰最多的是名词或名词短语，如例22。

但“至今依然”却很少与否定词搭配使用。通过语料只找到一例与“不”共现的情况，如“无奈她至今依然不得不屈从于克莱德，并且事实上她已做出了有损自己声名之事，……（《美国悲剧》）”。但其中的“不”不是单纯表否定的，而是“不得不”的组成部分。

“至今还（仍然）”修饰带有否定词的谓语部分时，它们语义指向的是包括否定词在内的整个谓语部分，强调说明该事件在参照时点还没有发生，或者事件没有发生或出现的状态持续到参照时间。“至今”仍是语句的自然重音和焦点信息。

“至今”也经常与否定词直接连用。

24. 香港、澳门、台湾地区及海外华侨、华人、留学人员中掀起的捐款热潮，势头至今不减。（《人民日报》1993年6月）

25. 3月出了第一版，6月又第二次印刷，两次一共印了一万册，可却至今不通知作者，既不寄样书也不付稿费。（《“包装”之外还被篡改?》，见《作家文摘》1995B）

26. 因此，除《齐民要术》外，是否还有其他值得提及的真正农书，至今没有发现直接史料可供参证。（阴法鲁、许树安：《中国古代文化史》（三））

27. 反映电视机遥控器失灵，手动调谐按钮不起作用，并询问修理方法，至今没有回音。（《人民日报》1993年6月）

“至今”与“不”共现时，它们修饰的词以单音节为主，如例24。其修饰的动词主要有B_{TVa2}、B_{TVa3}和B_{IVa4}三类。“至今”很少与“没”连用，多为“没有”。“至今没有”同样可以修饰名词，如例27；也可以修饰及物和不及物动作动词，如例26。这时，“至今”语义指向紧随其后的包括否定词在内的整个谓语部分，强调事件在参照时点处于不存在或不发生的状态。“至今”为句子的自然重音和焦点信息。

“至今”的语义中含有义素［＋从过去到现在］，因此它很少与另外的时段时间词共现。它有时可与时点词共现，但时间词一般位于“至今”之前，表示事件发生或不发生的起始时间，此不赘述。

“至今”可与助词“着、了”共现，但意义各有差异。例如：

28. 杜威的教育思想，至今影响着美国教育和世界其他国家的教育。(《中国儿童百科全书》)

29. 从1979年起，他就担任了中国戏曲学院副院长的职务，至今依然挂着顾问的头衔。(《人民日报》1993年1月)

30. 鹦鹉螺是一类古老的软体动物，至今已经历了三亿五千万年的沧桑世变，现仅剩下四种……(《中国儿童百科全书》)

31. 这段运河开凿至今已有2400多年历史了。(《中国儿童百科全书》)

“至今”与“着”共现的语料最多，这与其含有义素［±持续］有很大关系。且“至今”与“着”共现时，常常会与“仍/还/依然”等连用，如例29。这时“仍/还/依然”起强调作用，因为“至今”与“着”共现时，说明该事件从过去持续到现在，且现在还在持续；此外，它们的出现也与汉语的语言习惯有关。可以出现在此类结构中的动词多为及物动作动词中具有［±持续］义素的动词。

“至今”与“了”共现的情况很少，CCL语料库中只有不到十例。在它们共现的例子中，常有“已/已经”出现在“至今”后起强调作用。这时紧随其后的动词往往是“经历、有、活”等与时间有关的，后面常连接时段词。“至今”强调事件持续到现在的持续时段。

据此分析，时间副词“至今”在现代汉语中的句法规则可总结如下：

1. 若 $\delta \in B_{TVa1} \cup B_{TVa3}$，则 $F_1(\delta)$ = 至今 $\delta \in P_{TV}$.

2. 若 $\delta \in B_{Iva4}$，则 $F_2(\delta)$ = 至今 $\delta \in P_{IV}$.

3. 若 $\delta \in B_{TVa2} \cup B_{TVa3}$，则 $F_3(\delta)$ = 至今 不 $\delta \in P_{TV}$.

4. 若 $\delta \in B_{Iva4}$，则 $F_4(\delta)$ = 至今 不/没有 $\delta \in P_{IV}$.

5. 若 $\delta \in \emptyset$，则 $F_5(\delta)$ = 至今 没有 NP $\in P_{\emptyset}$.

6. 若 $\delta \in B_{TVa3}$，则 $F_6(\delta)$ = 至今 没有 $\delta \in P_{TV}$.

7. 若 $\delta \in$ {是，有} $\cup B_{TVa3}$，则 $F_7(\delta)$ = 至今 还/仍（然）/依然 $\delta \in P_{TV}$.

8. 若 $\delta \in B_{Iva4}$，则 $F_8(\delta)$ = 至今还/仍（然）/依然 $\delta \in P_{IV}$.

9. 若 $\delta \in B_{TVa3}$，则 $F_9(\delta)$ = 至今 还/仍（然）/依然 方式/对象/地点状语 $\delta \in P_{TV}$.

10. 若 $\delta \in B_{TVa4}$，则 $F_{10}(\delta)$ = 至今 还/仍（然）/依然 方式/对象/地

点状语 $\delta \in P_{IV}$.

11. 若 $\delta \in$ {是} $\cup B_{TVa2} \cup B_{TVa3}$，则 $F_{11}(\delta)$＝至今还 不 $\delta \in P_{TV}$.

12. 若 $\delta \in B_{TVa3}$，则 $F_{12}(\delta)$＝至今还 没有 $\delta \in P_{TV}$.

13. 若 $\delta \in B_{TVa2} \cup B_{TVa3}$，则 $F_{13}(\delta)$＝至今仍（然）不 $\delta \in P_{TV}$.

14. 若 $\delta \in B_{TVa1} \cup B_{TVa3}$，则 $F_{14}(\delta)$＝至今仍（然）没（有）$\delta \in P_{TV}$.

15. 若 $\delta \in \emptyset$，则 $F_{15}(\delta)$＝至今 还/仍（然）没有 名词 $\in P_{\emptyset}$.

16. 若 $\delta \in B_{Iva4}$，则 $F_{16}(\delta)$＝至今还/仍（然）不/没有 $\delta \in P_{IV}$.

17. 若 $\delta \in B_{TVa3}$，则 $F_{17}(\delta)$＝至今 还/仍（然）/依然　δ着$\in P_{TV}$.

18. 若 $\delta \in B_{Iva4}$，则 $F_{18}(\delta)$＝至今已（经）δ了 时段时间词语 $\in P_{IV}$.

为了讨论之便，新引入一个模态算子“ZJ”，作为“至今”所对应的逻辑算子。上述各条句法规则翻译成逻辑语言时，所对应的逻辑规则分别为：

19. 若 $\delta \in B_{TVa1} \cup B_{TVa3}$，则 $F_1(\delta)$可翻译为：

$\lambda\mathscr{P}(\lambda x\ \mathscr{P}((\lambda y(ZJ(\delta'(x,y))))$，其中，$\delta'$是$\delta$的翻译。

20. 若 $\delta \in B_{Iva4}$，则 $F_2(\delta)$可翻译为：

$\lambda x(ZJ(\delta'(x)))$，其中，$\delta'$是$\delta$的翻译。

21. 若 $\delta \in B_{TVa2} \cup B_{TVa3}$，则 $F_3(\delta)$可翻译为：

$\lambda\mathscr{P}(\lambda x\ \mathscr{P}((\lambda y(ZJ(\neg\delta'(x,y))))$，其中，$\delta'$是$\delta$的翻译。

22. 若 $\delta \in B_{Iva4}$，则 $F_4(\delta)$可翻译为：

$\lambda x(ZJ(\neg\delta'(x)))$，其中，$\delta'$是$\delta$的翻译。

23. 若 $\delta \in \emptyset$，则 $F_5(\delta)$可翻译为：

$\exists y(Py \wedge ZJ(\neg YOU(x,y)))$，其中，P 为“名词”所对应的逻辑谓词。

24. 若 $\delta \in B_{TVa3}$，则 $F_6(\delta)$可翻译为：

$\lambda\mathscr{P}(\lambda x\ \mathscr{P}((\lambda y(ZJ(\neg\delta'(x,y))))$，其中，$\delta'$是$\delta$的翻译。

25. 若 $\delta \in$ {是，有} $\cup B_{TVa3}$，则 $F_7(\delta)$的翻译同 $F_1(\delta)$。

其中，“还/仍（然）/依然”在语义上对“至今”起加强语气和强调的作用，没有另外的意思。因此，这儿不作具体解释。

26. 若 $\delta \in B_{Iva4}$，则 $F_8(\delta)$可翻译为：同 $F_2(\delta)$。

27. 若 $\delta \in B_{TVa3}$，则 $F_9(\delta)$ 可翻译为：

$\lambda\mathscr{P}(\lambda x\ \mathscr{P}((\lambda y(\delta'(x,y)=e) \wedge ZJ(BY(e,Fangshi')))$，或者

$\lambda\mathscr{P}(\lambda x\ \mathscr{P}((\lambda y(\delta'(x,y)=e) \wedge ZJ(TO(e,Duixiang')))$，或者

$\lambda\mathscr{P}(\lambda x\, \mathscr{P}((\lambda y(\delta'(x,y)=e)\wedge ZJ(IN(e,Didian'))))$。

其中，δ'是δ的翻译，谓词“BY”、“TO”、“IN”分别可以解释为“……通过……方式”、“……在……地方”、“……是对……而言的”；而“Fangshi'”“Duixiang'”、“Didian'”则分别是“方式状语”、“对象状语”和“地点状语”中表示“方式”、“对象”和“地点”的词所对应的逻辑词项。

28. 若 $\delta\in B_{TVa4}$，则 $F_{10}(\delta)$可翻译为：

$\lambda x(\delta'(x)=e\wedge ZJ(BY(e,Fangshi')))$，或者

$\lambda x(\delta'(x)=e\wedge ZJ(TO(e,Duixiang')))$，或者

$\lambda x(\delta'(x)=e\wedge ZJ(IN(e,Didian')))$。其中逻辑谓词和词项的意义同 $F_9(\delta)$。

29. 若 $\delta\in$ {是} $\cup B_{TVa2}\cup B_{TVa3}$，则 $F_{11}(\delta)$可翻译为：同 $F_3(\delta)$。

30. 若 $\delta\in B_{TVa3}$，则 $F_{12}(\delta)$可翻译为：同 $F_6(\delta)$。

31. 若 $\delta\in B_{TVa2}\cup B_{TVa3}$，则 $F_{13}(\delta)$可翻译为：同 $F_3(\delta)$。

32. 若 $\delta\in B_{TVa1}\cup B_{TVa3}$，则 $F_{14}(\delta)$可翻译为：同 $F_3(\delta)$。

33. 若 $\delta\in\emptyset$，则 $F_{15}(\delta)$可翻译为：

$\exists y\,(Py\wedge ZJ\,(\neg YOU\,(x,\ y)))$，其中，P为“名词”所对应的逻辑谓词。

34. 若 $\delta\in B_{Iva4}$，则 $F_{16}(\delta)$可翻译为：同 $F_4(\delta)$。

35. 若 $\delta\in B_{TVa3}$，则 $F_{17}(\delta)$可翻译为：

$\lambda\mathscr{P}(\lambda x\mathscr{P}((\lambda y(ZJ((Prog(\delta'(x,y)))))$，其中，δ'是δ的翻译，Prog是“着”的逻辑翻译，“Prog”的语义解释为：$\|Prog\,(\Phi)\|_{\Omega,i}=1$，当且仅当，存在 $i'\in I$ 满足 $i\subset i'$ 并且 $\neg(i\subset_{fi}i')$ 且 $\neg(i\subset_{in}i')$，使得：$\|\Phi\|_{\Omega,i'}=1$。

36. 若 $\delta\in B_{Iva4}$，则 $F_{18}(\delta)$可翻译为：

$\lambda x\,(\delta'\,(x)\,=e\wedge ZJ\,(Last\,(e,\ Shiduan')))$，其中，δ'是δ的翻译，Last解释为“……持续了……时间”，Shiduan'为句中“时段词语”对应的逻辑词项。

最后给出模态算子“ZJ”的模型论语义解释。$\|ZJ\ \Phi\|_{\Omega,i}=1$，当且仅当，存在 $i\in I$，且 $i'\in I$ 满足 $i'<i$，并且 $\neg(i'\subset_{in}I)$ 且 $\neg(i\subset_{fi}I)$，使得：$\|\Phi\|_{\Omega,I'}=1$。其中，I为事件Φ所存在或持续的时段，i为参照时间，而i'为过去的某时点，但它包含在时段I当中。

综上所述，“至今”是现代汉语中很常见的一个时间副词，强调事件

在参照时间处于存续状态，属于现在时范畴的时制副词，[±持续]是其最主要的语义特征。这决定了其所选择的谓语部分多为可持续的或自身具有持续语义的谓词或谓词短语。经常与“还”、“仍然”、“依然”等表示持续的副词连用。

四　将来时制的时间副词（“终将、必将”）的形式语义

能够表示事件发生在参照时间（R）之后的时制副词为将来时制副词。根据陆俭明（1985）和肖奚强（2001），时间副词表将来时有两种情况，即表示说话人希望某种情况在参照时间之后尽快发生、进行或实现，如趁早、及早、早日、立即、立刻、马上；表示某种行为动作或情况在参照时间之后一定会发生、进行或完成，如终将、必将、终久、迟早、早晚。这儿重点分析“终将，必将”这一对时间副词。

语言学者对“终将、必将”作具体研究的几乎没有。就连《现代汉语八百词》和《现代汉语虚词词典》等工具书中都没有收录。只有陆俭明（1985）和肖奚强（2001）简单地用一句话对它们的语义作过说明。陆先生指出：“‘终将、必将’表示某种行为动作或情况虽不会马上发生、进行或完成，但是最后一定会发生、进行或完成。”①

这两个词中，“将”即“将来、将要”之义，因此归入将来时制范畴；而“必/终”则是“必然、终究、一定”之义，二者结合就表示事件将来一定发生，或必然发生。“终将、必将”并未对多远的未来做出标示，因此，它们“表示某种行为或情况在说话之后或迟或早一定会发生、进行或实现”②。

这对副词强调将来发生的必然性，对谓词的选择限制较少。“必将、终将”常与谓词直接连用。例如：

1. 会议取得的理论成果，对边境文化长廊建设的实践必将具有指导意义。(《报刊精选》1994 年 9 月)

2. 我如今坚信，经过大家的努力，阿尔萨斯和洛林终将属于法

① 陆俭明、马真：《现代汉语虚词散论》，语文出版社 1999 年版，第 102 页。

② 肖奚强：《面向中文信息处理的现代汉语副词研究》，博士学位论文，上海师范大学，2001 年，第 14 页。

国。(《第二次世界大战回忆录》第4卷《命运的关键》)

3. 江主席赞赏拉莫斯总统近日宣布取消对华贸易的限制，相信这一举措必将促进两国间贸易的发展。(《人民日报》1993年4月)

4. 瑞情比—我的弟弟—他会变老，也终将死亡。(《龙枪—旅法师》)

“必将、终将”对谓词的限制较少，B_{TVa1}、B_{TVa3}、B_{IVa4}、B_{TVa6} 和 B_{IVa5} 等均可与它们搭配使用，可以是关系动词，如例1；也可以是动作动词，如例3；可以是持续动词，如例2，也可以是瞬间动词，如例4等。

“必将、终将”的语义是后指的，指向紧随其后的谓语部分，强调该事件在参照时间以后一定会发生或实现。“必将、终将”在句中为语法重音，也是句子的焦点信息。

“必将、终将”经常修饰带有状语的谓语部分。如：

5. 同时，由于上述机理，它也必将对有关国家的产业结构发生重大影响……(《WTO与中国》)

6. 西藏正以崭新的姿态走向现代化、走向世界，西藏的文化也必将在这一过程中迎来新的更大的发展。(《西藏文化的发展》，见《中国政府白皮书》)

7. 中国加入世界贸易组织必将在新世纪极大地促进中美经贸关系的发展。(《WTO与中国》)

8. 愿王教授这一夙愿终将在深圳这片土地上得以生根开花。(《报刊精选》1994年7月)

在对CCL中含有“必将、终将”的语料分析后发现，“必将”句中常出现的状语包括对象状语、地点状语和程度状语三种；而“终将”句中只有地点状语一种；当句中出现状语时，谓语部分往往是及物动作动词，即 B_{TVa3}。

当谓语部分含有状语时，“必将、终将”的语义是指向包括状语在内的整个谓语部分的，强调事件在特定地点或时间发生，或以特殊方式进行的必然性；或者说明该情况现在已存在，但在以后会有更高程度的发展，“必将、终将”仍为句子的重音所在，突出说话者对该事件将来出现的必定信念。因此，它们也是句子的焦点信息。

语料中很少看到“必将、终将”在句中与时间词语共现。我们认为，它们说明的是将来的情况，只有可能与表将来的时点或时段词语共现。但由于“必将、终将”强调的是说话者认为事件将来发生的必然性，而具体时间说话者并不能确定，或迟或早，因此，它们也不与表将来的时点词语共现，有时会在它们后面出现表将来的时段词语，如例7。

“必将、终将”不与表示否定的“不，别”连用。语料中发现有它们后面紧随“不”的情况，但“不”不是否定谓语部分的，而是构成“不断地”、“不得不”、“不遗余力”等来修饰谓语部分的。

“必将、终将”的语义中没有［±持续］、［±完成］或［±经历］等义素，因此它们也很少与助词“着、了、过”共现。

由此看来，这对时间副词在现代汉语中的用法相对简单些，句法规则归纳为：

1. 若 $\delta \in B_{TVa1} \cup B_{TVa3} \cup B_{TVa6}$，则 $F_1(\delta)$＝必/终将 $\delta \in P_{TV}$.

2. 若 $\delta \in B_{Iva4} \cup B_{Iva5}$，则 $F_2(\delta)$＝必/终将 $\delta \in P_{IV}$.

3. 若 $\delta \in B_{TVa3}$，则 $F_3(\delta)$＝必将 时间状语 $\delta \in P_{TV}$.

4. 若 $\delta \in B_{TVa3}$，则 $F_4(\delta)$＝必将 地点状语 $\delta \in P_{TV}$.

5. 若 $\delta \in B_{TVa3}$，则 $F_5(\delta)$＝必将 程度副词 $\delta \in P_{TV}$.

6. 若 $\delta \in B_{TVa3}$，则 $F_5(\delta)$＝终将 地点状语 $\delta \in P_{TV}$.

“必将”、“终将”分别对应模态算子“BJ”、“ZJi”。上述句法规则翻译成逻辑语言时对应的逻辑翻译规则如下：

7. 若 $\delta \in B_{TVa1} \cup B_{TVa3} \cup B_{TVa6}$，则 $F_1(\delta)$可翻译为：

$\lambda\mathscr{P}(\lambda x\, \mathscr{P}(\lambda y(BJ(\delta'(x,y)))))$，或者

$\lambda\mathscr{P}(\lambda x\, \mathscr{P}(\lambda y(ZJi(\delta'(x,y)))))$，其中，$\delta'$是 δ 的翻译。

8. 若 $\delta \in B_{Iva4} \cup B_{Iva5}$，则 $F_2(\delta)$可翻译为：

$\lambda x(BJ(\delta'(x)))$，或者 $\lambda x(ZJi(\delta'(x)))$，其中，$\delta'$是 δ 的翻译。

9. 若 $\delta \in B_{TVa3}$，则 $F_3(\delta)$可翻译为：

$\lambda\mathscr{P}(\lambda x\mathscr{P}((\lambda y(\delta'(x,y)=e) \wedge I=Shijian' \wedge BJ(\tau(e)\subseteq I))$，其中，$\delta'$是 δ 的翻译，Shijian'为句中时间状语对应的逻辑词项，$\tau(e) \subseteq I$ 表示事件 e 发生在 I 上。

10. 若 $\delta \in B_{TVa3}$，则 $F_4(\delta)$可翻译为：

$\lambda\mathscr{P}(\lambda x\mathscr{P}((\lambda y(\delta'(x,y)=e) \wedge BJ(IN(e,Didian')))$，其中，$\delta'$是 δ 的翻

译，IN 解释为“……发生在……地方”，Didian’为地点状语对应的逻辑词项。

11. 若 $\delta \in B_{TVa3}$，则 $F_5(\delta)$可翻译为：

$\lambda\mathscr{P}(\lambda x\mathscr{P}((\lambda y(BJ((CD(\delta'))(x,y)))))$，其中，δ’是 δ 的翻译，CD 为程度副词对应的模态算子，在句中为 δ 的高阶谓词，然后CD（δ’）一起作用于论元，BJ 修饰整个算子（（CD（δ’））（x，y））。

12. 若 $\delta \in B_{TVa3}$，则 $F_5(\delta)$可翻译为：

$\lambda\mathscr{P}(\lambda x\mathscr{P}((\lambda y(\delta'(x,y)=e) \wedge ZJi(IN(e,Didian'))))$，其中，δ’是 δ 的翻译，IN 解释为“……发生在……地方”，Didian’为地点状语对应的逻辑词项。

现在我们需要给出模态词“BJ”和“ZJi”具体的语义解释：$\| BJ\ \Phi \|_{\Omega,i}=1$，当且仅当，i 为参照时间，存在 i’，满足 i<i’，且 $i' \subset_{in} I$，使得：$\| \Phi \|_{\Omega,i'}=1$。其中，I 为事件 Φ 所发生或进行的时段，i 为参照时间，而 i’为将来某时点，为时段 I 的起点。

$\| ZJi\ \Phi \|_{\Omega,i}=1$ 的真值条件同 $\| BJ\ \Phi \|_{\Omega,i}=1$。

总之，“必将、终将”表达将来时，同时也含有对说话者情态的表露，即说话者坚信将来事件发生的必然性。因此，其多与表示结果的动词如“实现、加强、死亡、战胜”等连用，而很少与表示持续、完成或经历的“着、了、过”共现。“必将、终将”为句子的焦点信息，强调说话者的坚定态度，也是重音所在。

五　恒常时制的时间副词（“一直”）的形式语义

恒常时制指事件在任何时候都处于存在或进行状态，相当于英语中的一般时，“一直、一向”等就是这一类副词。这儿重点分析“一直”的形式语义。

“一直”来源于“直”。[①] “直”最初是形容词，不弯的。大约汉代时候，“直”虚化为副词，意为“径直，直接”，如“侯生摄敝衣冠，直上载公子上坐，不让”（《史记·魏公子列传》）。这时“直”主要表示动作行为的方式。到了宋代，“直”语义又有了新的发展，表示在特定时域内动作行为或状态持续不变之义。如“暗虫夜啼不肯停，直从黄昏啼到明”（杨

---

① 关键：《“一直”“总”“老”的比较研究》，《汉语学习》2002 年第 3 期，第 21 页。

万里：《不寐》)。“一直”就是从“直”的这个意义发展而来的。

在《现代汉语八百词》中，“一直 ”有三个义项，即：①表示顺着一个方向不变；②强调所指的范围；③表示动作持续不断或状态持续不变。[①] 其中，义项③与“直”在宋代后的义项相同，说明“一直”确实与“直”有渊源关系，这也正是“一直”作为时间副词的唯一义项。另一方面，义项①说明的是在空间上不间断，义项③则体现了其语义从空间向时间的转变。但二者的基本语义都是强调不间断性或持续性。所以，作为时间副词，“一直”强调的是在特定时域内事件（包括动作行为和状态）的不间断性或持续性，说明事件的一般情况或事物的一般状态。因此，“一直”是表恒常时兼表持续体的时间副词。

由于强调持续性和不间断性，与其搭配的动词必须具有［±持续］［±重复］等语义特征。下面我们具体分析其所适合的句法结构。

首先，“一直”与动作动词连用。动作动词包括可持续和瞬间动作动词两类。可持续动词无疑可以与之共现。瞬间动作动词需要具有［±可重复］的语义特点，方可与之在句中共现。因此，不可重复的瞬间动词 B_{TVa6} 和 B_{IVa5} 不可与“一直”共现。先来看“一直”与不及物的动作动词连用的情况。如：

1. 就这样牛一直跑着，人颠着，在街道里来来回回转磨，直到牛累得倒下，死了……(高建群：《大顺店》(连载之四)，见《作家文摘》(1995A))

2. 阿贝贝一直跑在第三、四位。(《读者》(合订本))

3. 此后整整十年，他背着行囊的身影，一直行走在长江两岸。(刘晓鹏、刘新平：《一个独探长江十年的勇士》，见《作家文摘》(1997C))

4. 一直战斗到夜里，刘备才带着残兵败将，突围逃走。(《中华上下五千年》)

5. 更加瘦小枯干了，还一直在阴冷潮湿的石洞里咳嗽着。(冯苓植：《雪驹》)

6. 我还一直在学习。(戴问天：《戈雅：西班牙王室的朝臣与叛

① 吕叔湘主编：《现代汉语八百词》(增订本)，商务印书馆 2005 年版，第 610 页。

逆》，见《作家文摘》(1997B))

从语料中得知，不及物动作动词很少单独或直接与“一直”在句中共现，句中往往会在动词前后出现状语或补语。如果出现的是状语，常为地点状语，表明动词所述事件发生的地点，如例5。如果出现的是补语，则可能是表时点的，如例4，说明动词所述事件结束的时间；可能表地点，如例3，补充动作发生的地点；也可能是位置，如例2。如果动词后带助词，该助词则常为表持续体的“着”，如例1和例5，与“一直”的持续义一致。如果没有助词“着”或状语补语等成分，常常会在动词前出现“在”，如例6。可与之共现的动作动词包括 B_{IVa4} 和 B_{IVa6}。

“一直”是句子的焦点信息和语法重音。但在不同情况下，它所强调的成分不同：当动词后带助词时，“一直”的语义指向谓语动词，强调动作的持续不断；当句中出现状语或补语时，“一直”的语义是指向状语或补语的，强调动词所述事件在某地点或某位置进行的持续性或者其持续的终结时点。

“一直”的持续义或不间断性在不同的语境中还是略微有点区别的。在例1、例2和例4中，“一直”表示的就是“跑”、“战斗”等动作持续，不间断，这时句中或者语境中都有表示短时时段的成分。而在例3中，有“整整十年”这样表示长时时段的词语，句中的“一直”表示的是“行走”这种活动在长时段里发生次数多，间隔时间短，因为“行走”不可能在“十年”的时间里不间断。例6也是如此。这时“一直”可以与“总/总是”互换。在例5中，由于动词“咳嗽”是瞬间动词，不具有持续的特征，因此“一直”也只能理解为该动作发生次数多，间隔时间短。

再来分析“一直”与及物动作动词连用的情况。请看例句：

7. 我一直说，我已经从两个人的世界里走了出来，并不想就这样走回去。(潘虹：《潘虹独语》(连载之九)，见《作家文摘》)(1995B))

8. 所以一整天一直到深夜，大鼓一直在敲。(《读者》(合订本))

9. 他一直跳着，突然有只手拉住了他。(《龙枪——夏焰之巨龙》)

10. 她把这些中国民歌带到西班牙，带到撒哈拉去唱，一直唱了

几十年。(《读者》(合订本))

及物动词包括可持续的和瞬间的，即 B_{TVa3} 和 B_{TVa7}。从语料中看到，及物动作动词与"一直"连用时基本与不及物动词相同，有例 5"一直+状语+VP"、"一直 VP"、"一直 VP 着"、"一直在 VP"、"一直 VP 补语"五种类型。其中补语有表示动作行为持续的时间的，如例 10，也有表情状的，等等。

"一直"的语义指向同样是状语或补语。如果没有状语和补语，"一直"都指向主要谓词。其语义也分为两种。如果谓词为 B_{TVa3}，句中有短时时段词语或者短时语境，"一直"就强调该动作行为在这段时间里没有中断，持续不变；而如果谓词为 B_{TVa7} 或 B_{TVa3}，但句中有长时时段词或长时语境，那么"一直"强调的是该动作行为在这段时间里发生的次数很多，且间隔时间较短。同样，"一直"为语句的语法重音，也是其焦点信息。

其次，心理动词也可与"一直"共现。心理动词体现人们的心理活动，而"心理活动表示大脑的思维活动过程"[①]。心理活动是人进行的一种内在的活动，其起止点是说话者无法确切感知的。所以，句中可有时段词与其共现。如：

11. 那一天我一直在恨他，从内心里开始鄙视他，后悔自己怎么将他介绍给了孩子们。(梁晓声：《冉之父》)

12. 这几天我心里一直后悔，我做了一件对不起你的事！(刘震云：《官人》)

13. 在手稿被发现之前，你一直很尊敬我。(《塞莱斯廷预言》)

通过语料分析发现，"一直"与心理动词共现时，有这样几种形式："一直在 VP"、"一直 VP"、"一直+程度副词+VP"等。且句中往往会出现表示时段的时间词，即使没有，读者也能从语境中断定该行为的持续时段。可出现在此结构中的心理动词包括 B_{TVa2}、B_{TVa4} 和 B_{IVa1}。

不过心理动词大多表达一种较长久的状态，不可能"恨三分钟"，或

① 龚千炎：《汉语的时相时制时态》，商务印书馆 1995 年版，第 19 页。

者“讨厌他十天”等。所以，无论句中出现的是长时时段词还是短时时段词，“一直”都强调该事件在特定时段内持续不变，没有间断。“一直”仍是句子的重音所在，为焦点信息。

再次，“一直”与关系动词连用。如：

14.……，但是这首诗却不在其列，它一直包括在《鼓声》部分，一直用原来的标题，始终没有任何增删。(《读书》第135卷)

15. 进得沟去，你就一直是在葡萄架下行走了。(《人民日报》1994年4月)

16. 过去我们的观点一直是战争不可避免，而且迫在眉睫。(邓小平：《邓小平文选》第3卷)

关系动词 B_{TVa1}，都有与“一直”共现的可能。从语料中可看到，“一直”往往是直接连接关系动词的。关系动词后所带的宾语可以是名词短语，如例14；可以是带状语的动词短语，如例15；还可以是主谓结构的小句，如例16。如果宾语带有定语或状语，“一直”的语义是指向定语或状语的，如例15，“一直”强调的是“行走”与“葡萄架”的关系是持续不变的。如果是名词或小句，“一直”的语义就是直接指向宾语的，强调的是主语和宾语之间的关系。而“一直”本身说明了关系的长久性，其语义都是强调关系的持续性和恒久性。“一直”是句子的重音所在，也是其焦点信息。

最后，“一直”与状态动词共现。如：

17. 可是你的窗板一直关着，甚至到了音乐会的时间还关着。(《追忆似水年华》)

18. 安德烈娅一直静悄悄地坐着。(《读者》(合订本))

19. 当一直所乞求的自主权如此这般地真正握在手中时，一直被捆绑着手脚前行。(《报刊精选》1994年1月)

“一直”修饰的状态动词后一般都会带时态助词“着”。状态动词表示的是主语处于某种状态，而状态是相对稳定的，可以持续的。“着”正说明该状态处于持续之中。“一直”则强调在特定时段里该状态持续不变。

有时会在“一直”和“VP着”间出现一些状语成分修饰VP，如例18，这时“一直”的语义指向其后的整个谓语部分（包括谓语）。“一直”同样是句子的语法重音和焦点信息。可共现的状态动词包括B_{IVa3}和B_{TVa5}。

“一直”还可以与否定词“不/没有”连用。例如：

20. 吴王一直不来朝见，按理早该把他办罪。（《中华上下五千年》）

21. 我一直不了解人生的意义在哪里。（《读者》（合订本））

22. 十年来，赵友一直没有忘记这个病残的妹妹，逢年过节，他给兰芝寄来果脯、衣物等。（《读者》（合订本））

23. 毛主席和我们一样，也一直没有休息，坐下来就让我们作详细汇报。（伍修权：《六十年代国际共运大论战的台前幕后》，见《作家文摘》（1993B））

当“一直”修饰的是B_{TVa1}、B_{TVa2}、B_{IVa1}、B_{TVa3}、B_{IVa4}和B_{TVa5}等动词时，可出现其中的否定词往往是“不”。而当与“一直”连用的动词是B_{IVa3}、B_{TVa3}、B_{IVa4}、B_{TVa4}或B_{TVa5}等时，句中与“一直”共现的否定词大多为“没有”。当句中出现“不/没有”等否定词时，“一直”的语义指向包括否定词在内的整个谓语部分，强调“不VP”或“没有VP”的状态在长时段内持续不变。“一直”仍然是语句的语法重音和焦点信息之所在。

据此分析，在现代汉语中，时间副词“一直”构成语句的句法规则。总结如下：

1. 若$\delta \in B_{TVa1} \cup B_{TVa2} \cup B_{TVa4}$，则$F_1(\delta)=$一直$\delta \in P_{TV}$.

2. 若$\delta \in B_{IVa1}$，则$F_2(\delta)=$一直$\delta \in P_{IV}$.

3. 若$\delta \in B_{TVa2} \cup B_{TVa3} \cup B_{TVa4} \cup B_{TVa5} \cup B_{TVa7}$，则$F_3(\delta)=$一直$Adv_{状}\delta \in P_{TV}$.

4. 若$\delta \in B_{TVa1} \cup B_{IVa3} \cup B_{IVa4} \cup B_{IVa6}$，则$F_4(\delta)=$一直$Adv_{状} \in P_{IV}$.

5. 若$\delta \in B_{TVa2} \cup B_{TVa3} \cup B_{TVa4} \cup B_{TVa7}$，则$F_5(\delta)=$一直在$\delta \in P_{TV}$.

6. 若$\delta \in B_{TVa1} \cup B_{IVa3} \cup B_{IVa4} \cup B_{IVa6}$，则$F_6(\delta)=$一直在$\delta \in P_{IV}$.

7. 若$\delta \in B_{TVa3} \cup B_{TVa5} \cup B_{TVa7}$，则$F_7(\delta)=$一直$\delta$着$\in P_{TV}$.

8. 若$\delta \in B_{IVa3} \cup B_{IVa4} \cup B_{IVa6}$，则$F_8(\delta)=$一直$\delta$着$\in P_{IV}$.

9. 若$\delta \in B_{TVa1} \cup B_{TVa2} \cup B_{TVa3} \cup B_{TVa5}$，则$F_9(\delta)=$一直不$\delta \in P_{TV}$.

10. 若 $\delta \in B_{IVa1} \cup B_{IVa4}$，则 $F_{10}(\delta)$＝一直 不 $\delta \in P_{TV}$.

11. 若 $\delta \in B_{TVa3} \cup B_{TVa4} \cup B_{TVa5}$，则 $F_{11}(\delta)$＝一直 没有 $\delta \in P_{TV}$.

12. 若 $\delta \in B_{IVa3} \cup B_{IVa4}$，则 $F_{12}(\delta)$＝一直 没有 $\delta \in P_{IV}$.

现引入“一直”对应的模态算子“YZ”。上述句法规则翻译成逻辑语言时的逻辑翻译规则如下：

13. 若 $\delta \in B_{TVa1} \cup B_{TVa2} \cup B_{TVa4}$，则 $F_1(\delta)$可翻译为：

$\lambda\mathscr{P}(\lambda x\mathscr{P}((\lambda y(YZ(\delta'(x,y))))))$，其中，δ’是δ的翻译。

“YZ”的模型论定义可解释如下：$\| YZ\ \Phi \|_{\Omega,i}=1$，当且仅当，存在时点 i 和 i’，i”，满足：i 为参照时间，i’，i”分别为 i 之前的时点，即 i”<i’<i，假设时点 i”到 i’的时段为 I_1，时点 i”到 i 的时段为 I_2，时点 i”为起点，终点不确定的时段为 I_3，则有：$\| \Phi \|_{\Omega,I1}=1$，或者 $\| \Phi \|_{\Omega,I2}=1$ 或者 $\| \Phi \|_{\Omega,I3}=1$。此解释我们称之为“YZ_1”。

14. 若 $\delta \in B_{IVa1}$，则 $F_2(\delta)$翻译为：

$\lambda x\ (YZ\ (\delta'\ (x)))$，其中，δ’是δ的翻译。“YZ”的语义同“$YZ_1$”。

15. 若 $\delta \in B_{TVa2} \cup B_{TVa3} \cup B_{TVa4} \cup B_{TVa5} \cup B_{TVa7}$，则 $F_3(\delta)$可翻译为：

$\lambda\mathscr{P}(\lambda x\mathscr{P}((\lambda y(YZ(Z(\delta'(x,y)))))))$，其中，δ’是δ的翻译，Z 代表状语对应的翻译。

模态词“YZ”的解释，有两种可能：如果句中出现短时时段词语或者短时语境，则“YZ”的解释同“YZ_1”；如果句中有长时时段词语或长时语境，则“YZ”的模型论解释为：$\| YZ\ \Phi \|_{\Omega,i}=1$，当且仅当，存在时点 i 和 i’，i”，i”’，满足：i 为参照时间，i’，i”，i”’分别为 i 之前的时点，即 i”’<i”<i’<i，假设时点 i”’到 i”的时段为 I_1，时点 i”到 i’的时段为 I_2，时点 i’到 i 的时段为 I_3，i 为起点的时段为 I_4，则有：$\| \Phi \|_{\Omega,I1}=1$，且 $\| \Phi \|_{\Omega,I3}=1$ 但 $\| \Phi \|^{主观}_{\Omega,I4}=1$。此解释记为“$YZ_2$”。

16. 若 $\delta \in B_{TVa1} \cup B_{IVa3} \cup B_{IVa4} \cup B_{IVa6}$，则 $F_4(\delta)$ 可翻译为：

$\lambda x(YZ(Z(\delta'(x))))$，其中，δ’是δ的翻译，Z 代表状语所对应的逻辑翻译。“YZ”的解释也有“YZ_1”和“YZ_2”两种。

17. 若 $\delta \in B_{TVa2} \cup B_{TVa3} \cup B_{TVa4} \cup B_{TVa7}$，则 $F_5(\delta)$可翻译为：

$\lambda\mathscr{P}(\lambda x\mathscr{P}((\lambda y(YZ(Prog(\delta'(x,y)))))))$，其中，δ’是δ的翻译，Prog 为“在”对应的逻辑词项，其语义为 $\| Prog\ (\Phi)\ \|_{\Omega,i}=1$，当且仅当，存在 $i' \in I$，满足 $i \subset i'$ 并且 $\neg(i \subset_{fi} i')$ 且 $\neg(i \subset_{in} i')$，使得 $\| \Phi \|_{\Omega,i'}=1$。“YZ”也存在“YZ_1”和“YZ_2”两种解释。

18. 若 $\delta \in B_{TVa1} \cup B_{IVa3} \cup B_{IVa4} \cup B_{IVa6}$，则 $F_6(\delta)$ 翻译为：

$\lambda x(YZ(Prog(\delta'(x))))$，其中，δ'是 δ 的翻译，Prog 为“在”对应的逻辑词项，Prog 和 YZ 的语义解释都同上。

19. 若 $\delta \in B_{TVa3} \cup B_{TVa5} \cup B_{TVa7}$，则 $F_7(\delta)$的翻译同 $F_5(\delta)$。

20. 若 $\delta \in B_{IVa3} \cup B_{IVa4} \cup B_{IVa6}$，则 $F_8(\delta)$的翻译同 $F_6(\delta)$。

21. 若 $\delta \in B_{TVa1} \cup B_{TVa2} \cup B_{TVa3} \cup B_{TVa5}$，则 $F_9(\delta)$可翻译为：

$\lambda \mathscr{P} \lambda x \mathscr{P}(\lambda y(YZ(\neg \delta'(x,y))))$，其中，δ'是 δ 的翻译。“YZ”的语义同“$YZ_1$”。

22. 若 $\delta \in B_{IVa1} \cup B_{IVa4}$，则 $F_{10}(\delta)$可翻译为：

$\lambda x(YZ(\neg \delta'(x)))$，其中，δ'是 δ 的翻译，“YZ”的语义同“$YZ_1$”。

23. 若 $\delta \in B_{TVa3} \cup B_{TVa4} \cup B_{TVa5}$，则 $F_{11}(\delta)$的翻译同 $F_9(\delta)$。

24. 若 $\delta \in B_{IVa3} \cup B_{IVa4}$，则 $F_{12}(\delta)$的翻译同 $F_{10}(\delta)$。

总之，时间副词“一直”强调的是事件在特定时段的持续性、不间断性或者在某时段内事件的反复发生。如图 3—1、图 3—2 所示：

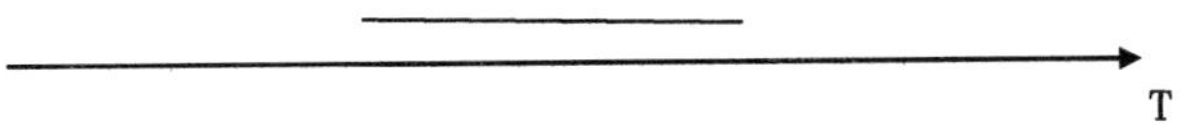

图 3—1　“一直”表示事件持续性的示意

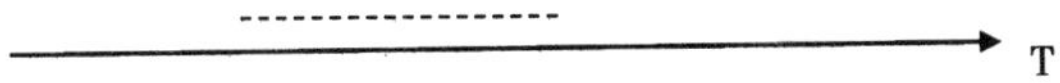

图 3—2　“一直”表示事件反复性的示意

“一直”的语义大多指向紧随其后的谓语部分，本身也是句子的焦点信息。“一直”是从事件的外部对事件进行观察，事件在被观察时段内具有匀质和静态的特点。它不仅可以用来述说过去和现在的情况，还有可能用于对将来情况进行预测。

第三节　时体副词的形式语义

一　时体副词概述

时体关心的不是事件的发生时间与参照时间间的关系，而是强调事件本身处于何种状态或哪个阶段。因此，时体副词既可修饰陈述过去事件的谓语，也可修饰述说现在情况的谓语。现代汉语时体系统可分为完整体（perfective）和非完整体两大类。其中，完整体包括实现体、经历体和未然体；而非完整体包括持续体、起始体和继续体。

表示实现体（兼表过去时）的时间副词有：早已、早就、才、都；表示经历体（兼表过去时）的时间副词有：曾、曾经；表示未然体（兼表将来时）的时间副词有：就、就要、快要、将要、即将、行将。而表示持续体（兼表现在时）的时间副词有：正、在、正在；表示起始体的时间副词有：逐渐、渐渐；表示继续体的有：永远、不断等。

二 实现体兼表过去时的时间副词（“才”）的形式语义

实现体的重点在“实现”，强调事件是实现了（realized）的现实事件，常由时态助词“了”来承担。实现体重要的语义特征为完整性、现实性。这儿重点对“才”作具体分析。

“才”本意为“草木之初”——草木存在的时间短。[①] 因此，“才”修饰动作行为时，表示动作行为存在的时间短，且只能应用于表示过去的语境中，具有实现性。

《现代汉语八百词》中，副词“才”共有五个义项，但作为时间副词，其语义只有如下两个：其一，刚刚，表示事情在前不久发生，如“你怎么才来就要走?”；其二，表示事情发生或结束得晚，如“你怎么才来”?

第一个义项可概括为事件发生的时间与参照时间相距短，即时间短；而第二个义项可概括为时间晚。实际上，“才”的这两个义项是一致的，是不矛盾的。请看图 3—3。

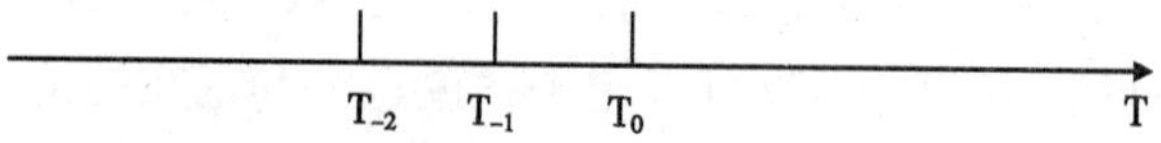

图 3—3 时轴示意

图 3—3 中 T_0 为时间参照点，大多指说话时间，T_0 的左边代表过去的时间，右边代表将来的时间。T_{-1} 和 T_{-2} 分别代表时间链上位于参照时间 T_0 左边的两个时间点。很显然，T_{-1} 距离 T_0 的时间相对要短，而 T_{-2} 距离

---

① 王群：《现代汉语“才”和“就”事件表达的比较研究》，《语言教学研究》2006 年第 3 期，第 60 页。

T_0的时间相对要长。所以，“才”取“时间短”语义（即事情在前不久发生）时，其所修饰的动作行为应发生在T_{-1}的位置上，而不是T_{-2}。另一方面，在时间轴T上，发生在时点T_{-1}的事件M_1与发生在时间点T_{-2}的事件M_2相比，M_1要晚于M_2。时轴上越靠近左边，时间越早，而越靠近右边，时间越晚。因此，“才”的时间短和时间晚这两个语义只是从不同角度得出的，二者并不矛盾。

不过，“才”取不同语义时，其语义指向就会有区别。当其语义为“时间短”时，“才”是后指的，即指向“才”所修饰限制的动作行为，表示该动作行为发生或存在的时间短。当其语义为“时间晚”时，其语义是前指的，即指向动作行为发生时的时间位置——一般以状语的形式出现。

下面具体来分析“才”适用的不同句式及其不同语义。当“才”表示“时间短”时，主要用于如下一些句式中。

第一，“才”直接修饰光杆谓词（短语）。如：

1. 他才走。（吕叔湘：《现代汉语八百词》用例）

2. 李成娘才教训过金桂，气色还没转过来。（张斌：《现代汉语虚词词典》用例）

这类句式中，“才”为语法重音，位于其后的谓词性成分重读。且“才”的语义指向其后面的谓词性成分，表示谓词或谓词短语所表达的动作行为或状态发生的时间距离说话时间或参照时间很短。它只是一种陈述，并不含有说话人的主观评价。

这种“才＋光杆谓词”的结构也常常可以单独做定语，例如：天空的浮云，被才起的夜风吹散了（武克忠等：《现代汉语常用虚词词典》）。通过分析发现，可以做定语的结构有两个共同点：一，它所修饰的中心语其实就是谓词逻辑上的宾语或主语；二，其中的“谓词”不能再带宾语，也不受其他状语、补语的修饰，大多是单双音节的谓词。这儿只讨论“才＋光杆谓词”作谓语的情况。

符合这类结构的谓词必须是动态的有界谓词，因为“才”表示动作或事件完成或实现后的时间不长。这类结构中涉及的谓词应该包括：B_{IVa3}、B_{TVa5}、B_{TVa6}、B_{TVa7}、B_{IVa5}、B_{IVa6}等。

第二，“才”用在复句的前一个小句中，后面常常与副词“就”、

"便"、"又"等与之呼应，表示两件事情发生的时间紧密相连。如：

3. 海云才走，美兰就来了。（王蒙：《蝴蝶》）

4. 要做一篇不朽的文章，才下笔便感到万分的困难了。（张斌：《现代汉语虚词词典》用例）

5. 才饮长江水，又食武昌鱼。（毛泽东：《水调歌头·游泳》）

有时也出现在紧缩复句当中，如：

6. 你才来为什么又要走呢？（张斌：《现代汉语虚词词典》用例）

这类语句中，"才 VP_1 就（又/便）VP_2"为语法重音，而 VP_2 为语句的焦点信息，"才"的语义指向其后面的谓词性成分 VP_1。这类句式表示一件事情紧接着另一件事情发生，一种情况出现后，另一种情况随之出现等。其中的"才"表达了说话者的主观情态，蕴含着：说话人预想 VP_2 所表示的动作行为与 VP_1 所表示的动作行为发生的时间间隔比实际要长。如图 3—4 所示：

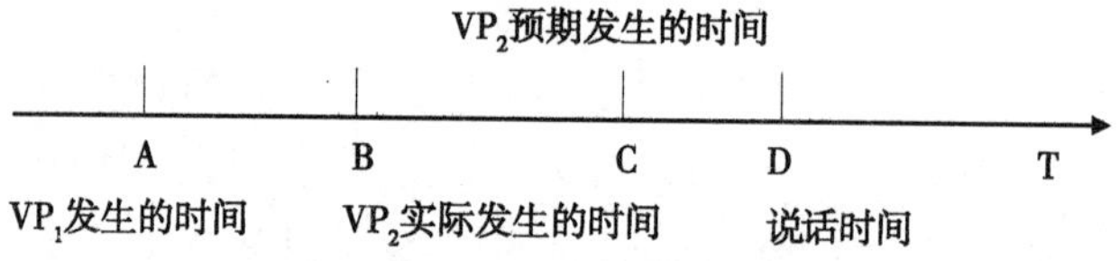

图 3—4 "才"的语义示意

图 3—4 中，VP_1 和 VP_2 都是发生在说话时间之前，即都是已经实现的。其中 A、B 和 C 三点代表了这三个事件发生时间的前后顺序。实际上，A 和 B 可以无限制的接近，表示 VP_1 和 VP_2 所表达的两个事件的时间可以间隔很短。这种结构中的谓词类必须是动态谓词，即 B_{IVa3}、B_{TVa5}、B_{TVa6}、B_{TVa7}、B_{IVa5}、B_{IVa6}。

"才……就……"结构有时还表示前后两件事情在说话人看来不相称、不协调。如：忘了你是共产党了？家也不能舍，才娶了亲，就忘了本（周立波：《暴风骤雨》）。但同时也含有 VP_1 和 VP_2 所表示的动作行为前后紧承的意思。

第三，"才"用在各种表示时间的词语之前，表示时间早或时间短。

据前所述，表示时间的词语包括时点词语和时段词语。先看“才＋时点词语”的情况，如：

7. 才十点，还早着哩。（张斌：《现代汉语虚词词典》用例）
8. 才星期四，还有两天呢！（史锡尧 1991 年 用例）[①]

这类语句中，“才”为语法重音，同时也是焦点信息。其语义同样是后指的，指向时点词语。这时“才”含有主观色彩，表达一定的主观情态，蕴含着：说话人认为说话时间距离他所预期的时间还早，或者事件持续的时段要长。

还有一种较特殊的情况——“才＋年龄”。例如：

9. 才十六岁，就上大学了。（史锡尧 1991 年用例）[②]
10. 才五十，不算老。（同上）

这类语句中，“年龄是以时段的形式侧重表示时点的”。[③]“才”的语义指向后面表年龄的时间成分，也为语句的焦点信息，在句中重读。“才”带有很强的主观色彩，表示说话人认为其年龄相对于后续句所说的情况而言，岁数不大，但比其预期的要小。

“才＋（谓词短语）＋时段词语”的情况就强调“时间短”了。请看例句：

11. 才两个钟头，就干完了一天的活儿。（张斌：《现代汉语虚词词典》用例）
12. 他到北京才三天。（张斌：《现代汉语虚词词典》用例）
13. 才等了二十分钟，再等会儿。（史锡尧 1991 年用例）

---

① 史锡尧：《副词“才”与“都”、“就”语义的对立和配合》，《世界汉语教学》1991 年第 1 期，第 18—22 页。

② 同上书，第 18—22 页。

③ 同上书，第 19 页。

"才"仍为语句的语法重音和焦点信息。语义指向时段词语。"才"也表达了主观情态，说话者认为谓词短语所表达的事件持续的时间不长，比其所预期的时间要短。例 12 表达的就是说话人本以为"他"到北京的时间比"三天"长，而实际的"三天"在其预料之外。可以出现在这种结构中的谓词必须是持续的有界动词，如 B_{IVa3}、B_{IVa4}、B_{TVa3} 和 B_{TVa5}。不及物不可重复的瞬间动作动词 B_{IVa5} 也可以出现在这种结构中，如："老王才去世一年，怎么感觉很久了啊?"时段词"一年"指"去世"这个动作完成后主语所处的状态（即"死"）持续的时间，而不再是动作行为所持续的时间。

"才"的第二个基本语义为"时间晚"。取该语义时，"才"常常出现在如下句法结构中。

第一，表时间的词语＋才＋谓词短语。其中，"表时间的词语"可以是时间名词、时间代词，也可以是数量短语、介词短语等。如：

14. 我不在家，你半夜才回来，你干什么来着？（曹禺：《雷雨》）
15. 整整三十一年才轮到一次。（张斌：《现代汉语虚词词典》用例）

"才"为语句的自然重音，表时间的词语为句子的焦点信息。"才"的语义前指，指向表时间的词语。"才"表达了很强的主观情态，蕴含着：说话人预知谓词短语所表示的动作行为会发生，且这些动作行为实际发生的时间 T 晚于说话人所预知实现的时间 T_i，说话人甚至嫌晚，或者说话者主观认为事件持续的时间过长。如例 14 预设说话人认为"你"应该在半夜之前回来。因此，"才"的语义取"时间晚"。而且在不同的上下文中，"才"往往表达说话者带有不满、抱怨、不耐烦或对某事的迫切期盼等心理感受。

这类语句也可以表述未然事件。如：他明天才走（呢）。（张斌：《现代汉语虚词词典》用例）当表示未然时，句中位于"才"前面的一定是表将来的时间词语，如"明天"、"哪一天"等。它蕴含着：说话人预知事件发生的时间要早于事件实际发生的时间。如"他明天才走（呢）"中，说话人预知"他走"的时间一定位于"明天"之前，早于"明天"。

据上所述，可以出现在该句式中的谓词应该包括 B_{IVa3}、B_{TVa3}、B_{TVa5}、B_{TVa6}、B_{TVa7}、B_{IVa5}。

第二，当“才”用在复句的后一小句时，句式为：S_1，（主）＋才＋谓词或谓词短语＋其他。两个分句的主语可以一致，也可以不一致。前一分句常常会有“到”、“等”、“直到”、“直至”、“及至”、“后”等词语与“才”呼应。“才”表示以前并非如此，但现在情况有了变化。例如：

16. 我跟他说了半天，她才红了脸，同意了。（茹志鹏：《百合花》）。

17. 田小姐这无名的惆怅，也是最近三四天才有的。（张斌：《现代汉语虚词词典》用例）。

“才”为句子的语法重音和焦点信息。在这类句式中，“才”语义指向前一小句。这时，“才”含有主观色彩，蕴含着：说话人预知“才”后谓词所表明的事件发生或出现的时间早于实际时间，同时也蕴含着说话人认为这个事件的出现来之不易。可出现在该句式中的谓词包括 B_{IVa3}、B_{TVa3}、B_{TVa5}、B_{TVa6}、B_{TVa7}、B_{IVa5}。

据前所述，“才”的句法规则为：

1. 若 $\delta \in B_{TVa3} \cup B_{TVa5} \cup B_{TVa6} \cup B_{TVa7}$，则 $F_1(\delta)$＝才 $\delta \in P_{TV}$.

2. 若 $\delta \in B_{TVa3} \cup B_{TVa5} \cup B_{TVa6} \cup B_{TVa7}$，则 $F_2(\delta)$＝才 δ 就/便/又 $\delta \in P_{TV}$.

3. 若 $\delta \in B_{IVa5} \cup B_{IVa6}$，则 $F_3(\delta)$＝才 $\delta \in P_{IV}$.

4. 若 $\delta \in B_{IVa5} \cup B_{IVa6}$，则 $F_4(\delta)$＝才 δ 就/便/又 $\delta \in P_{IV}$.

5. 若 $\delta \in \Phi$，则 $F_5(\delta)$＝才 时点时间词语，$S_1 \in P_{\Phi}$.

6. 若 $\delta \in B_{IVa3} \cup B_{IVa4} \cup B_{IVa5}$，则 $F_6(\delta)$＝才(δ)时段时间词语 $\in P_{IV}$.

7. 若 $\delta \in B_{TVa3} \cup B_{TVa5}$，则 $F_7(\delta)$＝才(δ)时段时间词语$\in P_{TV}$.

8. 若 $\delta \in B_{IVa3} \cup B_{IVa5}$，则 $F_8(\delta)$＝表时间的词语 才 $\delta \in P_{IV}$.

9. 若 $\delta \in B_{IVa3} \cup B_{IVa5}$，则 $F_9(\delta)$＝S_1，才 $\delta \in P_{IV}$.

10. 若 $\delta \in B_{TVa3} \cup B_{TVa5} \cup B_{TVa6} \cup B_{TVa7}$，则 $F_{10}(\delta)$＝表时间的词语 才 $\delta \in P_{TV}$.

11. 若 $\delta \in B_{TVa3} \cup B_{TVa5} \cup B_{TVa6} \cup B_{TVa7}$，则 $F_{11}(\delta)$＝S_1，才 $\delta \in P_{TV}$.

根据句法规则（1）—（11），“才”表示时间义的句式都可以生成。现引入一个模态算子“Cai”，对应时间副词“才”。这样，上述句法规则对应的逻辑翻译规则和模型论解释定义分别如下：

12. 若 $\delta \in B_{TVa3} \cup B_{TVa5} \cup B_{TVa6} \cup B_{TVa7}$，则 $F_1(\delta)$ 翻译为：

$\lambda\mathscr{P}\lambda x\mathscr{P}\lambda$（$\lambda y$（Cai（δ'（$x$，$y$））））），其中，δ'是δ的翻译。

这儿的"Cai"的模型论定义为：$\| Cai_1\ \Phi \|_{\Omega,i}=1$，如果：

a. I为该模型的参照时间段，一般理解为讲话时间；

b.（m_1，m_2）为由满足条件 $m_1<m_2$ 的时点 m_1 和 m_2 构成的开区间时间段；

则 $\| Cai_1\ \Phi \|_{\Omega,i,g}=1$，当且仅当，存在 i，$m_1$，$m_2\in$M，I，I'，I" $\in$I，满足 I'＝｛m_1｝，｛m_2｝$\subset_{fi}$ I，i∈I，I"是说话者的主观感受时段，$\| \Phi \|_{\Omega,I',g}=1$，且（$m_1$，$m_2$）$\subset$I"。

13. 若 $\delta\in B_{TVa3}\cup B_{TVa5}\cup B_{TVa6}\cup B_{TVa7}$，则 $F_2(\delta)$ 翻译为：

$\exists e\exists e'[e=\lambda\mathscr{P}\lambda(x\mathscr{P}(\lambda y(Cai(\delta'(x,y)))))\wedge e'=\lambda P(x'\mathscr{P}(\lambda y'(\delta''(x',y'))))]\wedge(\iota(e)<\iota(e'))$，其中，δ'是"才"后的δ的翻译，δ'为后一个δ的翻译，"<"表示"先于"关系。

其中，"Cai"的模型论定义为：$\| Cai_2\ \Phi \|_{\Omega,i}=1$，当且仅当，存在时点 i，i'和 i"，满足：i为说话时间，且 i"<i'<i，使得：$\| \Phi \|^{实际}_{\Omega,i'}=1$，且 $\| \Phi \|^{预期}_{\Omega,i''}=1$。

14. 若 $\delta\in B_{IVa5}\cup B_{IVa6}$，则 $F_3(\delta)$ 翻译为：

λx（Cai（δ'（x））），其中，δ'是δ的翻译。

其中，模态算子"Cai"的模型论定义同"Cai_1"。

15. 若 $\delta\in B_{IVa5}\cup B_{IVa6}$，则 $F_4(\delta)$ 翻译为：

$\exists e\exists e'[e=\lambda x(Cai(\delta'(x)))\wedge e'=\lambda x'(\delta''(x'))]\wedge(\tau(e)<\tau(e'))$，其中，δ'是"才"后的δ的翻译，δ'为后一个δ的翻译，"<"表示"先于"关系。

"Cai"的模型论定义同"Cai_2"。

16. 若 δ∈Φ，则 $F_5(\delta)$ 翻译为：

∃i［Cai（i）］，其中，i为时点时间名词所对应的时点。

"Cai_3"的模型论解释定义为：$\| Cai_3 i \|_{\Omega,i}=1$，当且仅当，存在时点 i 和 i'，满足：i为说话时间，也是时点时间名词所对应的时间，i'<i，使得：$\| i \|^{实际}_{\Omega,i'}=1$，且 $\| i \|^{预期}_{\Omega,i''}=1$。

17. 若 $\delta\in B_{IVa3}\cup B_{IVa4}\cup B_{IVa5}$，则 $F_6(\delta)$ 翻译为：

λx（Cai（δ'（x））），其中，δ'是δ的翻译。

这儿的"Cai"的模型论解释定义为：$\| Cai_4\,\Phi \|_{\Omega,i}=1$，当且仅当，存在时点 i，i'和 i"，满足：i为说话时间，且 i"<i'<i，$i'\subseteq_{in}$I，$i\subseteq_{fi}$I，i"⊆I'，

$i\subseteq I'$，$\tau(\Phi)\in I$，使得：$\|\Phi\|^{实际}_{\Omega,I'}=1$，而$\|\Phi\|^{预期}_{\Omega,I'}=1$。

18. 若 $\delta\in B_{TVa3}\cup B_{TVa5}$，则 $F_7(\delta)$ 翻译为：

$\lambda\mathscr{P}(\lambda x\mathscr{P}(\lambda y(Cai(\delta'(x,y)))))$，其中，$\delta'$是 δ 的翻译。

其中“Cai”的模型论定义同“Cai_4”。

19. 若 $\delta\in B_{IVa3}\cup B_{IVa5}$，则 $F_8(\delta)$ 翻译为：

$\lambda x(Cai(\delta'(x)))$，其中，$\delta'$是 δ 的翻译。

而“Cai”的模型论定义为“$Cai_4\cup Cai_3$”。

20. 若 $\delta\in B_{IVa3}\cup B_{IVa5}$，则 $F_9(\delta)$ 翻译为：

$\lambda x(Cai(\delta'(x)))$，其中，$\delta'$是 δ 的翻译。

“Cai”的模型论定义同“Cai_3”。

21. 若 $\delta\in B_{TVa3}\cup B_{TVa5}\cup B_{TVa6}\cup B_{TVa7}$，则 $F_{10}(\delta)$ 翻译为：

$\lambda\mathscr{P}(\lambda x\mathscr{P}(\lambda y(Cai(\delta'(x,y)))))$，其中，$\delta'$是 δ 的翻译。

“Cai”的模型论定义同“$Cai_4\cup Cai_3$”。

22. 若 $\delta\in B_{TVa3}\cup B_{TVa5}\cup B_{TVa6}\cup B_{TVa7}$，则 $F_{11}(\delta)$ 翻译为：

$\lambda\mathscr{P}(\lambda x\mathscr{P}(\lambda y(Cai(\delta'(x,y)))))$，其中，$\delta'$是 δ 的翻译。

“Cai”的模型论定义同“Cai_3”。

总之，时间副词“才”的语义主要为时间短、时间晚和前后紧承。其逻辑语义的模型论定义主要可以分析为如上四种：“Cai_1”、“Cai_2”、“Cai_3”和“Cai_4”。不过，其核心语义还是“说话人预期的时间要比实际的短或者晚”。

三　经历体兼表过去时的时间副词（“曾，曾经”）的形式语义

经历体强调事件的历时性，即事件被主体经历过，助词“过”是其主要的形态标志。因此，“历时整体性”是其重要的语义特征。此外，经历体还强调事件在参照时点已终结，所以“动态性”主要表明事件的终结性。“曾、曾经”就是强调主体有所经历的一组代表性的经历体副词。它们都“表示从前有过某种行为或情况”①，而且该情况目前已结束。

“曾经”是由单音节副词“曾”发展而来的。“曾”作为时间副词，表示“动作、行为发生在过去”，早在先秦时期就被广泛使用了。“曾”与

① 吕叔湘：《现代汉语八百词》（增订本），商务印书馆 2005 年版，第 110 页。

“经”组合使用的现象，大约是从六朝开始的。但起初“经”是及物动词，为“经过、经历”之义，“曾”是作为时间副词来修饰短语“经 NP/VP”的。如：

曾经新代故，那恶故迎新。（（南朝·陈）徐陵：《走笔戏书应令》）。

苦心岂免容蝼蚁，香叶曾经宿鸾凤。（（唐）杜甫：《古柏行》）①

随着“曾”和“经”共现的频率增高，它们间的界线也慢慢模糊起来。“曾经 VP”的内部结构渐渐由“曾”修饰述宾结构变成了“曾经”修饰“VP”的偏正结构，VP 成为了句子的语义重心。这样，“曾经”就融合为一个双音节的时间副词。但这一虚化、融合的过程是相当漫长的。作为副词性的“曾经”最早出现于唐朝初期，如：今人不见古时月，今月曾经照古人（李白《把酒问月》）。但此时还处于两种现象并存和相互竞争的状态。直到 19 世纪末，副词“曾经”才取得了胜利，“曾”修饰动词短语“经 VP”的现象基本消失。“在副词化的过程中，随着语义的日趋虚化，‘曾经’的功能也渐趋定位化了。”② 作为时间副词，“曾经”语义主要同“曾”，“经”则虚化附着在“曾”上。所以，现代汉语中的“曾”和“曾经”语义基本相同。

从这对副词的语义中可以看出，说话人是站在事件外部观察事件的，表示主体过去有过某种行为或情况。但引起学者们讨论的是语义中的“过去”是最近的还是很久以前呢？有学者认为，“曾经”语义中的“过去”一般不是最近，距离说话时间有相当的距离，如吕叔湘（2005）、马真（2003）等。而有些学者又不太认同这种看法，如曹凤霞（2002、2003）等。我们认为“曾经”不仅指较远的过去，也可指不远的过去，原因是“曾经”如果与其他时间词语共现时，表时间的功能就让位给了时间词语。如：

1. 刚才，他曾说到过你。

---

① 此例转引自张谊生《现代汉语副词探索》，学林出版社 2004 年版，第 196 页。

② 张谊生：《现代汉语副词探索》，学林出版社 2004 年版，第 199 页。

2. 昨天我曾经去过一趟。

3. 再过二十年，我们可以自豪地说：曾经所拥有的过去没有虚度。①

这些例句中，“曾经”就不仅指很久以前，也可以指“刚才”、“昨天”，还可以指“现在”（即说话时间），如例3中的“曾经”指的就是包括“现在”在内的时间。当没有时间词语与之共现时，“曾经”就在表经历体的同时，也表示事件发生时间为过去。如：

4.“双生子问题”曾经被认为是超出了狭义相对论的应用范围，要放到广义相对论中去研究。（《21世纪的牛顿力学》）

5. 她曾经读过我的一两个短篇。（《男人四十》）

这样，“曾、曾经”表示的动作行为或状态是发生在参照时间（包括说话时间）之前，不论在什么情况下都表过去，因此，学者们都把它归到定时时间副词的范畴中。如图3—5所示。

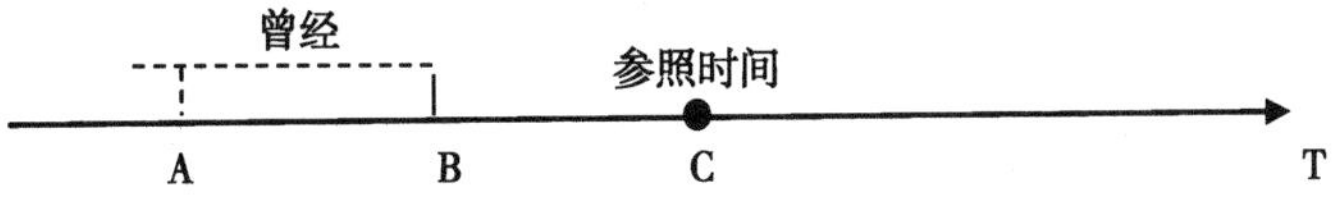

图3—5　“曾、曾经”的语义示意

图3—5中，AB指事件的发生时间，C点指参照时间，多指说话时间。A点处用虚线，表示该事件可以没有起点，AB间用虚线，表示该事件可以是延续的，也可以是非延续的，但B点作为终结点是一定存在的。“曾经”表示有事件在参照时间前已经发生并在参照时点已经终结。

实际上，表时间并不是“曾、曾经”的主要语义，其语义的着眼点在于“经历”和“完成”。“经历”即指事件在参照点之前存在或发生过，主体有过某种经历，但已经终结，参照点时已经不复存在，这表明其所修饰的事件应具有终结性。

“曾、曾经”最基本的句法功能是做状语，修饰谓语部分。据语料分

① 以上三例均来自曹凤霞《副词“曾经”和“已经”的语法意义及其他》，《学术交流》2003年第11期，第140—141页。

析，“曾、曾经”做状语时，主要出现在如下一些结构当中。

第一，曾/曾经＋VP，这是最常见的一种句式。如：

6. 隋文帝曾经下令禁止使用不合标准的钱币。（《中华上下五千年》）

7. 那个曾引起人们幻想的“极冠”，只不过是二氧化碳冷凝的干冰。（《中国儿童百科全书》）

例6和例7中，动词后面本可以带时态助词“过”，但句中没有出现。这是因为“曾经”表经历体，同时兼表过去时。例句中，“曾经”表示其修饰的谓词短语所描述的事件是主语即“隋文帝”或“极冠”所经历过的，但已经结束。可以出现在此结构中的必须是动态且及物动词，即 B_{TVa3}。

另一种情况是一些谓词后面不能带表完成或经历的时态助词“了”或“过”。这类谓词本身只能表示一种恒常的情况，本身不具备终结性的语义特征。但它们构成的谓词短语在有了“曾经”的修饰后，具有了终结性。这类谓词主要指一些静态谓词，如 B_{TVa1}、B_{TVa2}、B_{IVa1}。如：

8. 一些人曾认为，九星联珠会加剧对地球的引潮力，从而触发地震和大洪水。（《中国儿童百科全书》

9. 他们都是我过去的邻居，我曾经熟悉他们，但又没有什么可以回忆的事迹让我重提。（张亚军2004年用例）

10. 善意的人们曾试图对我们伟大诗人的决斗作出一个具有重大政治意义背景的说明。（张亚军2004年用例）

上述例句中，如果“曾/曾经”不出现，“认为、熟悉、试图”等只能表示一种恒常的事件，它们的语义中就没有内在的终结点，也没有时体特征。时间副词“曾/曾经”则从事件的外部时间角度对其进行限制，把它们划定为“过去的事件”，且具有“现在已经不再……”的语用蕴含。因此，“曾/曾经”有使这类具有静态特征的谓词所表示的性质或关系终结化或有界化的作用。

第二，曾/曾经＋谓词＋过＋宾语。“‘过’作为时态助词，第二个语义是表示过去曾经有这样的事情，谓词前可加副词‘曾经’。”[①] 这正好与“曾/曾经”中表“经历”的语义相一致，二者经常共现。语料中发现，二者或者同时出现，或者只现其一，另一个属于隐藏状态，可以补出来。如：

11. 在《自然科学奖励条约》颁布以前的1956年，我国曾颁过一次自然科学奖，获得一等奖的是华罗庚、吴文俊和钱学森。(《中国儿童百科全书》)

12. 据说，它的发现还曾掀起一场巨大的风波。(《中国儿童百科全书》)

13. 当年西南联大中文系的主任罗常培先生说过，大学是不培养作家的，作家是社会培养的。他说的有道理。(张亚军2004年用例)

例11中“曾”和“过”共现，“经历”的语义更加突出。如果去掉“曾/曾经”，语句照样成立，但“经历”的语义会变弱。可见，“曾/曾经”主要起强调作用。而例12中，“掀起”后是可以加助词“过”的，而例13中也可以在“说过”前插入“曾/曾经”，但语义不变。

“曾/曾经”与“过”有相同语义，在句中可以共现，某一项隐现对句意影响不大。可以出现在这种结构中的谓词为B_{TVa3}。

第三，曾/曾经＋动词＋了＋宾语。“助词‘了’有两个，‘$了_1$’用在动词后，主要表示动作的完成。”[②] “完成”义与“曾/曾经”的“终结义”有点联系，但不完全相同。“终结”只表示动作行为或状态结束了，并不能说明该事件是否完成。但在有些语句中，二者可以共现，如：

14. 江泽民主席在谈到中国入世的问题时，曾引用了古人的名句“青山遮不住，毕竟东流去”。(《WTO与中国》)

15. 尼罗河、黄河、幼发拉底河、恒河等大河，曾经孕育了灿烂的古代文明，产生了埃及、中国、巴比伦和印度等文明古国。(《中国儿童百科全书》)

---

① 吕叔湘：《现代汉语八百词》(增订本)，商务印书馆2005年版，第247页。

② 同上书，第351页。

上述例句中有了完成体标记“了”，表明这个事件是一个有界性的事件，已经完成。而“曾/曾经”则表明这一具有完整终结点的事件发生在参照时间之前。这时的“终结义”已经被“完成”义所蕴含。如果没有“了”，只能说明这是一个发生在过去并已终结的事件，是否完成，并不关心，也不明确。可出现在这种结构中的谓词同样是 B_{TVa3}。

那么表进行态的助词“着”是否可以与“曾/曾经”共现呢？似乎语义上的不一致不容许它们共现，但共存的情况确实存在，如：

16. 那优美的旋律，曾激励着当年多少革命青年参加红军，拿起武器来保护苏区，与国民党反动派作斗争。（张亚军 2004 年用例）

17. 高妈，在她丈夫活着的时候，就曾经受着这个毒。（老舍：《骆驼祥子》）

可以与“着”连用的谓词多为持续性动作动词 B_{TVa3}，它们所表示的事件本身具有持续特征，而“曾/曾经”的修饰将这种持续性限定至过去时轴上的某时点，在这个时点上该事件已终结，并未持续到参照时间。如例 16 中，“曾/曾经”把“激励”这个持续性事件定格在过去，使其终结化。

由此得知，助词“了、着、过”表示的意义是动作行为内部的时间关系，如事件本身的完成、持续与结束；而“曾/曾经”所表示的“经历”、“终结”是从事件外部来观察的。

另一方面，张亚军（2004）指出，“曾经”强调“经历”和“终结性”，而有终结点的事件存在着重复的可能性。所以“曾/曾经”同样可以表明过去某种现象的重复发生。①

18. 周恩来曾经多次严厉批评过顾顺章，向他指出：私生活的腐化堕落完全违背了共产主义的道德准则。（张亚军 2004 年用例）

19. 我相信，这位长于推理的逻辑学家曾一次次对笔惊恐，他在笔墨酣畅地描画着的，是一个何等样的世界！（余秋雨：《这里真安静》）

① 张亚军：《副词与限定描状功能》，安徽教育出版社 2004 年版，第 225 页。

“重复”的语义是通过状语“多次”和“一次次”等频度词语体现出来的，“曾/曾经”在语句中的作用依然是表示事件发生在过去，且在说话时已经结束，突出的仍然是“经历”和“终结性”的语义特征。可出现在这种结构中的谓词可以是表动态的及物动作动词 B_{TVa3}，也可以是表心理活动的 B_{IVa1}。谓词短语前常常有高频词语做状语，表明这种现象的重复发生。

“曾经”除了做状语，还可以做定语和句首修饰语。张谊生（2003）指出，真正充当定语的不是“曾经”，而是“曾经的”。[①] 他在文中指出，可以被“曾经的”修饰的中心语主要有三种：

其一为指称化的“V（P)”。如：

20. ……，我相信，她们将来是会为她们曾经的堕落后悔终生的！（《报刊精选》1994 年 8 月）

21. ……，人们不会因为条件的渐趋成熟就忘记昨天的艰难，也不会因为曾经的曲折而错失良机。（《报刊精选》1994 年 9 月）

其二为指称化的主谓短语“NV”。如：

22. ……，如果一百年后今天的人都死光了，又有新的一代人全民否定曾经的全民同意，那这个民意又该如何评价呢？（《对“中华名山”评选要看重评选标准而不是评选结果》，《人民网》2003 年 1 月 23 日）

其三便是最常见的“N（P)”，如：

23. 要是两人没事，又是邻居又是曾经的同事，相互间怎么就不能留一个电话？（《中国式离婚》）

24. 我甚至不知道熙熙攘攘的大食堂是什么样子，我也没有用过互联网；曾经的理想是做一个心无旁骛的历史学家，……（《完美大学必修课》）

---

① 张谊生：《从“曾经”的功能扩展看汉语副词的多功能性》，《汉语学习》2003 年第 5 期，第 2 页。

我们发现，无论其中心语是“V（P）”、“NV”还是“N（P）”，“曾经的+中心语”都是体词性的，不仅可做主语和宾语，有时也可以充当介词的宾语。如：

25. 对于自己曾经的许诺，安蒂诺里只是回避。（《“克隆人二号”再惹争议》，《京华时报》2003 年 1 月 6 日）

这时“曾经”同样强调“主体的经历性”和“事件的终结性”在时轴上都处于参照时间之前。同时我们发现，单音节时间副词“曾”是不会出现在定语的位置上的。张谊生（2003）、王文娟（2005）等详细讨论了出现这种结构的原因，此不赘述。

另外，“曾经”还可以充当句首修饰语，起篇章衔接功能。如：

26. 曾经，我们为冰心老人的《小橘灯》难眠；曾经，我们为路遥的《平凡的世界》落泪；曾经，我们为一曲《长相守》神伤，而今……（《蹩脚的财富》，《人民日报》2002 年 10 月 28 日）

“曾经”位于句首，往往与“而今”、“现今”等一些表示现在时间的词对举，强调事件已经过去，且已经终结，现在不同于过去了。还有一定的表述功能和衔接功能。而单音节副词“曾”则几乎不能单独位于句首。

由此得知，“曾/曾经”的基本语义特征就是“终结性”和“经历性”。“曾经”做定语和句首修饰语都是语言发展和功能扩展的结果，但其语义没变。因此，对“曾/曾经”的句法规则和形式语义分析时，主要考虑做状语的情况。

据此分析，“曾/曾经”形成语句的句法规则如下：

1. 若 $\delta\in B_{TVa1}\wedge B_{TVa2}\wedge$ {试图}，则 $F_1(\delta)$=曾/曾经 $\delta\in P_{TV}$.

2. 若 $\delta\in B_{IVa1}$，则 $F_2(\delta)$=曾/曾经 $\delta\in P_{IV}$.

3. 若 $\delta\in B_{TVa3}$，则 $F_3(\delta)$ =曾/曾经 $\delta\in P_{TV}$.

4. 若 $\delta\in B_{TVa3}$，则 $F_4(\delta)$=曾/曾经 δ 过 $\in P_{TV}$.

5. 若 $\delta\in B_{TVa3}$，则 $F_5(\delta)$ =曾/曾经 δ 了 $\in P_{TV}$.

6. 若 $\delta\in B_{TVa3}$，则 $F_6(\delta)$ =曾/曾经 δ 着 $\in P_{TV}$.

为了研究方便，我们给出“曾/曾经”所对应的模态算子“Ce”，则上述句法规则分别对应如下翻译规则：

7. 若 $\delta \in B_{TVa1} \wedge B_{TVa2} \wedge$ {试图}，则 $F_1(\delta)$可翻译为：

$\lambda\mathscr{P}(\lambda x\mathscr{P}(\lambda y(Ce(\delta'(x,y)))))$，其中，$\delta'$是 δ 的翻译。

8. 若 $\delta \in B_{IVa1}$，则 $F_2(\delta)$ 可翻译为：

$\lambda x[Ce(\delta'(x))]$，其中，$\delta'$是 δ 的翻译。

9. 若 $\delta \in B_{TVa3}$，则 $F_3(\delta)$可翻译为：

$\lambda\mathscr{P}(\lambda x\mathscr{P}(\lambda y(Ce(\delta'(x,y)))))$，其中，$\delta'$是 δ 的翻译。

10. 若 $\delta \in B_{TVa3}$，则 $F_4(\delta)$ 可翻译为：同 $F_3(\delta)$。

11. 若 $\delta \in B_{TVa3}$，则 $F_5(\delta)$ 可翻译为：

$\lambda\mathscr{P}(\lambda x\mathscr{P}(\lambda y(Ce(Perf(\delta'(x,y))))))$，其中，$\delta'$是 δ 的翻译，而“Perf”表示完成态，是对助词“了”的翻译。其具体语义解释应为：

$\| Perf\ \Phi \|_{\Omega,i}=1$，当且仅当，存在 $i' \in I$，满足 $i' \subset i$，且 $\neg(i' \subset_{fi} i)$，使得：$\| \Phi \|_{\Omega,i'}=1$。即存在时段 i'，i'包含于 i，但 i'不属于 i 的终结时段，使得事件 Φ 在时段 i'内为真。

12. 若 $\delta \in B_{TVa3}$，则 $F_6(\delta)$可翻译为：

$\lambda\mathscr{P}(\lambda x\mathscr{P}(Ce(Prog(\delta'(x,y)))))$，其中，$\delta'$是 δ 的翻译，“Prog”表示进行态，是对助词“着”的翻译。其语义可解释为：

$\| Prog\ \Phi \|_{\Omega,i}=1$，当且仅当，存在 $i' \in I$，满足 $i \subset i'$，$\neg(i' \subset_{fi} i)$ 且 $\neg(i' \subset_{in} i)$，使得：$\| \Phi \|_{\Omega,i'}=1$。即存在时段 i'，该时段为时段 i 的延续，使得事件 Φ 参照 i'为真。

现在给出“曾/曾经”所对应的模型论定义：

$\| Ce\ \Phi \|_{\Omega,i}=1$，当且仅当，存在 $i' \in I$，满足 $i' < i$，且有 $i'' \in I$，满足 $i'' \propto i'$，使得：$\| \Phi \|_{\Omega,i''}=1$。也就是说，“曾/曾经 Φ”在时点 i 处为真，则存在一个位于 i 之前的时点 i”，事件 Φ 这一点上为真。i'的出现，说明事件 Φ 在 i 前已经终结。

综上所述，时间副词“曾/曾经”强调主体在参照时间（多为说话时间）之前经历过某事件，且该事件在参照时间之时已经终结。且“曾经”指的是在无限的时间延续中，一个相对完整过程的完成，“含有非延续性和非有效性”①。

---

① 马真：《现代汉语虚词研究方法论》，商务印书馆 2004 年版，第 256 页。

四 未然体兼表将来时的时间副词（“就、就要”）的形式语义

未然体强调事件现在还没有发生，而将来可能会发生。从事件外部来看，该事件处于还未发生的状态或阶段。时间副词“就、就要”就是这样一组词，它们表示事件在未来的时间将会发生。

现代汉语中，“就”的词性有副词、连词和介词。实际上，“就”在古代汉语中是作为动词的，其意思为“趋就、靠近”，如：“我行而就之”，“昔有一人，行来渴乏，见木桶中有清静流水，就而饮之”。作为副词的“就”是由其动词义语法化来的，在《现代汉语虚词词典》[①] 中，“就”作为副词，有表时间、表限制、表数量、表语气、表关联五种。而表时间的“就”有三个义项：其一，以说话时点为参照点，说话人认为事情发生得快，如：军官们下午就回部队啊？其二，以某一时间为参照点，说话人认为事情发生得早，如：在三国时候，我国就出现了评论诗文的专著《典论》；其三，以事件发生时点为参照点，说话人以为前后事件间隔时间短，如：一接到通知就往回赶。简言之，“就”的语义就是时间短和时间早。如图 3－6 所示。

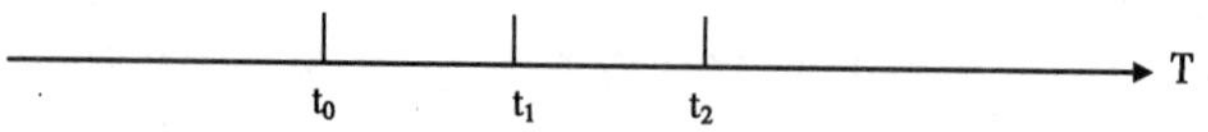

图 3－6 “就$_{未然}$”的时轴示意

图 3－6 中箭头表示时轴，t_0代表参照时点或说话时间，或者另一相关时间，而 t_1和 t_2代表距离参照时间一远一近的两个时点，“就”所指的动作行为或状态在 t_1的位置上发生，因为 t_1和 t_0之间的时间段相对于 t_2和 t_0之间的时间段要短。而从时点的角度看，在 t_1位置上发生的动作行为要比在 t_2位置上发生的早。所以，“就”由“时间短”产生了“时间早”的意义。

当取第一个语义时，“就”表示未然事件，常与包含时间语义成分的词语连用，在句中主要充当体标记，表示未然体。如：我们吃过饭就走。施关淦（1988）曾指出：如果时间副词“就”后的事件是尚未发生的，

① 张斌：《现代汉语虚词词典》，商务印书馆 2006 年版，第 301 页。

“就”的意义为“在说话人看来，某事将于某时发生，其间所隔时间是短的，不论所隔时间有多长，‘就’的这种意义是不变的”。[①]

现引入两个概念——“意愿”和“意志”：动作 VP 的主体要实现 VP 的愿望为“意志”，而希望 VP 在 T 时间内实现的愿望称为“意愿”。“就”表示未然体时的预设可描述为：有一个意志要实现 VP，且意愿的主体希望 VP 实现的时间 T 早于听话人预知的 VP 实现的时间 T_i。同时蕴含着一个意愿，即希望动作的主体在 T 的时间内实现 VP，而不是在 T_i 的时间内实现。

“就”表示未然，做体标记时，常常与表状态的谓词和表示趋向的不及物纯粹动作动词连用，即 B_{IVa3} 和部分 B_{IVa4}。如：我就来；天就亮了；饭就好等。“就”语义指向谓语中心词，表示谓语所表示的动作或状态在很短时间内将会出现，是整个语句的焦点，为未然体的体标记。此外，“就”后也常常与及物动作动词 B_{TVa3} 连用，如：我马上就批改作业；王师傅明天就完成这项工程。不过，当接及物动作动词时，“就”前往往要有时间词（或短语）或时间副词修饰。

先看“就”处于“时间词＋就＋谓词性短语”结构中的情况。如：

1. 你明天就休息吧！
2. 军官们下午就回部队。
3. 王师傅两个月就能完成这项工程。

这类结构中，时间词如“明天”“下午”“两个月”是句子所要强调的焦点信息，“就”的语义指向这些时间词（语）。这些语句分别预设：

1’“你”所指的对象希望休息，但其预想的休息时间晚于“明天”；

2’军官们有个意志要回部队，但说话人预料的时间晚于“下午”；

3’王师傅有个意志要完成这项工程，但说话人预想的时间长于“两个月”。

---

① 施关淦：《试论时间副词“就”》，《语法研究与探索》1988 年第 4 期，第 20 页。

又分别蕴含：

1”受话人即“你”所指的对象没有预料到明天可以休息；

2”军官们回部队的时间提前了，可能说话人原认为军官们要在晚于下午的这个时间回部队；

3”说话人预期完成这项工程的时间要在两个月以上。

都有“期待值＞实际值”的语义蕴含，表示主观小量。

“主观量”是什么呢？“主观量”是含有主观评价意义的量，与“客观量”相对立。具体指说话人在说出一段话的同时表明自己对这段话的立场、态度和感情，从而在话语中留下了自我的印记，这是语言具有“主观性”（subjectivity）的表现。正如陈小荷（1994）所提到的，“主观量”中也包含对量的客观叙述，如上例中的“明天”、“下午”、“两个月”等，所以主观量与客观量的区别仅在于是否同时含有对量的大小的主观期待义或主观评价义。沈家煊（1999）则用“相关值”指主观期待的量，即“主观量”；而用“参照值”指客观量。同时也指出“就”是个有标记的副词，也是一个正向词，相关值＞参照值，与“期待值＞实际值”相吻合。由于“就”表示早于或少于期待值，因此称为“主观小量”。

再回到对“时间词＋就＋谓词性短语”结构的讨论。这个结构中，“就”作为时间副词，与时间词连用，只能出现在后面。此类语句蕴含：说话人希望动作的主体在时间词所表明的时间之后完成或实现 VP。

“就”还可能受时间副词修饰，形成“时间副词＋就＋谓词性短语”的结构。“就”表示未然态时，指事情发生得快，因此可用来修饰“就”的副词也必须有“快、时间短”等语义，如表短时的“马上、立即、即刻、立刻、突然”等。如：

4. 他们即刻就动身去北京。

5. 这种燃气立即就能使圣火重新熊熊燃烧。

“就”是自然重音，连同修饰它的时间副词一起重读，且“即刻、立即”等是句子所要强调的焦点信息。“就”的语义指向其后的谓语部分。这类语句预设：有一个意志要实现谓语部分所述说的事件，且意愿的主体本希望该事件实现的时间早于说话人预想的时间。同时也蕴含：说话人认为该事件实现的时间要晚于实际出现的时间。因此，也表示主观小量。有了这些短时时间副词的修饰，“就”的“事情发生得快”的语义更加突出。

“了”作为时态助词，表示动作从无到有的实现过程。[①] 它可以附着在动词后边，也可以出现在句末。当附着于动词后边时，表示过去实现，即一个事件从过去某个时间开始存在，到现在依然如此，表示已然。这与“就”表“未然”的时体意义相冲突。因此，在含有“就”的语句中，当动词后跟有宾语或其他句法成分时，“了”一般不会直接附着于动词后边，如“*他们即刻就动身了去北京”是病句，不符合汉语语言习惯。当“了”置于句末时，表示一个事件从现在开始存在（陈立民，2002）。请看例句“饭就好了”、“演出马上就开始了”、“天就亮了”、“我就来了”等。这时“了”由于受到表未然的“就”的影响，表示一个事件不久将实现。有时也可以表示过去，如“饭早就好了”、“宾馆下午就客满了”等。因此，“了”位于句末时，重在强调事件的实现，可以表示过去、现在或将来实现。具体表示什么时候，依语境而定。所以，“就”语句的句末可以出现助词“了”。不过大多出现在“（时间词）＋就＋不及物动词”结构的后面。但“就”的语义不是未然，而是主观小量，如“他们即刻就动身去北京了”，陈述的就是已经发生的事件。

“就”表示未然体时，还可以表示以某未然事件的发生时间为参照点，强调前后两事件间隔时间短。如：

6. 一接到通知就往回赶。
7. 你一到那里就来信。

“就”取该语义时，大多出现在结构“一……就……”中。而在“一”后会出现一个谓词短语，我们记为“VP_1”，“就”后也会出现一个谓词短语，我们记为“VP_2”。其中，“一”表示“瞬时”，与时间副词“就”搭配，表示事件在另一个事件后很短的时间内实现或完成，表示“短时义”，强调“间不容发”。且前后谓词短语的主语必须相同，否则就表示已然，如：我一进门，电话铃就响了。“就”表示未然且用于“一……就……”结

① 陈立民：《汉语的时态和时态成分》，《语言研究》2002 年第 3 期，第 16 页。

构时，表示一种嘱咐或安排，往往可以在句尾加上一些语气词，如“你一到学校就打个电话回来啊”、“你一接到通知就往回赶吧”。但不能与“了”连用，如“* 你一到学校就打电话回来了”。“就”后的谓词可以是 B_{IVa3} 和 B_{IVa4}，也可以是 B_{TVa3}。

当然，也存在前后事件的主语不一致的情况。如：

8. A：你什么时候回家？
B：学校放了假，我就回家

这时，“就”出现在结构“S，主语＋就＋谓词短语”中。其中，“S”陈述的是作为参照的事件，大多是不以人的意志转移的客观事件，其发生时间一般比较确定，“谓词短语”所陈述的事件则紧接着前一事件发生。这时候“就”字句如上述“我就回家”为非自足语句，必须有另一小句 S 为其提供参照时间点。

上述两种结构中，“就”表示时间“紧接性前后相承”，同样表示主观小量，即事件实际的发生时间要早于预期的发生时间，其语义后指于谓词性成分。“就”为自然重音，而“就”后的动词短语是句子的焦点信息，强调分别紧接着前一事件发生。该类语句蕴含着说话人的心情急切，强调动作要及时、迅速，不能有所耽搁。这时，“就”为句子的自然重音，语义指向后面的谓词短语。

据此分析，“就”表示对未然事件的时间限定时，生成语句的句法规则为：

1. 若 $\delta\in B_{IVa3}\cup B_{IVa4}$，则 $F_1(\delta)$＝就 $\delta\in P_{IV}$.
2. 若 $\delta\in B_{IVa3}\cup B_{IVa4}$，则 $F_2(\delta)$＝就 δ 了 $\in P_{IV}$.
3. 若 $\delta\in B_{IVa3}\cup B_{IVa4}$，则 $F_3(\delta)$＝时间词就 δ（了）$\in P_{IV}$.
4. 若 $\delta\in B_{IVa3}\cup B_{IVa4}$，则 $F_4(\delta)$＝短时时间副词 就 δ（了）$\in P_{IV}$.
5. 若 $\delta\in B_{IVa3}\cup B_{IVa4}$，则 $F_5(\delta)$＝一谓词短语 就 $\delta\in P_{IV}$.
6. 若 $\delta\in B_{TVa3}$，则 $F_6(\delta)$＝就 $\delta\in P_{TV}$.
7. 若 $\delta\in B_{TVa3}$，则 $F_7(\delta)$＝时间词就 $\delta\in P_{TV}$.
8. 若 $\delta\in B_{TVa3}$，则 $F_8(\delta)$＝短时时间副词 就 $\delta\in P_{TV}$.
9. 若 $\delta\in B_{TVa3}$，则 $F_9(\delta)$＝一 谓词短语$_1$就 $\delta\in P_{TV}$.

“S，主语＋就＋谓词短语”的结构可以归结到 F_1 和 F_6 中。

未然体强调事件处于目前没有发生但将来可能发生的体态中，而“就”在表示未然的同时，也指出在不久的将来事件会实现，主要强调事件的实现距离说话时间的“时间短”，因此，“就”兼表将来时。也有学者，如龚千炎（1995）、邹崇理（2002）分别看作即行态和将行态的标记。

如果要用 Van Eynde 的两时段间的关系来表示的话，“J＜I”比较合适。如图 3－7 所示。

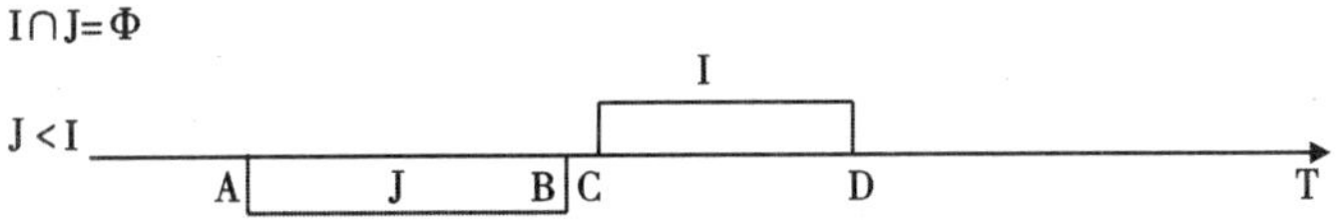

图 3－7　“就”的语义示意

“J＜I”中，关系“＜”指时间上的“先后”关系，表示时段 J 在时轴上先于时段 I。在图 3－7 中，时段 J 看作参照时间，时段 I 指所强调事件的发生时间。要说明的是，B 点和 C 点距离很近，表示“不久、很快”的意思，实际上可以无限制地接近，但不能重合。我们认为，“说话时间”或者“参照时间”和“事件开始或实现的时间”都可以理解为时点，而事件开始或实现也是在距离说话时间不远的某一具体时点，所以图 3－7可以简化为图 3－8。

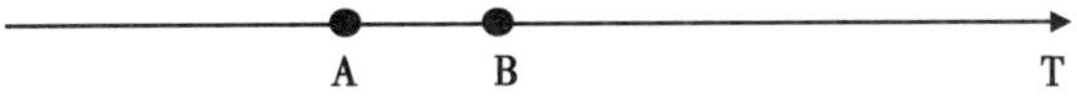

图 3－8　图 3－7 的简化

图 3－8 中，A 代表说话时间，B 代表事件开始或实现的时间。B 点可以无限地接近 A 点，有时甚至话音刚落，事件就开始或实现了。如“水就开了”可能在说话后几秒钟内就达到“开”的状态。这正是“就”表示未然时的主要语义特点，即时间短、时间快。

这里引入一个模态算子“$J_{未然}$”作为自然语言中表未然义的时间副词“就”所对应的模态词。句法规则 1—9 所对应的翻译规则和“$J_{未然}$”的模型论定义如下：

10. 若 $\delta \in B_{IVa3} \cup B_{IVa4}$，则 $F_1(\delta)$ 翻译为：

$\lambda x(J_{未然}(\delta'(x)))$，其中，δ'是 δ 的翻译。或者

$\exists e \exists e' \exists i \exists i'$ $(\lambda x\ (J_{未然}\ (\delta'\ (x)) = e' \wedge (i < i') \wedge \tau\ (e) \subseteq i_e \wedge \tau\ (e') \subseteq i'_{e'})$，其中，δ'是 δ 的翻译，e 代表参照事件，$\tau\ (e) \subseteq i_e$表示事

件 e 发生在时点或时段 i 中。

11. 若 $\delta \in B_{IVa3} \cup B_{IVa4}$，则 $F_2(\delta)$ 翻译为：

同 $F_1(\delta)$的第一种翻译。

12. 若 $\delta \in B_{IVa3} \cup B_{IVa4}$，则 $F_3(\delta)$ 翻译为：

$\exists i'(i' \in 时间词') \wedge \exists e(e = \lambda x(J_{未然}(\delta'(x))) \wedge \tau(e) \subseteq i'_e)$，其中，δ' 是 δ 的翻译，“时间词'”表示时间词所指示的时段，而 $\tau(e) \subseteq i'$ 表示事件 e 发生在时点 i' 中。

13. 若 $\delta \in B_{IVa3} \cup B_{IVa4}$，则 $F_4(\delta)$ 翻译为：

$\lambda x(D(J_{未然}(\delta'(x))))$，其中，δ' 是 δ 的翻译，D 表示短时时间词语对应的模态算子。

14. 若 $\delta \in B_{TVa3}$，则 $F_5(\delta)$ 翻译为：

$\exists e \exists e' \exists i \exists i'(\lambda x(J_{未然}(\delta'(x))) = e' \wedge (i < i') \wedge \tau(e) \subseteq i_e \wedge \tau(e') \subseteq i'_{e'})$，其中，δ' 是 δ 的翻译，e 代表参照事件，$\tau(e) \subseteq i_e$ 表示事件 e 发生在时点或时段 i 中。

15. 若 $\delta \in B_{TVa3}$，则 $F_5(\delta)$ 翻译为：

$\exists e \exists e' \exists i \exists i'(\lambda \mathscr{P} \lambda x \mathscr{P}(\lambda y((J_{未然}(\delta'(x, y))) = e' \wedge (i < i') \wedge \tau(e) \subseteq i_e \wedge \tau(e') \subseteq i'_{e'})$，其中，δ' 是 δ 的翻译，e 代表参照事件，$\tau(e) \subseteq i_e$ 表示事件 e 发生在时点或时段 i 中。

16. 若 $\delta \in B_{TVa3}$，则 $F_6(\delta)$ 翻译为：

$\exists i'(i' \in 时间词') \wedge \exists e(e = \lambda P \lambda x(P(\lambda y(J_{未然}(\delta'(x, y)))) \wedge \tau(e) \subseteq i'_e)$，其中，δ' 是 δ 的翻译，“时间词'”代表时间名词做表述的时段，$\tau(e) \subseteq i'_e$ 表示事件 e 发生在时点 i' 中。

17. 若 $\delta \in B_{TVa3}$，则 $F_7(\delta)$ 翻译为：

$\lambda \mathscr{P} \lambda x \mathscr{P}(\lambda y(D(J_{未然}(\delta'(x, y)))))$，其中，δ' 是 δ 的翻译，D 为短时时间副词所对应的模态算子。

18. 若 $\delta \in B_{TVa3}$，则 $F_8(\delta)$ 翻译为：同 $F_5(\delta)$的翻译。

19. $\| J_{未然} \Phi \|_{\Omega, i} = 1$，当且仅当，有时段/时点 i 和 i'，满足 $i < i'$，使得 $\| \Phi \|_{\Omega, i'} = 1$。

例 19 中，i 代表说话时刻，或者参照事件的发生时刻，而 i' 是在时轴上晚于 i 的某时刻。(19) 说明参照 i 使公式 Φ 为真，就是要使 Φ 参照 i' 为真。假设公式 Φ 为 Hao'(fan')，则 $J_{未然}$ (Hao'(fan')) 参照时点 i 为真，当且仅当，i' 是事件“fan' 所指的个体属于 Hao' 所指的集合”的时间过程。

"就"作为时间副词时，除了表示未然，还可以表示已然。表已然时主要有如下几种语义。

第一，以过去的某一时间为参照点，说话人认为事情发生得早。如：

1. 他昨天就来了。
2. 在三国时期，我国就出现了评论诗文的专著《典论》。
3. 关于石灰岩岩溶地貌，明代的徐霞客就有记述。

整个语句叙述的是一个已经发生的客观事实。语句的基本结构为"表过去的时点时间名词（或短语）＋就＋VP"，但汉语语序和句式比较灵活，"时点时间名词（或短语）"可以提到主语之前，如例2；也可以作为主语的定语出现来说明时间，如例3。无论如何，这三个要素都要出现，且顺序也都为"表过去的时点时间词语、就、VP"。

其中，"时点时间词语"可以根据构成方式分为两种类型：第一种是固有时间名称，如朝代、年号、季节、节气的名称，一天中的分点'早、中、晚'的说法；第二种是由习惯基准构成的本体时间系列，为"序数＋时间单位名词"的构成方式，即"序数＋世纪〉年代〉季节〉月份〉旬〉周〉日/号〉点钟"。[①]"VP"大多表示存现、趋向、动作等，因此，动词可以是 B_{TVa2}、B_{IVa3}、B_{IVa4}、B_{TVa3}、B_{TVa5} 等。句尾的"了"大多数情况下是出现的，少数语句没有出现，如例3，但也可以补出来。

这类语句中，"就"是自然重音，其语义指向前面做状语的表示"过去某时间"的时间名词（或短语），句子的焦点信息是时间名词（或短语）所表示的时间。这类语句预设：说话人知道已经实现了VP，且VP实际实现的时间T要早于其所预知实现的时间 T_i。这些语句蕴含着：已经在T的时间内实现了VP，而不是在 T_i 的时间里实现VP，强调动作完成或实现得早，期待值＞实际值，表示主观小量。

施关淦（1988）指出，如果时间副词"就"后的事件是已经发生的，时间副词"就"表示在说话者看来，某事发生得早。不论从事件发生到讲话时间有多长，"就"的意义不变。要指出的是，"就"指事件发生得早，

① 李向农：《现代汉语时点时段研究》，华中师范大学出版社2003年版，第34页。

且其发生的时间就是时间名词所指出的时间，而不再是参照时间之后。“就”的这种语义可以用时轴来表示，如图 3－9 所示：

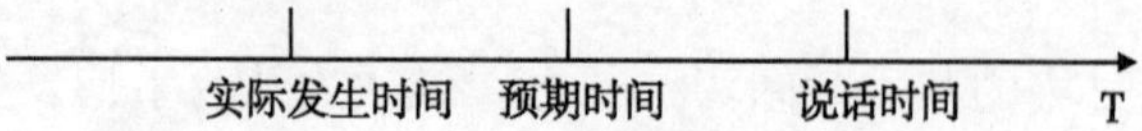

图 3－9 “就已然”的时轴示意

图 3－9 中，“预期时间”和“实际发生时间”都处于说话时间之前，说明“就”表已然。说话人预期事件发生的时间晚于事件实际发生的时间便是“就”的蕴含义。这些时间点也可以无限接近，但不能重合。

“就”还可以修饰时点时间词语，结构为“VP＋就＋表过去的时点词语”。如：

4. 李明起床就七点了。

5. 我进盐场就十八岁了。

句尾总会有“了”出现，表示该事件已然。此时“就”是自然重音，“VP”重读，“就”语义指向其后面的时点时间名词（或短语），句子的焦点信息是谓词性成分所表示的动作或事件。此类语句蕴含说话人认为事件发生得太晚，表示主观大量；预设听话人预知事件的发生时间要早于实际发生时间。此类结构强调，“就”前的 VP 所表示的动作或事件在其所属系列事件中的时间是最早的，相对而言，系列事件中的其他事件时间就更晚了。

第二，说话人认为事件持续的时间短，“就”常与表时段的时间名词（或短语）连用。“时段时间一般可以分为表示短时、长时、累时的本体时间词和带有表示时期的‘期’的时代时段词，如长时时间词——长期、长年、终日、终年、通宵、成天等；短时时间词——刹那、霎那间、一会儿、转眼、片刻、眨眼间、少时、一刻、一瞬、一朝一夕、转瞬等；累时时间词——长年累月、天天、年年、见天、连年、连日、连天等”。①

先看“时段时间词语”位于“就”前的情况。如：

① 李向农：《现代汉语时点时段研究》，华中师范大学出版社 2003 年版，第 35 页。

6. 症状两三天就消退了。
7. 聂拉木海关官员两个月就死于突发性心脏病。

“就”是自然重音，语义指向由时段时间词语所充当的时间状语“两三天”和“两个月”。“时段时间词语＋就”为句子所强调的焦点信息。这类语句蕴含着：说话人预计事件持续的时间要长于事件实际持续的时间，如“说话人没有想到症状会在两三天之内就消退，有点意外之感”、“说话人没有想到聂拉木海关官员两个月就会死”。均是期待值＞实际值，表示主观小量。有时时段词语前会加“才”，这时“就”的“短时义”会更加凸显。如：症状才两三天就消退了；聂拉木海关官员才两个月就死于突发性心脏病了。可以出现于这种结构中的谓词有 B_{TVa2}、B_{IVa3}、B_{IVa4}、B_{IVa5}、B_{TVa3}、B_{TVa5} 等。

“就”的“主观小量”义用时轴可以表示为图 3－10。

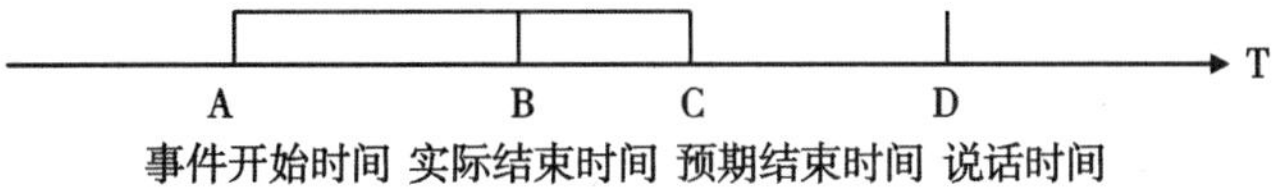

图 3－10　“就”的［主观小量］义时轴示意

图 3－10 中，AB 表示事件实际持续的时间，而 AC 表示说话人预期的事件持续的时间，A、B 和 C 都处于 D 点之前，说明该事件在说话时已经发生。“就”表示的意思就是：事件实际持续的时间 AB 要比说话人所预期的持续时间 AC 要短。

同样还有“时段时间词语”位于时间副词“就”后面的情况，具体结构为“谓词短语＋就＋时段时间词语”。如：

8. 这么快，她结婚就三年了。
9. 光等他就三十分钟了。

“就”依然是自然重音，语义指向谓词性成分“结婚”、“等他”等。谓语部分也是句子的焦点信息。这类结构不再强调主观小量，而强调“时间太长”，蕴含说话人预想事件持续的时间要比其实际持续时间长。这些例句分别蕴含：

8’说话人本以为她结婚的时间少于三年；

9’说话人认为等他的时间太长，有不满意之嫌。

均是期待值<实际值，表示主观大量。

可以出现在此类结构中的谓词必须是有界可持续谓词，因为时段时间词语描述动作行为持续的时间。因此，谓词包括 B_{IVa3}、B_{IVa4}、B_{TVa3}、B_{TVa5}、B_{TVa7} 和 B_{IVa6}。

第三，“就”与时间副词连用。时间副词包括短时时间副词和长时时间副词。先来看“就”与短时时间副词连用的情况。短时时间副词指如“立刻、马上、突然、迅速”等含有“时间短”义的时间副词。如：

10. 他马上就回了妈妈的信。

11. 公司的热情态度立刻就变冷了。

这时，“就”与短时时间副词一起重读，且为句中的焦点信息。“就”的语义前指于时间副词。这类语句蕴含说话人预想事情发生的时间晚于实际发生的时间。如例 11 蕴含着：公司的热情态度在很短时间内突然变冷，是说话人意料之外的事情。总之，这类语句表示事件在很短的时间内已经发生了，期待值>实际值，表示主观小量。可以出现在这种结构的必须是动态谓词，如 B_{IVa3}、B_{IVa4}、B_{IVa5}、B_{IVa6}、B_{TVa3}、B_{TVa5}、B_{TVa6} 和 B_{TVa7} 等。

“就”位于短时时间副词之后时，句子所表达的“短时”义会更加凸显。这种结构中，省略“就”不会改变句子的原意，如“他马上回了妈妈的信”，但原本强调的短时义消失了。“就”的这种短时义可在时轴上表示为图 3—11。

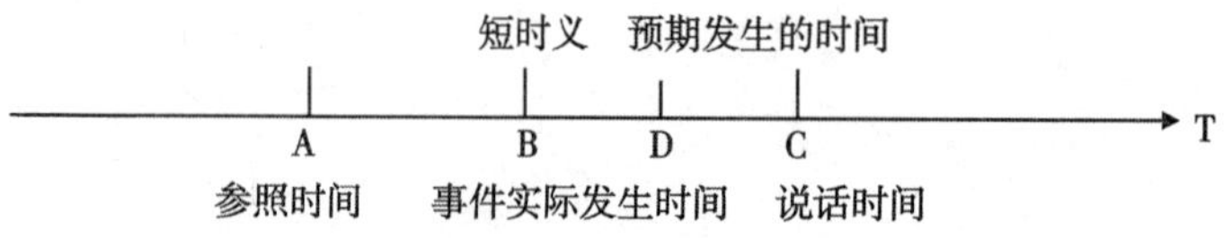

图 3—11 “就”的“短时”义时轴示意

图 3—11 中，事件实际发生的时间位于说话时间之前，表明“已然”。图中 A 点代表说话人所指的参照时间或所参照事件的发生时间，而事件实际发生时间 B 点与 A 间的时间间隔非常短暂，理论上可以无限接近，

但不可以重合。不过B点一定处于说话人预期事件时间D点之前，这也正是“就”在这个句式中的蕴含义。

长时时间副词主要表示动作行为在一段较长时间内基本没有变化，如“永远、一直、经久、历来、素来、从来”等。时间副词“就”与之连用时，常出现在“长时时间副词＋就＋谓词性短语”结构当中。如：

12. 王明华的脾气一向就不好。

13. 他从来就不怕危险。

“就”语义指向时间副词并一起重读，同时也是句子的焦点信息。这类语句蕴含着：说话人原以为谓词性短语所表述的事件是在某种特殊条件下发生的，事件的实际情况出乎说话人预料之外。上述语句分别蕴含：“王明华的脾气没好过，不是一时的改变，强调王明华脾气坏的时间长”；“在说话人看来，他不怕危险这个事件是‘他’在某种特殊环境中产生的情绪，但实际上是他从出生到现在都不怕危险，这是说话人预料之外的”。这些语句主要由长时时间副词来强调事件发生的时间长，期待值＜实际值，表示主观大量。

“长时时间副词＋就＋谓词性短语”主要表示谓词短语所描述的事件从过去某时开始到说话时一直如此，或者根本就没有明确的开始时点，因此，与之搭配的谓词必须是持续性的，具有在较长时间内保持均质的特性，如B_{TVa1}、B_{TVa2}和B_{IVa2}。由于表示持续，事件在说话时并没有终结，可能继续持续下去，与“了”表已然的语义相冲突，所以这种结构中一般不出现“了”。

通过上述分析得知：“就”位于其他时间副词之后时，不再表示“时间短”或“时间快”，而是起强调作用，使“短时”或“长时”的语义更加凸显。

第四，“就”强调时间上的“前后相承”，共有三种情况。首先，“就”表示一个事件在另一个事件之后发生。如：

14. 小红退出了秋新的办公室后，徐勇的电话就打进来了。

15. 他征求了大家的意见后，就把钱分了。

这些例句中，"就"轻读，语义指向后面的谓词性短语。谓词性短语为句子强调的焦点信息。这类语句主要是陈述两件事情在时间上的前后关系，并不强调客观实际和主观预测间的不一致情况。如果用时轴来表示"就"的这种语义，应该等同于图 3－11，不同的解释在于：强调的并不是 A 点和 B 点距离有多近，而主要强调 B 点（即事件实际发生的时间）位于 A 点（即参照事件发生的时间）之后，且都位于说话时间之前。

其次，一些固定的搭配，如"一……就……"和"刚（一）……就……"，表示"时间紧接性"的"前后相承"。

"一……就……"中，"一"表示"瞬时"，主要指动作、行为、性状的瞬时实现。"一"的这种用法早有学者关注。如雅洪托夫（1957）将"一"看作"瞬时过去时的标志"，詹开第（1987）认为"一＋动词"是汉语表示"时相"的一种手段，殷志平（1999）将"一"看成"始点体"标记，而李宇明（2000）认为"一"是"最近完成"的体标记。总之，在这些学者看来，"一"出现在谓词前已经成为了一个语法标记。

瞬时体标记"一"与"就"搭配使用，表达一个事件在另一个事件发生后很短时间内实现或完成，强调时间短得"间不容发"，如"他们一上来就放火烧观了"。"就"为自然重音，语义指向谓词性成分"放火烧观"，且谓词性成分是句子的焦点信息，强调"放火烧观"的动作紧接着"上来"发生，中间的时间间隔很短。该句蕴含着"他们烧观的动作和愿望十分急切，上来后马上烧观，而这是说话人所没有预料到的"，事件间几乎没有间隔，"就"表示主观小量。

句式"刚（一）……就……"更给人以特别迅速的感觉，"间不容发"的语义表达得更加强烈。所不同的是：该句式主要强调"时间点"，即一个事件的结束点正是下一个事件的开始点，两个时间点的间隔极短。有人也把"刚一……就……"看作时间副词"刚"与"一……就……"的合用形式。如"他刚（一）走出校门，就发现有人在盯着他"。当此类结构表述已然事件时，常常可以与"了"搭配使用。

再次，"就"表示时间"短暂停顿前后相承"时，前面往往有表短暂义的时间副词，如"他把钱收下五分钟后就出去了；张太太坐了片刻就走了"。这时，"就"的语义指向短时性时间副词，表示两个动作中间有短暂的停顿，但两动作的发生仍然是"前后相承"。此类语句蕴含着：说话人预料的间隔要长于实际的间隔，表示主观小量。

这三类表“前后相承”的情况中，对出现在“就”后的谓词限制较少，可以是持续的，也可以是瞬间的，不过必须是有界的，如：B_{IVa1}、B_{IVa2}、B_{IVa3}、B_{IVa4}、B_{IVa5}、B_{IVa6}、B_{TVa3}、B_{TVa4}、B_{TVa5}、B_{TVa6}、B_{TVa7}。

根据上述分析，表已然态的时间副词“就”在现代汉语中的句法规则为：

1. 若 $\delta \in B_{IVa3} \cup B_{IVa4}$，则 $F_1(\delta)$＝表过去的时点时间词语　就 δ 了 $\in P_{IV}$.

2. 若 $\delta \in B_{IVa3} \cup B_{IVa4}$，则 $F_2(\delta)=\delta$ 就 表过去的时点时间词语了 $\in P_{IV}$.

3. 若 $\delta \in B_{IVa3} \cup B_{IVa4} \cup B_{IVa5}$，则 $F_3(\delta)$＝时段时间词语就 δ 就 $\in P_{IV}$.

4. 若 $\delta \in B_{IVa3} \cup B_{IVa4} \cup B_{IVa6}$，则 $F_4(\delta)=\delta$ 了时段时间词语 $\in P_{IV}$.

5. 若 $\delta \in B_{IVa3} \cup B_{IVa4} \cup B_{IVa5} \cup B_{IVa6}$，则 $F_5(\delta)$＝短时时间副词 就 $\delta \in P_{IV}$.

6. 若 $\delta \in B_{Iva2}$，则 $F_6(\delta)$＝长时时间副词 就 $\delta \in P_{IV}$.

7. 若 $\delta \in B_{IVa1} \cup B_{IVa2} \cup B_{IVa3} \cup B_{IVa4} \cup B_{IVa5} \cup B_{IVa6}$，则 $F_7(\delta)$＝VP（后），就 $\delta \in P_{IV}$.

8. 若 $\delta \in B_{IVa1} \cup B_{IVa2} \cup B_{IVa3} \cup B_{IVa4} \cup B_{IVa5} \cup B_{IVa6}$，则 $F_8(\delta)$＝（刚）（一）VP 就 $\delta \in P_{IV}$.

9. 若 $\delta \in B_{IVa1} \cup B_{IVa2} \cup B_{IVa3} \cup B_{IVa4} \cup B_{IVa5} \cup B_{IVa6}$，则 $F_9(\delta)$＝VP 短时时间词语就 $\delta \in P_{IV}$.

10. 若 $\delta \in B_{TVa2} \cup B_{TVa3} \cup B_{TVa5}$，则 $F_{10}(\delta)$＝表过去的时点时间词语就 δ 了 $\in P_{TV}$.

11. 若 $\delta \in B_{TVa2} \cup B_{TVa3} \cup B_{TVa5}$，则 $F_{11}(\delta)=\delta$ 就 表过去的时点时间词语了 $\in P_{TV}$.

12. 若 $\delta \in B_{TVa2} \cup B_{TVa3} \cup B_{TVa5}$，则 $F_{12}(\delta)$＝时段时间词语　就 δ 了 $\in P_{TV}$.

13. 若 $\delta \in B_{TVa3} \cup B_{TVa5} \cup B_{TVa7}$，则 $F_{13}(\delta)=\delta$ 就 时段时间词语 $\in P_{TV}$.

14. 若 $\delta \in B_{TVa3} \cup B_{TVa5} \cup B_{TVa7}$，则 $F_{14}(\delta)$＝短时时间副词 就 $\delta \in P_{TV}$.

15. 若 $\delta \in B_{TVa1} \cup B_{TVa2}$，则 $F_{15}(\delta)$＝长时时间副词 就 $\delta \in P_{TV}$.

16. 若 $\delta \in B_{TVa3} \cup B_{TVa4} \cup B_{TVa5} \cup B_{TVa6} \cup B_{TVa7}$，则 $F_{16}(\delta)$＝VP（后），就 $\delta \in P_{TV}$.

17. 若 $\delta \in B_{TVa3} \cup B_{TVa4} \cup B_{TVa5} \cup B_{TVa6} \cup B_{TVa7}$，则 $F_{17}(\delta)$＝（刚）（一）VP 就 $\delta \in P_{TV}$.

18. 若 $\delta \in B_{TVa3} \cup B_{TVa4} \cup B_{TVa5} \cup B_{TVa6} \cup B_{TVa7}$，则 $F_{18}(\delta)$＝VP 短时时间词语 就 $\delta \in P_{TV}$.

上述句法规则囊括了时间副词“就”表已然态时可能生成的各种句式结构。

同样引入一个表已然的时间副词“就”对应的模态算子“$J_{已然}$”，上述句法规则所对应的翻译规则和“$J_{已然}$”的模型论定义分别为：

19. 若 $\delta \in B_{IVa3} \cup B_{IVa4}$，则 $F_1(\delta)$ 翻译为：

$\lambda x(J_{已然}(\delta'(x)))$，其中，δ’是 δ 的翻译。

其中，“$J_{已然}$”的模型论定义为：$\|J_{已然}\Phi\|_{\Omega,i}=1$，当且仅当，有时点 i、i’和 i”，满足（（i＝说话时间）∧（i’＝说话人预期的事件发生的时间）∧（i”＝事件实际发生的时间）∧（i”＜i’＜i）），使得 $\|\Phi\|_{\Omega,i''}=1$。我们称这种模型论定义为”$J_{已然1}$”。

20. 若 $\delta \in B_{IVa3} \cup B_{IVa4}$，则 $F_2(\delta)$ 翻译为：

$\lambda x(J_{已然}(\delta'(x)))$，其中，δ’是 δ 的翻译。

其中，“$J_{已然2}$”的模型论定义为：$\|J_{已然2}\Phi\|_{\Omega,i}=1$，当且仅当，有时点 i、i’和 i”，满足（（i＝说话时间）∧（i’＝说话人预期的事件发生的时间）∧（i”＝事件实际发生的时间）∧（i’＜i”＜i）），使得 $\|\Phi\|_{\Omega,i''}=1$。

21. 若 $\delta \in B_{IVa3} \cup B_{IVa4} \cup B_{IVa5}$，则 $F_3(\delta)$翻译为：

$\lambda x(J_{已然}(\delta'(x))) \wedge \exists i_{时段}(i_{时段}=时段词语') \wedge \exists e(e=\delta'(x) \wedge \tau(e) \subseteq i_e$，其中，δ’是 δ 的翻译，$\tau(e) \subseteq i_e$表示事件 e 的持续时间为时段 i。

其中，“$J_{已然3}$”的模型论定义如下：$\|J_{已然3}\Phi\|_{\Omega,i}=1$，当且仅当，存在时段 I、I’，满足（（I’＝说话人预期的事件持续的时间）∧（I＝事件实际持续的时间）∧（I＜I’＜i）（i 为说话时间），使得 $\|\Phi\|^{预期}_{\Omega,I'}=1$，且 $\|\Phi\|^{实际}_{\Omega,I}=1$。“＜”是“时段间的短于”关系，即前者表示的时段要比后者表示的时段短；“＜”表示的是“先于”关系。

22. 若 $\delta \in B_{IVa3} \cup B_{IVa4} \cup B_{IVa6}$，则 $F_4(\delta)$ 可翻译为：同 $F_3(\delta)$的解释。

但这儿的“$J_{已然}$”的模型论定义不同于“$J_{已然3}$”，笔者将其记为“$J_{已然4}$”，其定义如下：$\|J_{已然4}\Phi\|_{\Omega,i}=1$，当且仅当，存在时段 I、I’，满足（I’＝说话人预期的事件持续的时间）∧（I＝事件实际持续的时间）∧（I’＜I），且 i 为说话时间，使得 $\|\Phi\|_{\Omega,I}=1$。

23. 若 $\delta \in B_{IVa3} \cup B_{IVa4} \cup B_{IVa5} \cup B_{IVa6}$，则 $F_5(\delta)$可翻译为：

$\lambda x(D(J_{已然}(\delta'(x))))$，其中，δ’是 δ 的翻译，D 为短时时间副词对应

的模态算子。

其中，“$J_{已然5}$”的模型论定义应该为：$\| J_{已然5}\Phi \|_{\Omega,i}=1$，当且仅当，存在时段 I 和时点 i’和 i”，且存在事件 e，τ（e）$\subseteq$I，且 i’为 I 的最大上限，满足 i’ $\models \neg$e，且满足 $\| \Phi \|_{\Omega,i'}=1$，同时 i’<i”<i（i 为说话时间），i”为说话人预期的事件 Φ 发生的时间。

24. 若 $\delta\in B_{IVa2}$，则 $F_6(\delta)$可翻译为：

$\lambda x(C(J_{已然}(\delta'(x))))$，其中，$\delta'$是 δ 的翻译，C 为长时时间副词对应的模态算子。

其中，“$J_{已然6}$”的模型论定义为：$\| J_{已然6}\Phi \|_{\Omega,i}=1$，当且仅当，存在时点 i’和 i”，满足 i’<i”<i，其中，i=说话时间，满足 $\| \Phi \|^{预期}_{\Omega,i''}=1$，且 $\| \Phi \|^{实际}_{\Omega,i'}=1$。

25. 若 $\delta\in B_{IVa1}\cup B_{IVa2}\cup B_{IVa3}\cup B_{IVa4}\cup B_{IVa5}\cup B_{IVa6}$，则 $F_7(\delta)$ 可翻译为：

$\lambda x(J_{已然}(\delta'(x)))$，其中，$\delta'$是 δ 的翻译。

“$J_{已然7}$”的模型论解释定义为：$\| J_{已然7}\Phi \|_{\Omega,i}=1$，当且仅当，存在时段 I 和时点 i’和 i”，且存在事件 e，τ（e）$\subseteq$I，且 i’为 I 的最大上限，满足 i’ $\models \neg$e，i’<i”，使得 $\| \Phi \|_{\Omega,i''}=1$。

26. 若 $\delta\in B_{IVa1}\cup B_{IVa2}\cup B_{IVa3}\cup B_{IVa4}\cup B_{IVa5}\cup B_{IVa6}$，则 $F_8(\delta)$可解释为：同 $F_7(\delta)$。

而模态算子“$J_{已然}$”的模型论解释定义同“$J_{已然6}$”。

27. 若 $\delta\in B_{IVa1}\cup B_{IVa2}\cup B_{IVa3}\cup B_{IVa4}\cup B_{IVa5}\cup B_{IVa6}$，则 $F_9(\delta)$可翻译为：同 $F_7(\delta)$。

“$J_{已然8}$”的模型论解释定义如下：$\| J_{已然8}\Phi \|_{\Omega,i}=1$，当且仅当，存在时段 I 和时点 i、i’和 i”，其中，i 为说话时间，i’为时段 I 的最大上限，且 i’<i”<i；存在事件 e，τ（e）$\subseteq$I，满足 i’ $\models \neg$e，且 $\| \Phi \|^{实际}_{\Omega,i'}=1$，而 $\| \Phi \|^{预期}_{\Omega,i''}=1$。

28. 若 $\delta\in B_{TVa2}\cup B_{TVa3}\cup B_{TVa5}$，则 $F_{10}(\delta)$可翻译为：

$\lambda\mathscr{P}\lambda x\mathscr{P}(\lambda y(J_{已然}(\delta'(x,y))))$，其中，$\delta'$是 δ 的翻译。

“$J_{已然}$”的模型论定义同“$J_{已然1}$”。

29. 若 $\delta\in B_{TVa2}\cup B_{TVa3}\cup B_{TVa5}$，则 $F_{11}(\delta)$可翻译为：同 $F_{10}(\delta)$。

“$J_{已然}$”的模型论定义同“$J_{已然2}$”。

30. 若 $\delta\in B_{TVa2}\cup B_{TVa3}\cup B_{TVa5}$，则 $F_{12}(\delta)$可翻译为：

$\lambda\mathscr{P}\lambda x\mathscr{P}(\lambda y(J_{已然}(\delta'(x,y))))\wedge\exists i_{时段}(i_{时段}=时段词语')\wedge\exists e(e=\delta'(x)$

$\wedge\tau(e)\subseteq i_e$，其中，δ’是δ的翻译，τ（e）$\subseteq i_e$表示事件e的持续时间为时段i。

其中“$J_{已然}$”的模型论定义同“$J_{已然3}$”。

31. 若$\delta\in B_{TVa3}\cup B_{TVa5}\cup B_{TVa7}$，则$F_{13}(\delta)$可翻译为：同$F_{12}(\delta)$。

“$J_{已然}$”的模型论定义同“$J_{已然4}$”。

32. 若$\delta\in B_{TVa3}\cup B_{TVa5}\cup B_{TVa7}$，则$F_{14}(\delta)$可翻译为：

$\lambda\mathscr{P}\lambda x\mathscr{P}(\lambda y(D(J_{已然}(\delta'(x,y)))))$，其中，δ’是δ的翻译，D为短时时间副词对应的模态算子。

“$J_{已然}$”的模型论定义同“$J_{已然5}$”。

33. 若$\delta\in B_{TVa1}\cup B_{TVa2}$，则$F_{15}(\delta)$可翻译为：

$\lambda\mathscr{P}\lambda x\mathscr{P}(\lambda y(C(J_{已然}(\delta'(x,y)))))$，其中，δ’是δ的翻译，C为长时时间副词对应的模态算子。

“$J_{已然}$”的模型论定义同“$J_{已然6}$”。

34. 若$\delta\in B_{TVa3}\cup B_{TVa4}\cup B_{TVa5}\cup B_{TVa6}\cup B_{TVa7}$，则$F_{16}(\delta)$可翻译为：

$\lambda\mathscr{P}\lambda x\mathscr{P}(\lambda y(J_{已然}(\delta'(x,y))))$，其中，δ’是δ的翻译。

其中“$J_{已然}$”的模型论定义同“$J_{已然7}$”

35. 若$\delta\in B_{TVa3}\cup B_{TVa4}\cup B_{TVa5}\cup B_{TVa6}\cup B_{TVa7}$，则$F_{17}(\delta)$可翻译为：同$F_{16}(\delta)$。

“$J_{已然}$”的模型论定义同“$J_{已然6}$”。

36. 若$\delta\in B_{TVa3}\cup B_{TVa4}\cup B_{TVa5}\cup B_{TVa6}\cup B_{TVa7}$，则$F_{18}(\delta)$可翻译为：同$F_{16}(\delta)$。

“$J_{已然}$”的模型论定义同“$J_{已然8}$”。

“前后相承”是时间副词“就”的基本义，“主观小量”是其基本蕴含义。时间副词“就”充分体现了“主观性”。

五　持续体兼表现在时的时间副词（“正、在、正在”）的形式语义

持续体的观察点在事件的内部。持续体强调事件处于进行或持续过程当中，时态助词“着”是其形态标记。事件的“非完整性”和“持续性”是持续体的重要特征。“正、在、正在”就是一组体现持续体的时间副词。

副词“正、在、正在”相同的核心语义是都表示动作行为的进行或持续，因此，都表示持续体。但它们的语义着重点不同。“正”着重于动作

进行的时间，“在”着重于动作行为进行之状态，而“正在”则兼有“正”和“在”的特性，既强调动作进行的时间，又说明动作进行时所呈现的状态。因此，不具动性或动性不强或含有［－进行］义素的谓词，一般都不能受这组副词的修饰，如 B_{TVa1}、B_{TVa2}、B_{IVa1}、B_{IVa2}、趋向动词和存现动词等。

先来看“在”。现代汉语中，作为时间副词的“在”侧重表示动作行为的进行或动作行为、状态的持续，突出当前一段时间动作或状态处于存留的状况。这种正在进行的动作行为或存续的状态可以是从过去持续到现在并可能一直持续下去，也可以是在当前一段时间内进行或持续的动作行为或状态，也可以是从现在开始将要持续下去的动作行为，因此，“在”具有“可持续”的语义特征。另外，动作行为或状态要持续，必然是存续时段，所以，“表时段”也是“在”的重要语义特征。

根据词语的双向选择性和语义一致性的要求，可以与“在”搭配的谓词主要有如下两类：①具有“持续”语义特征的动作行为动词，即动作行为本身能持续，其内在时间过程结构具有较强的“续段”，如“跑、发展、讨论、游泳”，等等，即 B_{TVa3}、B_{TVa4}、B_{TVa5} 和 B_{IVa4}。②具有“可重复”语义的瞬间动词，如“砍、砸、敲”等，即 B_{TVa7} 和 B_{IVa6}。“在”有时也与不及物动词连用，也可以在动词后带“着”，强调动作行为正处于存留的状态。

“在”在表示动作行为的进行或动作行为、状态持续的同时，着重表达动作行为和状态的呈现，因此，“在”可以与带有延续或重复义的时间副词连用，如“一直、还、刚、已经、仍然、永远、老是、总是、常常、又”等。

“在”的典型句式为“NP＋在＋VP”和“NP＋副词＋在＋VP”，如“人们在互相道喜；她似乎在回忆过去的生活”。句式中的副词范围较广，含有“延续”义的时间副词在内所有副词。当然，“在”也会出现在排比句和递进、转折等语句中，但这不属于本书的研究范围。

据此分析，“在”构成语句的句法规则为：

1. 若 $\delta \in B_{TVa3} \cup B_{TVa4} \cup B_{TVa5} \cup B_{TVa7}$，则 $F_1(\delta)$＝在 $\delta \in P_{TV}$.
2. 若 $\delta \in B_{TVa3} \cup B_{TVa4} \cup B_{TVa5} \cup B_{TVa7}$，则 $F_2(\delta)$＝副词 在 $\delta \in P_{TV}$.
3. 若 $\delta \in B_{IVa4} \cup B_{IVa6}$，则 $F_3(\delta)$＝在 $\delta \in P_{IV}$.
4. 若 $\delta \in B_{IVa4} \cup B_{IVa6}$，则 $F_4(\delta)$＝副词 在 δ（着）$\in P_{IV}$.

规则 1—4 可以分别生成“党员们在学习‘三个代表’”、“主人公在努力回想当时的情况”、“时代在前进”、“工人们还在工作着”之类的语句。

据上分析，“时段性、延续性”是“在”的主要语义特征。不过，“在”侧重于动作行为呈现的状态，并不关注动作发生和终结的具体时点，甚至那些开始和结束时间都很不明确的事件也可以被“在”修饰。例如“历史在发展，时代在前进”。另一方面，“在”所表达的持续性也可以是松散的、一种经常性的动作。如“他的嘴巴很会讲，随时随地都在作宣传”。

为了准确刻画“在”的语义特点，我们参照 Van Eynde 的做法，两个时段间的关系通过必要修正来表示，如图 3—12 所示：

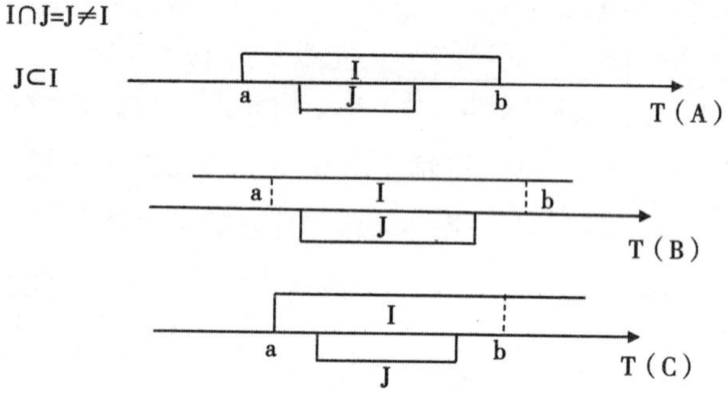

图 3—12 “在”的语义示意

图 3—12 中，J 看作参照时间（R），可以是说话时间，也可以是另外的相关时间，或者叫作说话者的观察时点；而把 I 看作动作行为或状态的持续过程。其中，图 A 表示事件具有明确的起止点，而观察时间为其持续过程中的一部分时间，例如：“我到家时，妹妹在看《红楼梦》，大伙儿在看电影《大红灯笼高高挂》。”图 B 表示动作行为或状态的起点和终点都不明确，如“历史在发展，时代在前进”。图 C 表示事件的起点为 a 点，终点不明确，如“几年来，我都在等着他”。图 B 和图 C 中的 a 点和 b 点有时用虚线表示，代表这并不是动作行为或状态持续过程实际的起点或终点，而是我们所观察到的起止点。

以 J 为立足点来观察 I，且 I 长于 J，这说明“在”只强调观察时段内事件的持续绵延性，也正体现了其所表示的现在时或进行态的实质特征。正如蒋严、潘海华所比喻的：“如果我们只观察事件的中间过程，即我们的镜头只取事件中间的一部分，起始点和结束点都不在镜头里，我们就好像身处一辆奔驰的列车中，有一种身临其境的感觉，所以，就有事件正在进行的感觉，这就是我们常说的进行态（progressive）。”[①]

为了更准确地表述时间副词“在”的语义，引入一个新的模态算子“Z”，则句法规则1—4翻译成逻辑语言时相对应的翻译规则分别为：

5. 若 $\delta \in B_{TVa3} \cup B_{TVa4} \cup B_{TVa5} \cup B_{TVa7}$，则 $F_1(\delta)$ 翻译为：

$\lambda\mathscr{P}\lambda x\mathscr{P}(\lambda y(Z(\delta'(x,y))))$，其中，δ'是δ的翻译。

6. 若 $\delta \in B_{TVa3} \cup B_{TVa4} \cup B_{TVa5} \cup B_{TVa7}$，则 $F_2(\delta)$ 翻译为：

$\lambda\mathscr{P}\lambda x F(\mathscr{P}(\lambda y(Z(\delta'(x, y)))))$，其中，F是副词对应的模态算子，δ'是δ的翻译。

7. 若 $\delta \in B_{IVa4} \cup B_{IVa6}$，则 $F_3(\delta)$ 翻译为：$\lambda x(Z(\delta'(x)))$，其中，δ'是δ的翻译。

8. 若 $\delta \in B_{IVa4} \cup B_{IVa6}$，则 $F_4(\delta)$ 翻译为：$\lambda x[F(Z(\delta'(x)))$，其中，δ'是δ的翻译。

据例3及翻译规则，“时光在流逝”可翻译为：Z（Liushi'(shiguang')）[②]。现在给出“在”对应的模态算子“Z”的模型论定义，如下：

9. $\| Z(\Phi) \|_{\Omega,i} = 1$，当且仅当，存在 $i' \in I$，满足 $i \subset i'$ 并且 $\neg(i \subset_{fi} i')$ 且 $\neg(i \subset_{in} i')$，使得 $\| \Phi \|_{\Omega,i'} = 1$。

翻译规则9中，i、i'和I都表示时段，其中，i是说话者的参照时间，公式Z（Φ）参照时段i为真，当且仅当，存在一个时段i'是i的延续，则参照i' Φ为真。而参照i'公式Liushi（shiguang）为真，就是说，“shiguang所指的个体属于具有Liushi属性的集合”这个事件在时段i'上持续。

“在”强调事件的持续。由于“在”字句重点强调所述事件目前的存续状况，句子的重音往往落在“在”前后的词语上，尤其是谓语部分，而不是“在”。

“‘正’表示动作在进行中或状态在持续中”[③]，如“我正等着呢”。

---

① 蒋严、潘海华：《形式语义学引论》，中国社会科学出版社1998年版，第302页。

② “Liushi”为“流逝”所对应的逻辑谓词，而“shiguang”表示“时光”所对应的个体常项，或者叫论元。

③ 吕叔湘：《现代汉语八百词》（增订本），商务印书馆2005年版，第670页。

“正”的原意是恰好、恰恰、刚好。它作为时间副词的语义就是从这一情态义发展而来的。因此，“正”着重于强调动作行为进行或状态持续的时间位置，即“时位”，这正是“正”作为时间副词时一个重要的语义特征。“时位”的语义特征在句法上表现为：或者句中有时点词语，或者与其他小句之间存在着时间上的同时关系，经常与“当时、这时、那时、此刻”以及“当……的时候/时”等表示时点的词语共现。但“正”不能与表示重复的时间词语如“天天、每天、每时每刻”等共现。在这个意义上说，“正”语句是非自足性语句，需要另一相关语句为其提供参照时间，而“在”字句则不受周围语句的牵制，称为自足句，

“正”字句中所描述的事件进行或持续的时间位置是固定的。它可以处在一定时间范围内的某一时点，且此参照的时间范围可大可小，因此，“正”所修饰的谓语中心词必须具有“延续性”，且这个延续过程中有一时位正好是另一事件的发生或存续时位。如“只听一阵叮叮当当的钥匙响，我跑进屋里一看，奶奶正从‘龙匣’里摸索出什么来。(《东方女性——伦理道德小说集》)”。同时，“正”所修饰的谓词所描述的必定是一个有界的动作状况。所以，“正”可以与具有“延续性”特征的有界动态谓词连用，做其状语。如：B_{IVa4}、B_{IVa3}、B_{TVa3}、B_{TVa4}、B_{TVa5}、B_{TVa7}。因此，表示两事件的“同时性”是“正”的又一语义特征。

并不是所有的瞬间动词所表示的动作行为都是非持续的，那些可重复的瞬间动词所表示的动作行为在某种意义上是可以持续的，不过动作间会有短暂时间间隔，如“敲、咳嗽”等。可用图很直观的表示（见图3－13）。

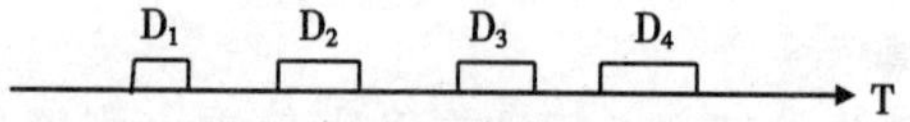

图3－13 瞬时动作的可重复性

某些无界动词，在特定的语境下也会变为有界动词，如“读、写”等是无界及物动词，加上宾语后成为如“读《红楼梦》、写一篇论文”就变为了有界动词，可以受“正”的修饰。“正”一般不能修饰光杆不及物动词，如不能说“正跑、正蹲、正讨论、正考试”等，经常在动词后要带时态助词“着”，如“正跑着、正蹲着、正讨论着、正走着”等。

“正”的“时位性、持续性、同时性”的语义特征决定了可以与其搭

配的状语须带有相似的语义特点，且“正”与状语的句法位置因词而变。“正”可以出现在前面的状语有：部分表示频率的时间状语，如“反复、不断、不停”等，如“老王正反复试验呢”；由“在、从、朝、往、向”等加宾语构成的方位状语，如“蜜子还没有回来，她正在远远的林子后恋爱呢！”（贾平凹：《鸡窝洼的人家》；由“跟、同、与、为”等介词加宾语构成的对象状语，如“……只见门半掩着，山妮正跟阿姨说话呢”（谌容：《永远是春天》）；由“通过、经过”等加宾语构成的手段或途径状语，如“我们正通过小赵跟他们联系呢”。“正”只能出现在其后的状语有：表类同的“也、同样”等范围状语；含有“非延续”语义的时点状语，如“这时、现在”，等等，如“那时主力正集合，准备前进呢”（李立：《井冈山，我又看到你！》）；由“通过+谓词/谓词短语”构成的手段或途径状语，如“通过改革，农村的教育事业正蓬勃发展”；“也许、或许、大概、说不定、原来”等表示猜测、领悟等的语气状语，如：“说不定他正等你呢”！

据上述分析，时间副词“正”的句法规则如下：

10. 若 $\delta \in B_{TVa3} \cup B_{TVa4} \cup B_{TVa5} \cup B_{TVa7}$，则 $F_5(\delta)$ = 正 $\delta \in P_{TV}$.

11. 若 $\delta \in B_{TVa3} \cup B_{TVa4} \cup B_{TVa5} \cup B_{TVa7}$，则 $F_6(\delta)$ = 状语 正 $\delta \in P_{TV}$.

12. 若 $\delta \in B_{TVa3} \cup B_{TVa4} \cup B_{TVa5} \cup B_{TVa7}$，则 $F_7(\delta)$ = 正 状语 $\delta \in P_{TV}$.

13. 若 $\delta \in B_{IVa3} \cup B_{IVa4}$，则 $F_8(\delta)$ = 正 δ 着 $\in P_{IV}$.

14. 若 $\delta \in B_{IVa3} \cup B_{IVa4}$，则 $F_9(\delta)$ = 状语 正 δ 着 $\in P_{IV}$.

15. 若 $\delta \in B_{IVa3} \cup B_{IVa4}$，则 $F_{10}(\delta)$ = 正 状语 δ 着 $\in P_{IV}$.

根据句法规则 10 —15，可以分别生成如下汉语语句，如：“当我进门时，小张正吃午饭”；“那时他或许正回想当时的情况呢”；“当妈妈回来时，小红正不停地敲门”；“我走进病房时，张华正躺着”；“领导来视察时，工人们都正紧张地工作着”；“通过改革，农村的教育事业正蓬勃发展”；等等。同时也拒绝生成“张三正买着”、“李四正认识王五”等不合语法规则和汉语习惯的句子。

从 CCL 语料来看，“正”经常出现在结构“N（P）+正+VP”中，占总数的 84%，这与“正”强调时位有关。而较少出现在结构“NP+副词+正+VP”中，仅占 3%多点。

综上所述，“正”的主要语义特点为“时位性”与“持续性”。因此，对 Van Eynde 的时段间的关系之一 J⊂I 进行必要修正后可以来表述“正”的语义，如图 3—14 所示：

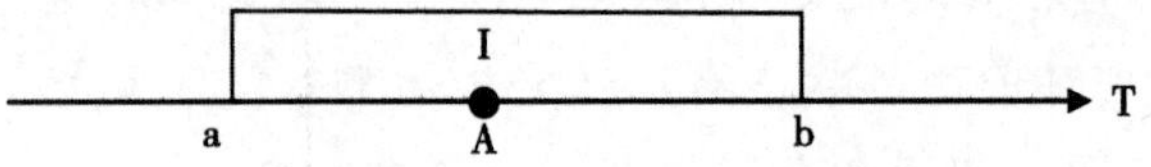

图 3—14 “正”的语义示意

在图 3－14 中，时段 I 指的是“正”所修饰事件持续的时段，且由于“正”修饰的是有界持续动词，a、b 分别为其起点和终点。而原图中的时段 J 在这儿修正为点 A。原图中的时段 J 视为参照时间的话，“正”字句中的参照时间就是一个时点 A，表示在这个时点上两事件同时存在。这也正好体现了以说话者的观察时点 A 为参照时间，时段 I 内持续的动作行为或状态的现在进行时的时制特征，同时也体现了动作行为或状态处于持续的时段过程之中。

同样引入“正”所对应的模态算子“ZH”。上述句法规则 10 —15 对应的翻译规则如下：

16. 若 $\delta \in B_{TVa3} \cup B_{TVa4} \cup B_{TVa5} \cup B_{TVa7}$，则 $F_5(\delta)$ 翻译为：

$\lambda \mathscr{P} \lambda x \mathscr{P}(\lambda y(ZH(\delta'(x,y))))$，$\delta'$是 δ 的翻译。

17. 若 $\delta \in B_{TVa3} \cup B_{TVa4} \cup B_{TVa5} \cup B_{TVa7}$，则 $F_6(\delta)$ 翻译为：

$\lambda \mathscr{P} \lambda x F(\mathscr{P}(\lambda y(ZH(\delta'(x,y)))))$，其中，F 是句中状语所对应的抽象的模态算子，这儿不作具体解释，δ'是 δ 的翻译。

18. 若 $\delta \in B_{TVa3} \cup B_{TVa4} \cup B_{TVa5} \cup B_{TVa7}$，则 $F_7(\delta)$ 翻译为：

同 $F_6(\delta)$的翻译。

19. 若 $\delta \in B_{IVa3} \cup B_{IVa4}$，则 $F_8(\delta)$ 翻译为：

$\lambda x(ZH(\delta'(x)))$，其中，$\delta'$是 δ 的翻译。

20. 若 $\delta \in B_{IVa3} \cup B_{IVa4}$，则 $F_9(\delta)$ 翻译为：

$\lambda x F(ZH(\delta'(x)))$，其中，F 为句中状语所对应的抽象模态算子，$\delta'$是 δ 的翻译。

21. 若 $\delta \in B_{IVa3} \cup B_{IVa4}$，则 $F_{10}(\delta)$ 翻译为：同 $F_9(\delta)$的翻译。

而模态算子“ZH”的模型论定义如下：

22. $\| ZH\ \varphi \|_{\Omega,i}=1$，当且仅当，存在 $i' \in I$，满足 $i' \in I$，且 $\neg(i \in_{fi} I)$ 且 $\neg(i \in_{in} I)$ 且 $i'=i$ 使得：$\| \varphi \|_{\Omega,i'}=1$。

定义 22 可直观理解为：i 是说话者的参照时间，相当于图 3－14 中的 A 点，公式“ZH φ”参照 i 为真，就是说存在一个时段 I 中的时点 i’，与 i 为同一时点，使得公式 φ 参照时点 i’为真。

“正”字句主要强调事件的时间位置，表述焦点往往是“正”的时位信息。“正”所显示的动作行为的时间位置对其参照语句所描述的事件发生的时间具有决定性的影响，因此，“正”字句的重音位置就在“正”本身。

由上分析得知，“正”更强调同时性和时点性，“在”更强调过程义和持续性，而“正在”则兼有两者之义。正如《现代汉语八百词》中所提出的，“‘正’着重指时间，‘在’着重指状态，‘正在’既指时间又指状态”。[1] 如：“他正在跑步”可推出“他正跑步”＋“他在跑步”。但并不能简单认为“正在”就是“正”和“在”的语义及语法特点的合取。

由于“正在”既要指事件的时间位置，又要指明当时事件所处的状态，因此它只能修饰那些有界的持续谓词，如 B_{TVa3}、B_{TVa4}、B_{TVa5}、B_{TVa7}、B_{IVa6}。而对那些没有明显起止情况的事件，即无界谓词，不能用“正在”替换“在”，如“地球在运动、社会在发展”等；对那些动作只有发生不发生，几乎没有持续概念的，即瞬间谓词，不能用“正在”替换“正”，如“小肖他们正去山上找矿；南下请愿的人们正到南京”。表示可重复的瞬间谓词 B_{TVa7}、B_{IVa6} 可以与“正在”连用，是因为这些不断重复的瞬间动作可看作一个持续的整体事件，它们加了宾语后也会变成有界谓词短语，如“砍、咳嗽”等是瞬间动词，但不断重复的“砍”、“咳嗽”可以看作持续动词。持续过程不是一次“砍”或“咳嗽”形成的，而是不断重复的状况形成的，其界限也不仅指一次动作的起止，而是这些重复动作的起止。

“正在”强调动作的同时性和时位性，具有“点”的特征，因此，不能与表示时段的时间词语共现，也不能与表示重复的时间词语（如“天天、每天、时时刻刻、每时每刻”等）共现，而时点时间词语（如“当时、那时、这时、此刻”）则可以很自然地与之共现，如“这时庆祝活动前的群众大联欢正在进行”。“正在”也不能与静态性较强，表示均质时间结构的“着”连用，如：不能说“他正在睡着、躺着”，而能让人接受的应该是“他正睡着、躺着”。

与“正”类似，“正在”与句中的其他状语连用的情况大致如下：“正在”可以接受的状语有：非连续性时点状语，如“那时主力正在集合，准备前进呢。”（李立：《井冈山，我又看到你！》）；表示某段时期的时段状

① 吕叔湘：《现代汉语八百词》（增订本），商务印书馆 2005 年版，第 672 页。

语，如“这几天，人们正在日夜搞突击”；表类同的“也、同样”等范围状语，如“对，我们也正在试验”；由介词“由于、因为、为、为了”等加宾语构成的原因或目的状语，如：“为了这事，他正在跟老婆吵架呢”；由“通过/经过＋动词/动词短语”构成的手段或途径状语，如“通过改革，农村的教育事业正在蓬勃发展”；由“也许、或许、大概、说不定、原来”等词充当的语气状语，如“原来他正在刻字呢”。“正在”只能出现在其前的状语有：“反复、不断、不停”等频率状语，如“一辆辆货车正在不断地开过来”；由“从、朝、往、向”等加宾语构成的方位状语；由“跟、同、和、为、替”等介词加宾语构成的对象状语；由“依照、靠着、仗着、以……身份/资格/面目”等充当的依据或凭借状语，如“张书记正在以老朋友的身份跟小王谈心呢”；由“通过/经过＋名词/名词短语”构成的手段或途径状语。

据此分析，时间副词“正在”的句法规则如下：

23. 若 $\delta\in B_{TVa3}\cup B_{TVa4}\cup B_{TVa5}\cup B_{TVa7}$，则 $F_{11}(\delta)$＝正在 $\delta\in P_{TV}$.

24. 若 $\delta\in B_{TVa3}\cup B_{TVa4}\cup B_{TVa5}\cup B_{TVa7}$，则 $F_{12}(\delta)$＝状语 正在 $\delta\in P_{TV}$.

25. 若 $\delta\in B_{TVa3}\cup B_{TVa4}\cup B_{TVa5}\cup B_{TVa7}$，则 $F_{13}(\delta)$＝正在 状语 $\delta\in P_{TV}$.

26. 若 $\delta\in B_{IVa6}$，则 $F_{14}(\delta)$＝正在 $\delta\in P_{IV}$.

27. 若 $\delta\in B_{IVa6}$，则 $F_{15}(\delta)$＝状语$_{(时点)}$正在 $\delta\in P_{IV}$.

28. 若 $\delta\in B_{IVa6}$，则 $F_{14}(\delta)$＝正在 状语$_{(频率,对象)}$ $\delta\in P_{IV}$.

$F_{12}(\delta)$和 $F_{13}(\delta)$中的的状语分别就是上面所讨论过的几类状语。相对而言，B_{IVa6}与“正在”搭配时，带状语的情况较少，不过偶尔也会出现，如“那时他正在不停地咳嗽”。能出现在“正在 B_{IVa6}”前的状语较多为时点状语，如“那时、此刻”，表时段的时间词语一般不与“正在 B_{IVa6}”连用，这由 B_{IVa6} 的瞬间性决定。而可以出现在“正在 B_{IVa6}”中间的状语则有频率状语、对象状语等。如“爸爸正在跟阿姨说话”。这样，这些句法规则可以防止生成不合法的语句，如“* 那段时间外婆正在咳嗽”“* 小红正在朝我走来”等。

“正在”要求与其搭配的是有界持续谓词，所以在时段关系图中，时段 I 必须是一个有界的时段。不过持续谓词可以是可连续的，而对于可重复的瞬间动词，则中间会有短暂间隔，其时段由瞬间动作的反复进行而形成。对于参照时间，大多是时点，有时表示某段时期的时段也可以。当为时段时，瞬间动词不与其同时出现。因此，我们还是可以把 Van Eynde 的时段间的关系之一 J⊂I 进行必要修正，可以用图 3－15 来表示“正在”的语义：

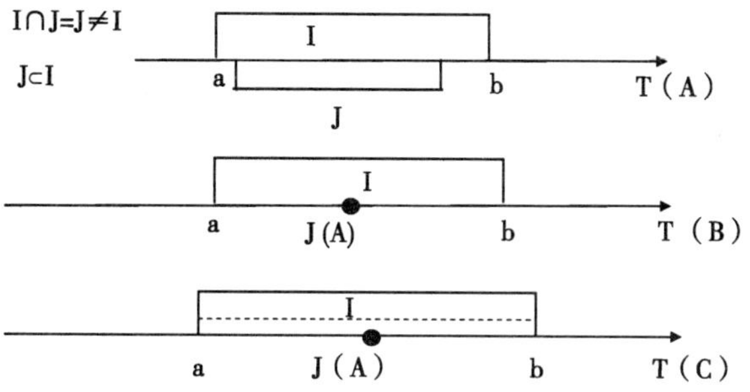

图 3－15 “正在”的语义示意

图 3－15 中，I 和 J 都表示时段，其中 J 表示说话者的观察参照时间，I 表示动作行为或状态的持续时间。J⊂I 显示了事件行为的发生过程与观察时间相对照显示出的持续绵延性。图 A 表示参照时间为某时段，如“这几天、那段时间”等，而 I 指的是有界事件所持续的时段，a 点和 b 点分别指事件的起点和终点。如“这几天，人们正在日夜搞突击”。图 B 中，I 仍为有界事件所持续的时段，而观察参照时间 J 变成了一个时点 A，这说明的是那些与时点状语连用的“正在”句，只是从某一时点位置上观察某事件处于持续状态，如“那时主力正在集合，准备前进呢”。图 C 中的点 A 同图 B，而时段 I 中那条有间隔的虚线，表示的是瞬间事件的不断重复；a 点和 b 点分别代表不断重复的瞬间事件的起止点，如“当我进门时，奶奶正在咳嗽”。

要讨论“正在”的逻辑语义，首先要给出上述句法规则相对应的翻译规则。“正在”对应模态算子“ZZ”，翻译规则如下：

29. 若 $\delta \in B_{TVa3} \cup B_{TVa4} \cup B_{TVa5} \cup B_{TVa7}$，则 $F_{11}(\delta)$ 翻译为：

$\lambda\mathscr{P}\lambda x\mathscr{P}(\lambda y(ZZ(\delta'(x,y))))$，δ’是 δ 的翻译。

30. 若 $\delta \in B_{TVa3} \cup B_{TVa4} \cup B_{TVa5} \cup B_{TVa7}$，则 $F_{12}(\delta)$ 翻译为：

$\lambda\mathscr{P}\lambda xF(\mathscr{P}(\lambda y(ZZ(\delta'(x,y)))))$，δ’是 δ 的翻译，而 F 是句中状语对应的模态算子。

31. 若 $\delta \in B_{TVa3} \cup B_{TVa4} \cup B_{TVa5} \cup B_{TVa7}$，则 $F_{13}(\delta)$ 翻译为：

同 $F_{12}(\delta)$ 的翻译。

32. 若 $\delta \in B_{IVa6}$，则 $F_{14}(\delta)$ 翻译为：

λx（ZZ（δ'（x））），其中，δ'是 δ 的翻译。

33. 若 $\delta \in B_{IVa6}$，则 $F_{15}(\delta)$翻译为：

$\exists i(i \in I) \wedge (\lambda x(ZZ(\delta'(x))) \wedge \delta'(x) = e \wedge \tau(e) \subseteq i_e)$，其中，δ'是 δ 的翻译。

34. 若 $\delta \in B_{IVa6}$，则 $F_{16}(\delta)$翻译为：

$\lambda x F(ZZ(\delta'(x)))$，其中，δ'是 δ 的翻译，F 是状语所对应的模态算子，这儿不作具体解释。

我们给出“ZZ”的模型论解释定义如下：

35. $\| ZZ\ \varphi \|_{\Omega,i} = 1$，当且仅当，存在 $i' \in I$，满足 $i \subseteq i'$，且 $\neg(i \subset_{fi} I)$ 且 $\neg(i \subset_{in} I)$，使得：$\| \varphi \|_{\Omega,i'} = 1$。

这个解释与“在”的语义解释表面上看起来一样，但由于 i 是参照时间，i 不仅可以表示时段，也可以表示时点。也可以说，i 的元素既可能是无数的点，也可能是某个时点。公式“ZZ φ”相对于参照 i 为真，当且仅当，参照 i 的延续时点 i'，φ 为真。

通过对“正、在、正在”的深入分析发现，用两个时段间的关系反映它们的语义时，我们都选用了 J⊂I 这种关系及其变体，其中 J 代表参照时间，I 代表事件的持续时间。这正是邹崇理（2000）解释“进行态”时所用的关系。另外，这组副词的模型论语义定义与 Dowty（1979）对“Prog”语义解释的模型相似。这些都充分说明了这类副词语义中的［＋进行态］和［＋现在时］的义素很突出，我们的分类应该是准确的。由于它们都表示事件的“进行”，因此，兼表持续体也理所当然。

第四节　小结

本章对部分表时时间副词的形式语义作了较为详尽的分析。通过论述和分析发现，表时时间副词具有如下共同点。

1. 时制副词的语义中含有对时间进行定位（如过去、现在还是将来）的义素；时体副词则着重表达事件目前所处的状态，如已完成、正在进行或者将要进行等；当然，其语义中同时也流露着对时制的描述。

2. 时制副词多与动作性谓词如 B_{TVa3} 和 B_{IVa4} 连用，对谓词的持续性或瞬间性等方面的限制较少；而时体副词则对谓词持续性、瞬间性、可重复性等方面的要求相对多点。

3. 表时副词常与相应时段的时间词语共现。

4. 表时副词的语义常常是后指的，指向谓语部分或整个小句，而且它们往往是句中的焦点信息和重音所在。

5. 表时时间副词语义的相对确定性决定了对其形式语义分析的可操作性。

第四章

表频时间副词的形式语义研究

第一节　表频时间副词概述

一　表频时间副词的界定

顾名思义，表频时间副词指表达频率或频度（frequency）的时间副词。什么是频率呢？《现代汉语词典》中指出：①物体每秒振动的次数，单位是赫兹。例如人能听到的声音的频率为20—20000赫兹，一般交流电的频率是50赫兹。也叫周率。②在单位时间内某种事情发生的次数。[①] 很显然，语言学上的“频率”是以定义②为基础的，但有两个义素需要重点说明。

其一，“事情”。在语言学上，这个词被表述为“事件”。“事件”不仅指某件具体事情，还指某种动作行为或状态的情况。如：

1. 为了获得价格昂贵的象牙，在野象的天国非洲，经常有人深入密林探险，四处寻找大象的墓地。（《中国儿童百科全书》）

2. 阴子方积恩好施，经常祭祀灶神。（阴法鲁、许树安：《中国古代文化史》（三））

3. 模仿陈静打法的小队员，才15岁，我们让他什么时候练，怎么练，他总是乐呵呵的。（《人民日报》1996年8月）

其中，例1中的表频副词“经常”修饰限制的是“有人深入密林探

① 中国社会科学院语言研究所词典编辑室编：《现代汉语词典》，商务印书馆2005年版，第1049页。

险”这件事情；而例 2 中的“经常”则是对“祭祀灶神”这种行为发生的次数计量，例 3 中的“总是”语义则指向“乐呵呵”这种状态。

其二，“单位时间”。语言学中的“单位时间”比较灵活，指的是对某事件进行观察的幅度时间。该概念对语境的依赖性比较大，它可能很长，也可能很短；可能显现，也可能隐现。如：

4. 近一段时间以来，由于互联网业急速而蓬勃的发展，我们经常听到学生放下学业创业的新闻……（《MBA 宝典》）

5. 在几千年的阶级社会中，税收总是体现着沉重的阶级压迫与阶级剥削的关系……（《报刊精选》1994 年 1 月）

6. 我经常骑自行车去上班。（邹海清 2005 年用例）

7. 在这一天当中，沿途很少看到野兽，偶尔有几只猢狲一边溜着，一边挤眉弄眼。（《八十天环游地球》

这些例句中，“单位时间”有的长到“几千年”，有的短到“一天”；有的比较明确，如例 5 和例 7，有的比较模糊，如例 4；有的显现，如例 4、例 5 和例 7；有的隐现，如例 6。这种复杂的情况，正是语言复杂性的真实体现。

基于以上分析，表频时间副词可定义为：反映在单位时间内某事件、动作行为或性质状态等发生次数的时间副词，是时间和事件数量性的综合体。现代汉语中，“频率副词在数量上相对来说是较多的，而且是封闭的、成系统的”。①

二　表频时间副词的语义特征

（一）不确定性

不确定性也可称作模糊性。“史金生（2002：40—42）指出不确定性是动量副词的语义特征之一，频率副词作为动量副词的一个小类，在语义特征上也具有不确定性。”②

---

① 吴春相、丁淑娟：《现代汉语频率副词的层级和语义研究》，《汉语学习》2005 年第 6 期，第 20 页。

② 邹海清：《频率副词的范围和类别》，《世界汉语教学》2006 年第 3 期，第 39 页。

不确定性可以从两个方面来理解。其一，表频时间副词所指的“单位时间”不确定，在定义中已详述。其二，表频时间副词所表示的“频度”也是不确定的。如“常常、屡屡”等表示单位时间内事件发生的次数多，而“偶尔、间或”等又表示单位时间内事件发生的次数少，但“多”与“少”的界限是模糊的，不确定的，只是人类经验的一种总结。这也是导致学者们对表频时间副词分类不一致的原因之一。

（二）量度性

量度性指表频时间副词能反映出事件量的大小的特性，比如“常常”反映事件在单位时间内的发生量较大，而“偶尔”则反映事件的重复量较小，等等。这也是表频时间副词和其他表无量度义副词间的主要区别。如：

8. 我经常去图书馆看书。
9. 我偶尔去图书馆看书。
10. 昨天我又去图书馆看书了。①
11. 逐渐适应了当地的环境。（张谊生 2004 年用例）

例 8 的“经常”说明我去图书馆看书的次数多，例 9 中的“偶尔”说明我去图书馆看书的次数少，而例 10 中的“又”只表示同样的行为重复一次，并不关心该事件发生次数的多少。例 11 的“逐渐”只表示事件“适应当地的环境”是一种渐进的过程，完全没有事件次数多少的量度义。总之，“量度性”是表频时间副词最核心的语义特征。

（三）离散性

“离散”与“延续”相对应。表频副词所描述的事件是离散的，而非延续的。

史金生（2002）曾指出：动量副词在动作量的表达上有幅度和频度之分：幅度表动作的延续量，频度表动作的重复量。延续量注重的是同一动作的持续性，动作的过程是连续的、均质的；重复量注重的是同类动作的累加性，每一动作都可成一个整体。② 因此，表频时间副词表达事件的重

① 以上三例均为邹海清 2006 年用例。

② 史金生：《现代汉语副词的语义功能研究》，博士学位论文，南开大学，2002 年。

复量，应把表持续义的时间副词排除在范围之外，如“一直、一向、始终”等。因为“一直”类副词是从事件的内部来观察，表现的是事件的持续量，具有持续性。而与之相对的“总是”类表频副词是从动作行为的外部来观察，表现事件的重复量，具有离散性。如：

12. 那时我一直骑车上班。
13. 那时我总是骑车上班。
14. 那时我经常骑车上班。

可以看到，在例 13 和例 14 中，“我骑车上班”这个事件是作为离散的个体考察的，观察其在时间轴上重复的次数；而例 12 则把“我骑车上班”看作一个整体，观察其在时轴上延续的时长。

这种语义上的差异也导致了句法上的区别。当做谓语的是不能有界化的无界谓词时，不能与表频时间副词连用，只能受“一直”类副词的修饰。如：

15. 这件事我一直铭记在心。
15’* 这件事我时常铭记在心。
16. 这件事我一向牢记在心。
16’* 这件事我频频牢记在心。

据此分析，“一直”类时间副词应该排除在表频副词的范围外，而应归入表时时间副词之中。

三　表频时间副词的研究现状

学者们对“表频副词”的称呼不一，“频率副词”占主导，也有的称作“频度副词”（周小兵，1999）。前人的研究可概括为宏观的研究和微观的分析。

宏观方面主要集中在两方面。第一，表频副词的性质、范围和分类系统。第二，频率副词的语义特征及其搭配功能。第二点大家看法比较一致，频率副词的语义特征集中在量度性、不确定性和离散性上。史金生（2002）还指出了伴随性。我们认为史先生所说的伴随性是具体到句式“$\text{adv}_{频率}$＋

VP_1＋再/然后/才＋VP_2”中讨论的，正是其离散性的体现。与其搭配的谓语中心语只局限于有界动词和可以有界化的无界动词。

争论的焦点还是在第一点上。首先，频率副词的性质问题，学者们各有不同看法。其中，认为属于时间副词的有赵元任（1979），朱德熙（1982），北京大学主编的《现代汉语》（2000），《新编现代汉语》（张斌主编 2002），陆俭明、马真（1999），张谊生（2004）等；认为应该单列的有刘月华（1983），胡裕树（1987），周小兵（1999），杨荣祥（2005），张亚军（2002），吴春相、丁淑娟（2005），邹海清（2006）等；还有学者把它看作动量副词，如史金生（2002）等。我们认为，频率是不可能脱离开时间讨论的，频率副词与时间有着不可分割的联系，应该属于时间副词的一个次类。

其次，频率副词的范围和分类系统。各家对频率副词的内涵和外延还没形成统一的认识，主要是对“频率”含义的把握不太一致，因此，学者们对频率副词的范围存在着较大分歧。比如：

刘月华（1983）：又、再、还、也、屡次、再三、常常、经常、时常、往往、不断、反复

邢公畹（1992）：又、一再、再三、屡次、反复、重、重新

周小兵（1999）：一向、历来、从来、通常、往往、总、总是、向来、常常、经常、时常、时时、不时、有时、偶尔（而）

张谊生（2004）：老$_2$、总、老是、总是、始终、成天、整日、通常、不停、时刻、时、常、频、屡、渐、逐、连、经常、常常、时常、往往、时时、屡屡、频频、每每、渐渐、连连、逐渐、逐步、日渐、不断、不时、随时、偶、偶尔、偶而、间或、偶或、一时、一旦、万一、有时

丁淑娟（2004）：从未、未曾、不曾、未尝、无时、无日、间或、偶、偶或、偶而、不时、有时、时而、时、常、常常、经常、时常、每每、时时、往往、一再、再三、屡、屡次、屡屡、频、频频、一直、始终、一向、一连、接连、连连、连着、总、总是、老（老是）、时刻、从、从来、素来、历来、向来

邹海清（2006）：总（是）、老（是）、常、通常、往往、每每、时常、常常、经常、时而、有时、偶尔（而）、间或、偶或、连、一连、接连、连续、不停、不住、时时、连连、屡、屡屡、屡次、频、

频频、一再、再三、反复、时不时、不时

这些是各个时期较有代表性的一些学者的看法。其中，张谊生先生理解的频率副词范围的较广，把“逐渐、逐步、渐渐、日渐”等表顺序义的副词也归入其中，但却把“一再、再三”排除在频率副词的范围之外，作重复副词处理（2000）。邢公畹对频率副词范围的理解较窄，把“偶尔、常常”排除在外，做时间副词处理（1992），但也把“重、重新”等表重复义的副词归入频率副词的范围内。丁淑娟所理解的频率副词的范围最广，她把“从未、不曾、未尝”和“一直、始终、一向”以及“历来、素来、向来”等表长时的时间副词也都纳入频率副词的范围之内。

由此看出，学者们有争议的就是表重复义的副词、表顺序义的副词、长时时间副词与频率副词间的界线。我们认为，这三类词都不具有表频副词的特征，应该排除在表频时间副词之外。

在表频时间副词的分类问题上，学者们多以意义为依据。但又由于表频副词的模糊性，导致他们给出了不同的分类系统，尤其是在一些边缘性副词的归属上，学者们意见各不相同，如“通常、往往”有时归入高频（周小兵，1999），有时又归入中频（史金生，2002）。最普遍的就是三分法，即根据语义，把频率副词分为高频、中频和低频三类，如史金生（2002）、张谊生（2004）。史金生还指出了频率副词构成的频度等级，如图 4—1 所示：

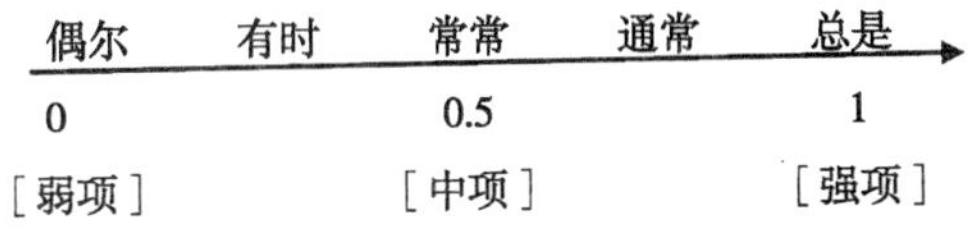

图 4—1　频度等级

但沈家煊（2002）则认为，词语在强度等级上并不是分布在弱、中、强三个离散的位置上，而是由弱到强的连续变化，这在数量和频率等级上比较明显。[①] 也有学者分为高频、中频、半低频和低频四类，如周小兵（1999）。而吴春相、丁淑娟（2005）则根据统计学分了五个层级：极高值频率副词、较高值频率副词、中度值频率副词、较低值频率副词和极低值频率副词。邹

① 沈家煊：《“判断语词”的语义强度》，见《著名中年语言学家自选集——沈家煊卷》，安徽教育出版社 2002 年版，第 70—71 页。

海清（2006）又根据语义功能的不同分了描写性频率副词和判断性频率副词两大类，等等。

微观方面的研究集中在对个别副词的语义和用法的分析，其中以辨析意义相近的词为主，主要找出它们在语法意义和搭配方面的差异。如周小兵的《“常常”和“通常”》和《“一再”和“再三”的辨析》、赵新的《“连”类副词的语义句法分析》、季安锋的《时间副词“老”的意义》、关键的《“一直”“总”“老”的比较研究》、王黎的《“连”和“连连”》和《说“一连”》等。但很少从类的角度进行剖析，这也许是副词个性大于共性的缘故吧。

四　表频时间副词的范围和分类

（一）表频时间副词的范围

我们试图确定本研究中的频率副词的范围。首先需要对容易与之混淆的几类副词进行对比分析。

1. 表频副词与重复副词

我们从上面的列举中发现，像“又、再、还”这些表重复义的副词也被有些学者（刘月华 、邢公畹等）归为表频副词。二者的共同点就是都强调同类事件的累加性，每一个事件都看成一个整体，从外部观察其时间性，事件与事件之间有间隔，但也存在差异。频率副词实际上，在注重重复义的同时，主要反映事件在单位时间内量度的大小，而重复副词并不包含此语义。如：

17. 我经常去自习室看书。
18. 我偶尔去自习室看书。
19. 我又去自习室看书。

例 17 中的“经常”说明“我去自习室看书”的次数多，例 18 的“偶尔”说明“我去自习室看书”的次数少，而例 19 中的“又”只表示同样的事件重复了一次，反映不出我去自习室看书的次数是多还是少。

当表频副词和重复副词出现在“Adv＋VP_1＋再/然后/才＋VP_2”句法格式中时，它们的语义也有所区别。含表频副词的时候，该格式只能理解为“Adv＋（VP_1＋再/然后/才＋VP_2）”，这时 VP_1 只是 VP_2 的伴随动作，两个事件是被看作一个整体的。而当“Adv”是重复副词，该格式则要理解为“（Adv＋VP_1）＋再/然后/才＋VP_2”，这时副词的语义指向 VP_1，要求 VP_1 完成或具有结果义后，VP_2 再进行。如：

20. 母亲总是先做家务后去上班。
21. 王建经常写完作业后去跑步。
22. 昨天我又吃了点饭才出门的。

因此，像“又、再、还”等这类的重复副词是不能包括在表频副词中的。

2. 表频副词和逐渐类副词

张谊生（2004）把“渐渐、逐渐、逐步、日渐”等词归入表频副词当中。我们认为，这类副词具有渐变义，只表示事件变化的速度和发展顺序，并没有表频副词所具有的量度义，即单位时间内事件发生量的大小。因此，也不属同类。

3. 表频副词与长时时间副词

像“一直、始终、一向、从来、素来、历来、向来、从不、未曾、不曾、未尝、从未”等时间副词，有的学者们（周小兵、丁淑娟）把它们分别归入极高值频率副词和极低值频率副词中。我们认为，这类副词分别表示某事件在很长一段时间内一直存在或从未发生，反映的是某事件在时轴上的持续量问题，而不是单位时间内的发生量问题，因此，我们把它们归入表时时间副词的范畴中。

综上所述，表频时间副词共有31个，如下：

老、总、老是、总是、通常、时刻、不停、常、频、屡、连、经常、常常、时常、往往、时时、屡屡、频频、每每、连连、不断、不时、随时、偶、偶尔（而）、间或、偶或、有时、时而、一再、再三

（二）表频时间副词的分类

为了研究的方便，我们根据频度量的大小把表频时间副词分为高频、中频和低频三类。

高频时间副词有：老、总、老是、总是、时刻、通常、不停

中频时间副词有：常、频、屡、连、经常、常常、时常、往往、时时、屡屡、频频、每每、连连、不断、不时、随时、时而、一再、再三

低频时间副词有：偶、偶尔（而）、有时、间或、偶或

第二节 高频时间副词的形式语义

一 高频时间副词概述

何谓高频呢？高频是指某个事件在一个单位时间内持续不断地或极度频繁地出现、发生[①]，其频度大约在80%以上。表达高频意义的时间副词称为高频时间副词，其成员包括“老、总、老是、总是、时刻、通常、不停”。高频副词的语义上有一些共同点，这也是把它们归为一类的主要原因。

首先，高频副词一般是对过去发生的事件情况的总结，或者是对一般情况的表述，很少用于表示将来的情况。如：

1. 我会常常来看你的。
1'* 我会通常来看你的。
2. 我们要经常锻炼身体。
2'* 我们要总是锻炼身体。

其中，“老、老是、总、总是、不停、通常”等主要用来对过去一段时间的情况的总结，而“时刻”多用于对一般情况的说明。如：

3. 他时刻不忘自己的职责；母亲的嘱咐他时刻记在心里。

其次，高频副词大都可与表任指的词语或表总括的副词“都”共现。如：

① 张谊生：《现代汉语副词探索》，学林出版社2004年版，第176页。

4. 无论走到哪里，总是牵挂着他的病人。(《人民日报》1994年2月)

5. 我来自基层，深知稼穑艰辛，我时刻提醒自己，任何时候不能损害群众的利益。(《人民日报》1994年2月)

6. 他们无论在坎坷或者平坦的路上，都在不停地燃烧自己。(《人民日报》1993年8月)

这说明，高频副词的语义与“任指”或“总括”的语义间有某种内在的联系，也是称之为“高频”的原因之一。

二 “老、老是”的形式语义

现代汉语中的“老”是个多义词，既可以做形容词，又可以做副词。做副词时，有“长久”、“经常”和“很、极”三个义项。[①] 其中，“很、极”之义当然是程度副词，做其他两个义项解释时是时间副词。《现代汉语八百词》(吕叔湘，2005) 中给出时间副词“老”的解释为“一直，再三”;《现代汉语虚词词典》(张斌，2006) 则把“老”解释为“修饰动词性词语，表示动作、行为、性质、状态从过去到现在一直如此，很少例外。相当于‘一直’、‘总是’”。总结起来，时间副词“老”共有两个义项，即“长久、一直”;“再三、经常、总是”。“老”如果取“长久，一直”之义，则表示事件(动作行为、状态或关系)持续时间较长；当取“总是，再三，经常”之义时，则表示单位时间内事件发生的次数多，时间间隔短。具体取哪个语义，视语境来定。

现代汉语中，频度副词“老”常搭配的结构有如下几种：

第一，大多数情况下，“老”是直接修饰谓词或谓词短语的。

1. 刘总老说，他走他自己独有的艺术创作道路。(《报刊精选》1994年5月)

2. 英吉利有位马大哈，房门钥匙老丢，便索性动手术在后脑勺安了个钩子，钥匙挂在脑壳上。(《读者》(合订本))

---

① 中国社会科学院语言研究所词典编辑室：《现代汉语词典》，商务印书馆2005年版，第817页。

3. 她老觉得那些明星还没有我长的美呢!(老舍:《女店员》)

4. 您瞧，三号老关着大门，好像怕人家进去宰了他们。(老舍:《四世同堂》)

从语例中得知，"老"直接修饰谓词或谓词短语时，对谓词的选择限制很少，既可以是动作动词，如例 1；也可以是表变化的瞬间动词，如例 2；还可以是状态动词，如例 3 和例 4。因此，可以出现在该结构中的谓词包括 B_{TVa1}、B_{TVa2}、B_{TVa3}、B_{TVa6}、B_{TVa7}、B_{IVa3}、B_{IVa4}、B_{IVa5}和 B_{IVa6}。

从语料中我们发现，受"老"修饰的谓词（短语）（VP_1）并不表示某个与具体时间特征相联系的具体事件，"而表示的是一种抽象的动作，或者说一种非过程时状的惯常行为"①。如例 3 中的"觉得"指的并不是某一次在某时点具有的感觉，而指抽象意义上的事件。"老 VP_1"表示某事件在一段较长的时间内经常发生或者事件的反复性。且 VP_1 大多具有"可持续"的语义特点。这时，"老"取"经常、再三"之义，其语义指向 VP_1，句子重音应该在"老"上。

谓词 B_{TVa7} 和 B_{IVa6} 语义都具有可重复性。这是因为，瞬间动词所表示的变化都是发生在某时点上的，它的起点和终点重合，没有"可持续"特征，因而"老"在此结构中不可能取"一直，长久"之义，只可能表示事件发生的次数多，时间间隔短，而不可重复的瞬间动词如"死、诞生、失明"等不可能多次发生，也不能受"老"修饰。但语料中发现，如果主语是集合名词或普通名词/代词的复数形式，那么主体由一个变成了多个，这些不可重复的动词所表变化就可能在集体中重复发生了。例如："他家里的羊老死"、"二连的战士老牺牲"② ……，所以，B_{TVa6} 和 B_{IVa5} 受"老"修饰时，主语往往是集合名词或普通名词/代词的复数，表示该集合中的个体不断发生同样的情况。"老"修饰瞬间动词时，取"一再、经常"之义，其语义指向动词短语 VP_2，表示该动词所表达的事件发生的次数多，且时间间隔短。"老 VP_2（表变化的瞬间谓词）"为句子的焦点信息，为句子的重音所在。

状态谓词常表示一种状态，而状态往往是可持续的，且不强调起点和

① 季安锋:《时间副词"老"的意义》,《汉语学习》2000 年第 5 期，第 66 页。

② 以上两例均来自季安锋（2000）。

终点。因此，状态谓词具有“可持续”和“不重复”的语义特征。因此修饰状态谓词的“老”不能取“经常、再三”之义，而表示“一直、长久”，强调状态持续的时间长，但并不关心其是否永恒不变。“老”的语义指向状态谓词短语 VP_3，“老 VP_3”为句子的焦点信息，同时为句子的重音所在。

第二，“老”前带有时段词语的情况，如：

5. 反正我一天老盯着这饭儿，买东西，做饭。（马光英：《北京话口语》

6. ……，而感情却磨得越来越脆弱，所以，她年年岁岁一天到晚老是哭。（高耀峰：《“哭出来”的女作家》，见《作家文摘》（1995B））

7. 你现在老在这儿等也不是办法。（同上）

时段词语与“老”共现时，一般位于“老”之前。“老”的“可持续”和“经常性”的语义特征决定了与其共现的只能是时段词语。且与“老”连用的只有表示过去和现在的时段词语，而没有表示将来的，这是由于“老”一般述说的是过去的经验、规律或现在的状况，与将来义相互排斥。

从语料中还发现，当“老”前面是表示时间较短的时段词语，如“一整天、一天到晚、一晚上”等时，“老”取“一直、长久”之义，表示谓词短语所描述的行为或状态一直存留。能出现在此类结构中的大都为状态谓词，如 B_{TVa1}、B_{TVa2} 和 B_{IVa3}。

而当“老”前面的时段词语表示较长时段，如“小时候、上学时、训练时”等时，“老”取“再三、经常”之义。这时“老”后的谓词短语可有方式状语、地点状语等成分，“老”的语义指向这些状语成分，表示连同状语在内的谓词短语所描述的事件在时段词语所指定的时段内经常发生，且时间间隔短。谓词可以是瞬间的，也可以是持续的；可以是动作的，也可以是状态的。因此，可出现的谓词有 B_{TVa1}、B_{TVa2}、B_{TVa3}、B_{TVa6}、B_{TVa7}、B_{IVa3}、B_{IVa4}、B_{IVa5} 和 B_{IVa6}。

第三，“老”与否定词“不、没、没有”连用，如：

8. 人嘛，总有他生活中必要的一些需求和情趣，一家人老不在一起，这个家算不上一个完整的家。（《人民日报》1996 年 1 月）

9. 最近忙什么呢，怎么老没见你的东西？（《读者》（合订本））

10. 我就想和你谈一谈，老没有机会。（老舍：《四世同堂》）

“老”与“不”连用时，所有谓词都可以出现在句中，表示谓词所表述的事件总是不出现，这时“老”取“一直、长久”之义。而当“老”与“没/没有”共现时，只有 B_{TVa3} 和 B_{IVa4} 可出现在句中，受“老没/没有”修饰。“老没/没有”也可以直接与名词（短语）连用。“老”表示那种否定的状态一直存在，“老”同样取“一直、长久”之义。“老”的语义指向包含否定词在内的谓词短语，同时为句子的重音所在，表示强调。

第四，“老”与“着”共现的情况，如：

11. 反正我一天老盯着这饭儿，买东西，做饭。（马光英：《北京话口语》）

12. 所以老保留着，等到这个文化大革命都给我革了去了。（桑凌志：《北京话口语》）

“老”基本不与表完成的“了”和表经历的“过”共现；当它与“着”共现时，“着”只能出现在状态谓词 B_{IVa3} 之后，动作性谓词和瞬间性谓词均不与其共现。这时，“着”不表示事件正在进行，而表示状态处于持续之中。而“老”的语义指向紧随其后的带“着”的谓词短语，自然，其语义也不是“再三、经常”，而是“一直、长久”。这种句子中，“老 VP”为句子的焦点信息和重读部分。

综上，在现代汉语中，时间副词“老”构成语句的句法规则如下：

1. 若 $\delta \in B_{TVa1} \cup B_{TVa2} \cup B_{TVa3} \cup B_{TVa6} \cup B_{TVa7}$，则 $F_1(\delta)=$老 $\delta \in P_{TV}$.

2. 若 $\delta \in B_{IVa3} \cup B_{IVa4} \cup B_{IVa5} \cup B_{IVa6}$，则 $F_2(\delta)=$老 $\delta \in P_{IV}$.

3. 若 $\delta \in B_{TVa1} \cup B_{TVa2} \cup B_{TVa3} \cup B_{TVa6} \cup B_{TVa7}$，则 $F_3(\delta)=$老 不 $\delta \in P_{TV}$.

4. 若 $\delta \in B_{IVa3} \cup B_{IVa4} \cup B_{IVa5} \cup B_{IVa6}$，则 $F_4(\delta)=$老 不 $\delta \in P_{IV}$.

5. 若 $\delta \in B_{TVa3}$，则 $F_5(\delta)=$老 没/没有 $\delta \in P_{TV}$.

6. 若 $\delta \in B_{IVa4}$，则 $F_6(\delta)=$老 没/没有 $\delta \in P_{IV}$.

7. 若 $\delta \in \emptyset$，则 $F_7(\delta)=$老 没/没有 抽象名词 $\in P_{\emptyset}$.

8. 若 $\delta \in B_{TVa1} \cup B_{TVa2}$，则 $F_8(\delta)$＝短时时段词语 老 $\delta \in P_{TV}$.

9. 若 $\delta \in B_{IVa3}$，则 $F_9(\delta)$＝短时时段词语 老 $\delta \in P_{IV}$.

10. 若 $\delta \in B_{TVa1} \cup B_{TVa2} \cup B_{TVa3} \cup B_{TVa6} \cup B_{TVa7}$，则 $F_{10}(\delta)$＝长时时间副词 老 状语 $\delta \in P_{TV}$.

11. 若 $\delta \in B_{IVa3} \cup B_{IVa4} \cup B_{IVa5} \cup B_{IVa6}$，则 $F_{11}(\delta)$＝长时时间副词 老 状语 $\delta \in P_{IV}$.

12. 若 $\delta \in B_{IVa3}$，则 $F_{13}(\delta)$＝老 δ 着 $\in P_{IV}$.

现在引入一个"老"所对应的模态算子"Lao"，则上述句法规则所对应的逻辑翻译规则如下：

13. 若 $\delta \in B_{TVa1} \cup B_{TVa2} \cup B_{TVa3} \cup B_{TVa6} \cup B_{TVa7}$，则 $F_1(\delta)$ 可翻译为：

$\lambda\mathscr{P}\lambda x\, \mathscr{P}((\lambda y[Lao(\delta'(x,y)]))$，其中，$\delta'$是对 δ 的翻译。

这个句式中，模态词"Lao"有两种语义。

当紧随其后的谓词为 B_{TVa1}、B_{TVa6} 和 B_{TVa7} 时，其语义为"再三、经常、总"。其模型论定义为：$\|$ Lao（Φ） $\|_{\Omega,i}=1$，当且仅当，$\#|\{i \in I \mid [\![\varphi]\!]_i = 1\}| / \#|\{i \in I \mid [\![\varphi]\!]_{i'} = 1 \vee [\![\varphi]\!]_{i'} = 0\}| \geqslant 80\%$，我们记为"$Lao_1$"。其中，"#"表示"数量"或"次数"。

当紧随其后的谓词为 B_{TVa2} 和 B_{TVa3} 时，"Lao"的语义为"一直，长久"。其模型论解释定义为：$\|$ Lao（Φ） $\|_{\Omega,i}=1$，当且仅当，存在 i'，i"∈I，满足 i"<i'<i，并且$\neg$(i'$\subset_{fi}$I) 且$\neg$(i"$\subset_{in}$I)，使得 $\|\Phi\|_{\Omega,i'}=1$ 且 $\|\Phi\|_{\Omega,i''}=1$。我们记为"Lao_2"。

14. 若 $\delta \in B_{IVa3} \cup B_{IVa4} \cup B_{IVa5} \cup B_{IVa6}$，则 $F_2(\delta)$ 可翻译为：

$\lambda x[Lao(\delta'(x))]$，其中，$\delta'$是对 δ 的翻译。"Lao"的模型论定义同"Lao_1"。

15. 若 $\in B_{TVa1} \cup B_{TVa2} \cup B_{TVa3} \cup B_{TVa6} \cup B_{TVa7}$，则 $F_3(\delta)$ 可翻译为：

$\lambda\mathscr{P}(\lambda x\mathscr{P}((\lambda y[Lao(\neg\ \delta'(x,y)]))$，其中，$\delta'$是对 δ 的翻译。

"Lao"模型论定义同"Lao_2"。

16. 若 $\delta \in B_{IVa3} \cup B_{IVa4} \cup B_{IVa5} \cup B_{IVa6}$，则 $F_4(\delta)$ 可翻译为：

$\lambda x[Lao(\neg\ \delta'(x))]$，其中，$\delta'$是对 δ 的翻译。"Lao"的解释同"Lao_2"。

17. 若 $\delta \in B_{TVa3}$，则 $F_5(\delta)$ 可翻译为：同 $F_3(\delta)$。"Lao"的解释同"Lao_2"。

18. 若 $\delta \in B_{IVa4}$，则 $F_6(\delta)$ 可翻译为：同 $F_4(\delta)$。"Lao"的解释同

“Lao_2”。

19. 若 $\delta \in \emptyset$，则 $F_7(\delta)$ 可翻译为：

$\lambda x[\exists y(y=mingci' \wedge Lao(\neg YOU(x,y)))]$，其中，δ’是对 δ 的翻译，mingci’是对抽象名词的翻译。“Lao” 的解释同 “Lao_2”。

20. 若 $\delta \in B_{TVa1} \cup B_{TVa2}$，则 $F_8(\delta)$ 可翻译为：

$\lambda\mathscr{P}(\lambda x\mathscr{P}((\lambda y[Lao(\delta'(x,y)=e \wedge Last(e,Duanshi')])$，其中，δ’是对 δ 的翻译，Duanshi’是短时时段词语的翻译，Last 解释为“持续”。“Lao” 的解释同 “Lao_2”。

21. 若 $\delta \in B_{IVa3}$，则 $F_9(\delta)$ 可翻译为：

$\lambda x[Lao(\delta'(x)=e \wedge Last(e,Duanshi')]))]$，其中，δ’是对 δ 的翻译，Duanshi’是短时时段词语的翻译，Last 解释为“持续”。“Lao” 的解释同 “Lao_2”。

22. 若 $\delta \in B_{TVa1} \cup B_{TVa2} \cup B_{TVa3} \cup B_{TVa6} \cup B_{TVa7}$，则 $F_{10}(\delta)$ 可翻译为：

$\lambda\mathscr{P}(\lambda x\mathscr{P}((\lambda y[Lao(\delta'(x,y)=e \wedge Last(e,Changshi')])$，其中，δ’是对 δ 的翻译，Changshi’是长时时段词语的翻译，Last 解释为“持续”。“Lao” 的解释同 “Lao_1”。

23. 若 $\delta \in B_{IVa3} \cup B_{IVa4} \cup B_{IVa5} \cup B_{IVa6}$，则 $F_{11}(\delta)$ 可翻译为：

$\lambda x[Lao(\delta'(x)=e \wedge Last(e,Changshi')]))]$，其中，δ’是对 δ 的翻译，Changshi’是长时时段词语的翻译，Last 解释为“持续”。“Lao” 的解释同 “Lao_1”。

24. 若 $\delta \in B_{IVa3}$，则 $F_{13}(\delta)$ 可翻译为：

$\lambda x[Lao(Prog(\delta'(x))]$，其中，δ’是对 δ 的翻译，Prog 是对“着”的翻译。“Prog’” 的解释同上，且 “Lao” 的解释同 “Lao_2”。

总之，“老”做时间副词时，有两个义项，即“一直、长久”和“再三、经常”。“老”只能表示对过去情况的总结或对现在情况的陈述，不与表将来的时间词语共现，具有推论性质。“老”常常紧跟在谓词短语之前，语义后指于 VP，且“老”常常是句中的焦点信息，在句中重读。“老”对谓词的选择限制较少，几乎所有谓词都可与其共现。“老 VP”常出现于口语中。

现在分析与“老”近义的“老是”。“老是”没有形容词的词性，只做副词，且比“老”更具有强调性。《现代汉语虚词词典》（张斌，2006）对“老是”作出的解释为“修饰动词性词语，表示动作、行为、性质、状态一直如此，很少例外。有强调的意思，往往带有不满的感情色彩”。在后来的详细解释中则指出“老是”有三个义项，即“长时间地，一直”；“多次地，屡次”和“经常地”。实际上，这三个义项同样可以归结为两个，即“长时间地，一直”和“经常，屡次，再三”。下面我们还是从一些实例中来考察“老是”在造句和语用方面的功能吧。

第一，“老是”直接修饰单个谓词或谓词短语，如：

1. 约会老是迟到，没有时间观念的人，大多在事情已告一段落之后……（《哈佛经理时间管理》，见《哈佛管理培训系列全集》（第八单元））

2. 张南奎盯住我不放，老是询问事情进展的状况，把我拖到他的宿舍里，打开饼干匣，……（陆文夫：《人之窝》）

3. 那位姑娘近来老是咳嗽，还日见消瘦。（《人性的枷锁》）

“老是”对修饰的谓词或谓词短语的选择限制条件也很少，“老”可修饰的谓词，“老是”也一样可修饰。可以是动作谓词，也可以是状态谓词，还可以是表变化的瞬间谓词。因此，可出现在该结构中的谓词包括 B_{TVa2}、B_{TVa3}、B_{TVa5}、B_{TVa7}、B_{IVa3}、和 B_{IVa6}。

“老是”的语义指向紧随其后的谓词短语 VP，强调 VP 发生的经常性或长久性。且“老是”为句子的焦点信息，属于重读部分。当“老是”后面连接的是状态谓词 B_{IVa3} 和 B_{TVa5} 时，取“长时间的、一直、一般”之义，表示该状态持续的时间长；而当“老是”连接动作谓词和瞬间谓词时，取“再三、经常、屡次”之义，表示该事件发生的次数多，频率高。

第二，“老是”修饰带状语的谓词短语，如：

4. 然而在 1983 年，她觉察到，有个男人老是日复一日地围着她打转转。（石玲：《从女奴到名模》，见《作家文摘》（1995B））

5. 对我们采访的回答，始终飘浮在理念的层面，老是在该出戏的时候，把故事消解于无形。（张伟群、程继尧：《一个硕士的村支书历程》，见《作家文摘》（1996A））

当谓词前带有较复杂的状语成分时，句子往往选择“老是”而不用

“老”。这些状语可以是表示方式的、时间的、情状的、结果的、人物姿势姿态的……。这时“老是”的语义指向包括状语成分在内的整个谓语部分，强调事件发生的经常性，取“再三，经常”之义。这时的谓词大多为动作性强的谓词，即 B_{TVa3} 和 B_{IVa4}。

第三，“老是”修饰主谓短语，如：

6. 我们的医院里吃茶是讲究的，老是香片龙井两着沏。（老舍：《开市大吉》，见《老舍短篇》）

7. 马上给林总和林小军不断地打电话，可办公室老是无人接电话，手机老是“对方电话没有应答”。（应健中：《腾龙戏“珠”》，见《作家文摘》(1997D)）

只有“老是”可修饰主谓短语，“老”不可以。当“老是”修饰主谓短语时，语义指向紧随其后的主谓短语，强调该短语所描述的事实的长久性，“老是”取“长久地、一直”之义。句中“老是”重读。这时大多数谓词都可能出现在该主谓短语中与“老是”共现。

第四，“老是”与否定词“不、没有”连用，如：

8. 不过爱悔棋的毛病老是不改，常常为了一步棋，吵吵嚷嚷。（陈丕显主编：《邓子恢最后的岁月》(1)，见《作家文摘》(1996B)）

9. 那为什么老是不高兴呢？（《报刊精选》1994 年 7 月）

10. 阿英找了我几趟，老是没有挤出时间来，我答应今天下午一定和她谈一次……（周而复：《上海的早晨》）

11. 近来你老是没有精神，又不想吃饭，你也应该回娘家休养一个时期，把身体养好了……（岑凯伦：《合家欢》）

由这些语料得知，当“老是”和“不”连用时，可受其修饰的谓词主要有三类：能愿动词、动作动词 B_{TVa3} 和心理动词 B_{IVa1}。而当“老是”与“没有”连用时，可与其搭配的谓词只有 B_{TVa3}，也可以是抽象名词。不管其与哪个否定词搭配，“老是”都表示事件的高频性，因此，都取“一直、长久地”之义。

第五，“老是”与“着”共现，如：

12. 可是因为工作忙，抽不开身，急得他老是念叨着这件事。（《人民日报》1993年12月）

13. 这几年在国外，我老是想着这个乐团，因为我曾经跟他们一起摸爬滚打过。（《人民日报》1994年1月）

14. 人要经常活动筋骨，老是坐着躺着容易僵化，我年轻时就吃了不爱运动的亏，现在老了想改也难了。（韦韬、陈小曼：《茅盾任文化部长始末》，见《作家文摘》（1995A））

当与“着”共现时，“老是”可修饰的谓词有 B_{IVa3}、B_{TVa3} 和 B_{TVa4}。与其共现的“着”是表示状态持续，“老是”取“一直、长久”之义。这时，“老是”的语义指向 VP，强调 VP 所描述的事件持续很长时间，且“老是”在句中重读。

“老是”也可以与其他副词，如方式副词、范围副词、情态副词等连用，这儿不对其具体分析。

综上所述，时间副词“老是”在现代汉语当中生成语句的句法规则如下：

1. 若 $\delta \in B_{TVa2} \cup B_{TVa3} \cup B_{TVa7}$，则 $F_1(\delta)$=老是 $\delta \in P_{TV}$.

2. 若 $\delta \in B_{TVa5}$，则 $F_2(\delta)$=老是 $\delta \in P_{TV}$.

3. 若 $\delta \in B_{Iva3}$，则 $F_3(\delta)$=老是 $\delta \in P_{IV}$.

4. 若 $\delta \in B_{IVa6}$，则 $F_4(\delta)$=老是 $\delta \in P_{IV}$.

5. 若 $\delta \in U_{动}$，则 $F_5(\delta)$=老是 主谓短语 $\in P_U$.

6. 若 $\delta \in B_{TVa3} \cup B_{TVa1} \cup B_{能愿}$，则 $F_6(\delta)$=老是 不 $\delta \in P_{TV}$.

7. 若 $\delta \in B_{TVa3}$，则 $F_7(\delta)$=老是 没有 $\delta \in P_{TV}$.

8. 若 $\delta \in \emptyset$，则 $F_8(\delta)$=老是 没有抽象名词 $\in P_{\emptyset}$.

9. 若 $\delta \in B_{Iva3}$，则 $F_9(\delta)$=老是 δ着 $\in P_{IV}$.

10. 若 $\delta \in B_{TVa3} \cup B_{TVa4}$，则 $F_{10}(\delta)$=老是 δ着 $\in P_{TV}$.

如果引入一个“老是”所对应的新的模态算子“LS”，则上述句法规则翻译成逻辑语言时所对应的逻辑翻译规则分别为：

11. 若 $\delta \in B_{TVa2} \cup B_{TVa3} \cup B_{TVa7}$，则 $F_1(\delta)$ 翻译为：

$\lambda\mathscr{P}(\lambda x\mathscr{P}((\lambda y[LS(\delta'(x,y)]$，其中，$\delta'$是$\delta$的翻译。

我们把这儿的“LS”记为“LS_1”，其语义的具体模型论解释应为：

$\| LS(\Phi) \|_{\Omega,i}=1$，当且仅当，$\# |\{i \in I | 【\varphi】_i=1\}| / \# |\{i \in I | 【\varphi】_{i'}=1$

$\vee$【φ】$_{i'}=0\}|\geq 80\%$。其中，“#”表示“数量”或“次数”。

12. 若 $\delta\in B_{TVa5}$，则 $F_2(\delta)$ 可翻译为：同 $F_1(\delta)$。

但这儿的“LS”应记为“LS_2”，其模型论解释定义为：$\|LS(\Phi)\|_{\Omega,i}=1$，当且仅当，存在 i'，i''∈I，满足 $i''<i'<i$，并且 $\neg(i'\subset_{fi}I)$ 且 $\neg(i''\subset_{in}I)$，使得 $\|\Phi\|_{\Omega,i'}=1$ 且 $\|\Phi\|_{\Omega,i''}=1$。

13. 若 $\delta\in B_{IVa3}$，则 $F_3(\delta)$ 可翻译为：

$\lambda x[LS(\delta'(x)]$，其中，δ'是δ的翻译。

这儿的“LS”的语义解释同“LS_2”。

14. 若 $\delta\in B_{IVa6}$，则 $F_4(\delta)$ 翻译为：同 $F_3(\delta)$。

其中“LS”的语义解释同“LS_1”。

15. 若 $\delta\in U_{动}$，则 $F_5(\delta)$ 可翻译为：

LS（S'），其中笔者把“主谓短语”翻译为“S'”。这儿的“LS”的语义同“LS_2”。

16. 若 $\delta\in B_{TVa3}\cup B_{TVa1}\cup B_{能愿}$，则 $F_6(\delta)$ 翻译为：

$\lambda\mathscr{P}(\lambda x\mathscr{P}((\lambda y[LS(\neg\delta'(x,y)]$，其中，δ'是δ的翻译。

其中“LS”的语义解释同“LS_2”。

17. 若 $\delta\in B_{TVa3}$，则 $F_7(\delta)$ 可翻译为：同 $F_6(\delta)$。

其中“LS”的语义也同“LS_2”。

18. 若 $\delta\in\emptyset$，则 $F_8(\delta)$ 可翻译为：

$\lambda x[\exists y(y=mingci'\wedge(LS(\neg You'(x,y)))]$，其中，mingci'是抽象名词的翻译。

这儿的“LS”的语义解释同“LS_2”。

19. 若 $\delta\in B_{IVa3}$，则 $F_9(\delta)$ 可翻译为：

$\lambda x[LS(Prog(\delta'(x))]$，其中，δ'是δ的翻译。Prog 是“着”的翻译。“Prog”表示状态的持续，其模型论解释定义为：$\|Prog(\Phi)\|_{\Omega,i}=1$，当且仅当，存在 i'∈I 满足 $i\subset i'$ 并且 $\neg(i\subset_{fi}i')$ 且 $\neg(i\subset_{in}i')$，使得：$\|\Phi\|_{\Omega,i'}=1$。

这儿的“LS”语义同“LS_2”。

20. 若 $\delta\in B_{TVa3}\cup B_{TVa4}$，则 $F_{10}(\delta)$可翻译为：

$\lambda\mathscr{P}(\lambda x\mathscr{P}((\lambda y[LS(Prog(\delta'(x,y))]$，其中，δ'是δ的翻译，Prog 是对“着”的翻译。“Prog”表示状态的持续，其模型论解释定义为：$\|Prog(\Phi)\|_{\Omega,i}=1$，当且仅当，存在 i'∈I 满足 $i\subset i'$ 并且 $\neg(i\subset_{fi}i')$ 且 $\neg(i\subset_{in}$

i'），使得：$\| \Phi \|_{\Omega,i'}=1$。

"LS"的语义解释同"LS_2"。

综上所析，时间副词"老是"与"老"既有共同点，又有区别。两者都有两个义项，即"再三、经常"和"一直、长久"。但"老是"多数情况取后一个义项，而"老"两义项的使用率差不多。受"老"修饰的谓词性成分多为概括性语义的，而"老是"既可以修饰概括性的，也可以修饰具体性的谓词性成分。因此，受"老是"修饰的谓词性成分结构较复杂，可以带各种状语，这时其语义重心在表示动作的方式、情况或人物情态等状语性成分上。在语用上，"老是"比"老"更具有强调性。

三 "总、总是"的形式语义

"时间副词'总是'是副词'总'加上动词'是'"[①] 构成的，因此，其语义在很大程度上与"总"相同。"总"起初是动词，表示"总括、汇集"。秦汉时期被虚化为范围副词，例如"视方寸于中，不知其大于羊；总视其体，乃知大相去之远（淮南子·说山训）"，取"总体，总括"之义。"总括"义发展到后来引申为事件在特定时间域内无例外地重复发生，表示频率，不过仍然保留着对相同情况的"总括"之义。

在《现代汉语虚词词典》（张斌，2006）中，副词"总"有如下三个义项，即：第一，表示一种对事实的确认，强调动作、行为、性质、状态从过去到现在一直如此，很少例外；第二，用于条件句，表示结果的确定性，强调事情和状况必然会如此，相当于"毕竟"；第三，表示估计、猜测，常与"大概"、"大约"、"至少"等连用，多用于数量的表达。《现代汉语八百词》也同样给出三个义项，不过较之简单，包括：其一，表示推测、估计，多用于数量，常和"大概"连用；其二，表示持续不变；一向；一直；其三，毕竟，总归。二者的解释基本相同。但作为时间副词的"总"，其语义只有一个，即：强调动作、行为、性质、状态从过去到现在一直如此，很少例外。也就是《现代汉语八百词》中的"保持不变；一向；一直"。

《现代汉语词典》和《现代汉语八百词》中都以"一直"来解释"总"，实际上还是有所区别的。二者都有事件（包括动作、行为、状态）

---

① 张斌：《现代汉语虚词词典》，商务印书馆2001年版，第765页。

保持不变的意思，但侧重点不同。“一直”强调事件的不间断性和持续性，而“总/总是”侧重反映事件的复现性，因此，“总/总是”表示的是某事件在特定时间域内重复或反复发生。其中，“特定时间域”和“重复或反复发生”都要求我们准确理解。

首先看“特定时间域”。笼统地讲，对所讨论的事件进行观察的特定时间段为“特定时间域”。具体可分为两类：一种是不确定的时段，常以隐含的形式存在，通过语境来确定，如“阿眉现在对我不太尊重，总是动手动脚，我是说，总是揍我”（王朔：《空中小姐》）；“公司的人说你总是在跳舞窝里鬼混，尤其是这三个月，喝酒，赌钱，整夜地不回家”（曹禺：《雷雨》）。另一种指特定的时段或特定的场合，这时句中常有“每次、每当……时、……时”等表达，如“在传统戏剧中，每当皇帝出场，总会看到一名太监手捧金印，紧随左右”（《中国儿童百科全书》）；“太阳总是从东方升起”等。这种情况下的“总”相当于“都”。在第二种情况下，“总/总是”表示在特定相似的时间场合，某种情形或事件反复出现。

其次，量度性。量度性是指可以用量来衡量的性质。“重复”或者“反复多次”是“总/总是”的基本语义特征。因此，其“量度性”主要由“重复率”来体现。重复率是事件、动作行为、性质状态等在“一定时间”内重复的比率。“总/总是”的“重复率”是多少呢？这正是其表频度的核心问题。如果是指不确定的时段时，“重复率”比较模糊，因为其心理活动的起始点是模糊不清的，如“我总认为洗衣机洗衣服不干净，……”（《读者》（合订本））。而当指特定时段或特定场合时，理论上其“重复率”是可以计算的，即同一情形事件出现的次数除以该场合出现的次数，便是其重现的百分比。通过对语料的分析和对语言使用者的调查，我们发现，该频率不一定是100%，是允许出现例外的。如“他总是骑自行车去上班”，说明在“上班”这个特定的时间场合他“骑自行车”这个事件反复多次发生，但如果遇到天气下雨他偶尔改为乘公交或步行，原语句也同样是成立的。所以关键先生提到的“动作、状态在特定时间域内无例外地重复发生”[①] 中“无例外地”是不准确的，是可以有例外情况出现的。但如果指客观规律，重复率便是100%，如“太阳总是从东方升起”。一般认为，频度高于80%就可以用“总/总是”表达。

---

① 关键：《“一直”“总”“老”的比较研究》，《汉语学习》2002年第3期，第20页。

最后，对“一定时间”和“重复量”的认定都是人类主观认识的结果，因此，具体频度是 100%，还是 80%，都是人类认识的结果，并不像物理学计算频率那么严格。尤其涉及心理活动，主体的认知起着决定性的作用。

根据上述分析，我们可以以图 4—2 表示“总/总是”的语义：

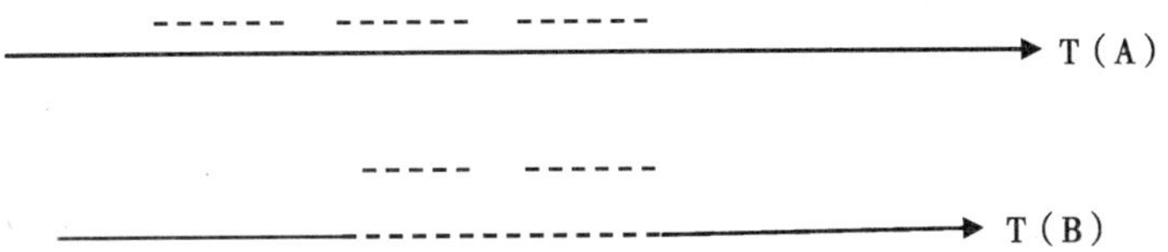

图 4—2　“总/总是”的语义示意

图 4—2 中，图 A 指的是不确定的时段，而时轴上面的虚线表示某种事件的反复出现，而其中的空缺表示该事件偶尔没有出现；图 B 指的是特定时段，时轴中虚线的每一段表示该特定时段的出现，而时轴上面的虚线表示在该时段出现的时候，某事件反复出现，其中的空缺同样表示该事件偶尔没有出现。

鉴于以上语义特点，“总/总是”要求与其搭配的谓词必须具有可重复的语义特点。从语料中我们也看到，除 B_{TVa6} 和 B_{IVa5} 外的其他谓词都有可能与其共现，“关键在于句中是否提供了相对 VP 来说可以重复的语义环境”[1]。例如“*他总是很瘦”是不成立的，因为人瘦或胖是一个较稳定的状态，不可能重复出现；而“他总是显得很瘦”则可以，因为“显得”表明此句描述的是讲话者的主观感受，而主体感知行为是可以多次进行的，给语句提供了可以重复的语义环境，所以是成立的。那么，哪些成分可以为其提供重复语境呢？

第一，句中有表逐指或周遍性的动量成分或时量成分“每次、每回、每天”等成分出现，如：

1. 阿那律陀尊者喜欢睡觉，每次听佛说法，他总是在睡觉，佛就呵斥他说：……（《佛法概要》）

2. 每天，当行军休息下来的时候，因为过度疲劳，我们总是一

[1] 刘靖：《时间副词“一直”与“总”的语义分析》，《广东海洋大学学报》2008 年第 2 期，第 22 页。

倒地就呼呼入睡。(《周恩来传》)

3. 每回逢到诸侯向他求救，他总是拒绝。(《中华上下五千年》)

4. 每年5月1日，年轻的姑娘总要在阳台上插上一株白桦树枝；男青年要向爱慕的姑娘献上一枝翠绿的小白桦树苗。(《中国儿童百科全书》)

表示逐指和周遍性的成分有很多形式，“每次、每年、每当、每逢”等等。我们知道，“每”指代的是反复出现的相同动作中的任何一次（张斌，2006)，或者表示同一动作有规律地反复出现（吕叔湘，2005)。这儿指同一事件出现的特定场合。这类语句中，“总/总是”修饰的事件会在特定场合反复发生或出现，频率几乎为100%。即当“每……”修饰的场合或是时段出现时，该事件一般就会发生。这种语句大多是对过去情况的总结。

语料中我们也看到，“总/总是”可以修饰除B_{TVa6}和B_{IVa5}外的各类谓词，静态的、动态的、瞬间的、持续的，等等。因为“每……”成分为句子提供了重复语境。“总/总是”的语义都是指向整个谓语部分（即“总/总是”后面的部分)，强调该部分所表达事件的复现性。在此类语句中，“每……，总/总是”为句子的自然重音。

第二，有些语句本身就可以提供重复语境，如：

5. 由于那儿是西方的尽头，因此太阳总是从东方升起，然后沉落在王国中央的大洞穴里。(《罗德岛战记》)

6. 上班，他常常是第一个到；下班，他总是最后一个走；晚上，7点半又来到病房查看危重病人……(《人民日报》1993年8月)

7. ……，改革总是具有创造性、试验性、冒险性、阶段性等特征，而企业管理则是艰苦细致的经常性的工作。(《人民日报》1995年10月)

从语料中看到，本身可提供重复语境的句子大都表述的是规律性的事件，“总/总是”既可以是指过去的情况，而且现在或将来都可能如此，如例5和例7等。同样，除了B_{TVa6}和B_{IVa5}（不可重复的瞬间动词）外的其他谓词都有可能出现在这类语句中。“总/总是”的语义或者指向整个谓语部分，如例 7；也可能是状语，如例 6。“总/总是”表示事件在特定时段无例外地反复发生，强调无例外。

第三，“总/总是”前可以出现表时段的词语，但不与表时点的词语共现。如：

8. 张编辑最近总往证券营业部内部餐厅跑。(《股市宝典》)

9. 多少年来我总想起我们这一只鸭子的婚礼……(《报刊精选》1994 年 1 月)

10. 这些日子下午老师总是去开会，又不许我们放学，作业做完了……(王朔:《看上去很美》)

由此看到，与“总/总是”连用的时段词语可以表示很长的时段，如“多少年来”；也可以表示较长的时段，如“这些日子”；还可以是表示较短时段的时段词语，如“最近”等。这些时段词语所表示的时段正是“总/总是”所修饰的事件反复发生的“特定时段”。时段词语常出现在“总/总是”的前面，或者主语前，或者主语后。同样，具有“可重复”语义的所有谓词都有可能出现在此类语句当中。其中，时段词语和“总/总是”是语句的焦点信息，也是句子的自然重音所在。

第四，“总/总是”与否定词“不/没有”等连用。先看与“不”连用的情况，如：

11. 婴儿离开母体以后，总不会是先会坐、后会翻身；……(方富熹、方格:《儿童的心理世界——论儿童的心理发展与教育》)

12. 论世知人，以偏概全总不是办法。(《人民日报》1993 年 5 月)

13. 李亚光总不满意。(《人民日报》1993 年 7 月)

从语料中发现，“总/总是”与“不”连用时，后面修饰的最多的就是“会，能”等能愿动词，占总数的一半还强。除此之外，与其搭配的谓词也较广泛，即除了瞬间动词外的所有谓词，如 B_{TVa1}、B_{TVa2}、B_{TVa3}、B_{TVa4}、B_{IVa1}、B_{IVa2} 和 B_{IVa3}。当“不”后面的谓词为单音节时，如“知”、“如”、“是”等，只能用“总”，很少用“总是”；而当“不”后为双音节谓词时，

"总/总是"均可出现。

语义方面，"不"是修饰谓词的，而"总/总是"的语义指向的是包括"不"在内的整个谓语部分。当"总/总是"修饰否定形式时，其语义不再是"反复发生或强调重复性"，而是谓语部分所描述的状态一直如此，取的是"一直"之义，且常常可以体现出说话者的某种情感。"总/总是"仍然是句子的重音所在，也是该语句的焦点信息。

再来看"总/总是"与"没有"连用的情况，如：

14. 我们总没有安生的日子。(桑逢康：《郭沫若和他的三位夫人》(3)，见《作家文摘》(1994B))

15. 但新的社会蓝图设计者或空想家们，却总没有忘记第二方面的生产……(《读书》第185卷)

16. 写小说的人总是在追寻，又总是没有完全得到。(《读书》第36卷)

当"总/总是"与"没有"搭配时，受其修饰的大都是名词，且大都是抽象名词，如"机会、人、时间、日子"，等等。当"总/总是"直接修饰"没＋名词"时，其语义直接指向名词。而当名词前带有定语时，"总/总是"的语义就指向定语。而可与其搭配的谓词只有 B_{TVa2}、B_{TVa3}、B_{TVa5} 和 B_{IVa4}。当谓词前带有各类状语（如地点状语）时，"总/总是 没有"的语义指向状语；而当只修饰光杆谓词时，"总/总是"的语义指向包括"没有"在内的整个谓语部分。"总/总是"与"没有"搭配使用时，不再强调反复性，而是"一直"的意思，表示谓词或名词所表述的事件从来没有发生过。"总没有/总是没有"为语句中的重读部分。

第五，"总/总是"可与"着"连用，但很少与"了、过"连用。如：

17. 民间还把羊比作孝子，因为小羊羔总是跪着吃奶的。(《中国儿童百科全书》)

18. 箱子A是透明的，总是装着100个金币；……(《中国儿童百科全书》)

19. 困苦的环境中，或家庭、自身遭遇到什么不幸，都不会动摇退却，而总是满怀信心迎着困难上，百折不挠地继续前进。(《中国儿

童百科全书》)

当“总/总是”与“着”共现时，带“着”的部分常常是谓语的状语部分，表示的是谓语的一种伴随状态，如例17等。“着”表示状态的持续。“总是”的语义指向带“着”的部分，表示该伴随状态与谓词所表事件同时发生，“总/总是”取“一直”义。有时“着”也出现在主要谓词后，如例18和例19，这时“总/总是”的语义指向谓语部分，表示该事件持续存在下去，“总/总是”同样取“一直”之义。“总/总是”仍是语句的自然重音，其语义所指向的部分为句子的焦点信息。可出现在该类结构中的谓词有B_{IVa3}、B_{TVa3}和B_{TVa5}。

据上述分析，时间副词“总/总是”在现代汉语中的句法规则可总结如下：

1. 若 $\delta \in B_{TVa1} \cup B_{TVa2} \cup B_{TVa3} \cup B_{TVa4} \cup B_{TVa5} \cup B_{TVa7}$，则 $F_1(\delta)=$ 每……，总/总是 $\delta \in P_{TV}$.

2. 若 $\delta \in B_{IVa1} \cup B_{IVa2} \cup B_{IVa3} \cup B_{IVa4} \cup B_{IVa6}$，则 $F_2(\delta)=$ 每……，总/总是 $\delta \in P_{IV}$.

3. 若 $\delta \in B_{TVa1} \cup B_{TVa2} \cup B_{TVa3} \cup B_{TVa4} \cup B_{TVa5} \cup B_{TVa7}$，则 $F_3(\delta)=$ 总/总是 $\delta \in P_{TV}$.

4. 若 $\delta \in B_{IVa1} \cup B_{IVa2} \cup B_{IVa3} \cup B_{IVa4} \cup B_{IVa6}$，则 $F_4(\delta)=$ 总/总是 $\delta \in P_{IV}$.

5. 若 $\delta \in B_{TVa1} \cup B_{TVa2} \cup B_{TVa3} \cup B_{TVa4} \cup B_{TVa5} \cup B_{TVa7}$，则 $F_5(\delta)=$ 时段词语，总/总是 $\delta \in P_{TV}$.

6. 若 $\delta \in B_{IVa1} \cup B_{IVa2} \cup B_{IVa3} \cup B_{IVa4} \cup B_{IVa6}$，则 $F_6(\delta)=$ 时段词语，总/总是 $\delta \in P_{IV}$.

7. 若 $\delta \in B_{TVa1} \cup B_{TVa2} \cup B_{TVa3} \cup B_{TVa4}$，则 $F_7(\delta)=$ 总/总是 不 $\delta \in P_{TV}$.

8. 若 $\delta \in B_{IVa1} \cup B_{IVa2} \cup B_{IVa3}$，则 $F_8(\delta)=$ 总/总是 不 $\delta \in P_{IV}$.

9. 若 $\delta \in B_{TVa2} \cup B_{TVa5}$，则 $F_9(\delta)=$ 总/总是 没有 $\delta \in P_{TV}$.

10. 若 $\delta \in B_{IVa4}$，则 $F_{10}(\delta)=$ 总/总是 没有 $\delta \in P_{TV}$.

11. 若 $\delta \in B_{TVa3} \cup B_{TVa5}$，则 $F_{11}(\delta)=$ 总/总是 δ 着（δ”）$\in P_{TV}$.

12. 若 $\delta \in B_{IVa3}$，则 $F_{12}(\delta)=$ 总/总是 δ 着（δ”）$\in P_{IV}$.

同样引入一个新的模态算子“ZS”，其语义对应“总/总是”。这样，上述句法规则翻译成逻辑语言时，分别对应如下翻译规则：

13. 若 $\delta \in B_{TVa1} \cup B_{TVa2} \cup B_{TVa3} \cup B_{TVa4} \cup B_{TVa5} \cup B_{TVa7}$，则 $F_1(\delta)$可翻

译为：

$\lambda\mathscr{P}(\lambda x\mathscr{P}((\lambda y[\delta'(x,y)=e \wedge ZS(TIM(e,Meishi')))])$，其中，δ'是δ的翻译，Meishi'代表“每……”所对应的逻辑词项，TIM 翻译为“事件发生在……时候”。

14. 若 $\delta \in B_{IVa1} \cup B_{IVa2} \cup B_{IVa3} \cup B_{IVa4} \cup B_{IVa6}$，则 $F_2(\delta)$ 可翻译为：

$\lambda x[\delta'(x)=e \wedge ZS(TIM(e,Meishi'))]$，其中，δ'是δ的翻译，Meishi'代表“每……”所对应的逻辑词项，TIM 翻译为“事件发生在……时候”。

15. 若 $\delta \in B_{TVa1} \cup B_{TVa2} \cup B_{TVa3} \cup B_{TVa4} \cup B_{TVa5} \cup B_{TVa7}$，则 $F_3(\delta)$可翻译为：

$\lambda\mathscr{P}(\lambda x\mathscr{P}((\lambda y[ZS(\delta'(x,y)]))$，其中，δ'是δ的翻译。

16. 若 $\delta \in B_{IVa1} \cup B_{IVa2} \cup B_{IVa3} \cup B_{IVa4} \cup B_{IVa6}$，则 $F_4(\delta)$可翻译为：

$\lambda x[ZS(\delta'(x))]$，其中，δ'是δ的翻译。

17. 若 $\delta \in B_{TVa1} \cup B_{TVa2} \cup B_{TVa3} \cup B_{TVa4} \cup B_{TVa5} \cup B_{TVa7}$，则 $F_5(\delta)$可翻译为：

$\exists_I(I=Shiduan') \wedge \lambda\mathscr{P}(\lambda x\mathscr{P}((\lambda y[\delta'(x,y)=e \wedge ZS(TIM(e,I))]))$，其中，δ'为δ的翻译，Shiduan'为“时段词语”所对应的逻辑词项。

18. 若 $\delta \in B_{IVa1} \cup B_{IVa2} \cup B_{IVa3} \cup B_{IVa4} \cup B_{IVa6}$，则 $F_6(\delta)$ 可翻译为：

$\exists_I(I=Shiduan') \wedge \lambda x[\delta'(x)=e \wedge ZS(TIM(e,I))])$，其中，δ'为δ的翻译，Shiduan'为“时段词语”所对应的逻辑词项。

19. 若 $\delta \in B_{TVa1} \cup B_{TVa2} \cup B_{TVa3} \cup B_{TVa4}$，则 $F_7(\delta)$可翻译为：

$\lambda\mathscr{P}(\lambda x\mathscr{P}((\lambda y[ZS(\neg\delta'(x,y)]))$，其中，δ'是δ的翻译。

20. 若 $\delta \in B_{IVa1} \cup B_{IVa2} \cup B_{IVa3}$，则 $F_8(\delta)$可翻译为：

$\lambda x[ZS(\neg\delta'(x))]$，其中，δ'是δ的翻译。

21. 若 $\delta \in B_{TVa2} \cup B_{TVa3} \cup B_{TVa5}$，则 $F_9(\delta)$可翻译为：同 $F_7(\delta)$。

22. 若 $\delta \in B_{IVa4}$，则 $F_{10}(\delta)$可翻译为：同 $F_8(\delta)$。

23. 若 $\delta \in B_{TVa3} \cup B_{TVa5}$，则 $F_{11}(\delta)$可翻译为：

$\lambda\mathscr{P}(\lambda x\mathscr{P}((\lambda y[ZS(Prog(\delta'(x,y))]))$，其中，δ'是δ的翻译，Prog 为“着”所对应的逻辑翻译。其语义解释为 $\| Prog\ \Phi \|_{\Omega,i}=1$，当且仅当，存在 $i'\in I$ 满足 $i\subset i'$ 并且 $\neg(i\subset_{fi} i')$ 且 $\neg(I\subset_{in} i')$，使得：$\| \Phi \|_{\Omega,i'}=1$。

或者译为：$\lambda\mathscr{P}\lambda x\mathscr{P}(\lambda y\lambda y'[(\delta'''(x,y)=e \wedge (Prog(\delta'(x,y'))=e' \wedge ZS(SAME(\tau(e),\tau(e'))))]$。其中，δ'是δ的翻译，δ'''是δ''的翻译，逻辑谓词 SAME 解释为“=”，τ（e）表示事件 e 发生的时间或时段，Prog

同样是“着”的翻译，其解释同上。

24. 若 $\delta \in B_{IVa3}$，则 $F_{12}(\delta)$ 可翻译为：

$\lambda x[ZS(Prog(\delta'(x))])$，其中，$\delta'$ 是 δ 的翻译，Prog 为“着”所对应的逻辑翻译。其语义解释为 $\| Prog\ \Phi \|_{\Omega,i}=1$，当且仅当，存在 $i' \in I$ 满足 $i \subset i'$ 并且 $\neg(i \subset_{fi} i')$ 且 $\neg(i \subset_{in} i')$，使得：$\| \Phi \|_{\Omega,i'}=1$。

或者译为：$\lambda x[(\delta'''(x)=e \wedge (Prog(\delta'(x))=e' \wedge ZS(SAME(\tau(e),\tau(e'))))))]$。其中，$\delta'$ 是 δ 的翻译，δ''' 是 δ'' 的翻译，逻辑谓词 SAME 解释为“=”，τ（e）表示事件 e 发生的时间或时段，Prog 同样是“着”的翻译，其解释同上。

最后给出模态词“ZS”的语义解释。“ZS”在上述句式 1—6 中解释为“事件在特定时间或场合反复发生”，记为“ZS_1”；而在句式 7—12 中解释为“事件在某特定时间或场合持续存在”，记为“ZS_2”。其对应的模型论定义如下：

$\| ZS_1\ \Phi \|_{\Omega,i}=1$，当且仅当，存在时段 I_1，I_2，I_3，…，满足 I_1，I_2，I_3，…$<i$，且 I_1，I_2，I_3，…有相同的条件，使得，$\# | \{ i' \in (I_1 \vee I_2 \vee I_3 \vee \cdots) | 【\varphi】_{i'}=1 \} | / \# | \{ i' \in (I_1 \vee I_2 \vee I_3 \vee \cdots) | 【\varphi】_{i'}=1 \vee 【\varphi】_{i'}=0 \} | \geqslant 90\%$。其中，“#”表示“次数”或“数量”。

$\| ZS_2\ \Phi \|_{\Omega,i}=1$，当且仅当，存在 i'，$i'' \in I$，满足 $i''<i'<i$，并且 $\neg$（$i \subset_{fi} I$）且 $\neg(i'' \subset_{in} I)$，使得 $\| \Phi \|_{\Omega,i'}=1$ 且 $\| \Phi \|_{\Omega,i''}=1$。

总之，“总/总是”强调在特定时段或场合某事件反复发生或某状态持续存在，属于高频副词。它们既可用于过去事件，也可用来描述一般规律性事件，这时也可用于现在和将来。句法搭配上二者区别不大，但由于音节的差异，有些单音节谓词必须用“总”来修饰，而有些双音节词则只能与“总是”共现。“总/总是”往往是句子的重音所在，其语义指向谓语部分或者状语或者定语。“总/总是”作为频率副词，着眼点是事件内部，强调事件的动态性和异质性。

四 “通常”的形式语义

“‘通常’作为副词，有两种意义：表示在一般情况下；表示人们的一般认识。”① 但在近代汉语中，“通常”有三个义项，即：表示一般情况的

---

① 张斌：《现代汉语虚词词典》，商务印书馆 2001 年版，第 525 页。

时间副词；表示强调的语气副词和表示总括的范围副词。这些义项在明末清初的小说《醒世姻缘传》中均有体现。如：

1. 漏明儿倒好了，通常看不见。(49，718)

2. 这一场事，晁老也通常费过五千余金，那草豆官银仍落得有大半。(17，512)

3. 小玉兰回家，把前后的话通常学了，给了素姐一个闭气。(60，864)

4. 这七八百没取的卷子通常都叫我拆号。(50，735)①

“通常”在例1中用于否定句，加强否定语气，是“根本、简直”的意思；在例2中表总括，相当于现代汉语的“都”；例3中则与现代汉语中的“共”相当；例4中则相当于现代汉语中作为时间副词的“通常”了。发展到现代，“通常”只保留了作为时间副词的义项，而其他义项都逐渐消失了。“这正是汉语向严密化发展演变的总趋势的体现。”②

“通常”主要表示在平常较长的一段时间内行为或情况等有规律有条件地发生。《现代汉语虚词词典》中的“一般情况”便是这儿的“规律”和“条件”，“通常”的语义也多指向句中表示“规律”和“条件”的成分。而“较长时间”便是我们之前所称的频率副词的“单位时间”，具体多长，视具体语境而定。

“通常”很少与光杆谓词或谓词短语共现，因为其语义所指向的内容不存在，即“规律”和“条件”。“通常”所适应的句法环境有如下几种：

第一，当主要谓词前带有表示方式、地点之类的状语时，“通常”出现在方式、地点状语之前，做时间状语。如：

5. 它每年1月通常在南半球海域产卵，3月至7月去北半球海区为主。(《中国儿童百科全书》)

6. 她母亲显得异乎寻常的疲倦，看上去比通常坐火车引起的疲

① 以上四例均转引自王群《“通常”词义的演变》，《山东大学学报》(哲学社会科学版)2001年第1期，第67页。

② 同上。

倦要厉害得多。(《读者》(合订本))

在带有“通常”的语句中，表达方式或地点的词语正是“通常”的语义所指，也正是整个语句的焦点信息。如果删掉这些成分，句子就不再成立。由于主要谓词带有方式或地点状语，谓语中心语必须是动作谓词，如B_{TVa3}、B_{IVa3}、B_{IVa4}、B_{TVa5}、B_{TVa7}和B_{IVa6}。

第二，当主要谓词前带有时点时间词语做状语时，“通常”可以出现在时点词语之前。如：

7. 她每天清晨5点起床，通常在晚上12点才能睡觉。(《报刊精选》1994年4月)

8. 通常星期日中午一点半，他们照例设宴，……(《美国悲剧》翻译本)

这种结构中，“通常”的语义重点在时点词语上，强调事件发生的时间，该时间也正是句子的焦点信息和重读部分。“通常”强调“一般情况”该事件在这个时间发生。如果指过去的情况，就不能使用“通常”，如“她去年通常晚上12点睡觉”就不成立，而应改用“常常”。

有了时点词语做状语，说明主要谓词所表示的动作行为具有有界和动态的特点，该事件过程是异质的，因此可出现在该类结构中的谓词有B_{TVa3}和B_{IVa4}。

第三，当句中出现时段时间词语时（或者做状语，或者做补语、谓语等），“通常”可放在时段词语前面。如：

9. “三化螟”为螟虫的一种，通常一年产生三代，在温暖地区也可以产生四代到五代。(《现代汉语词典》)

10. ……，业务性的鸡尾酒会通常最多两小时。(《哈佛经理手册》)

11. 中国的知识产权保护取得了有目共睹的重大进展，走过了发达国家通常需要几十年甚至逾百年的历程。(《中国知识产权保护的新进展》，见《中国政府白皮书》)

时段词语在语句中有时是表频率的单位时间，如例 9；多数是表示事件持续的时间，如例 10 和例 11。从例句中观察到，与“通常”连用的时段词语所表示的时段可以短到“两小时”，也可以长到“几十年甚至逾百年”。时间副词“通常”在句中语义指向包括时段词语在内的整个谓语部分，强调时段词语所表述的时间长度。“通常”表明整个谓语部分所表述的情况是一般规律，与时间长短无关。时段词语在句中可做谓语中心词的状语、宾语或补语，可出现在此类结构中的谓词应为动态谓词，即 B_{TVa3}，B_{IVa3}、B_{IVa4} 等。有时时段词直接做谓语，如例 10，表示事件持续的时间。

第四，“通常”与及物关系动词连用，如：

12. 大中型企业通常具有明显的市场竞争优势，能够左右市场价格。(《报刊精选》1994 年 12 月)

13. 实在难以遇上，也许是困苦的生活损坏了他们的记忆，面对往事他们通常显得木讷，常常以不知所措的微笑搪塞过去。(余华：《活着》)

此类语句中，“通常”的语义指向关系动词后所带的表语成分，且对其有强调作用。这时的“通常”大多指一般情况，是人们长期总结出来的一种规律，因而其“单位时间”都比较长，可能一年或几年，如例 13；可能是几十年；甚至可能是几百年或几千年，如例 12。出现在这种格式的就只有及物关系动词 B_{TVa1}。

第五，“通常”与所饰成分一起在句中充当定语，如：

14. 通常所见到的地下水，多半是潜水。(《中国儿童百科全书》)

15. 这就是通常说的“器官移植”。(《中国儿童百科全书》

16. 兰花的结构与通常的花不同。(《中国儿童百科全书》)

例 16 中的“通常”修饰名词，是“一般”、“大多数”的意思。这种用法的例句不多，且“通常”是否可以单独做定语修饰名词词组，学术界还没有定论，这儿不单作分析。而例 14 和例 15 中，是由带“通常”的整个谓词短语做定语的。这时，“通常”还是作用于其所修饰的谓词，表示一般情况下事情是这样的。不过这种结构中，“通常”所修饰的谓词往往是及物动态动词，即 B_{TVa3}。

第六，“通常”还可以用来修饰小句。如：

17. 通常，把果实直径大于5厘米、果皮橙黄粗厚、顶端有嘴的称为“柑”。(《中国儿童百科全书》)

18. 通常白天隐伏在有回流水的洞内，傍晚或夜间外出觅食。(《中国儿童百科全书》)

这些语句中，“通常”的语义指向整个小句。“通常”表示小句所表述的事件在一般情况下都会发生，某种程度上说是规律。

第七，“通常”可出现在“不”或“都、总”的前边。如：

19. 管理人员通常不参与评审，是为了避免……(郑人杰：《实用软件工程》)

20. 转售分许可证的目的通常都是许可证买方为了更充分、更有效地使用专利许可项目。(曾鹏飞：《技术贸易实务》)

21. 人们通常总是通过具体事物的运动变化来感知时间的存在。(《语言学论文》)

“通常”用在“不”前时，其语义指向包含“不”在内的表否定义的谓语部分。说明带有否定义的谓语部分所描述的事件是有规律地发生的，这时对谓词的限制较少。而“通常”位于表总括的副词“都”和“总”之前，正是其“高频”义的体现，语义特征是“通指”。此处不具体分析与副词连用的这类现象。

由此分析看到，上述句式中“通常”的语义都是一致的，即指动作行为或情况在一般情况下有规律、有条件地发生，多指在平常较长一段时间内。且“通常”蕴含着某种对比，即在特殊情况下事件就不会发生，说明其频率不是100%。例如“通常我们单位每星期四开碰头会”和“小李通常喝白开水”；它们分别蕴含着“在特殊情况下我们单位可能不开或者改时间开碰头会”；“小李在特殊的场合下（比如‘来了客人’）才喝茶或饮料”。

“通常”的语义及由之决定的句法格式已分析清楚，句法规则可总结如下：

1. 若 $\delta \in B_{TVa3} \cup B_{TVa5} \cup B_{TVa7}$，则 $F_1(\delta)$＝通常 方式/地点状语 $\delta \in P_{TV}$.
2. 若 $\delta \in B_{IVa3} \cup B_{IVa4} \cup B_{IVa6}$，则 $F_2(\delta)$＝通常 方式/地点状语 $\delta \in P_{IV}$.
3. 若 $\delta \in B_{TVa3}$，则 $F_3(\delta)$＝通常 时点状语 $\delta \in P_{TV}$.
4. 若 $\delta \in B_{IVa4}$，则 $F_4(\delta)$＝通常 时点状语 $\delta \in P_{IV}$.
5. 若 $\delta \in B_{TVa3}$，则 $F_5(\delta)$＝通常 时段状语 $\delta \in P_{TV}$.
6. 若 $\delta \in B_{TVa3}$，则 $F_6(\delta)$＝通常 δ 时段宾语 $\in P_{TV}$.
7. 若 $\delta \in B_{IVa3} \cup B_{IVa4}$，则 $F_7(\delta)$＝通常 δ 时段词语 $\in P_{TV}$.
8. 若 $\delta \in \emptyset$，则 $F_8(\delta)$＝通常 时段词语 $\in P_{\emptyset}$.
9. 若 $\delta \in B_{TVa1}$，则 $F_9(\delta)$＝通常 $\delta \in P_{TV}$.
10. 若 $\delta \in U_{动}$，则 $F_{10}(\delta)$＝通常 小句 $S \in P_U$.

现引入“通常”对应的模态算子“TC”，上述句法规则对应的翻译规则则为：

11. 若 $\delta \in B_{TVa3} \cup B_{TVa5} \cup B_{TVa7}$，则 $F_1(\delta)$ 可翻译为：

$\lambda\mathscr{P}(\lambda x\mathscr{P}((\lambda y[(\delta'(x,y)=e \wedge TC(BY(e,Fangshi')))]))$，或者 $\lambda\mathscr{P}(\lambda x\mathscr{P}((\lambda y[(\delta'(x,y)=e \wedge TC(IN(e,Didian')))]))$。

其中，δ’是 δ 的翻译，逻辑谓词“BY”、“IN”分别表示“……以……方式”和“……在……地点”，且“Fangshi’”为“方式状语”所对应的逻辑词项，而“Didian’”是“地点状语”所对应的逻辑词项。

12. 若 $\delta \in B_{IVa3} \cup B_{IVa4} \cup B_{IVa6}$，则 $F_2(\delta)$ 可翻译为：

$\lambda x(\delta'(x)=e \wedge TC(BY(e,Fangshi')))$，或者

$\lambda x(\delta'(x)=e \wedge TC(IN(e,Didian')))$。

其中，δ’是 δ 的翻译，逻辑谓词“BY”、“IN”分别表示“……以……方式”和“……在……地点”，且“Fangshi’”为“方式状语”所对应的逻辑词项，而“Didian’”是“地点状语”所对应的逻辑词项。

13. 若 $\delta \in B_{TVa3}$，则 $F_3(\delta)$ 翻译为：

$\lambda\mathscr{P}(\lambda x\mathscr{P}((\lambda y[\delta'(x,y)=e \wedge TC(AT(e,Shidian'))]))$。

其中，δ’是 δ 的翻译，逻辑谓词“AT”表示“……在……时点发生”，且“Shidian’”为“时点状语”所对应的逻辑词项。

14. 若 $\delta \in B_{IVa4}$，则 $F_4(\delta)$ 翻译为：

$\lambda x(\delta'(x)=e \wedge TC(AT(e,Shidian')))$。

其中，δ’是 δ 的翻译，逻辑谓词“AT”表示“……在……时点发生”，且“Shidian’”为“时点状语”所对应的逻辑词项。

15. 若 $\delta \in B_{TVa3}$，则 $F_5(\delta)$=通常 时段状语 $\delta \in P_{TV}$.

$\lambda\mathscr{P}(\lambda x\mathscr{P}((\lambda y[\delta'(x,y)=e \wedge TC(Spend(e,Shiduan'))])$。

其中，δ'是δ的翻译，逻辑谓词“Spend”表示“……花费……时间”，且“Shiduan'”为“时段状语”所对应的逻辑词项。

16. 若 $\delta \in B_{TVa3}$，则 $F_6(\delta)$ 可翻译为：同 $F_5(\delta)$。

17. 若 $\delta \in B_{IVa3} \cup B_{IVa4}$，则 $F_7(\delta)$ 翻译为：

$\lambda x(\delta'(x)=e \wedge TC(Last(e,Shiduan')))$。

其中，δ'是δ的翻译，逻辑谓词“Last”表示“……持续……时间”，且“Shiduan'”为“时段状语”所对应的逻辑词项。

18. 若 $\delta \in \emptyset$，则 $F_8(\delta)$ 翻译为：

$\lambda x[TC(Last(x,Shiduan'))]$，其中，“Last”和“Shiduan'”同 $F_7(\delta)$。

19. 若 $\delta \in B_{TVa1}$，则 $F_9(\delta)$ 翻译为：

$\lambda\mathscr{P}(\lambda x\mathscr{P}((\lambda y[TC(\delta'(x,y))]$，其中，δ'是δ的翻译。

20. 若 $\delta \in U_{动}$，则 $F_{10}(\delta)$ 翻译为：

TC（S'），其中，S'为小句S的逻辑翻译。

“通常”所对应的模态算子“TC”语义的模型论解释定义可表述为：

21. $\| TC(\Phi) \|_{\Omega,i}=1$，当且仅当，存在时段 I_1，I_2，I_3，…，且 I_1，I_2，I_3，…有相同的条件，使得，$\#|\{i' \in (I_1 \vee I_2 \vee I_3 \vee \cdots) | 【\varphi】_{i'}=1\}| / \# |\{i' \in (I_1 \vee I_2 \vee I_3 \vee \cdots) | 【\varphi】_{i'}=1 \vee 【\varphi】_{i'}=0\}| \geq 80\%$。其中，“#”表示“次数”或“数量”。

综上所述，“通常”表示单位时间内事件发生的次数多，但重点强调的是使其成立的条件和规律。因此，这些条件就是“通常”的语义重心所在，也是其真值条件。

第三节 中频时间副词的形式语义

一 中频时间副词概述

中频指某个事件在一个单位时间内比较频繁地时断时续地出现、发生①，其频度为40%—80%。中频副词的成员最多，包括“常、频、屡、

① 张谊生：《现代汉语副词探索》，学林出版社2004年版，第177页。

连、经常、常常、时常、往往、时时、屡屡、频频、每每、连连、不断、不时、随时、时而、一再、再三”。

与高频副词不同，受“中频”语义的影响，中频副词不能与表任指或总括的词语连用。但有些中频副词可以用于表述将来的情况，如“常、频、经常、常常、时常、时时、随时、时而”等。如：

1. 要常来做客啊！
2. 今后我会常常（经常）关照你的。
3. 有情况随时通知你。

中频还可以修饰重叠式的谓语，而高频和低频都不可以。如：

4. 晚饭后小王经常去散散步。
4'* 晚饭后小王总是（老是）去散散步。
5. 你有空就时常到老王家看看。
5'* 你有空就时刻到老王家看看。

由于这些副词的语义指向存在些许差异，我们据此把它们又分为两个小类，称为中$_1$和中$_2$。具体为：

中$_1$：屡、屡屡、频、频频、连、连连、不断、一再、再三

中$_2$：常、常常、经常、往往、时常、时时、每每、不时、随时、时而

中$_1$类时间副词的语义一般指向谓语中心词，强调动作行为的频度，常与光杆谓词连用。而中$_2$类副词的语义既可以指向主要谓语中心词，也可以作用于整个谓语部分；不仅表示动作的频度，又可以表示状态、某件事情等出现的频度，因此，它们既与光杆谓词连用，也可与短语甚至复句连用。如：

6. 在一个具体的学习活动中，往往既存在着过去掌握的知识、技能的正迁移作用，也同时存在着干扰。（史金生 2002 年用例）

7. 他每每谈起这些学生，就不由得露出满心的欢喜。（《MBA 宝典》）

8. 他勉励全舰官兵，随时准备为保卫祖国而献身。（《中国儿童百科全书》）

9. 战斗又连连失败。（《中共十大元帅》）

二　“常、常常”的形式语义

时间副词“常常”是单音节副词“常”的重叠式。早在战国时期，“常常”就用作表频率的时间副词了，例如：“欲常常而见之，故源源而来（《孟子·万章上》）”，且这种用法一直延续到现在。

“常常”在《现代汉语八百词》中释义为：表示行为、动作发生的次数多。而在《现代汉语虚词词典》中的解释是“表示事情屡次发生，而且时间间隔短”。概括起来就是，“常常”表示事件发生的次数较多，时间间隔较短，频率较大，强调事件发生的经常性和频繁性。单音节副词“常”除了“常常”的上述语义外，还表示情况一直这样，如“这种树四季常青”。①

“常/常常”与“通常”不同，它不强调事件发生的条件。因此，“常/常常”句所描述事件的发生条件不一定有规律性或推论性质。它们对时态也没有限制，既可用于对过去情况的总结，也可用于述说将来的情况，而“常”还可用于表述一般情况。如：

1. 那时常常炊烟断绝，炉灶生灰。（翻译作品《源氏物语》）

2. 今后可得常常来此，看为父渐渐衰老。（翻译作品《源氏物语》）

3. 他是常驻上海的代表。（《现代汉语虚词词典》用例）

例1是对过去某段时间的事实的陈述，例2是对将来情况的一种主观愿望，例3是对一般情况的表述。“常常”既可以用于客观事实的陈述，也可表达愿望，提出请求。因此，“常/常常”可与能愿动词组合，也可用于祈使句中，如：希望你们以后常常（常）来。“常/常常”强调事件发生的经常性和频繁性，语义一般指向句中位于其后的成分。这些语义特征决

① 张斌主编：《现代汉语虚词词典》，商务印书馆2001年版，第96—97页。

定了“常/常常”可出现于如下一些句式结构当中：

第一，“常/常常”直接修饰光杆谓词。如：

4. 大概是自古就不太干净吧，所以，要常常洗澡。（《读者》（合订本））

5. 这里的年平均气温低达－25℃，－50℃以下的日子也常常遇到，甚至测到过－90℃的世界最低气温纪录。（《中国儿童百科全书》）

6. 一说搁三十几天，天天儿来，鼓手天天儿来，常来。（白文渊：《北京话口语》）

这时，“常常”的语义直接指向谓词，且谓词在句中重读，是句子的焦点信息。由于“常常”是双音节词，与其搭配使用的谓词也要求是双音节词。“常常”表示谓词所表示的动作行为在单位时间里发生的次数多，且时间间隔短。可以出现在该类句式中的谓词包括部分$B_{TVa3双}$。下标中的“双”表示双音节。而单独与“常”共现的应为动态的单音节谓词，如$B_{TVa3单}$。语料中我们发现，这样的句式现象虽然存在，但比例很小。

第二，“常/常常”直接修饰谓词短语，如：

7. 有许多古代诗人的名篇常常具有一种神奇的力量，他们用的是极为精练的语言，……（报刊《读书》第35卷）

8. 只是每到这些时，他又常常喜欢拉上中国将来的命运之类的问题……（鲁迅：《端午节》）

9. 他常回忆起童稚时代的往事……（《市场报》）

10. 患者腹痛，消化不良，粪便中常发现白色带状成虫节片。（《现代汉语词典》）

“常”直接与谓词短语搭配的情况也较少，一般都是“通常、经常、常常”等，这也许是由于“常”是单音节副词的缘故。谓语部分都是多音节的，“常常”做状语，读起来更加顺口，更合乎习惯。不过我们发现，用“常常”的地方替换为“常”后，语义不变且仍可成立。

从例句中看到，可以与“常常/常”直接搭配使用的谓词较多，既有静态的关系动词和心理动词，如例7和例8；又有动作动词，如例10；也有心理活动动词和瞬间动作动词，如例 9 和例 10。因此包括 B_{TVa1}、B_{TVa2}、B_{TVa3}、B_{TVa4} 和 B_{TVa6}。

“常/常常”直接位于谓词短语之前，其语义指向不再是谓词，而是包括其宾语在内的整个谓词短语。这时，“常/常常”指谓词短语所描述事件发生的次数多，时间间隔短。这时，“常/常常”在句中重读，为句子的焦点信息。

第三，当主要谓词前有时间、方式、地点、原因等状语时，“常/常常”可出现在状语之前。如：

11. 这条河是联系颐和园和北京内城的水道，老佛爷常常乘着画舫到颐和园去消夏。（大陆作家 王小波：《万寿寺》）

12. 周恩来早晨起床后，常常坐在抽水马桶上按电铃（开关在马桶旁的茶几上），把值班秘书叫来……（选自《作家文摘》（1995A）中张佐良《开国总理的凡人生活》）

13. 他常常星期天去钓鱼。（沈桂丽 2006 年用例）

14. 过去，农民常因买不到顺心的农资而发愁，现在不出家门，……（《人民日报》1993 年 1 月）

其中，例 11 是“常常”出现在方式状语之前的例句，语义指向方式状语，强调以这种方式去完成某事件的频率较高。而例 12 则是修饰地点状语的，强调谓语动词所表达动作行为在该地点出现的频率较高，这些表示方式和地点的词语为句中的重读部分。“常/常常”的语义指向地点状语。例 13 修饰时间状语，而例 14 则修饰原因状语，这时，“常/常常”的语义指向就是紧随其后的表达时间和原因的成分，也是句中的焦点信息。

与“常/常常”共现的时间状语可以是表时点的，如“星期天”，也可以是表时段的，如“王厂长常常好几天不在家睡觉”（周小兵 1994 年用例）。要强调的是，“常/常常”主要表示动作行为发生次数多且时间间隔短，与表示较长时段的词语在语义上冲突，因此，不能与表长时的时段词语连用，如“* 他们一家人常常好几年才能聚在一起；* 他常常一年写两篇论文”。

如果句中去掉这些状语，句子仍然成立。如：周恩来早晨起床后，常常按电铃。不过，“常/常常”的语义就指向了其紧邻的谓语中心词或其他状语成分。所以，“常/常常”主要对紧随之后的成分有强调作用。由于动作行为存在着特有的地点、方式、时间或原因，适合这一结构的谓词一定是动态的有界动词，包括 B_{TVa3}、B_{IVa4}、B_{TVa5} 等。

第四，“常常”也可置于主谓短语前，大多出现在分句主语不同的复句当中。如：

15. 常常内容还没有讲完，下课铃声就响了。（寿永明 2002 年用例）

16. 他不满足书本上的现成结论，常常自己动手做实验，以检验书中的内容。（《中国儿童百科全书》）

这时“常常”的语义指向整个主谓短语。这些成分往往也是整个句子的焦点信息，“常常”在句中重读。由于音节上的差异，“常”很少有这种用法。这时与“常常”搭配的动词不受限制，范围较广。

第五，与否定词“不”共现，存在“不常、不常常、常常不”三种形式，如：

17. 人们常常不以此成败论英雄。（《人民日报》1993 年 10 月）

18. 只是不常常特地来此宿夜。（《源氏物语》）

19. 好花不常开，好景不常在，愁堆解笑眉，泪洒相思带……（陈福田：《刘雪庵与〈何日君再来〉》，见《作家文摘》(1997C)）

从语料中看到，“常不”的形式是不存在的。实际上，“常常不”中，否定词“不”是对后面成分的否定，而“常常”的语义是指向其后面整个谓语部分的，表示包含“不”在内的整个谓语部分所描述的事件发生的次数多，时间间隔短，如例 17 中的“不以此成败论英雄”受“常常”的修饰。而“不常（常）”的否定词是作用于“常（常）”的，表示谓语部分所表述的事件发生的次数不多。如例 19 中，“不”是作用于“常”的，“不常”再来修饰“开、在”等。这时对谓词的限制很少，所有谓词都有可能受其修饰。

第六，与动态助词“着、了、过”的共现情况。“常常”与“着”共现的情况较多，而与“过、了”共现的例子较少。单音节“常”与“着、了、过”共现的例子也是微乎其微。

20. 另一种脸上常常挂着迷人的微笑，客人不少……（李洁吉、古理：《东京红灯区的上海女孩》，见《作家文摘》(1993B)）

21. 从那以后，他常常望着这座山发呆，默默地想些心事。（陶纯：《美妙瞬间》，见《作家文摘》(1994A)）

22. 他同意自杀者是抑郁的，但认为更重要的是他们的期望是消极的，他们常常歪曲了其自身的体验，只预期最暗淡、最悲观的后果。（王登峰、张伯源：《大学生心理卫生与咨询》）

“常常”与“过”共现的例子几乎没有，与“了”共现的例子也不超过五例。这是由于，“过”主要表示事件已经结束，“了”在表示经历过的同时，也有事件已经成为过去的意思，与“常常”表示频率较高的语义不一致。“着”虽然表示的是事件处于进行中，但也可以表示一种伴随的情况。从例 20 和例 21 句中可以看出，与“常常”共现的“着”都表示一种状态，即那个动作行为发生时存在的伴随情况。“常常”的语义同样指向其后面的谓语部分，表示谓语部分所描述的事件发生的频率较高。谓词也要具有可延续且表动态的特征，如 B_{IVa3}、B_{TVa3}、B_{TVa4}和 B_{TVa5}。

当然，可与“常/常常”连用和共现的副词还有很多，如“很、又、只”，等等。由于篇幅和研究目的所限，我们只考察与时间相关的几个代表性词语。

第七，“常”修饰单音节谓词，表示情况一直这样。如：

23. 多爱心常乐，无私品自高。（《人民日报》1994 年 2 月）

24. 这种树四季常青。（《现代汉语虚词词典》用例）

25. 免去李道豫的中华人民共和国常驻联合国代表、特命全权大使职务。（《人民日报》1993 年 3 月）

这是单音节“常”不同于“常常”的用法。不过这种语义一般只用于一些固定搭配中。如果与其他单音节谓词搭配，其语义就是“指频率较高”，而不是“一直这样”。

据上述分析，“常/常常”的句法生成规则可总结如下：

1. 若 $\delta \in B_{TVa3光杆}$，则 $F_1(\delta)$＝常/常常 $\delta \in P_{TV}$.

2. 若 $\delta \in B_{TVa1} \cup B_{TVa2} \cup B_{TVa3} \cup B_{TVa4} \cup B_{TVa6}$，则 $F_2(\delta)$＝常/常常 δ 短语 $\in P_{TV}$.

3. 若 $\delta \in B_{TVa3} \cup B_{TVa4} \cup B_{TVa5}$，则 $F_3(\delta)$＝常/常常 方式/时间/地点/原因状语 $\delta \in P_{TV}$.

4. 若 $\delta \in U_{动}$，则 $F_4(\delta)$＝常常 S_1，$S_2 \in P_{TV \cup IV}$.（$U_{动}$表示的是动词类的全集）

5. 若 $\delta \in U_{动}$，则 $F_5(\delta)$＝常常 不 $\delta \in P_{TV \cup IV}$.

6. 若 $\delta \in U_{动}$，则 $F_6(\delta)$＝不 常/常常 $\delta \in P_{TV \cup IV}$.

7. 若 $\delta \in B_{TVa3} \cup B_{TVa4} \cup B_{TVa5}$，则 $F_7(\delta)$＝常/常常 δ 着 $\in P_{TV}$.

8. 若 $\delta \in B_{IVa3}$，则 $F_8(\delta)$＝常常 δ 着 $\in P_{IV}$.

这儿引入一个模态词“CC”，则上述句法规则对应的逻辑翻译规则如下：

9. 若 $\delta \in B_{TVa3}$，则 $F_1(\delta)$ 可翻译为：

$\lambda\mathscr{P}(\lambda x\mathscr{P}(\lambda y[CC(\delta'(x,y))])$，其中，δ’是 δ 的翻译。

10. 若 $\delta \in B_{TVa1} \cup B_{TVa2} \cup B_{TVa3} \cup B_{TVa4} \cup B_{TVa6}$，则 $F_2(\delta)$ 可翻译为：同 $F_1(\delta)$。

11. 若 $\delta \in B_{TVa3} \cup B_{TVa4} \cup B_{TVa5}$，则 $F_3(\delta)$ 可翻译为：

$\lambda\mathscr{P}(\lambda x\mathscr{P}((\lambda y[(\delta'(x,y)=e \wedge CC(BY(e,Fangshi')))])$，或者

$\lambda\mathscr{P}(\lambda x\mathscr{P}((\lambda y[(\delta'(x,y)=e \wedge CC(LOC(e,Didian')))])$ 或者

$\lambda\mathscr{P}(\lambda x\mathscr{P}((\lambda y[(\delta'(x,y)=e \wedge CC(BEC(e,Yuanyin')))])$ 或者

$\lambda\mathscr{P}(\lambda x\mathscr{P}((\lambda y[(\delta'(x,y)=e \wedge CC(TIM(e,Shijain')))]))$，等等。

其中，δ’是 δ 的逻辑翻译，且谓词“BY”、“LOC”、“BEC”和“TIM”分别表示“以……方式”、“在……地点”、“由于……”和“花费……时间/处于……时点”。而“Fangshi’”、“Didian’”、“yuanyin’”和“Shijian’”分别指“方式状语词语”、“地点状语词语”、“原因状语词语”和“时间状语词语”所对应的逻辑词项。

12. 若 $\delta \in U_{动}$，则 $F_4(\delta)$ 可翻译为：

$\lambda\mathscr{P}(\lambda x\mathscr{P}((\lambda y[CC(\delta'(x,y))])$ 或者 $\lambda x(CC(\delta'(x)))$。其中，δ’是 δ 的翻译。

13. 若 $\delta \in U_{动}$，则 $F_5(\delta)$ 可翻译为：

$\lambda\mathscr{P}(\lambda x\mathscr{P}((\lambda y[CC(\neg\delta'(x,y))])$ 或者 $\lambda x(CC(\neg\delta'(x)))$。其中，δ’是 δ

的翻译。

14. 若 $\delta \in U_{动}$，则 $F_6(\delta)$ 可翻译为：

$\lambda\mathscr{P}(\lambda x\mathscr{P}((\lambda y[\neg CC(\delta'(x,y))])$ 或者 $\lambda x(\neg CC(\delta'(x)))$。其中，$\delta'$ 是 δ 的翻译。

15. 若 $\delta \in B_{TVa3} \cup B_{TVa4} \cup B_{TVa5}$，则 $F_7(\delta)$ 可翻译为：

$\lambda\mathscr{P}(\lambda x\mathscr{P}((\lambda y[CC(Prog(\delta'(x,y)))$，其中，$\delta'$ 是 δ 的翻译，Prog 是“着”的翻译，解释同前。

16. 若 $\delta \in B_{IVa3}$，则 $F_8(\delta)$ 可翻译为：同 $F_7(\delta)$。

其模型论解释定义为：

17. $\| CC(\Phi) \|_{\Omega,i}=1$，当且仅当，存在时点 i’和时段 I，i 为参照时点，$I<i$ 或者 $i\in I$，或者 $i<I$，且 $i' \in I$，满足 $80\% \geq \#|\{i'\in I|【\varphi】_{i'}=1\}|/\#|\{i'\in I|【\varphi】_{i'}=1 \vee 【\varphi】_{i'}=0\}| \geq 40\%$。其中，“<”表示时点时段在时轴上的居前关系，“#”表示“次数”或“数量”。

综上所述，“常/常常”只表达较长时段里的频率，表示事件在这段时间里发生的次数多，且时间间隔比较短；不仅可用于表示对过去情况的总结，也可以说明一般情况，还可以述说将来；不仅可用于陈述句中，还可以用于祈使句中，表达主语的一种愿望和期盼。“常/常常”所表示的频率只是一种陈述，不存在推演义或隐含义。“常/常常”的语义既可以指向谓词，指动作行为发生的频率较高，也可以指向整个谓语部分，强调事件发生的频率较高，所以我们把之归为中$_2$类。

三　“往往、每每”的形式语义

“往往”在汉代就用作副词了，是“到处”之义，例如“旦，卒中往往语（出自《史记·陈涉世家》）”。在晚唐五代的作品中（如《敦煌变文集》），“往往”就已经演变为频率副词了，与“每每、时时”同义。到了元代（如《新编五代史平话》），它只用于表示“大部分、大多数情况下”。发展到明代（如《金瓶梅词话》），“往往”就只用作表惯常的频率义的时间副词，与现代汉语中的用法相同。

在现代汉语中，“‘往往’表示某种情况经常出现”。[①] 而在《现代汉语虚词词典》中，除了此语义外，还有一条是表示某种情况出现的规律

① 吕叔湘：《现代汉语八百词》（增订本），商务印书馆 2005 年版，第 547 页。

性。在《现代汉语虚词散论》中，陆、马两位先生则指出，“往往”是强调按经验，在某种情况下，情况通常是这样。总结起来，“往往”的语义有这样几个要点：某种情况下、经常出现、规律性。

先看“某种情况下”。它说明“往往”所描述事件的发生是在“特定情况”下才成立的。这个“特定情况”也可以理解为该事件发生的条件。因此，在“往往”语句中一般都要指明与事件发生相关的情况、条件或结果。如“他往往吃完饭就去散步”可以成立。其中“吃完饭”是“去散步”的条件。如果说成“他往往散步”就不能成立。正因如此，“往往”几乎不能与光杆谓词或谓词短语连用，语句中必须出现类似条件的成分，且这些成分就是“往往”的语义指向。有些学者就把这种条件看成是“规律性”，例如“‘往往’是在主观总结事情或行为动作发生具有某方面的规律性”①。但要特别指出的是，通常具有规律性的现象是可以对未来类似情况作相同判断的，具有类推性。而“往往”则不同，它只是对到目前为止出现的情况的总结，并不适用于将来的情况，也不用于表示主观愿望。最后就是“经常出现”，这也正是“往往”之所以表频率的原因。且该副词所指的事件出现的次数较多，因而归之于“中频副词”。

基于上述语义特征，“往往”常用于如下几种句式：

其一，“往往”与关系动词连用，如：

1. 请注意：答案（A）往往就是划线部分本身。（《MBA宝典》）

2. 大学生在适应环境过程中可能会出现的问题往往包括消极、悲观的情绪反应，对个人生活及社会生活的不满足感，……（王登峰、张伯源：《大学生心理卫生与咨询》）

当“往往”与关系动词连用时，“往往”一般直接位于关系动词前面，语义指向整个谓语部分，且谓语部分就是句子所强调的新信息。由于关系动词是静态动词，所表示的性质是均质的，所以“往往”大多表示一般的情况或规律，具有推论性质。适用的动词只有 B_{TVa1}。

其二，当谓词前带有表时间、方式、地点、原因、对象等意义的状语时，“往往”常位于这些状语之前。如：

① 沈桂丽：《“常常”和“往往”》，《湘南学院学报》2006年第6期，第71页。

3. 诸葛亮几次出兵，往往因为粮食供应不上退兵。（《中华上下五千年》）

4. 地质构造有利于煤和石油等矿产资源的形成，许多重要的煤矿和油田往往在平原地区发现。（《中国儿童百科全书》）

5. 检查组在公路沿线还发现，交通部门流动稽查现象较多，他们往往乘一辆无牌照车，随意在路上拦车检查罚款。（《报刊精选》1994 年 12 月）

“往往”的语义主要指向状语成分，说明事件发生的经常性，而这些状语所表明的正是事件发生的条件。我们还发现，有时状语位于句首，“往往”会出现在谓词之前，但其语义仍然是指向句中的那些状语成分的，如“在明朝的政治斗争中，南京各官往往结成势力，与北京方面相角斗（阴法鲁、许树安：《中国古代文化史》（三））”中，“往往”的语义还是指向位于句首的状语的。

句中的时间状语也可能以时点或时段词语的形式出现。由于“往往”表示的是事件发生的经常性和规律性，与时段的长短无关，所以所有时段词语都可以与“往往”共现。同时，“往往”多用于对以往或一般情况的总结，不与表具体时间的词语（即时点词语）连用，更不与表将来的时间词语共现。如：

6. 我国国库券利率往往几年不变，如 1982—1984 年发行的国库券，其利率均定为 8%。（《报刊精选》1994 年 8 月）

7. ……，屋冠就越来越变得灰白，海带草柔韧结实、经年不腐，渔舍往往几十年无须换草，只须隔两年续上新草即可！（《人民日报》1993 年 3 月）

A. *他前年往往散步。

B. *以后，你要往往来看我。（其中的 * 表示此语句不成立）

该类结构中对谓词限制很少，大多数谓词可以出现在这种句式中。

其三，“往往”位于主谓短语或形容词之前。如：

8. 中国画非常讲究“意境”，往往画中题诗，诗画互补，使意境

更加深远。(《中国儿童百科全书》)

9. 许多年迈学者为撰稿审稿、搜集查核资料，往往夜以继日，备尝艰辛，众多事迹，催人泪下。(《人民日报》1993年9月)

主谓短语常常叙述一个事件。这时，“往往”语义指向主谓短语，说明其所描述的事件经常发生，频率较高。“往往”表示的大都是对过去情况的总结，如例9；也有对一般情况的叙述，如例8。大多数谓词会出现在该结构中。

其四，“往往”与否定词的连用，有“往往不”和“往往没”两种形式。如：

10. 除草剂和杀菌剂本身的毒性往往不大，但它们分解后的产物有剧毒，因此危害也相当严重。(《中国儿童百科全书》)

11. 回窝时往往不走原路，而是沿着山岩溜回来，不留一点痕迹。(《中国儿童百科全书》)

12. 医生往往没时间向患者详细解释，因此医书在使业已就诊的患者了解病情、教育孕妇和老年人等加强自我保健、……(《读书》第180卷)

在“往往不”和“往往没”两种形式中，副词“往往”所修饰的是“不/没”和后面的谓语成分共同组成的整体，表示的是谓语的否定形式所表述事件发生的经常性和规律性，如上例中的“不大”、“不走原路”等。所以说，否定词否定的是谓语部分，且“往往”前不能加否定成分。处于否定词“不/没”后面的可以是形容词，如例10；也可以是动词或动词短语，如例11；还可以是名词，如例12。且大多数谓词能可以出现在该结构中。

最后，“往往”几乎不与“过”共现，但可与“着、了”共现。如：

13. 不同种类的侵入岩，往往控制着特定的内生矿床。(《中国儿童百科全书》)

14. 在中国一些地方的饭馆的门上，往往悬着一块木牌。(《中国儿童百科全书》)

15. 用鼻子闻一种气味持续时间过长时，往往反而感觉不到了，这是因为嗅觉中枢容易“疲劳”的缘故。（《中国儿童百科全书》）

从语料中发现，虽然“往往”后也会有“过”出现，但大多是“通过”、“经过”、“过去”等词汇中的“过”，而不是表示经历的动态助词“过”。“往往”与“着”连用，“着”表示动作或状态处于存留的状况，而“往往”还表示这种动作或状态存留的情况或事件经常发生，发生的条件一般在句首给出。如例 13 的条件是“不同种类”和“侵入岩”；例 14 的条件则是地址条件，即“饭馆的门上”。“了”则表示事件已经完成，因此“往往”在带有时态助词“了”的语句中，表示谓语部分所描述的事件完成的状态在某条件下经常发生，而这种条件一般会在句首给出。同样各种动词都可以在含有“往往”的语句中出现。

这便是“往往”常出现的一些主要句式，当然还有一些其他的结构，如“把”字句、“被”字句以及与其他副词的连用。由于篇幅和语料比例的原因，这儿不再详述。根据如上句法结构，“往往”的句法规则可总结如下：

1. 若 $\delta \in B_{TVal}$，则 $F_1(\delta)$＝往往 $\delta \in P_{TV}$.

2. 若 $\delta \in U_{IV}$，则 $F_2(\delta)$＝往往 状语 δ 或者 状语 往往 $\delta \in P_{IV}$.

3. 若 $\delta \in U_{TV}$，则 $F_3(\delta)$＝往往 状语 δ 或者 状语 往往 $\delta \in P_{TV}$.

4. 若 $\delta \in U_{IV}$，则 $F_4(\delta)$＝往往（主 δ）$\in P_{IV}$.

5. 若 $\delta \in U_{TV}$，则 $F_5(\delta)$＝往往（主 δ）$\in P_{TV}$.

6. 若 $\delta \in U_{IV}$，则 $F_6(\delta)$＝往往 不/没 $\delta \in P_{IV}$.

7. 若 $\delta \in U_{TV}$，则 $F_7(\delta)$＝往往 不/没 $\delta \in P_{TV}$.

8. 若 $\delta \in U_{IV}$，则 $F_8(\delta)$＝往往 δ 着 $\in P_{IV}$.

9. 若 $\delta \in U_{TV}$，则 $F_9(\delta)$＝往往 δ 着 $\in P_{TV}$.

10. 若 $\delta \in U_{IV}$，则 $F_{10}(\delta)$＝往往 δ 了 $\in P_{IV}$.

11. 若 $\delta \in U_{TV}$，则 $F_{11}(\delta)$＝往往 δ 了 $\in P_{TV}$.

现在引入一个与“往往”对应的新模态算子“WW”。上述句法规则所对应的逻辑翻译规则如下：

12. 若 $\delta \in B_{TVal}$，则 $F_1(\delta)$ 可翻译为：

$\lambda\mathscr{P}(\lambda x\mathscr{P}((\lambda y[\ WW(\delta'(x,y))]))$，其中，$\delta'$ 是 δ 的翻译。

13. 若 $\delta \in U_{IV\text{动}}$，则 $F_2(\delta)$ 可翻译为：

$\lambda x[\delta'(x)=e\wedge WW(BY(e,Fangshi'))]$，或者

$\lambda x[\delta'(x)=e\wedge WW(LOC(e,Didian'))]$，或者

$\lambda x[\delta'(x)=e\wedge WW(BEC(e,Yuanyin'))]$，或者

$\lambda x[\delta'(x)=e\wedge WW(TO(e,Duixiang'))]$，或者

$\lambda x[\delta'(x)=e\wedge WW(TIM(e,Shijain'))]$，等等 ……

其中，δ'是δ的翻译；“BY”、“LOC”、“BEC”、“TO”和“TIM”分别表示“以……方式”、“在……地点”、“因为……”、“以……为对象”和“间隔……时间”等。而“Fangshi'”、“Didian'”、“Yuanyin'”、“Duixiang'”和“Shijian'”等分别代表“方式状语”、“地点状语”、“原因状语”和“对象状语”或“时间状语”所对应的逻辑词项。

14. 若 $\delta\in U_{TV动}$，则 $F_3(\delta)$可翻译为：

$\lambda\mathscr{P}(\lambda x\mathscr{P}((\lambda y[(\delta'(x,y)=e\wedge WW(BY(e,Fangshi')))])$，或者

$\lambda\mathscr{P}(\lambda x\mathscr{P}((\lambda y[(\delta'(x,y)=e\wedge WW(LOC(e,Didian')))])$，或者

$\lambda\mathscr{P}(\lambda x\mathscr{P}((\lambda y[(\delta'(x,y)=e\wedge WW(BEC(e,Yuanyin')))])$，或者 $\lambda\mathscr{P}(\lambda x\mathscr{P}((\lambda y[(\delta'(x,y)=e\wedge WW(TO(e,Duixiang'))]$，或者 $\lambda\mathscr{P}(\lambda x\mathscr{P}((\lambda y[(\delta'(x,y)=e\wedge WW(TIM(e,Shijain')))]))$，等等。

其中的解释同 $F_2(\delta)$中的解释。

15. 若 $\delta\in U_{IV动}$，则 $F_4(\delta)$ 可解释为：

$\lambda x\ (WW\ (\delta'\ (x)))$。其中，δ'是δ的翻译。

16. 若 $\delta\in U_{TV动}$，则 $F_5(\delta)$ 可解释为：

$\lambda\mathscr{P}(\lambda x\mathscr{P}((\lambda y[WW(\delta'(x,y))])$，其中，δ'是δ的翻译。

17. 若 $\delta\in U_{IV动}$，则 $F_6(\delta)$ 可翻译为：

$\lambda x(WW(\neg\delta'(x)))$。其中，δ'是δ的翻译。

18. 若 $\delta\in U_{TV动}$，则 $F_7(\delta)$ 可翻译为：

$\lambda\mathscr{P}(\lambda x\mathscr{P}((\lambda y[WW(\neg\delta'(x,y))])$，其中，δ'是δ的翻译。

19. 若 $\delta\in U_{IV动}$，则 $F_8(\delta)$ 可翻译为：

$\lambda x[WW(Prog(\delta'(x))]$，其中，δ'是δ的翻译，Prog是对“着”的翻译。

“Prog”的语义解释为：$\|Prog\ (\Phi)\|_{\Omega,i}=1$，当且仅当，存在 $i'\in I$ 满足 $i\subset i'$ 并且 $\neg(i\subset_{fi}i')$ 且 $\neg(i\subset_{n}i')$，使得：$\|\Phi\|_{\Omega,i'}=1$。

20. 若 $\delta\in U_{TV动}$，则 $F_9(\delta)$ 可翻译为：

$\lambda\mathscr{P}(\lambda x\mathscr{P}((\lambda y[WW(Prog(\delta'(x))])$，其中，δ'是δ的翻译，Prog是对

“着”的翻译。“Prog”的解释同上。

21. 若 $\delta \in U_{IV动}$，则 $F_{10}(\delta)$ 翻译为：

$\lambda x[WW(Perf(\delta'(x))]$，其中，$\delta'$ 是 δ 的翻译，Perf 是对“了”的解释。

“Perf”的语义解释为：$\| Prog(\Phi) \|_{\Omega,i}=1$，当且仅当，存在 $i' \in I$ 满足 $i' \subset i$ 且 $\neg(i' \subset_{fi} i)$，使得：$\| \Phi \|_{\Omega,i'}=1$。

22. 若 $\delta \in U_{TV动}$，则 $F_{11}(\delta)$ 可翻译为：

$\lambda\mathscr{P}(\lambda x\mathscr{P}((\lambda y[WW(Perf(\delta'(x,y))]))$，其中，$\delta'$ 是 δ 的翻译，Perf 是对“了”的解释。“Perf”的语义解释同上。

其模型论解释定义为：

$\| WW(\Phi) \|_{\Omega,i}=1$，当且仅当，存在时点 i'，时段 I 和 n，满足 $i'<i$，$I<i$，i 为参照时间，$2/5<n<4/5$，满足：$\#|\{i' \in I | [\![\varphi]\!]_{i'}=0\}| / \#|\{i' \in I | [\![\varphi]\!]_{i'}=1\} \vee [\![\varphi]\!]_{i'}=0| \leqslant n$。其中，“<”表示时点时段在时轴上的居前关系，“#”表示“次数”或“数量”。

综上所述，“往往”表示事件在一定条件下经常发生。“往往”所描述的事件是对以往情况的总结，是长时间对情况观察的结果，因而很少与表示短时或具体时点的词语共现，也很少用于将来的情况。“往往”所描述的事件具有一定的规律性，因而也具有可推导的性质。

现在来看“每每”。“每每”一词始见于春秋时期，当时是“草木茂盛的样子”之义。如在《左传·僖公二十八年》中，“听舆人之诵曰：‘原田每每，舍其旧而新是谋’”。发展到晋朝，“每每”有了“常常、屡次”的语义。如晋代陶潜的《杂诗》之五中，有“值欢无复娱，每每多忧虑”。而在唐朝的作品中，它又出现了“每逢、每次”之义，如唐代封演的《封氏闻见记·貌直》中，“南山赤豹，爱其毛体，每每雾露，诸禽兽皆出取食……”。到了宋朝，还出现了“大抵、大概”之义。但在现代汉语中，时间副词“每每”只保留了“常常、屡次”和“每逢、每次”两个义项。

《现代汉语虚词词典》指出，“每每”表示事件频仍。具体解释如下：①表示情况多次出现，并强调出现这种情况之后引起的结果也是相同的，所修饰的事件是已经实现了的；②表示同一情况经常或反复出现，带有一定的规律性。所修饰的事件，可以是已然的，也可以是未然的。[①]

① 张斌主编：《现代汉语虚词词典》，商务印书馆 2001 年版，第 373 页。

从定义中可以得出，“每每”的语义包括如下几个要素：事件发生频繁；事件的发生有一定的条件或前提，即具有规律性；事件发生后通常引起相同的结果；事件大都是已然的。需要特别说明的是，“每每”适用于对已发生情况的总结，也可用于根据以往经验所作的判断，但很少用于述说将来。张先生定义中的“未然”指的是这种推断性的情况。因此，“每每”不能与表将来的时间词语共现。

基于此，现代汉语中适用于“每每”的句式有：

第一，“每每”直接放在谓词短语之前，如：

1. 每每见到这些人，王德权都是那句不软不硬的话。（《人民日报》1993 年 11 月）

2. 每每想到这些，金枝总是觉得内疚。（陈建功、赵大年：《皇城根》）

3. 而本雅明每每显得有些神秘的话语必须放在同普鲁斯特的关系中来领会……（《读书》第 124 卷）

通过例句，我们看到：“每每”对谓词的限制较少，各类谓词都可与其共现，包括 B_{TVa1}、B_{TVa2}、B_{TVa3}、B_{IVa3}、B_{TVa4}、B_{TVa5} 和 B_{TVa6}，不过“每每”的语义有点差别。如果它连接的是 B_{TVa1} 和 B_{TVa3}，“每每”取“常常、经常”之义，如例 3；如果“每每”连接的是 B_{TVa2}、B_{TVa3}、B_{TVa4}、B_{TVa5}、B_{TVa6} 和 B_{IVa3}，则它就是“每逢、每次”之义，如例 1 和例 2，这时“每每”常位于始发句中，或者句首，或者句中。

“每每”的语义指向谓词短语，表示谓语部分所表达的事件经常发生，或者充当状语，表示该类事件的发生总会带来相同的结果。受“每每”修饰的谓词短语往往是句子的焦点信息，为句子的重读部分。

第二，“每每”可以与“着、了”共现，但很少与“过”连用。如：

4. 思想的贫乏和艺术的苍白，流于通讯报道式的直露，缺乏艺术感染力每每败坏着散文的声誉。（《人民日报》1994 年 3 月）

5. ……，虽然每每歪曲了原意，造成像《猫》这本书里的太太小姐，也还是可原恕的。（张爱玲：《谈女人》，见《作家文摘》1993A）

当“每每”与“了，过”连用时，“每每”大都取“常常、经常”语义。当“每每”与“着”共用时，表示一个经常性事件—即当一动作行为进行的同时另一个事件也发生了。可以出现在这种结构中的谓词必须具有“持续性”语义，如 B_{TVa3} 和 B_{TVa4}。当“每每”与“了”共用时，整个语句表示“每每”所修饰的事件是过去的，已经完成了的。由例 5 可看出，“每每”所说的情况是对过去情况的总结。可以与之共现的谓词必须是有界的，包括 B_{TVa3} 和 B_{TVa6}。

第三，“每每”与表示时点的词语搭配，如：

6. 每每夜幕降临，霓虹闪烁，音乐喧嚣，购票进去，卡拉 OK，高级饮料，……（《人民日报》1994 年 3 月）

7. 每每在这一时刻，长久郁积在心中的那份思乡之情，顿如潮涌一般释放出……（《人民日报》1994 年 3 月）

“每每”与表时点的词语连用时，后面常常会有一个小句出现。“每每”为“每逢，每次”，表示这个时点来临时，总会有同样的事件发生。“每每”语义指向这些时点词语。后续句中的谓词没有限制，都可能出现。

第四，“每每”与否定词构成“每每不”结构，如：

8. 正因如此，此派大员往往宿敌颇多，骂怨之声每每不绝于耳。（《读者》（合订本））。

9. 美，每每不在外表而在内涵。（《人民日报》1994 年 3 月）

否定词“不”修饰的是后面的谓词部分，而“每每”则作用于包括“不”在内的整个谓语部分。“每每”为“经常、常常”之义。可以与“每每”共现的谓词包括 B_{TVa1}、B_{TVa2}、B_{TVa3}、B_{IVa3}、B_{TVa4}、B_{TVa5} 和 B_{TVa6}。

这样，“每每”的句法规则如下：

1. 若 $\delta \in B_{TVa1} \cup B_{TVa3}$，则 $F_1(\delta)$＝每每 $\delta \in P_{TV}$.

2. 若 $\delta \in B_{TVa2} \cup B_{TVa3} \cup B_{TVa4} \cup B_{TVa5} \cup B_{TVa6}$，则 $F_2(\delta)$＝每每 $\delta \in P_{TV}$.

3. 若 $\delta \in B_{IVa3}$，则 $F_3(\delta)$＝每每 $\delta \in P_{IV}$.

4. 若 $\delta \in B_{TVa3} \cup B_{TVa4}$，则 $F_4(\delta)$＝每每 δ 着 $\in P_{TV}$.

5. 若 $\delta \in B_{TVa3} \cup B_{TVa6}$，则 $F_5(\delta)$＝每每 δ 了 $\in P_{TV}$.

6. 若 $\delta \in U_{动}$，则 $F_6(\delta)$＝每每 表时点的词语，$S \in P_{\emptyset}$.

7. 若 $\delta \in B_{TVa1} \cup B_{TVa2} \cup B_{TVa3} \cup B_{TVa4} \cup B_{TVa5} \cup B_{TVa6}$，则 $F_7(\delta)$＝每每不 $\delta \in P_{TV}$.

8. 若 $\delta \in B_{TVa3}$，则 $F_8(\delta)$＝每每 不 $\delta \in P_{IV}$.

如果给出一个“每每”所对应的模态算子“MM”，则上述句法规则对应的逻辑翻译规则分别如下：

9. 若 $\delta \in B_{TVa1} \cup B_{TVa3}$（$B_{TVa3}$中的动词构成动补结构时），则 $F_1(\delta)$ 可译为：

$\lambda\mathscr{P}(\lambda x\mathscr{P}((\lambda y[\,MM(\delta'(x,y))]),$ 其中，δ'是 δ 的翻译。

其中，“MM”的语义解释应为：“经常、常常”我们记为“MM_1”。其模型论解释定义为：$\| MM(\Phi) \|_{\Omega,i}=1$，当且仅当，存在时点 i’，时段 I 和 n，满足 $i' < i$，$I < i$，i 为参照时间，$2/5 < n < 4/5$，满足：$\# | \{i' \in I \mid 【\varphi】_{i'}=0\} | / \# | \{i' \in I \mid 【\varphi】_{i'}=1\} \vee 【\varphi】_{i'}=0 | \leqslant n$。其中，“<”表示时点时段在时轴上的居前关系，“#”表示“次数”或“数量”。其中，“<”表示时点时段在时轴上的居前关系，“#”表示“次数”或“数量”。

10. 若 $\delta \in B_{TVa2} \cup B_{TVa3}$（$B_{TVa3}$中的动词构成动宾结构时）$\cup B_{TVa4} \cup B_{TVa5} \cup B_{TVa6}$，则 $F_2(\delta)$ 可翻译为：

$\lambda\mathscr{P}(\lambda x\mathscr{P}((\lambda y[\,MM(\delta'(x,y))]),$ 其中，δ'是 δ 的翻译。

其中，“MM”的语义解释应为：“每逢、每次”，我们记为“MM_2”。其模型论解释定义为：$\| MM(\Phi) \|_{\Omega,i}=1$，当且仅当，存在时点 i’和时段 I，i 为参照时点，满足 $I<i$，且 $i' \in I$，使得 $\| \Phi \|_{\Omega,i}=1$。

11. 若 $\delta \in B_{IVa3}$，则 $F_3(\delta)$ 可翻译为：

$\lambda x\,[MM(\delta'(x))$，其中，$\delta'$是 δ 的翻译。

其中，“MM”的语义解释同“MM_2”。

12. 若 $\delta \in B_{TVa3} \cup B_{TVa4}$，则 $F_4(\delta)$ 可翻译为：

$\lambda\mathscr{P}(\lambda x\mathscr{P}((\lambda y[\,MM(Prog(\delta'(x,y))]),$ 其中，δ'是 δ 的翻译，Prog 是对“着”的翻译。

“Prog”的语义解释为：$\| Prog(\Phi) \|_{\Omega,i}=1$，当且仅当，存在 $i' \in I$ 满足 $i \subset i'$ 并且 $\neg(i \subset_{fi} i')$ 且 $\neg(i \subset_{in} i')$，使得：$\| \Phi \|_{\Omega,i'}=1$。

“MM”的模型论定义同“MM_1”。

13. 若 $\delta \in B_{TVa3} \cup B_{TVa6}$，则 $F_5(\delta)$ 可翻译为：

$\lambda\mathscr{P}(\lambda x\mathscr{P}((\lambda y[MM(Perf(\delta'(x,y))]))$，其中，δ'是δ的翻译，Perf是对“了”的翻译。

“Perf”的语义解释为：$\|Prog(\Phi)\|_{\Omega,i}=1$，当且仅当，存在 $i'\in I$ 满足 $i'\subset i$ 且 $\neg(i'\subset_{fi} i)$，使得：$\|\Phi\|_{\Omega,i'}=1$。

“MM”的解释同“MM_1”。

14. 若 $\delta\in U_{动}$，则 $F_6(\delta)$ 可翻译为：

$\lambda\mathscr{P}(\lambda x\mathscr{P}((\lambda y[MM(AT(\delta'(x,y),shidian'))]))$，或者

$\lambda x[MM(AT(\delta'(x),shidian'))]$，其中，δ'是δ的翻译。

“MM”的语义解释同“MM_2”。

15. 若 $\delta\in B_{TVa1}\cup B_{TVa2}\cup B_{TVa3}\cup B_{TVa4}\cup B_{TVa5}\cup B_{TVa6}$，则 $F_7(\delta)$ 可翻译为：

$\lambda\mathscr{P}(\lambda x\mathscr{P}((\lambda y[MM(\neg\delta'(x,y))]))$，其中，δ'是δ的翻译。“MM”的模型论解释定义同“MM_1”。

16. 若 $\delta\in B_{TVa3}$，则 $F_8(\delta)$ 可翻译为：

$\lambda x[MM(\neg\delta'(x))$，其中，δ'是δ的翻译。“MM”的模型论解释定义同“MM_2”。

总之，时间副词“每每”表频率，有两种语义，即“经常、常常”和“每逢，每次”。“每每”一般不修饰小句，其语义主要指向紧邻其后的词语或短语。当取“每逢、每次”之义时，“每每”强调在这种情况下总会有同样的结果发生。“每每”常用于对过去事件的总结，不用于将来时态，也不用于表达主观愿望。因此，“每每”所表语义常常具有规律性或推论性质。

第四节　低频时间副词的形式语义

一　低频时间副词概述

“低频是指某个事件在一个单位时间内很少或非常偶然地出现、发生”①，其频度大约在40%以下。表达低频意义的时间副词称为低频时间副词。其成员包括“偶、偶尔（而）、有时、间或、偶或”。

① 张谊生：《现代汉语副词探索》，学林出版社2004年版，第178页。

由于表示频度较少，低频时间副词常修饰谓词短语，这些谓词短语常常由动词带一个表少量义的宾语或补语构成，例如：

1. 我们一般在食堂吃饭，只是偶尔下一两次餐馆。

2. 偶尔写一些论文。

3. ……，他们在自己玩的过程中不断停下来看别的孩子，有时还相互说一两句话或交换一下东西，并且常常由于同伴的影响而改变自己玩的方式。（方富熹、方格：《儿童的心理世界——论儿童的心理发展与教育》）

但中频副词不能与此类谓词短语连用，如：

4. *我们常常喝一两次白酒。→ 我们常常喝白酒。

5. *我时常去一两次公园。→ 我时常去公园。①

二 “有时”的形式语义

学术界对“有时”的研究很少，更没有关于形式语义分析的相关研究。《现代汉语八百词》没有收录“有时”。在《现代汉语虚词词典》中，“有时”被解释为“表示‘不经常’的意思”。我们认为，“有”意为“某些、某种”；“时”指“时候、时间”；因此“有时”就指“某些时候、某些时间”等，可以表述为：某事件在特定情境中发生的次数少，且发生时间不定。

语义中的“特定情境”指句中所谈“事件”发生的大环境。在“啊，妹妹不是说就亲，姐姐妹妹，有时管嫂子也叫姐姐（何秀珍：《北京话口语》）”中，“事件”指“管嫂子叫姐姐”，该事件发生的“特定情境”就是“称呼姐姐妹妹嫂子”等的情况。再来看个例句：“这通常意味的是：理论上的一年，而不是日历上的一年，有时它无论如何都要超过日历上的一年《MBA 宝典》)”。“事件”指“理论上的一年超过日历上的一年”，事件发

① 以上两例均来自周小兵《频度副词的划类和使用规则》，《华东师范大学学报》（哲学社会科学版）1999 年第 4 期，第 119 页。

生的“特定情境”指的是“理论上的一年与日历上的一年进行比较”。所以，“特定情境”指的就是所讨论事件发生的大环境，大多从语境中获得。

“有时”只强调事件发生的频率低，对谓词的限制很少，可以和所有谓词共现。看例句：

1. 历史有时仿佛在走回头路。(《人民日报》1995年11月)

2. 我们都在一块儿为艺术有时高兴有时忧愁，我是“拼命三郎”，她也不示弱。(蒲莉：《凌子风的“夫妻店”》，见《作家文摘》(1993B))

3. 天气暖和时熊崽往往爬出洞穴，有时勇敢地来到父亲身旁。(《读者》(合订本))

4. 我有时回想到家庭监狱的生活，全身都会颤抖。(谢冰莹：《穷与爱的悲剧》)

5. 他们把犯人拿来练枪打靶，有时吊在树上打，有时绑在木桩上飞马打。(曲波：《林海雪原》)

无论是动作动词还是状态动词，无论是瞬间动词还是持续动词，无论是静态动词还是动态动词，都可以与“有时”共现。“有时”直接位于谓词之前，也可以连接带有状语的谓语部分，如例3。“有时”的语义是指向紧随其后的整个谓语部分的，说明谓语部分所描述的事件发生次数少，频率低。“有时”为句子的重音，也是其焦点信息。

“有时”也可以连接小句，如：

6. 有时嫉妒是由于纯粹病原因素引起的，如严重的神经系统障碍、顽固的偏执狂……(《读者》(合订本))

7. 有时研究方言现象，是为了从方言中寻找对某个结论的支持。(《语言学论文》)

以上两例中，“有时”修饰限制的是位于其后面的整个语句。如例6中，“有时”说明“嫉妒由纯粹病因”引起的频率较低，发生的次数也较少。例7中的“有时”则强调的是“为了寻找对某个结论的支持而研究方言现象”的情况发生的频率较低。这时“有时”只能位于它所修饰语句之前，也是句子的焦点信息和重音之所在。

“有时”本身带有时间义（只不过是不确定的时间），所以它很少与时间词语（无论是时段词语还是时点词语）在句中共现。但“有时”可以与“着，了”共现。如：

8. 她有时驾着由马或龙拉的战车，有时步行，…（《中国儿童百科全书》）

9. 晚上有时躺着睡不着觉，他就苦思怎样才能让母亲做手术……（《飘》）

10. ……，在山城夏日炎热的日子里，他赤膊上阵大汗淋漓地作画，有时甚至忘了吃喝。（《人民日报》1993年7月）

从语料中看出，“有时”与“过”共现时，大多情况是“经过、通过、超过”等，而很少与表示完成态的“过”连用。但当谓词是 B_{TVa3} 时，“有时”可以与“了”共现，表示动作的完成。而当“有时”与“着”共现时，出现在两者间的谓词往往是状态性谓词，如 B_{TVa5} 和 B_{IVa3}，如例9。动作动词 B_{TVa3} 也会与“有时”和“着”共现。其实，“了、着”对谓词的选择并不是由“有时”决定的，很大程度上与谓词本身的性质有关，如状态动词具有“可持续”的语义特征，因而与“着”连用的几率较大。

这类语句中，“有时”同样修饰限制的是紧随其后的整个谓语部分，强调其发生频率低，次数少。“有时”仍为句子的重音所在和焦点信息。

我们从所收集的语料中还发现，“有时”没有与否定词“别”共现的实例。但它可以与否定词“不”连用，如：

11. ……，而这种契机以什么方式出现，什么时候出现，则是偶然的，有时不是人们所能看准的。（《哈佛经理的能力》，见《哈佛管理培训系列全集》（第三单元））

12. 这样，顾客有时不愿意自己受损失，明知手中的货币是假的……（《市场报》1994A）

与“有时”共现的带“不”的否定词语，大多是“不是、不一定、不免、不得不”等，这类语句占了所有带“不”语句的一半，且可以跟在

“不”后的动词包括 B_{TVa1}、B_{TVa2}、B_{TVa3}、B_{IVa1} 和 B_{IVa4}。“有时”的语义指向带否定词“不”在内的整个谓语动词，同样强调该事件发生的次数少、频率低。“有时”为句子的语法重音，也是其焦点信息。

根据上述分析，时间副词“有时”构成语句的句法规则如下：

1. 若 $\delta \in U_{动}$，则 $F_1(\delta)$=有时 $\delta \in P_{IV} \cup P_{TV}$.

2. 若 $\delta \in U_{动}$，则 $F_2(\delta)$=有时 $S \in P_{IV} \cup P_{TV}$.

3. 若 $\delta \in B_{TVa3} \cup B_{TVa5}$，则 $F_3(\delta)$=有时 δ 着 $\in P_{TV}$.

4. 若 $\delta \in B_{IVa3}$，则 $F_4(\delta)$=有时 δ 着 $\in P_{IV}$.

5. 若 $\delta \in B_{TVa3}$，则 $F_5(\delta)$=有时 δ 了 $\in P_{TV}$.

6. 若 $\delta \in B_{TVa1} \cup B_{TVa2} \cup B_{TVa3}$，则 $F_6(\delta)$=有时 不 $\delta \in P_{TV}$.

7. 若 $\delta \in B_{IVa1} \cup B_{IVa4}$，则 $F_7(\delta)$=有时 不 $\delta \in P_{IV}$.

为了研究方便，我们引入一个“有时”所对应的模态算子“YS”，这样，上述各个句法规则翻译为逻辑语言时所对应的逻辑翻译规则分别为：

8. 若 $\delta \in U_{动}$，则 $F_1(\delta)$ 可翻译为：

$\lambda\mathscr{P}(\lambda x\mathscr{P}((\lambda y[YS(\delta'(x,y)]))$，或者 $\lambda x[YS(\delta'(x)]$，其中，δ' 是 δ 的翻译。

9. 若 $\delta \in U_{动}$，则 $F_2(\delta)$ 可翻译为：

YS（S'），其中，S'是 S 所对应的逻辑翻译。

10. 若 $\delta \in B_{TVa3} \cup B_{TVa5}$，则 $F_3(\delta)$ 可翻译为：

$\lambda\mathscr{P}(\lambda x\mathscr{P}((\lambda y[YS(Prog(\delta'(x,y))]))$，其中，$\delta'$ 是 δ 的翻译，Prog 是“着”对应的逻辑翻译。其语义解释为：$\|Prog(\Phi)\|_{\Omega,i}=1$，当且仅当，存在 $i' \in I$ 满足 $i \subset i'$ 并且 $\neg(i \subset_{fi} i')$ 且 $\neg(i \subset_{in} i')$，使得：$\|\Phi\|_{\Omega, i'}=1$。

11. 若 $\delta \in B_{IVa3}$，则 $F_4(\delta)$ 翻译为：

$\lambda x[YS(Prog(\delta'(x))]$，其中，$\delta'$ 是 δ 的翻译，Prog 是“着”对应的逻辑翻译。Prog 的语义解释同上。

12. 若 $\delta \in B_{TVa3}$，则 $F_5(\delta)$ 可翻译为：

$\lambda\mathscr{P}(\lambda x\mathscr{P}((\lambda y[YS(Perf(\delta'(x,y))]))$，其中，$\delta'$ 是 δ 的翻译，Perf 是对“了”的解释。Perf 的语义解释为：$\|Prog(\Phi)\|_{\Omega,i}=1$，当且仅当，存在 $i' \in I$ 满足 $i' \subset i$ 且 $\neg(i' \subset_{fi} i)$，使得：$\|\Phi\|_{\Omega,i'}=1$。

13. 若 $\delta \in B_{TVa1} \cup B_{TVa2} \cup B_{TVa3}$，则 $F_6(\delta)$ 可翻译为：

$\lambda\mathscr{P}(\lambda x\mathscr{P}((\lambda y[YS(\neg(\delta'(x,y))]))$，其中，$\delta'$ 是 δ 的翻译，“$\neg$”是对“不”的翻译。

14. 若 $\delta \in B_{IVa1} \cup B_{IVa4}$，则 $F_7(\delta)$可翻译为：

$\lambda x[YS(\neg(\delta'(x)))]$，其中，$\delta'$是 δ 的翻译，是对“不”的翻译。

最重要的还是要给出模态词“YS”的模型论解释定义。由前分析得知，“有时”表示的是在特定情境中，事件发生的次数少，且时间不定。从语料中我们也看到，“有时”大多用于对过去情况的述说，很少用在现在和将来时态当中。因此其语义可用模型论描述为：

$\| YS\ \Phi \|_{\Omega,i}=1$，当且仅当，存在时点 i'，时段 I 和 n，满足 $i'<i$，$I<i$，i 为参照时间，$1/5<n<4/5$，满足：$\# | \{i' \in I | 【\varphi】_{i'}=0\} | / \# | \{i' \in I | 【\varphi】_{i'}=1\} \vee 【\varphi】_{i'}=0 | \leqslant n$。其中，“<”表示时点时段在时轴上的居前关系，“#”表示“次数”或“数量”。

“有时”除了上述“频率低”之义外，还有一种隐含义，也可以做推导义。先看例句“我国不少城市都有这个问题，就是江南水乡有时也发生水荒（《中国儿童百科全书》”。“有时”在句中除了表示“江南水乡发生水荒”的次数少、频率低之外，还隐含着一层意思，即“江南水乡常常/经常不发生水荒”，这时，“不发生水荒”是与“发生水荒”相反的事实。而在例句“我只听说到从前这屋子里常听见叹息的声音，有时哭，有时笑的，听说这屋子死过人，屈死鬼。（曹禺：《雷雨》）”中，“有时”隐含的却是“有时还会有除了哭、笑之外的情况”经常发生。这时，“哭、笑之外的情况”与“哭、笑”就不是矛盾关系，而是相对关系。所以，“有时”的推导义为“与语句中的事件的相反或相对的事件经常发生”，可以表示为：$YS\ \Phi \rightarrow JC\ \neg\Phi$；或者 $YS\ \Phi \rightarrow JC\ \varphi$，$\varphi$ 表示与 Φ 是相对的事件。这也正好说明了低频副词和高频副词间的互换关系。

至此，时间副词“有时”的形式语义就分析完毕了。

三 “偶尔”类副词的形式语义

“偶尔”一词，大约产生于晋代。[①]《尔雅·释言》：“遇，偶也。”郭璞注：“偶尔相值遇。”《列子·杨朱》：“郑国之治偶耳，非子之功也。”张湛注：“不知真人则不知治国，治国者偶尔。”郭璞和张湛都是晋人，由此

① 黄今许：《“偶尔”、“偶而”、“偶耳”小议》，《龙岩师专学报》（社会科学版）1989 年第 1 期，第 120 页。

推知，这个词的出现当不迟于晋代。[①]

现代汉语中与“偶尔”相关的还有“偶、偶或”等。“偶”作为表示低频的时间副词，其语义和用法与“偶尔”基本相同，但音节上的不同导致了“偶”多与单音节词搭配，而“偶尔”则不然。“偶或”与“偶尔”的意义和用法相同，只是多用于书面语。[②]

《现代汉语八百词》和《现代汉语虚词词典》给出的“偶尔”的解释都是“间或、有时候”。为了研究之便，其定义可明确为：“偶尔”表示某事件在特定情境中发生的次数极少，且发生的时间不定。由此，“偶尔”强调事件发生的频率比“有时”要低。如：

1. 他永远没做过这样的事，偶尔有理由的做出来也不能原谅自己。（老舍：《骆驼祥子》）

例1中“偶尔”是不能换成“有时”的，因为前面一个分句的“永远”已经衬托出了“偶尔”的极低频率。又如：

2. 有时偶尔到点下班回家，职工见了竟当成新鲜事一般。（《人民日报》1993年9月）

上例中“有时”修饰“偶尔”，说明它表示的频率一定高于“偶尔”。下面通过语料来具体分析“偶尔”类时间副词的用法。

第一，“偶尔”类副词直接修饰谓词或谓词短语。如：

3. 停车场上空荡荡的，偶尔有货车通过，也是长驱直入。（《人民日报》1993年1月）

4. ……，但倘若你留心，就会在他偶尔显得疲乏的眼神中读到几丝深沉的悲凉。（《读书》第117卷）

---

① 黄今许：《“偶尔”、“偶而”、“偶耳”小议》，《龙岩师专学报》（社会科学版）1989年第1期，第120页。

② 以上解释均来自张斌主编《现代汉语虚词词典》，商务印书馆2001年版，第417—418页。

5. 偶看尺牍，见朱荫培著《芸香阁》、《尺一书》（道光年刊）卷二……（周作人：《家之上下四旁》）

6. 日复一日的，他时常就生了迷惑，有时跌入茫然，甚而陷入幻觉；偶想：似这般风风火火疯疯傻傻寻寻觅觅，究竟为了什么？（《人民日报》1995年1月）

从大量语料中发现，“偶”仅与单音节谓词连用，而“偶尔”则无此限制。由于“偶尔”和“偶”表示频率低的特点，一些具有“可持续”和“不重复”语义的谓词就不能与它们共现，如心理动词“知道、认识”等和不可重复的瞬间动词“逝世、丢失”等。可以与“偶”共现的谓词包括B_{TVa1}、B_{TVa3}、B_{TVa4}和B_{IVa3}中的单音节词。可与“偶尔”共现的谓词有B_{TVa1}、B_{TVa3}、B_{TVa4}、B_{TVa7}、B_{IVa3}和B_{IVa6}。“偶”或“偶尔”都位于谓词之前，它们的语义都指向句中的谓语部分，强调谓语部分所描述的事件在语句所描述的情境中发生的次数很少，且时间很不确定。“偶（尔）”为语句的语法重音和焦点所在。

那么“偶或”可与什么样的谓词连用呢？看例句：

7. 二是中国队虽胜，却胜得轻松但不算精彩，偶或丢掉几局，却看出一些令人担忧的东西。（《人民日报》1993年5月）

8. 大片大片的青草早已枯萎，唯有背阴处的灌木林中的溪沟边，偶或有一些躲进霜雪的嫩绿的草叶，就是牛们难得的佳肴。（《人民日报》1993年6月）

9. 后淡淡一笑，耸了耸肩头，好象是在说，每个人都有一本难念的经，偶或想一想并非大过。（《荆棘鸟》）

与“偶或”共现的大多是纯粹动作动词B_{TVa3}，其次是“有”，也有少数心理动词与之共现，如例9。“偶或”在句中的语义指向与“偶（尔）”同。

从语料中发现，“偶（或）”与“偶尔”最大的不同就是前者多用于书面语中，口语中几乎不见，而后者在书面语和口语中均可使用。

第二，“偶尔”类副词修饰带有状语的谓词结构，如：

10. 别的演员都相互簇拥着，欢声笑语不断，唯有她静静地走在路边，偶尔羞涩地与记者说上几句话。（高扬：《丁嘉莉的粗犷与柔情》，见《作家文摘》（1994B））

11. 偶尔也能遇上真正的白衣天使，又和蔼又负责……（韩石山：《生次自己的病》，见《作家文摘》（1995A））

12. 教授偶或在堂上提及，厌恶形于色，而且言语尖刻……（《读书》第173卷）

仔细分析发现，“偶”不跟带状语的谓词共现。在语料中“偶或”句共有71例，只有四例是带状语的，且都是地点状语，如例12。相对来说，“偶尔”可带的状语多一些，有地点状语、方式状语、对象状语等。但带状语时，与之连用的谓词多为纯粹动作动词 B_{TVa3}。“偶尔”、“偶或”的语义均指向状语部分，强调受状语限制的谓词短语所表示的事件发生次数很少。且这些时间副词仍是句子的重音所在，也是句子要强调的内容。

第三，“偶尔、偶或”还可以放在句首，修饰小句。如：

13. 偶尔，过分热心的经销人员预订订货单并承诺了公司不能做到的交货时间……（《哈佛经理业务管理》）

14. 偶尔小梅也在空地摆开小桌，招呼大家吃饭。（叶蔚林：《割草的小梅》（连载之三），见《作家文摘》（1994A））

“偶尔”和“偶或”修饰句子时，有时用逗号隔开，如例13；有时紧连在句子之前。这时它们的语义指向整个句子，强调句子所描述事件发生得频率低。“偶尔”、“偶或”仍是句子的焦点信息和重音所在。

第四，“偶尔”类副词与时间词语连用。如：

15. 昨天早晨五婶在他的衣袋里偶尔找到一张女人的照片，问他是哪个，他不肯说。（巴金：《家》）

16. 近来，市子对各种气味异常敏感，没有食欲，偶尔想吃一些奇怪的东西，（《生为女人》）

17. 五十年代中期，虽也偶或出现过比较严肃切实的评论文章，但那真如凤毛麟角，少得可怜。（《读书》第53卷）

“偶”、“偶尔”、“偶或”都可以与时间词语连用，且可以是时段词语，如例16和例17；也可以是时点词语，如例15。当出现时点词语时，“偶尔”强调这个很少发生的事件就发生在该时间词语所指的时点上。当出现的是时段词语时，“偶（尔）”、“偶或”说明事件在此时段内很少发生，也可以成为事件发生的特定时段。

与时间词语搭配时，句中出现的谓词多为及物动作动词，如例15和例17；也有少数心理动词，如例16。因此，“偶、偶或”与时间词语共现时，主要谓词多为 B_{TVa3}。而“偶尔”与时间词语共现时，谓词可以是 B_{TVa3}，也可以是 B_{TVa4}。

从例句中还发现，“偶”、“偶尔”和“偶或”只能修饰过去的事件，也只能与表示过去的时间词语共现，是对过去情况的一种陈述，而不能用于现在或将来的时态当中，这也是“偶尔”类副词与“有时”的另一区别。“有时”很少与时间词语搭配，即使出现时间词语，也不可以与短时时间词语共现。这也说明：“偶尔”类词相对于“有时”来说，其所描述事件的发生时间要确定一些。

第五，“偶”和“偶尔”可与否定词“不”连用，而“偶或”则不行。如：

18. 即使偶尔不参加，但那是自己不愿去的呀！（张胜利：《八舅》，见《佳作4》）

19. 这个建议郑重传达给他爸爸，发现他爸爸自此后身体逐渐健康，就是偶尔不舒服也能一个人待在家里了。（王朔：《我是你爸爸》）

20. 在别处蚊子早已肃清的时候，在“雅舍”则格外猖獗，来客偶不留心，则两腿伤处累累隆起如玉蜀黍，但是我仍安之。（梁实秋：《雅舍》）

实际上，“偶（尔）”与“不”连用的情况并不多，语料库中仅发现12例，“偶”与“不”连用的实例也仅有9例，且大多用于文言文当中。当“偶尔”与“不”连用时，其修饰的谓词大多为双音节的 B_{TVa4}，如“不舒服、不小心、不经意”等，也可能是双音节的 B_{TVa3}，如“不回家、不参加”等。“偶”与“不”连用时，紧随其后的谓词多为单音节的 B_{TVa4}，也有双音节的，如例20。“偶尔”与否定词“别”连用的只有两例，所以不多讨论。这时“偶（尔）”的语义指向连同“不”在内的整个谓语部分，强调“不 VP”发生的次数很少。“偶（尔）”为句子的焦点信息和重音所在。

根据上述分析，“偶尔”类时间副词的句法规则如下：

1. 若 $\delta \in (B_{TVa1} \cup B_{TVa3} \cup B_{TVa4})_{单音节}$，则 $F_1(\delta)$=偶 $\delta \in P_{TV}$.

2. 若 $\delta \in (B_{IVa3})_{单音节}$，则 $F_2(\delta)$=偶 $\delta \in P_{IV}$.

3. 若 $\delta \in B_{TVa1} \cup B_{TVa3} \cup B_{TVa4} \cup B_{TVa7}$，则 $F_3(\delta)$=偶尔 $\delta \in P_{TV}$.

4. 若 $\delta \in B_{IVa3} \cup B_{IVa6}$，则 $F_4(\delta)$=偶尔 $\delta \in P_{IV}$.

5. 若 $\delta \in B_{TVa3} \cup B_{TVa4} \cup$ {有}，则 F_5（δ）=偶或 $\delta \in P_{TV}$.

6. 若 $\delta \in U_{动}$，则 $F_6(\delta)$=偶或/偶尔 $S \in P_U$.

7. 若 $\delta \in B_{TVa3}$，则 $F_7(\delta)$=偶或 地点状语 $\delta \in P_{TV}$.

8. 若 $\delta \in B_{TVa4}$，则 $F_8(\delta)$=偶尔（地点/方式/对象）状语 $\delta \in P_{TV}$.

9. 若 $\delta \in B_{TVa3} \cup B_{TVa4}$，则 $F_9(\delta)$=时点词语/时段词语，偶尔 $\delta \in P_{TV}$.

10. 若 $\delta \in B_{TVa3}$，则 $F_{10}(\delta)$=时段词语，偶/偶或 $\delta \in P_{TV}$.

11. 若 $\delta \in (B_{TVa3} \cup B_{TVa4})_{双音节}$，则 $F_{11}(\delta)$=偶尔 不 $\delta \in P_{TV}$.

12. 若 $\delta \in B_{TVa4}$，则 $F_{12}(\delta)$=偶 不 $\delta \in P_{TV}$.

为了研究之便，我们在系统中引入“偶”、“偶尔”和“偶或”对应的模态算子“OU”、“OUer”和“OUh”。为了将上述句法规则翻译成逻辑语言，需给出如下翻译规则。

13. 若 $\delta \in (B_{TVa1} \cup B_{TVa3} \cup B_{TVa4})_{单音节}$，则 $F_1(\delta)$可翻译为：

$\lambda\mathscr{P}(\lambda x\mathscr{P}((\lambda y[OU(\delta'(x,y)]))$，其中，$\delta'$是 δ 的翻译。

14. 若 $\delta \in (B_{IVa3})_{单音节}$，则 $F_2(\delta)$可翻译为：

$\lambda x[OU(\delta'(x)]$，其中，δ'是 δ 的翻译。

15. 若 $\delta \in B_{TVa1} \cup B_{TVa3} \cup B_{TVa4} \cup B_{TVa7}$，则 $F_3(\delta)$可翻译为：

$\lambda\mathscr{P}(\lambda x\mathscr{P}((\lambda y[OUer(\delta'(x,y)]))$，其中，$\delta'$是 δ 的翻译。

16. 若 $\delta \in B_{IVa3} \cup B_{IVa6}$，则 $F_4(\delta)$可翻译为：

$\lambda x[OUer(\delta'(x)]$，其中，$\delta'$是 δ 的翻译。

17. 若 $\delta \in B_{TVa3} \cup B_{TVa4} \cup$ {有}，则 F_5（δ）可翻译为：

$\lambda\mathscr{P}(\lambda x\mathscr{P}((\lambda y[OUh(\delta'(x,y)]))$，其中，$\delta'$是 δ 的翻译。

18. 若 $\delta \in U_{动}$，则 $F_6(\delta)$可翻译为：

OUer（S'）或者 OUh（S'），其中，S'为 S 所对应的逻辑翻译。

19. 若 $\delta \in B_{TVa3}$，则 $F_7(\delta)$翻译为：

$\lambda\mathscr{P}(\lambda x\mathscr{P}((\lambda y[(\delta'(x,y)=e\wedge OUh(IN(e,Didian'))]$，其中，δ'是δ的翻译，Didian'为地点状语中的地点所对应的逻辑词项，谓词 IN 为“……发生在……地方”的二元谓词。

20. 若 $\delta\in B_{TVa4}$，则 $F_8(\delta)$ 可翻译为：

$\lambda\mathscr{P}(\lambda x\mathscr{P}((\lambda y[(\delta' x,y)=e\wedge OUer(IN(e,Didian'))]$，其中，δ'是δ的翻译，Didian'为地点状语中的地点所对应的逻辑词项，谓词 IN 为“……发生在……地方”的二元谓词。

或者：$\lambda\mathscr{P}(\lambda x\mathscr{P}(((\lambda y[(\delta'(x,y)=e\wedge OUer(BY(e,Fangshi'))]$，其中，δ'是δ的翻译，Fangshi'为方式状语中的方式所对应的逻辑词项，谓词 BY 为“……通过……方式进行”的二元谓词。

或者：$\lambda\mathscr{P}(\lambda x\mathscr{P}((\lambda y[(\delta'(x,y)=e\wedge OUer(TO(e,Duixiang'))]$，其中，δ'是δ的翻译，Duixiang'为对象状语中的对象所对应的逻辑词项，谓词 TO 为“……是针对……”的二元谓词。

21. 若 $\delta\in B_{TVa3}\cup B_{TVa4}$，则 $F_9(\delta)$ 可翻译为：

$\lambda\mathscr{P}(\lambda x\mathscr{P}(\lambda y[(OUer(\delta'(x,y))=e\wedge i=Shidian'\wedge\tau(e)\subseteq i)$，其中，δ'是δ的翻译，Shidian'为句中时点词对应的逻辑词项，$\tau(e)\subseteq i$ 表示事件 e 发生在时点 i 上。

或者 $\lambda\mathscr{P}(\lambda x\mathscr{P}((\lambda y[(OUer(\delta'(x,y)))=e\wedge I=Shiduan'\wedge\tau(e)\subseteq I)$，其中，δ'是δ的翻译，Shiduan'为句中时段词对应的逻辑词项，$\tau(e)\subseteq I$ 表示事件 e 发生在时段 I 范围内。

22. 若 $\delta\in B_{TVa3}$，则 $F_{10}(\delta)$ 可翻译为：

$\lambda\mathscr{P}(\lambda x\mathscr{P}((\lambda y[(OU(\delta'(x,y)))=e\wedge I=Shiduan'\wedge\tau(e)\subseteq I)$，其中，δ'是δ的翻译，Shiduan'为句中时段词对应的逻辑词项，$\tau(e)\subseteq I$ 表示事件 e 发生在时段 I 范围内。

或者：$\lambda\mathscr{P}(\lambda x\mathscr{P}((\lambda y[(OUh(\delta'(x,y)))=e\wedge I=Shiduan'\wedge\tau(e)\subseteq I)$，符号意义与上同。

23. 若 $\delta\in(B_{TVa3}\cup B_{TVa4})_{双音节}$，则 $F_{11}(\delta)$ 可翻译为：

$\lambda\mathscr{P}(\lambda x\mathscr{P}((\lambda y[(OUer(\neg(x,y)))$，其中，δ'是δ的翻译。

24. 若 $\delta\in B_{TVa4}$，则 $F_{12}(\delta)$ 可翻译为：

$\lambda\mathscr{P}(\lambda x\mathscr{P}((\lambda y[(OU(\neg(x,y)))$，其中，δ'是δ的翻译。

虽然“OU”、“OUer”和“OUh”的表述不同，但它们的语义是相同的，即表示事件在特定情境中发生的次数很少。之所以用三种不同的符号，是因为它们分别对应自然语言中的“偶”、“偶然”和“偶或”。它们的语义可用模型论定义解释如下：

$\| OU\ \Phi \|_{\Omega,i}=1$，当且仅当，存在时点 i’，时段 I 和 n，满足 $i'<i$，$I<i$，i 为参照时间，$1/100<n<1/5$，满足：$\#|\{i'\in I|【\varphi】_{i'}=0\}|/\#|\{i'\in I|【\varphi】_{i'}=1\}\ \vee\ 【\varphi】_{i'}=0|\leqslant n$。其中，“<”表示时点时段在时轴上的居前关系，“#”表示“次数”或“数量”。

$\| OUer\ \Phi \|_{\Omega,i}=1$ 和 $\| OUh\ \Phi \|_{\Omega,i}=1$ 的解释同上。

第五节 小结

通过本章对部分表频副词形式语义的分析和刻画得知，表频时间副词具有如下特点。

1. 表频时间副词的语义多强调某事件在特定时间或特定情境中发生次数的多少。而特定时间和特定情境的确定与语境有很大关系。

2. 表频时间副词所强调的事件发生的时间都不确定。

3. 表频时间副词的语义多指向跟在其后面的语句成分，即语义后指，或者是谓语部分，或者是整个小句。

4. 表频时间副词所描述事件发生的条件如果不确定的话，则只能用于对过去情况的陈述；如果事件发生的条件有一定规律的话，在对过去事件陈述的同时，也可用于对现在事件的描述和将来情况的预测。

5. 表频时间副词语义中的不确定性和模糊性给形式语义的描述带来了新的挑战。因为形式语义学追求的是较为精确和确定的结论。

6. 本书给出的关于表频副词的语义分析只是一个探讨，也只是一个开始，有待进一步研究和改进。

第五章

表序时间副词的形式语义研究

第一节　表序时间副词概述

一　表序时间副词的语义特征

“序”即“顺序”。“表序”指表达两个或多个事件在一个单位时间内先后发生的次序和关联。而“表序时间副词”指具有表序语义的时间副词。

广义的“顺序”有两种意义。其一，次序。随着时间的推移，不同的事件或同一事件内不同阶段的分事件依次发生。某一事件在时轴上所处位置的顺序，如“第一、第二”等，即为“次序”。其二，重复。如果相继发生的事件是相同的，那我们称后面发生的事件就是对前面事件的重复。可见，“次序”和“重复”的主要区别在于依次发生的事件是不是同一事件。据此，表序时间副词可以分为表次序的时间副词和表重复的时间副词两类。

二　表序时间副词的范围和分类

在我们所列出的时间副词中，具有表序语义的副词共有如下21个：

先、起先、依次、接连、陆续、相继、先后、随后、随即、接着、然后、又、也、再、重、还$_1$、更$_2$、再度、重新、从新、重行

其中，表次序的时间副词有：

先、起先、依次、接连、陆续、相继、先后、随后、随即、接

着、然后

而表重复的时间副词包括：

也、又、再、重、还$_1$、更$_2$、再度、重新、从新、重行等。

第二节　表次序的时间副词（“随即、随后”）的形式语义

“随即、随后”是现代汉语中两个表次序的时间副词。它们都含有“某行为动作或情况于另一行为动作或情况之后进行、完成或发生”① 之义。但并不完全相同。它们的区别在于“即”和“后”两个字上。“即”有“之后”和“很快”两层含义，所以，“随即”除了有“随后”之义外，还表示“这个事件在另一个事件之后很快就发生了”，因此，“随即”可以解释为“表示一事紧跟另一事之后发生，等于‘随后就’”。② 此外，“随即”还表示“某一行为与情况是由前边的情况所引起的”③。

“随即、随后”都强调动作行为的发生时间，常常直接修饰谓词。如：

1. 随即是久久的叹息。（《读书》第188页）

2. 拉宾政府执政以来，部分改变了前政府的僵硬立场，随即出现了某种令人抱有希望的前景。（《人民日报》1993年1月）

3. 泊后出港过程中与长江02023号驳船队相撞的，客轮顿时进水，随即倾斜，3分钟内沉没。（《人民日报》1994年）

4. 亚瑟被推了进去，牢门随后关上。（《牛虻》）

5. 不久，他又抢劫了一家银行，随后离开得克萨斯州来到了科罗拉多。（《读者》（合订本））

---

① 陆俭明、马真：《现代汉语虚词散论》，语文出版社1999年版，第114页。

② 吕叔湘：《现代汉语八百词》（增订版），商务印书馆2005年版，第519页。

③ 张斌：《现代汉语虚词词典》，商务印书馆2006年版，第506页。

总结起来，可以受“随即、随后”修饰的谓词必须具有“可持续”和“可重复”的语义特征，包括{是，有}、B_{TVa3}、B_{TVa5}、B_{TVa6}、B_{IVa4}、和B_{IVa5}。

“随即、随后”的语义后指，直接指向受其修饰的谓语部分，强调该事件的发生在前一事件之后。有时候，“随即”还表示前一事件是后一事件发生的原因，如例5。“随即、随后”是句子的焦点信息，强调两个事件发生的前后次序或两事件间的因果关系，也正是说话者要突出的地方，为句子的重音所在。

“随即、随后”还经常修饰带有其他状语的谓语部分。如：

6. 有几只乌鸦衔着那只死乌鸦，飞到附近一个池塘的上空，将它抛入池塘，随即又飞回原地。(《中国儿童百科全书》)

7. 一位教师对此大为惊讶，随即对这个文盲奴隶进行了测验……(《中国儿童百科全书》)

8. 大碗喝酒者，都是流得满腮满脖，随后用手背、袖头擦嘴巴，以显豪放或粗犷。(《人民日报》1993年2月)

9. 随后为了适应那些不懂中文的土生华裔和外国读者，便在照片下加印英文说明……(《读书》第7卷)

“随即、随后”经常与表示重复的副词“又、还、也”等连用来共同修饰谓词。这时在强调次序的同时，也强调事件的重复性。它们也常与“就、便”等表示事件马上发生的副词共现。从语料中发现，可以出现在“随即、随将”与谓词间的状语包括目的状语、对象状语、地点状语和方式状语。

谓词{是，有}、B_{TVa3}、B_{TVa5}、B_{TVa6}、B_{IVa4}、和B_{IVa5}均可以受“随即/随后+又/还/也/就/便”等结构的直接修饰。但当谓词前出现其他状语成分时，出现在句中的谓词多为组合能力较强的B_{TVa3}和B_{IVa4}。

有了状语的参与，“随即、随后”的语义指向就变成了包括状语在内的整个谓语部分，强调该事件在前一事件后发生，且该事件的发生有特定的方式、地点、目的或对象。在这种结构中，“随即”不取第二种语义，即表达前后事件的因果关系。副词“随即、随后”仍是说话者强调的重点，为句子的焦点信息，也是整个语句的重音所在。

“随即、随后”还可以修饰小句。如：

10. 随即，希特勒宣称德国受到“侵略”，命令德军进攻波兰。（《中国儿童百科全书》）

11. 随后他就离开会议室，亲自去安置。（《周恩来传》）

当“随即、随后”修饰整个小句时，它们均置于句首；有时“随即、随后”直接跟在小句之前，如例 11；有时它们独立成句，用逗号与其他语句隔开，如例 10。由于是小句，各种谓词都有出现的可能，不受“随即、随后”的限制。这时，副词“随即、随后”的语义指向其后面的小句，说明小句所表达的事件发生在前一事件之后，且时间连接较紧。它们仍是句子的焦点信息和重音所在。

“随即、随后”句中有时会出现说明事件发生时间的时间词语，例如：

12. 《正确处理建设和生活的关系》一文，是随后在 1957 年初写给毛泽东同志的一个报告。（《人民日报》1993 年 3 月）

13. 6 月 3 日，师生们在图书馆前旗杆上悲愤地升好半旗，随即到大会堂集会。（《人民日报》1994 年 4 月）

时间词语有时出现在句首，说明相继发生的两个事件共同发生的时间，如例 13；有时则位于“随即、随后”的后面，说明后一事件发生的时间，如例 12。语料中可以看到，时间词语所表时间都在说话时间之前，说明“随即、随后”大多用于表述过去发生的事情。“随后”有时也可用于将来，但“随即”则不行，如“你们先去，我随后就到”。

时间词语对谓词的影响并不大，它们只是说明事件发生的时间。因此，这种带有时间词语的语句中，{是，有}、B_{TVa3}、B_{TVa5}、B_{TVa6}、B_{IVa4}、和 B_{IVa5} 均可出现。“随即、随后”的语义指向也不受任何影响。

这对时间副词很少与表否定的“不、别”连用。在语料中仅发现了 12 例“随即”与“不”共现的情况。如：

14. 门开了一条缝，露出小东西的脸，随即不见了。（曹禺：《日出》）

15. 正待要走，突见室内白影一闪，有人凌空横卧，幌了几下，随即不动了。（金庸：《神雕侠侣》）

在12例语例中，6例都是“不见了”，其他4例是“不假思索、不声不响、不等……允诺、不顾”等。由此看出，“随即”修饰的“不”真正否定谓语的只有“不见”、“不动”和“不省人事”。鉴于此类语句的语料较少，我们不作具体分析。

“随即”在此类结构中的语义指向包括“不”在内的整个谓语部分，表示“不+谓词”所描述的事件在前一事件之后马上发生。“随即”为讲话者强调的焦点信息，也是句子的重音所在。

由于“随即、随后”常用来说明过去的情况，所以，它们常与表示完成的“了”在句中共现。如：

16. 良价禅师过水睹影，才大悟了，他随即作了个偈子：……（《佛法修正心要》）

17. 缺乏父母之爱的孩子，自然缺少了被悦纳的感觉，不安全感也就随即产生了。（王登峰、张伯源：《大学生心理卫生与咨询》）

18. 牧师走了出去，士兵随即关了牢门。（《塞莱斯廷预言》）

“随即”与“了”共现时，句中可出现的谓词包括 B_{TVa3}、B_{TVa5}、B_{TVa6}、B_{IVa4} 和 B_{IVa5}。相对而言，可出现在“随后”与“了”间的谓词种类就少了，只有 B_{TVa3}、B_{TVa6} 和 B_{IVa5}。

当“随即、随后”句中出现助词“了”时，句子所描述的事件一定是已发生的过去情况，助词“了”说明该事件的完成和实现。“随后、随即”的语义同样后指于整个谓语部分，强调两事件发生的前后次序以及时间上的紧接关系。它们同样为句子的焦点信息和重音所在。

至此，“随即、随后”的语义特征及其所决定的句法功能和对句法成分的选择限制情况已经分析清楚。它们的句法规则如下：

1. 若 $\delta \in$ {是，有} $\cup B_{TVa3} \cup B_{TVa5} \cup B_{TVa6}$，则 $F_1(\delta)$ = 随即/随后 $\delta \in P_{TV}$.

2. 若 $\delta \in B_{IVa4} \cup B_{IVa5}$，则 $F_2(\delta)$ = 随即/随后 $\delta \in P_{IV}$.

3. 若 $\delta \in$ {是，有} $\cup B_{TVa3} \cup B_{TVa5} \cup B_{TVa6}$，则 $F_3(\delta)$ = 随即/随后 又/

还/也/便/就 $\delta \in P_{TV}$.

4. 若 $\delta \in B_{IVa4} \cup B_{IVa5}$，则 $F_4(\delta)$＝随即/随后 又/还/也/便/就 $\delta \in P_{IV}$.

5. 若 $\delta \in B_{TVa3}$，则 $F_5(\delta)$＝随即/随后 地点/目的/方式/对象状语 $\delta \in P_{TV}$.

6. 若 $\delta \in B_{IVa4}$，则 $F_6(\delta)$＝随即/随后 地点/目的/方式/对象状语 $\delta \in P_{IV}$.

7. 若 $\delta \in U_{动}$，则 $F_7(\delta)$＝随即/随后 S $\in P_U$.

8. 若 $\delta \in B_{TVa3} \cup B_{TVa5} \cup B_{TVa6}$，则 $F_8(\delta)$＝随即/随后 δ 了 $\in P_{TV}$.

9. 若 $\delta \in B_{IVa4} \cup B_{IVa5}$，则 $F_9(\delta)$＝随即 δ 了 $\in P_{IV}$.

同样引入两个新的模态算子"SJ"和"SH"，分别对应自然语言中的"随即"和"随后"。上述句法规则翻译成逻辑语言时所对应的逻辑翻译规则如下：

10. 若 $\delta \in$ {是，有} $\cup B_{TVa3} \cup B_{TVa5} \cup B_{TVa6}$，则 $F_1(\delta)$可翻译为：

$\lambda\mathscr{P}(\lambda x\mathscr{P}((\lambda y(SJ(\delta'(x,y))))$，或者 $\lambda\mathscr{P}(\lambda x\mathscr{P}((\lambda y(SH(\delta'(x,y))))$，其中，δ'是 δ 的翻译。

11. 若 $\delta \in B_{IVa4} \cup B_{IVa5}$，则 $F_2(\delta)$可翻译为：

$\lambda x(SJ(\delta'(x)))$,或者 $\lambda x(SH(\delta'(x)))$，其中，δ'是 δ 的翻译。

12. 若 $\delta \in$ {是，有} $\cup B_{TVa3} \cup B_{TVa5} \cup B_{TVa6}$，则 $F_3(\delta)$可翻译为：

$\lambda\mathscr{P}(\lambda x\mathscr{P}((\lambda y(SJ(YE(\delta'(x,y)))))$，或 $\lambda\mathscr{P}(\lambda x\mathscr{P}((\lambda y(SH((YE(\delta'(x,y)))))$，或 $\lambda\mathscr{P}(\lambda x\mathscr{P}((\lambda y(SJ(\delta'(x,y))))$。

其中，δ'是 δ 的翻译，"YE"为表重复的时间副词"又、还、也"所对应的逻辑谓词，为高阶谓词，其论元为 δ'，强调该动作的重复性；而我们把"随后（随即）就/便"都翻译为"随即"，因为"随即"本身就有"随后就/便"的意思。

13. 若 $\delta \in B_{IVa4} \cup B_{IVa5}$，则 $F_4(\delta)$可翻译为：

$\lambda x(SJ(\delta'(x)))$，或者 $\lambda x(SJ((YE(\delta'(x))))$，或者 $\lambda x(SH((YE(\delta'(x))))$，其中的各个逻辑符号的意义同上 $F_3(\delta)$。

14. 若 $\delta \in B_{TVa3}$，则 $F_5(\delta)$可以翻译为：

$\lambda\mathscr{P}(\lambda x\mathscr{P}((\lambda y(SJ(\delta'(x,y)=e)) \wedge BY(e,Fangshi'))))$,

或者 $\lambda\mathscr{P}(\lambda x\mathscr{P}((\lambda y(SJ(\delta'(x,y)=e)) \wedge TO(e,Duixiang'))))$,

或者 $\lambda\mathscr{P}(\lambda x\mathscr{P}(\lambda y(SJ(\delta'(x,y)=e)) \wedge IN(e,Didian'))))$,

或者 $\lambda\mathscr{P}(\lambda x\mathscr{P}((\lambda y(SH(\delta'(x,y)=e)) \wedge BEC(e,Mudi'))))$,

或者 $\lambda\mathscr{P}(\lambda x\mathscr{P}((\lambda y(SH(\delta'(x,y)=e)) \wedge BY(e,Fangshi'))))$,

或者 $\lambda\mathscr{P}(\lambda x\mathscr{P}((\lambda y(SH(\delta'(x,y)=e)) \wedge TO(e,Duixiang'))))$,

或者 $\lambda\mathscr{P}(\lambda x\mathscr{P}((\lambda y(SH(\delta'(x,y)=e)) \wedge IN(e,Didian')))$，

或者 $\lambda\mathscr{P}(\lambda x\mathscr{P}((\lambda y(SH(\delta'(x,y)=e)) \wedge BEC(e,Mudi')))$。

其中，δ'是δ的翻译，“BY”、“TO”、“IN”和“BEC”分别解释为“……以……方式……”、“……是针对……的”、“……发生在……”和“……是为了……”。

15. 若 $\delta \in B_{IVa4}$，则 $F_6(\delta)$可翻译为：

$\lambda x(SJ(\delta'(x)=e)) \wedge BY(e,Fangshi')))$，

或者 $\lambda x(SJ(\delta'(x)=e)) \wedge TO(e,Duixiang')))$，

或者 $\lambda x(SJ(\delta'(x)=e)) \wedge IN(e,Didian')))$，

或者 $\lambda x(SH(\delta'(x)=e)) \wedge BEC(e,Mudi')))$，

或者 $\lambda x(SH(\delta'(x)=e)) \wedge BY(e,Fangshi')))$，

或者 $\lambda x(SH(\delta'(x)=e)) \wedge TO(e,Duixiang')))$，

或者 $\lambda x(SH(\delta'(x)=e)) \wedge IN(e,Didian')))$，

或者 $\lambda x(SH(\delta'(x)=e)) \wedge BEC(e,Mudi')))$。

其中各个逻辑谓词的语义同 $F_5(\delta)$。

16. 若 $\delta \in U_{动}$，则 $F_7(\delta)$可翻译为：

SJ（S'）或者 SH（S'），其中，S'是对小句 S 的翻译。

17. 若 $\delta \in B_{TVa3} \cup B_{TVa5} \cup B_{TVa6}$，则 $F_8(\delta)$可翻译为：

$\lambda\mathscr{P}(\lambda x\mathscr{P}((\lambda y(SJ(Perf(\delta'(x,y))))$，

或者 $\lambda\mathscr{P}(\lambda x\mathscr{P}((\lambda y(SH(Perf(\delta'(x,y))))$。

其中，δ'是δ的翻译，Perf 是“了”所表示的完成态的翻译，其语义解释为：$\| Perf(\Phi) \|_{\Omega,i}=1$，当且仅当，存在 i'，i'' $\in$ I 满足 $i' \subset i$ 且 $\neg(i' \subset_{fi} i)$ 且 $i'' \subset_{fi} i$，使得：$\|\Phi\|_{\Omega,i'}=1$ 且 $\|\Phi\|_{\Omega,i''}=0$。

18. 若 $\delta \in B_{IVa4} \cup B_{IVa5}$，则 $F_9(\delta)$可翻译为：

λx（SJ（Perf（δ'（x）））），其中，δ'是δ的翻译，

最重要的是给出模态词“SJ”和“SH”的模型论语义定义。先来看“SH”的语义定义：$\| SH(\Phi) \|_{\Omega,i}=1$，当且仅当，存在时点 i、i'、i''，时段 I，I'和事件 Φ'为与 Φ 相对的前一事件，满足 $i \subset_{fi} I$，且 $\|\Phi'\|_{\Omega,I}=1$，同时，$i<i'<i''$，且 $\neg(i' \subset_{in} I')$，但 $i'' \subset_{in} I'$，使得：$\|\Phi\|_{\Omega,I'}=1$。

$\| SJ(\Phi) \|_{\Omega,i}=1$，当且仅当，存在时点 i、i'、i''，时段 I，I'和事件 Φ'为与 Φ 相对的前一事件，满足 $i \subset_{fi} I$，且 $\|\Phi'\|_{\Omega,I}=1$，同时，$i<i'<i''$，且 $i' \subset_{in} I'$，使得：$\|\Phi\|_{\Omega,I'}=1$。

总之，“随即、随后”是表次序的时间副词，均表示一事件发生在另一事件之后，“随即”除了表示发生次序的先后外，还表示发生时间的紧接，有时语义中还含有前后两事件具有因果关系的义素。在句法上，“随即、随后”对谓词的选择限制较少，常与表重复的副词“又、还、也”和表未然体的“就、便”连用，很少与否定词“不、别、没”等共现。“随即、随后”多用于陈述过去的情况，句中常有表过去的时间词语共现。该时间词语或者表示某一事件发生的时间，或者表示两事件发生的时间。“随后”偶尔也用于说明将来的情况。

第三节　表重复的时间副词（“还、又、再”）的形式语义

“重复”指相继发生的动作行为或状态相同，如“这篇报道实在太感人了，我准备还要看两遍”。马真（2000）提出的“重复义”除此之外还包括“追加义”，如“我买了支钢笔，还买了本书”，“我吃了三个馒头，还喝了三碗汤”。我们认为，“追加义”是发生在同一个事件当中的不同分事件，而“重复义”是指两次事件相同，因此，此处不把“追加义”考虑在“重复”的范畴中。也有学者，如刘建华（2007）把动作行为或状态的持续进行也包括在“重复义”中。我们认为，“持续”强调的是一个事件的不间断性，而“重复”是指两个事件的相同性和反复性。这儿所讨论的“重复义”是狭义的“重复义”。

表重复义的时间副词中，“还、又、再”是使用频率较高的一组词，也是被学者们关注较多的一组词。20世纪80年代有一批学者对它们进行过比较研究，如杨淑璋（1985）、胡树鲜（1988）；90年代以来也有一些研究此类副词的文章，如史锡尧（1990），浦喜明（1993），蒋琪、金立鑫（1997），马真（2000）和刘建华（2007）等。这些学者讨论的重点就是它们表“重复义”时的异同。

最早把“还”归入时间副词的是朱德熙先生。他指出，“还”表示未然事件的重复。张谊生（2004）也把它归入时间副词中表重复的一类中。总结各类工具书的解释，“还”的语义有如下五种：强调动作行为的重复；强调动作行为的持续不变；强调责怪的语气；表示程度更深或程度更浅；范围扩大或数量增加等。其中，第一和第二种语义是其最基本的语义。此

处仅讨论“还”表示“动作行为重复”时的情况。这个语义可具体解释为：表示动作、行为的重复或事物、现象的再现，如“严寒过去以后，春天还会回来的”。

对于“又”，学者们最早关注的是其表示“加合”的语义。王力先生最早指出其表示事情的重复之义。之后，丁声树、朱德熙和张谊生等都认为“又”是表重复的时间副词。《现代汉语八百词》和《现代汉语虚词词典》都详细说明了“又”表重复义的情况。我们把它解释为：表示动作、行为、状态（或者说事件）的重复或反复，多为已实现的重复，如“冬天一到，爸爸又带我到山上去打猎了”。

前人对“再”的解释多同“又”，如王力、丁声树、朱德熙和张谊生。但他们也都对“再”和“又”作了比较一致的区分，认为：“又”多指已然，而“再”多指未然。《现代汉语八百词》和《现代汉语虚词词典》中也给出了较为一致的解释，即表示动作行为或状态的重复或继续，多指未实现的或经常性的动作行为。如“上午去了一趟没办成，只好下午再去”。

现在对“还、又、再”表“重复义”时的语义进行比较。共同点是它们都表示事件的重复或反复发生。不同点有两方面：其一，“还”比“又、再”更能体现讲话者的主观情态，能表露说话者的主观愿望或某种情感。如：

1. 我还看书呢。
2. 我又看书了。
3. 我再看会书。

其中，例1表达了讲话者“看书”的愿望，且觉得“没有看够”。而例2和例3都只是用来陈述事实，没有情态被表达。其二，所使用的时态不同。“还”可用于各种时态，而“又”多用于过去时态，“再”则多用于将来时态。

“还、又、再”均可与光杆谓词直接连用。它们语义中的“重复性”决定了只能修饰可重复的动作类谓词（短语）。如：

4. 灵魂不死的观念仍在民间广泛流传，有的人还相信，人死后要到阴间接着过日子，家人希望死者走得风光些……（《人民日报》

1996 年 4 月)

5. 愿儿，还唱五哥揽羊吗?(《人民日报》1993 年 1 月)

6. 炊事班长周达顺先前就那么做过，现在还想那么做：到必要的时候，加入战斗！(老舍：《无名高地有了名》)

7. 然而他们却没有看到，何博传所使用的手段又是多么险恶！(《21 世纪的牛顿力学》)

8. 心不在焉的教授很晚才下班回家，他又忘记带钥匙了，于是只好敲门，妻子开门出来，由于天黑，没有认出是教授。(《读者》(合订本))

9. 好，我就再相信你这一次。(古龙：《陆小凤传奇》)

10. 那么啊再磋商，两方间哪再研究。(马增志：《北京话口语》)

11. 另外，你在那里面再管点事儿，更多耗点儿时间。(马光英：《北京话口语》)

当“还”取重复义时，可以共现的谓词包括 B_{TVa1}、B_{TVa2}、B_{TVa3}、B_{IVa1}、B_{IVa4}和 B_{TVa7}。这时句子的重音都落在副词“还”上，其语义指向紧随其后的谓语部分。说话者强调该事件的重复或反复发生。仔细品味，“还”表露着说话者的某种情态，如例 5 表达的是讲话者对愿儿唱“五哥揽羊”的反感或期待。从例句中得知，“还”既可以用于说明过去事件，可用于表达现在情况，也可用于说明将来的情况。

相对来说，副词“又”以重复义为主，对谓词的限制很少，除具有“不可重复”语义的谓词外，其他谓词都可与之共现，有 B_{TVa1}、B_{TVa3}、B_{TVa4}、B_{TVa5}、B_{TVa7}、B_{IVa1}、B_{IVa2}、B_{IVa3}、B_{IVa4}和 B_{IVa6}。同样句子的重音落在“又”上，也是说话者要强调的焦点信息。“又”的语义指向位于其后面的谓词部分，强调该事件的反复性和重复性。

从语料中可知，“又”在句中只是陈述一件已经重复发生的事件，不表达主观性。“又”大多情况用于过去时态，但有一种特殊情况，可用于将来时态：即表述一种循环往复的自然规律，如“明天又是星期一了；后天又轮我值日了”等。

副词“再”的搭配没有“又”那么灵活，可受其修饰的谓词包括 B_{TVa2}、B_{TVa5}、B_{TVa7}、B_{IVa4}和 B_{IVa6}。“再”的语义指向后面的谓词部分，强调事件的重复发生。有些学者认为“再”多指“第二次”，其实不然，如例 10 和例 11。“再”强调的是事件的再次发生和重复发生，次数则不定。从语料中我们也发现，“再”虽然多用于将来时态，如例 10 和例 11；同时也可用于陈述过去的事件，如例 9。“再”是说话者强调的焦点信息和句子的重音所在。

“还、又”和“再”也可以连接较复杂的谓语成分，可带各种状语和补语。其情况与前面我们所讨论过的副词类似，此不赘述。另外，由于“还、又、再”既可以陈述过去的情况，也可以说明将来的事件，因此表示过去和将来的时间词语都可以在句中与它们共现，说明事件发生的具体时间。前面已有讨论，此不详述。

“还、又、再”可以和其他时间副词连用，但共现的次序比较灵活，可前可后。现在看例句：

12. 大姐一直处于兴奋状态，睡到床上了还一直说个不停，如果突然插进一个毫不相干的安眠药问题……（水静：《毛泽东密召贺子珍》，见《作家文摘》(1993A)）

13. 刘哥经常还来向他请教。（不光：《闯西南》）

14. 信又已经写得太长了，我并不要求你们现在就发表这一封信……（《读书》第 194 卷）

15. 我已经又选了几个好苗子，其中有一个才 16 岁，相当不错，专项素质好……（《人民日报》1993 年 9 月）

16. 他的白眼珠横上了几条鲜红的血丝，他开始念叨菊子，而且声明他须赶快再娶一房。（老舍：《四世同堂》）

17. 学习或者练武，有时候刚刚开学几天，就得跟学校请假做宣传，回来再赶快补课。（《武林外传》）

其他时间副词与“还、又、再”共现时的前后位置主要依据说话者所要强调的语义重点来决定。位于前面的副词往往是讲话者要强调的信息，也是整个语句的重音所在，其语义指向后面包括另一个副词在内的整个谓语部分。

这种副词连用现象能很好地体现语义一致性原则。例 12 和例 13 中，“一直”、“经常”的持续义决定了只有取持续义的“还”才能与之共现。因此，“还”不是取重复义。例 14 和例 15 中，“已经”表示过去完成的语义特征决定了“又”多用于修饰过去的事件，与前面的论述情况相符。例16和例17中，与“再”共现的是表示即将实现的“赶快”，这说明了“再”可用于修饰未发生的事件。而且只要是“还”、“又”和“再”可修饰的谓词都可能进入这种结构。

“还、又、再”都可以与否定副词连用，不过连用的否定副词不完全相同。从语料中发现，“还”可以与“不（是），没（有）”连用。如：

18. 此时他虽然还不是共产党员，但却在行动上按共产党的意见办事。（《中共十大元帅》）

19. 但是现在燕国国力弱小，还不能报这个仇。（《中华上下五千年》）

20. 那会儿我还没上学呢，就带里面了。（柳家旺：《北京话口语》）

这时，“还”的语义不是表事件的重复发生，而是表示一种未始状态的持续，如例18，“还”指的就是“他不是共产党员”这个事件持续到“此时”。目前还没有发现“还”与否定词连用表示“事件重复发生”的例子。

再来看“又”。可以与“又”连用的否定副词有“不、没（有）”等。看例句：

21. 雇伙计之后后来学好了，就自个儿去外边儿营业去了，后来就是资本又不够，半途中就是我父亲跟我母亲就维持这营业，没定上。（毕永泉：《北京话口语》）

22. 他也慢慢儿说，说，说不太清楚，你要现在说什么四五十岁的，又没赶上，又没赶上。（戴鼎培：《北京话口语》）

23. 放暑假了，可刘绶石老师又没有休息，他正在精心制定下学期的教学计划。（《人民日报》1993年8月）

90%以上的语料中，“又”与“不”连用时取“添加义”，如“不给食，又不喂水的蝮蛇平均能活78天，个别能活到107天。（《中国儿童百科全书》）”。取“重复义”如例23的情况只占很少的比例。“又不”后可

以出现的谓词包括 B_{IVa1}、B_{TVa3}和 B_{IVa4}。相对而言，“又”与“没（有）”连用取“重复义”的现象较多。这时，“又没（有）”后面可以是名词，如“政府（实际上是一些干部）广泛动员大发展，现在发展起来了又没有市场（《人民日报》1993 年 2 月）”，也可以是 B_{TVa3}和 B_{IVa4}。

“又”为句子的语义焦点，其语义指向后面包括否定词在内的整个谓语部分，强调否定事件的重复发生，如例 22 强调“没赶上”这个事件的重复出现。“又”在句中重读。

“再”与否定词连用，有两种情况。一种是否定词位于“再”前，“表示动作不重复或不继续下去”[①]。如：

24. 即质量—能量守恒定律，而不再用两个守恒定律了。（《21 世纪的牛顿力学》）

25. 为了孩子们，我一直没再婚。（《人民日报》1995 年 6 月）

26. 你以后就别再写了，何苦自己折磨自己！（《人民日报》1994 年 3 月）

可出现在“再”前的否定词有“不、没、没有、别”。“否定词＋再”后可以出现的谓词有 B_{TVa2}、B_{TVa5}、B_{TVa7}、B_{IVa4}和 B_{IVa6}。这种句法结构应该是“否定词＋（再 VP）”，意思是说，“否定词”否定包括“再”在内的整个谓语部分，而“再”的语义指向还是 VP。“再”强调事件的重复或再次发生。因此，该语句表示事件不再重复发生。这时，“否定词＋再”是语句的焦点信息和重音所在，也是说话者强调的重点。

第二种情况是否定词位于“再”后。“中间有时加‘也’，同样表示动作不重复或不继续下去，但语气更强，有‘永远不’的意思”[②]。如：

27. 从今以后，我再不怀疑天下老和尚说的话！（《佛法修正心要》）

28. 我坚定地在此刻作出选择，生怕日后再没有机会。（李开复：《世界因你而不同》）

---

① 吕叔湘：《现代汉语八百词》（增订本），商务印书馆 2005 年版，第 643 页。

② 同上。

29. 范增一死，楚营里再没人替霸王出主意。（《中华上下五千年》）

30. 太阳底下再没有比教师这个职业更高尚的了。（方富熹、方格：《儿童的心理世界—论儿童的心理发展与教育》）

31. 再别说了，我去顶就是，是好是孬我都认。（方方：《一波三折》（上）》，见《作家文摘》（1993A））

通过语料分析得知，可以出现在“再”后面的否定词有“不（是）、没（有）、别”。“再不”后面可以修饰的动词包括 B_{TVa2}、B_{IVa1}、B_{TVa3}；可以受“再不是/再没（有）”修饰的多为名词，如例 28；可受“再别”修饰的有 B_{TVa3} 和 B_{IVa4}。

“再”的语义作用于其后包括否定词在内的整个谓语部分，强调事件的绝对不重复发生，比否定词在前的语气要强得多。这时“再”仍然是说话者要强调的焦点信息和句子的重音所在。

“还”、“又”和“再”相互间也可以连用，加强语句所表达的重复义。如：

32. 所以，至崇祯九年还又有人提议恢复驿站之设。（《读书》第 183 卷）

33. 平凹的稿，你退了，他不在乎，再要还再给。（孙见喜：《贾平凹的情感历程》（7），见《作家文摘》（1995B））

34. 而接着，又还会有新的生活在你面前展开，你又会有许多新的安排。（黄地：《最佳摄影顾长卫》，见《作家文摘》（1994A））

35. 这些爵位中，有的又再分为一、二、三等。（《中国古代文化史》（三））

36. 继承者之后再又有继承者。（袁昌英：《游新都后的感想》）

统计分析发现，除“再还”外，它们都可互相连用，对句子所表达的重复义进一步强调。如例 33，就是对事件“分”重复发生的强调。而且它们中去掉其中任一个连用的重复副词，语句同样还会成立。如例 36 中，“继承者之后再有继承者”和“继承者之后又有继承者”都同样成立。它们所修饰的谓语部分主要由后一个重复副词来决定。一般可以受后一个副词修饰的谓词都可以进入该语句。这种情况下，连用的两个副词都是句子的重音所在，也是说话者要强调的语义焦点。

由于“还”可用于各种时态，“再”多用于将来时，因此，动态助词“着、了、过”对它们而言没有特别意义，此不作具体分析。但“又”多用于表示过去的事件，常与表示完成态的“了”共现。如：

37. 退入湘西，经过整顿后继续坚持武装斗争，打土豪，发动群众，红军又有了发展。(《中共十大元帅》)

38. 对方就又写了一份材料叫他按指印。(《中国农民调查》)

39. 他又回想了一下胡雪岩的话，发现有件事令人惊异，便即问道：……(高阳：《红顶商人胡雪岩》)

从语料中发现，可以受“又”单独修饰的谓词或谓词短语，都可以与“了”一起接受“又”的修饰。句中有了表示完成态的助词“了”，使“又”所陈述的过去事件的事实更加清晰。“又”同样还是句子的焦点信息和重音所在。

这些句法规则可总结如下：

1. 若 $\delta \in B_{TVa1} \cup B_{TVa2} \cup B_{TVa3}$，则 $F_1(\delta)=$还 $\delta \in P_{TV}$.

2. 若 $\delta \in B_{IVa1} \cup B_{IVa4}$，则 $F_2(\delta)=$还 $\delta \in P_{IV}$.

3. 若 $\delta \in B_{TVa1} \cup B_{TVa3} \cup B_{TVa4} \cup B_{TVa5} \cup B_{TVa7}$，则 $F_3(\delta)=$又 $\delta \in P_{TV}$.

4. 若 $\delta \in B_{IVa1} \cup B_{IVa2} \cup B_{IVa3} \cup B_{IVa4} \cup B_{IVa6}$，则 $F_4(\delta)=$又 $\delta \in P_{IV}$.

5. 若 $\delta \in B_{TVa2} \cup B_{TVa5} \cup B_{TVa7}$，则 $F_5(\delta)=$再 $\delta \in P_{TV}$.

6. 若 $\delta \in B_{IVa4} \cup B_{IVa6}$，则 $F_6(\delta)=$再 $\delta \in P_{IV}$.

7. 若 $\delta \in B_{TVa1} \cup B_{TVa3}$，则 $F_7(\delta)=$又 不 $\delta \in P_{TV}$.

8. 若 $\delta \in B_{IVa4}$，则 $F_8(\delta)=$又 不 $\delta \in P_{IV}$.

9. 若 $\delta \in$ {名词} $\cup B_{TVa3}$，则 $F_9(\delta)=$又 没（有）$\delta \in P_{TV}$.

10. 若 $\delta \in B_{IVa4}$，则 $F_{10}(\delta)=$又 没（有）$\delta \in P_{IV}$.

11. 若 $\delta \in B_{TVa2} \cup B_{TVa5} \cup B_{TVa7}$，则 $F_{11}(\delta)=$不/别/没（有）再 $\delta \in P_{TV}$.

12. 若 $\delta \in B_{IVa4} \cup B_{IVa6}$，则 $F_{12}(\delta)=$不/别/没（有）再 $\delta \in P_{IV}$.

13. 若 $\delta \in B_{TVa2} \cup B_{TVa3}$，则 $F_{13}(\delta)=$再 不 $\delta \in P_{TV}$.

14. 若 $\delta \in B_{IVa1}$，则 $F_{14}(\delta)=$再 不 $\delta \in P_{IV}$.

15. 若 $\delta \in \emptyset$，则 $F_{15}(\delta)=$再 不是/没有 名词 $\in P_{\emptyset}$.

16. 若 $\delta \in B_{TVa3}$，则 $F_{16}(\delta)$＝再 别 $\delta \in P_{TV}$.

17. 若 $\delta \in B_{IVa4}$，则 $F_{17}(\delta)$＝再 别 $\delta \in P_{IV}$.

18. 若 $\delta \in B_{TVa1} \cup B_{TVa3} \cup B_{TVa4} \cup B_{TVa5} \cup B_{TVa7}$，则 $F_{18}(\delta)$＝又 δ 了 $\in P_{TV}$.

19. 若 $\delta \in B_{IVa1} \cup B_{IVa2} \cup B_{IVa3} \cup B_{IVa4} \cup B_{IVa6}$，则 $F_{19}(\delta)$＝又 δ 了$\in P_{IV}$.

为了研究方便，引入三个新的模态算子“Hai”、“You”和“Zai”，分别对应自然语言中的“还”、“又”和“在”。上述句法规则翻译成逻辑语言时所对应的逻辑翻译规则如下：

20. 若 $\delta \in B_{TVa1} \cup B_{TVa2} \cup B_{TVa3}$，则 $F_1(\delta)$可翻译为：

$\lambda\mathscr{P}(\lambda x\mathscr{P}((\lambda y(Hai(\delta'(x,y))))$，$\delta'$是 δ 的翻译。

21. 若 $\delta \in B_{IVa1} \cup B_{IVa4}$，则 $F_2(\delta)$可翻译为：

λx (Hai (δ' (x)))，其中，δ'是 δ 的翻译。

22. 若 $\delta \in B_{TVa1} \cup B_{TVa3} \cup B_{TVa4} \cup B_{TVa5} \cup B_{TVa7}$，则 $F_3(\delta)$可翻译为：

$\lambda\mathscr{P}(\lambda x\mathscr{P}((\lambda y(You(\delta'(x,y))))$，$\delta'$是 δ 的翻译。

23. 若 $\delta \in B_{IVa1} \cup B_{IVa2} \cup B_{IVa3} \cup B_{IVa4} \cup B_{IVa6}$，则 $F_4(\delta)$可翻译为：

λx (You (δ' (x)))，其中，δ'是 δ 的翻译。

24. 若 $\delta \in B_{TVa2} \cup B_{TVa5} \cup B_{TVa7}$，则 $F_5(\delta)$可翻译为：

$\lambda\mathscr{P}(\lambda x\mathscr{P}((\lambda y(Zai(\delta'(x,y))))$，$\delta'$是 δ 的翻译。

25. 若 $\delta \in B_{IVa4} \cup B_{IVa6}$，则 $F_6(\delta)$可翻译为：

λx (Zai (δ' (x)))，其中，δ'是 δ 的翻译。

26. 若 $\delta \in B_{TVa1} \cup B_{TVa3}$，则 $F_7(\delta)$可翻译为：

$\lambda\mathscr{P}(\lambda x\mathscr{P}((\lambda y(You(\neg\delta'(x,y))))$，$\delta'$是 δ 的翻译。

27. 若 $\delta \in B_{IVa4}$，则 $F_8(\delta)$可翻译为：

$\lambda x(You(\neg\delta'(x)))$，其中，$\delta'$是 δ 的翻译。

28. 若 $\delta \in$ ｛名词｝ $\cup B_{TVa3}$，则 $F_9(\delta)$可翻译为：同 $F_7(\delta)$。

29. 若 $\delta \in B_{IVa4}$，则 $F_{10}(\delta)$可翻译为：同 $F_8(\delta)$.

30. 若 $\delta \in B_{TVa2} \cup B_{TVa5} \cup B_{TVa7}$，则 $F_{11}(\delta)$可翻译为：

$\lambda\mathscr{P}(\lambda x\mathscr{P}((\lambda y(\neg(Zai(\delta'(x,y)))))$，$\delta'$是 δ 的翻译。

31. 若 $\delta \in B_{IVa4} \cup B_{IVa6}$，则 $F_{12}(\delta)$可翻译为：

$\lambda x(\neg(Zai(\delta'(x))))$，其中，$\delta'$是 δ 的翻译。

32. 若 $\delta \in B_{TVa2} \cup B_{TVa3}$，则 $F_{13}(\delta)$可翻译为：

$\lambda\mathscr{P}(\lambda x\mathscr{P}((\lambda y(Zai(\neg\delta'(x,y)))))$，$\delta'$是 δ 的翻译。

33. 若 $\delta \in B_{IVa1}$，则 $F_{14}(\delta)$可翻译为：

$\lambda x(Zai(\neg\delta'(x)))$，其中，$\delta'$是$\delta$的翻译。

34. 若$\delta\in\emptyset$，则$F_{15}(\delta)$可翻译为：

$\exists y(Mingci'(y))\wedge\lambda x(Zai(\neg YOU'(x,y)))$，其中，Mingci'是“名词”所对应的逻辑谓词。

35. 若$\delta\in B_{TVa3}$，则$F_{16}(\delta)$可翻译为：同$F_{13}(\delta)$。

36. 若$\delta\in B_{IVa4}$，则$F_{17}(\delta)$可翻译为：同$F_{14}(\delta)$。

37. 若$\delta\in B_{TVa1}\cup B_{TVa3}\cup B_{TVa4}\cup B_{TVa5}\cup B_{TVa7}$，则$F_{18}(\delta)$ 可翻译为：

$\lambda\mathscr{P}(\lambda x\mathscr{P}((\lambda y(You(Perf(\delta'(x,y))))))$，$\delta'$是$\delta$的翻译，Perf是对助词“了”的翻译，其具体的语义解释为：$\|Perf\ \Phi\|_{\Omega,i}=1$，当且仅当，存在$i'\in I$，满足$i'\subset i$，且$\neg(i\subset_{fi}i)$，使得：$\|\Phi\|_{\Omega,i'}=1$。即存在时段i'，该时段不是i的终结时段，使得时段i'为事件Φ运行的时间过程。

38. 若$\delta\in B_{IVa1}\cup B_{IVa2}\cup B_{IVa3}\cup B_{IVa4}\cup B_{IVa6}$，则$F_{19}(\delta)$ 可翻译为：

$\lambda x(You(Perf(\delta'(x))))$，其中，$\delta'$是$\delta$的翻译，Perf是对“了”的翻译。其具体的语义解释同上。

最后，我们需要给出“Hai”、“You”和“Zai”的模型论定义。

$\|Hai\ \Phi\|_{\Omega,i}=1$，当且仅当，存在两个时段I和I'，满足$I<I'<i$，$\|\Phi\|_{\Omega,I}=\|\Phi\|_{\Omega,I'}=1$；

$\|You\ \Phi\|_{\Omega,i}=1$，当且仅当，存在两个时段I和I'，满足$I<I'<i$，$\|\Phi\|_{\Omega,I}=\|\Phi\|_{\Omega,I'}=1$；

$\|Zai\ \Phi\|_{\Omega,i}=1$，当且仅当，存在两个时段I和I'，满足$I<I'<i$，$\|\Phi\|_{\Omega,I}=\|\Phi\|_{\Omega,I'}=1$。

“还”、“又”和“再”取重复义时，定义是相同的，即在参照时间之前，该事件已经发生过一次。之所以用不同的模态词表达，是因为它们分别对应于不同的自然语言形式。

总之，“重复义”只是“还、又、再”的语义之一，添加义、持续义都是它们的语义内容。比较而言，“再”的重复义语义最强，“又”次之，“还”最弱。

它们语义中的［±重复］义素，决定了与之共现的谓语部分必须是具有“可重复”语义的动作动词。当句子的语义重音落在这些副词上时，它们均取“重复义”。

它们所适用的时态也都比较灵活，“还”可用于各种时态；“又”多用于过去时，但也有用于将来时的情况；“再”则多用于将来时，但也偶有用于过去时的情况。在话语表达中，“还”在表达重复义的同时，多数情况下还表露着说话者的某种主观情态，但“又”和“再”只是陈述客观事实。

第四节　小结

通过本章对表序时间副词的具体分析，我们可得出如下结论。

1. 表序时间副词是三类时间副词中最简单的一类，表示事件的前后次序和重复。数量上所占比例也是最少的。

2. 表序副词对谓词的选择限制条件较少。除了重复副词要求谓词一定要具有“可重复”语义外，表次序的副词对谓词的要求很少，是否重复，是否持续，是否瞬间都不受影响。

3. 表序时间副词可以和其他副词共现，这时位于前面的副词为语义重点，统辖后面的副词连带谓语部分。

4. 形式语义学理论可以对这类副词的次序义和重复义进行较准确地刻画。

第六章

包含时间副词的现代汉语部分语句系统

本章将给出处理时间副词的现代汉语部分语句系统的完整面貌。此系统由三大板块构成：生成包含现代汉语时间副词语句的句法部分；在时段语义学基础上定义的时间逻辑语言 $\mathscr{L}$；从包含现代汉语时间副词的汉语语句到时间逻辑语言 $\mathscr{L}$ 的翻译部分。

本书所构建的汉语部分语句系统是为了集中处理现代汉语中的时间副词问题，对已有的汉语部分语句系统的其他方面做了一定程度的简化。例如，变项代入、解决量化提升以及命题态度句等的各种句法规则；也去掉了语义模型中处理内涵现象的内容，等等。

不过，本系统在现代汉语时间副词语义的刻画方面增加了大量的技术手段，这也是本研究的重点所在。此外，除了给出这些时间副词的语义解释之外，还要讨论它们相互之间是否有可推导关系，是否可以有其他的推导义。如果以后有机会的话，可以把删除的这些部分恢复起来，构建一个内容丰富、解释力更强的汉语部分语句系统。

第一节　句法部分

句法部分主要解决现代汉语中自然语言语词怎么生成符合语法的自然语言语句问题。不过，由于逻辑系统的程序性和严密性，现阶段里一个系统不可能生成像自然语言那么复杂生动的语句，因此，该系统先处理一些带有时间副词的简单语句，如不带定语，只有简单主语和宾语，不涉及更多的状语成分，等等。

句法部分包括范畴标记的集合、基本语词的集合和句法规则三个部分。

一 句法范畴标记的集合 Cat

我们采用递归方式来定义该集合。集合 Cat 是满足如下条件的最小集合：

A. PN，CN，IV_{aa1}，IV_{aa2}，IV_{aa3}，IV_{aa4}，IV_{aa5}，IV_{aa6}，IV_{aa7}，IV_{a1}，IV_{a2}，IV_{a3}，IV_{a4}，IV_{a5}，$IVa_6 \in Cat$；

B. 若 a，b∈Cat，则 a / b ∈Cat。

二 基本语词的集合

B_{PN}＝｛浙江，三毛，西施，张虎，《西游记》，汉语，西湖，……｝；

B_{CN} ＝ $B_{PN\backslash t}$ ＝｛老师，学生，鱼，衣服，画，人，论文，农村，……｝；

B_{TVa1}＝$B_{IVaa1/PN(CN)}$＝｛是，有，在，位于，（好）像，仿佛，属于，位于，具有，显得……｝；

B_{TVa2}＝$B_{IVaa2/PN(CN)}$＝｛相信，觉得，认识，喜欢，同情，知道，热爱，佩服，尊敬……｝；

B_{TVa3}＝$B_{IVaa3/PN(CN)}$＝｛听，说，阅读，看，写，询问，回答，学，修，打……｝；

B_{TVa4}＝$B_{IVaa4/PN(CN)}$＝｛猜想，思考，回忆，寻思，琢磨，考虑，想，回想，思索……｝；

B_{TVa5}＝$B_{IVaa5/PN(CN)}$＝｛插，坐，捆，绑，吊，悬，顶，盖，张，开，关，敞……｝；

B_{TVa6}＝$B_{IVaa6/PN(CN)}$＝｛丢失，发现，打破，认出，找到，看到，收到，取到，掀翻……｝；

B_{TVa7}＝$B_{IVaa7/PN(CN)}$＝｛敲，砍，砸，踢……｝；

B_{IVa1}＝｛高兴，满意，焦虑，后悔，惊讶，沮丧，晓得……｝；

B_{IVa2}＝｛红，黄，干，湿，勇敢，勤劳…… ｝；

B_{IVa3}＝｛躺，坐，站，蹲，跪，趴，凉，关，穿，架，搭……｝；

B_{IVa4}＝｛奔跑，蹦跳，奔走，出发，工作，劳动，挑战，休息……｝；

B_{IVa5}＝｛逝世，枯死，停止，开始，牺牲，批准，离开，塌方，熄灭，爆炸……｝；

B_{IVa6}＝｛咳嗽，蹦，跳……｝

三 句法规则

S_1. $B_{PN} \subseteq P_{NP}$.

S_2. 若$\alpha \in B_{CN}$，则F_1（α）=每一ζα$\in P_{NP}$，其中，若α=老师，则ζ=位；若α=人，学生，则ζ=个；若α=鱼，则ζ=条；若α=画，则ζ=幅；若α=衣服，则ζ=件；g（F_1（α））=α$\in P_{NP}$.

S_3. 若$\alpha \in B_{CN}$，则F_2（α）=所有/有的α$\in P_{NP}$，g(F_2(α)) =α$\in P_{NP}$，或者 一ζα$\in P_{NP}$。其中的ζ同S_2中的解释。

S_4. 若 $\alpha \in B_{CN}$，则F_3（α）=这/那 ζα$\in P_{NP}$，g(F_3(α)) =某特定α$\in P_{NP}$，其中ζ同S_2中的解释。

S_5. 若 $\alpha \in B_{CN}$，则F_4（α）=定语α$\in P_{NP}$，g(F_4(α)) =某类α$\in P_{NP}$.

S_6. 若 $\delta \in B_{TVa2} \cup B_{TVa3} \cup B_{TVa6} \cup B_{TVa7}$，则 $F_5(\delta)$=刚/刚刚 δ $\in P_{TV}$.

S_7. 若 $\delta \in B_{IVa3} \cup B_{IVa5}$，则 $F_6(\delta)$=刚/刚刚 δ$\in P_{IV}$.

S_8. 若 $\delta \in B_{TVa2} \cup B_{TVa3} \cup B_{TVa6} \cup B_{TVa7}$，则 $F_7(\delta)$=时点时间词语刚/刚刚 δ$\in P_{TV}$.

S_9. 若 $\delta \in B_{IVa3} \cup B_{IVa5}$，则 $F_8(\delta)$=时点时间词语刚/刚刚 δ$\in P_{IV}$.

S_{10}. 若 $\delta \in \emptyset$，则 $F_9(\delta)$=刚/刚刚 时点时间词语 $\in P_{\emptyset}$.

S_{11}. 若 $\delta \in B_{TVa2} \cup B_{TVa3} \cup B_{TVa6} \cup B_{TVa7}$，则 $F_{10}(\delta)$=刚/刚刚 δ（之）时/的时侯 $\in P_{TV}$.

S_{12}. 若 $\delta \in B_{IVa3} \cup B_{IVa5}$，则 $F_{11}(\delta)$=刚/刚刚 δ（之）时/的时候 $\in P_{IV}$.

S_{13}. 若 $\delta \in B_{TVa2} \cup B_{TVa3} \cup B_{TVa6} \cup B_{TVa7}$，则 $F_{12}(\delta)$=刚/刚刚 δ 时段时间词语 $\in P_{TV}$.

S_{14}. 若 $\delta \in B_{IVa3} \cup B_{IVa5}$，则 $F_{13}(\delta)$=刚/刚刚 δ 时段时间词语$\in P_{IV}$.

S_{15}. 若 $\delta \in B_{TVa2} \cup B_{TVa3} \cup B_{TVa6} \cup B_{TVa7}$，则 $F_{14}(\delta)$=δ 刚/刚刚 时段时间词语 $\in P_{TV}$.

S_{16}. 若 $\delta \in B_{IVa3} \cup B_{IVa5}$，则 $F_{15}(\delta)$=δ 刚/刚刚 时段时间词语$\in P_{IV}$.

S_{17}. 若 $\delta \in B_{TVa3} \cup B_{TVa6} \cup B_{TVa7}$，则 $F_{16}(\delta)$=刚（一）δ，就/又/便 δ' $\in P_{TV}$.

S_{18}. 若 $\delta \in B_{IVa3} \cup B_{IVa5}$，则 $F_{17}(\delta)$=刚（一）δ，就/又/便 δ' $\in P_{IV}$.

S_{19}. 若 $\delta \in B_{TVa3} \cup B_{TVa6} \cup B_{TVa7}$，则 $F_{18}(\delta)$=刚刚 δ，（突然/立即/猛然）$\in P_{TV}$.

S_{20}. 若 $\delta \in B_{IVa3} \cup B_{IVa5}$，则 $F_{19}(\delta)$=刚刚 δ，（突然/立即/猛然）$\in P_{IV}$.

S_{21}. 若 $\delta \in B_{TVa2}$，则 $F_{20}(\delta)$ = 刚/刚刚 $\delta \in P_{TV}$.

S_{22}. 若 $\delta \in B_{TVa1} \cup B_{TVa3}$，则 $F_{21}(\delta)$ = 至今 $\delta \in P_{TV}$.

S_{23}. 若 $\delta \in B_{IVa4}$，则 $F_{22}(\delta)$ = 至今 $\delta \in P_{IV}$.

S_{24}. 若 $\delta \in B_{TVa2} \cup B_{TVa3}$，则 $F_{23}(\delta)$ = 至今 不 $\delta \in P_{TV}$.

S_{25}. 若 $\delta \in B_{IVa4}$，则 $F_{24}(\delta)$ = 至今 不/没有 $\delta \in P_{IV}$.

S_{26}. 若 $\delta \in \emptyset$，则 $F_{25}(\delta)$ = 至今 没有 名词 $\in P_{\emptyset}$.

S_{27}. 若 $\delta \in B_{TVa3}$，则 $F_{26}(\delta)$ = 至今 没有 $\delta \in P_{TV}$.

S_{28}. 若 $\delta \in$ {是，有} $\cup B_{TVa3}$，则 $F_{27}(\delta)$ = 至今 还/仍（然）/依然 $\delta \in P_{TV}$.

S_{29}. 若 $\delta \in B_{IVa4}$，则 $F_{28}(\delta)$ = 至今还/仍（然）/依然 $\delta \in P_{IV}$.

S_{30}. 若 $\delta \in B_{TVa3}$，则 $F_{29}(\delta)$ = 至今 还/仍（然）/依然　方式/对象/地点状语 $\delta \in P_{TV}$.

S_{31}. 若 $\delta \in B_{TVa4}$，则 $F_{30}(\delta)$ = 至今 还/仍（然）/依然　方式/对象/地点状语 $\delta \in P_{IV}$.

S_{32}. 若 $\delta \in$ {是} $\cup B_{TVa2} \cup B_{TVa3}$，则 $F_{31}(\delta)$ = 至今还 不 $\delta \in P_{TV}$.

S_{33}. 若 $\delta \in B_{TVa3}$，则 $F_{32}(\delta)$ = 至今还 没有 $\delta \in P_{TV}$.

S_{34}. 若 $\delta \in B_{TVa2} \cup B_{TVa3}$，则 $F_{33}(\delta)$ = 至今仍（然）不 $\delta \in P_{TV}$.

S_{35}. 若 $\delta \in B_{TVa1} \cup B_{TVa3}$，则 $F_{34}(\delta)$ = 至今仍（然）没（有）$\delta \in P_{TV}$.

S_{36}. 若 $\delta \in \emptyset$，则 $F_{35}(\delta)$ = 至今 还/仍（然）没有 名词 $\in P_{\emptyset}$.

S_{37}. 若 $\delta \in B_{IVa4}$，则 $F_{36}(\delta)$ = 至今还/仍（然）不/没有 $\delta \in P_{IV}$.

S_{38}. 若 $\delta \in B_{TVa3}$，则 $F_{37}(\delta)$ = 至今 还/仍（然）/依然　δ 着 $\in P_{TV}$.

S_{39}. 若 $\delta \in B_{IVa4}$，则 $F_{38}(\delta)$ = 至今已（经）δ 了 时段 $\in P_{IV}$.

S_{40}. 若 $\delta \in B_{TVa1} \cup B_{TVa3} \cup B_{TVa6}$，则 $F_{39}(\delta)$ = 必/终将 $\delta \in P_{TV}$.

S_{41}. 若 $\delta \in B_{IVa4} \cup B_{IVa5}$，则 $F_{40}(\delta)$ = 必/终将 $\delta \in P_{IV}$.

S_{42}. 若 $\delta \in B_{TVa3}$，则 $F_{41}(\delta)$ = 必将 时间状语 $\delta \in P_{TV}$.

S_{43}. 若 $\delta \in B_{TVa3}$，则 $F_{42}(\delta)$ = 必将 地点状语 $\delta \in P_{TV}$.

S_{44}. 若 $\delta \in B_{TVa3}$，则 $F_{43}(\delta)$ = 必将 程度副词 $\delta \in P_{TV}$.

S_{45}. 若 $\delta \in B_{TVa3}$，则 $F_{44}(\delta)$ = 终将 地点状语 $\delta \in P_{TV}$.

S_{46}. 若 $\delta \in B_{TVa1} \cup B_{TVa2} \cup B_{TVa4}$，则 $F_{45}(\delta)$ = 一直 $\delta \in P_{TV}$.

S_{47}. 若 $\delta \in B_{IVa1}$，则 $F_{46}(\delta)$ = 一直 $\delta \in P_{IV}$.

S_{48}. 若 $\delta \in B_{TVa2} \cup B_{TVa3} \cup B_{TVa4} \cup B_{TVa5} \cup B_{TVa7}$，则 $F_{47}(\delta)$ = 一直 状语 $\delta \in P_{TV}$.

S_{49}. 若 $\delta \in B_{TVa1} \cup B_{IVa3} \cup B_{IVa4} \cup B_{IVa6}$，则 $F_{48}(\delta)$＝一直 状语 $\delta \in P_{IV}$.

S_{50}. 若 $\delta \in B_{TVa2} \cup B_{TVa3} \cup B_{TVa4} \cup B_{TVa7}$，则 $F_{49}(\delta)$＝一直 在 $\delta \in P_{TV}$.

S_{51}. 若 $\delta \in B_{TVa1} \cup B_{IVa3} \cup B_{IVa4} \cup B_{IVa6}$，则 $F_{50}(\delta)$＝一直 在 $\delta \in P_{IV}$.

S_{52}. 若 $\delta \in B_{TVa3} \cup B_{TVa5} \cup B_{TVa7}$，则 $F_{51}(\delta)$＝一直 δ 着 $\in P_{TV}$.

S_{53}. 若 $\delta \in B_{IVa3} \cup B_{IVa4} \cup B_{IVa6}$，则 $F_{52}(\delta)$＝一直 δ 着 $\in P_{IV}$.

S_{54}. 若 $\delta \in B_{TVa1} \cup B_{TVa2} \cup B_{TVa3} \cup B_{TVa5}$，则 $F_{53}(\delta)$＝一直 不 $\delta \in P_{TV}$.

S_{55}. 若 $\delta \in B_{IVa1} \cup B_{IVa4}$，则 $F_{54}(\delta)$＝一直 不 $\delta \in P_{TV}$.

S_{56}. 若 $\delta \in B_{TVa3} \cup B_{TVa4} \cup B_{TVa5}$，则 $F_{55}(\delta)$＝一直 没有 $\delta \in P_{TV}$.

S_{57}. 若 $\delta \in B_{IVa3} \cup B_{IVa4}$，则 $F_{56}(\delta)$＝一直 没有 $\delta \in P_{IV}$.

S_{58}. 若 $\delta \in B_{TVa3} \cup B_{TVa5} \cup B_{TVa6} \cup B_{TVa7}$，则 $F_{57}(\delta)$＝才 $\delta \in P_{TV}$.

S_{59}. 若 $\delta \in B_{TVa3} \cup B_{TVa5} \cup B_{TVa6} \cup B_{TVa7}$，则 $F_{58}(\delta)$＝才 δ 就/便/又 $\delta \in P_{TV}$.

S_{60}. 若 $\delta \in B_{IVa5} \cup B_{IVa6}$，则 $F_{59}(\delta)$＝才 $\delta \in P_{IV}$.

S_{61}. 若 $\delta \in B_{IVa5} \cup B_{IVa6}$，则 $F_{60}(\delta)$＝才 δ 就/便/又 $\delta \in P_{IV}$.

S_{62}. 若 $\delta \in \Phi$，则 $F_{61}(\delta)$＝才 时点时间名词，$S_1 \in P_{\Phi}$.

S_{63}. 若 $\delta \in B_{IVa3} \cup B_{IVa4} \cup B_{IVa5}$，则 $F_{62}(\delta)$＝才(δ)时段时间词语 $\in P_{IV}$.

S_{64}. 若 $\delta \in B_{TVa3} \cup B_{TVa5}$，则 $F_{63}(\delta)$＝才(δ)时段时间词语 $\in P_{TV}$.

S_{65}. 若 $\delta \in B_{IVa3} \cup B_{IVa5}$，则 $F_{64}(\delta)$＝表时间的词语 才 $\delta \in P_{IV}$.

S_{66}. 若 $\delta \in B_{IVa3} \cup B_{IVa5}$，则 $F_{65}(\delta)=S_1$，才 $\delta \in P_{IV}$.

S_{67}. 若 $\delta \in B_{TVa3} \cup B_{TVa5} \cup B_{TVa6} \cup B_{TVa7}$，则 $F_{66}(\delta)$＝表时间的词语 才 $\delta \in P_{TV}$.

S_{68}. 若 $\delta \in B_{TVa3} \cup B_{TVa5} \cup B_{TVa6} \cup B_{TVa7}$，则 $F_{67}(\delta)=S_1$，才 $\delta \in P_{TV}$.

S_{69}. 若 $\delta \in B_{TVa1} \wedge B_{TVa2} \wedge$ {试图}，则 $F_{68}(\delta)$＝曾/曾经 $\delta \in P_{TV}$.

S_{70}. 若 $\delta \in B_{IVa1}$，则 $F_{69}(\delta)$＝曾/曾经 $\delta \in P_{IV}$.

S_{71}. 若 $\delta \in B_{TVa3}$，则 $F_{70}(\delta)$＝曾/曾经 $\delta \in P_{TV}$.

S_{72}. 若 $\delta \in B_{TVa3}$，则 $F_{71}(\delta)$＝曾/曾经 δ 过 $\in P_{TV}$.

S_{73}. 若 $\delta \in B_{TVa3}$，则 $F_{72}(\delta)$＝曾/曾经 δ 了 $\in P_{TV}$.

S_{74}. 若 $\delta \in B_{TVa3}$，则 $F_{73}(\delta)$＝曾/曾经 δ 着 $\in P_{TV}$.

S_{75}. 若 $\delta \in B_{IVa3} \cup B_{IVa4}$，则 $F_{74}(\delta)$＝就 $\delta \in P_{IV}$.

S_{76}. 若 $\delta \in B_{IVa3} \cup B_{IVa4}$，则 $F_{75}(\delta)$＝就 δ 了 $\in P_{IV}$.

S_{77}. 若 $\delta \in B_{IVa3} \cup B_{IVa4}$，则 $F_{76}(\delta)$＝时间名词 就 δ（了）$\in P_{IV}$.

S_{78}. 若 $\delta \in B_{IVa3} \cup B_{IVa4}$，则 $F_{77}(\delta)$＝短时时间副词 就 δ（了）$\in P_{IV}$.

S_{79}. 若 $\delta \in B_{IVa3} \cup B_{IVa4}$，则 $F_{78}(\delta)$＝一 谓词短语 就 $\delta \in P_{IV}$.

S_{80}. 若 $\delta \in B_{TVa3}$，则 $F_{79}(\delta)$=就 $\delta \in P_{TV}$.

S_{81}. 若 $\delta \in B_{TVa3}$，则 $F_{80}(\delta)$=时间词就 $\delta \in P_{TV}$.

S_{82}. 若 $\delta \in B_{TVa3}$，则 $F_{81}(\delta)$=短时 时间副词 就 $\delta \in P_{TV}$.

S_{83}. 若 $\delta \in B_{TVa3}$，则 $F_{82}(\delta)$=一 谓词短语 就 $\delta \in P_{TV}$.

S_{84}. 若 $\delta \in B_{IVa3} \cup B_{IVa4}$，则 $F_{83}(\delta)$=表过去的时点时间名词 就 δ 了 $\in P_{IV}$.

S_{85}. 若 $\delta \in B_{IVa3} \cup B_{IVa4}$，则 $F_{84}(\delta)$=δ 就 表过去的时点时间词语 了 $\in P_{IV}$.

S_{86}. 若 $\delta \in B_{IVa3} \cup B_{IVa4} \cup B_{IVa5}$，则 $F_{85}(\delta)$=时段时间词语 就 δ 就 $\in P_{IV}$.

S_{87}. 若 $\delta \in B_{IVa3} \cup B_{IVa4} \cup B_{IVa6}$，则 $F_{86}(\delta)$=δ 就 时段时间词语 $\in P_{IV}$.

S_{88}. 若 $\delta \in B_{IVa3} \cup B_{IVa4} \cup B_{IVa5} \cup B_{IVa6}$，则 $F_{87}(\delta)$=短时时间副词 就 $\delta \in P_{IV}$.

S_{89}. 若 $\delta \in B_{IVa2}$，则 $F_{88}(\delta)$=长时时间副词 就 $\delta \in P_{IV}$.

S_{90}. 若 $\delta \in B_{IVa1} \cup B_{IVa2} \cup B_{IVa3} \cup B_{IVa4} \cup B_{IVa5} \cup B_{IVa6}$，则 $F_{89}(\delta)$ = VP（后），就 $\delta \in P_{IV}$.

S_{91}. 若 $\delta \in B_{IVa1} \cup B_{IVa2} \cup B_{IVa3} \cup B_{IVa4} \cup B_{IVa5} \cup B_{IVa6}$，则 $F_{90}(\delta)$=（刚）（一）VP 就 $\delta \in P_{IV}$.

S_{92}. 若 $\delta \in B_{IVa1} \cup B_{IVa2} \cup B_{IVa3} \cup B_{IVa4} \cup B_{IVa5} \cup B_{IVa6}$，则 $F_{91}(\delta)$=VP 短时时间词语 就 $\delta \in P_{IV}$.

S_{93}. 若 $\delta \in B_{TVa2} \cup B_{TVa3} \cup B_{TVa5}$，则 $F_{92}(\delta)$=表过去的时点时间词语就 δ 了 $\in P_{TV}$.

S_{94}. 若 $\delta \in B_{TVa2} \cup B_{TVa3} \cup B_{TVa5}$，则 $F_{93}(\delta)$=δ 就 表过去的时点时间词语了 $\in P_{TV}$.

S_{95}. 若 $\delta \in B_{TVa2} \cup B_{TVa3} \cup B_{TVa5}$，则 $F_{94}(\delta)$=时段时间词语 就 δ 了 $\in P_{TV}$.

S_{96}. 若 $\delta \in B_{TVa3} \cup B_{TVa5} \cup B_{TVa7}$，则 $F_{95}(\delta)$=δ 就 时段时间词语 $\in P_{TV}$.

S_{97}. 若 $\delta \in B_{TVa3} \cup B_{TVa5} \cup B_{TVa7}$，则 $F_{96}(\delta)$=短时时间副词 就 $\delta \in P_{TV}$.

S_{98}. 若 $\delta \in B_{TVa1} \cup B_{TVa2}$，则 $F_{97}(\delta)$=长时时间副词 就 $\delta \in P_{TV}$.

S_{99}. 若 $\delta \in B_{TVa3} \cup B_{TVa4} \cup B_{TVa5} \cup B_{TVa6} \cup B_{TVa7}$，则 $F_{98}(\delta)$=VP（后），就 $\delta \in P_{TV}$.

S_{100}. 若 $\delta \in B_{TVa3} \cup B_{TVa4} \cup B_{TVa5} \cup B_{TVa6} \cup B_{TVa7}$，则 $F_{99}(\delta)$=（刚）（一）VP 就 $\delta \in P_{TV}$.

S_{101}. 若 $\delta \in B_{TVa3} \cup B_{TVa4} \cup B_{TVa5} \cup B_{TVa6} \cup B_{TVa7}$，则 $F_{100}(\delta)$=VP 短时时间词语就 $\delta \in P_{TV}$.

S_{102}. 若 $\delta \in B_{TVa3} \cup B_{TVa4} \cup B_{TVa5} \cup B_{TVa7}$，则 $F_{101}(\delta)$=在 $\delta \in P_{TV}$.

S_{103}. 若 $\delta \in B_{TVa3} \cup B_{TVa4} \cup B_{TVa5} \cup B_{TVa7}$，则 $F_{102}(\delta)$=副词 在 $\delta \in P_{TV}$.

S_{104}. 若 $\delta \in B_{IVa4} \cup B_{IVa6}$，则 $F_{103}(\delta)$=在 $\delta \in P_{IV}$.

S_{105}. 若 $\delta \in B_{IVa4} \cup B_{IVa6}$，则 $F_{104}(\delta)$=副词 在 δ（着）$\in P_{IV}$.

S_{106}. 若 $\delta \in B_{TVa3} \cup B_{TVa4} \cup B_{TVa5} \cup B_{TVa7}$，则 $F_{105}(\delta)$=正 $\delta \in P_{TV}$.

S_{107}. 若 $\delta \in B_{TVa3} \cup B_{TVa4} \cup B_{TVa5} \cup B_{TVa7}$，则 $F_{106}(\delta)$=状语 正 $\delta \in P_{TV}$.

S_{108}. 若 $\delta \in B_{TVa3} \cup B_{TVa4} \cup B_{TVa5} \cup B_{TVa7}$，则 $F_{107}(\delta)$=正状语 $\delta \in P_{TV}$.

S_{109}. 若 $\delta \in B_{IVa3} \cup B_{IVa4}$，则 $F_{108}(\delta)$=正 δ 着 $\in P_{IV}$.

S_{110}. 若 $\delta \in B_{IVa3} \cup B_{IVa4}$，则 $F_{109}(\delta)$=状语 正 δ 着 $\in P_{IV}$.

S_{111}. 若 $\delta \in B_{IVa3} \cup B_{IVa4}$，则 $F_{110}(\delta)$=正 状语 δ 着 $\in P_{IV}$.

S_{112}. 若 $\delta \in B_{TVa3} \cup B_{TVa4} \cup B_{TVa5} \cup B_{TVa7}$，则 $F_{111}(\delta)$=正在 $\delta \in P_{TV}$.

S_{113}. 若 $\delta \in B_{TVa3} \cup B_{TVa4} \cup B_{TVa5} \cup B_{TVa7}$，则 $F_{112}(\delta)$=状语 正在 $\delta \in P_{TV}$.

S_{114}. 若 $\delta \in B_{TVa3} \cup B_{TVa4} \cup B_{TVa5} \cup B_{TVa7}$，则 $F_{113}(\delta)$=正在 状语 $\delta \in P_{TV}$.

S_{115}. 若 $\delta \in B_{IVa6}$，则 $F_{114}(\delta)$=正在 $\delta \in P_{IV}$.

S_{116}. 若 $\delta \in B_{IVa6}$，则 $F_{115}(\delta)$=状语（时点）正在 $\delta \in P_{IV}$.

S_{117}. 若 $\delta \in B_{IVa6}$，则 $F_{116}(\delta)$=正在 状语$_{(频率,对象)}$ $\delta \in P_{IV}$.

S_{118}. 若 $\delta \in B_{TVa1} \cup B_{TVa2} \cup B_{TVa3} \cup B_{TVa6} \cup B_{TVa7}$，则 $F_{117}(\delta)$=老 $\delta \in P_{TV}$.

S_{119}. 若 $\delta \in B_{IVa3} \cup B_{IVa4} \cup B_{IVa5} \cup B_{IVa6}$，则 $F_{118}(\delta)$=老 $\delta \in P_{IV}$.

S_{120}. 若 $\delta \in B_{TVa1} \cup B_{TVa2} \cup B_{TVa3} \cup B_{TVa6} \cup B_{TVa7}$，则 $F_{119}(\delta)$=老 不 $\delta \in P_{TV}$.

S_{121}. 若 $\delta \in B_{IVa3} \cup B_{IVa4} \cup B_{IVa5} \cup B_{IVa6}$，则 $F_{120}(\delta)$=老 不 $\delta \in P_{IV}$.

S_{122}. 若 $\delta \in B_{TVa3}$，则 $F_{121}(\delta)$=老 没/没有 $\delta \in P_{TV}$.

S_{123}. 若 $\delta \in B_{IVa4}$，则 $F_{122}(\delta)$=老 没/没有 $\delta \in P_{IV}$.

S_{124}. 若 $\delta \in \emptyset$，则 $F_{123}(\delta)$=老 没/没有 抽象名词 $\in P\emptyset$.

S_{125}. 若 $\delta \in B_{TVa1} \cup B_{TVa2}$，则 $F_{124}(\delta)$=短时时段词语 老 $\delta \in P_{TV}$.

S_{126}. 若 $\delta \in B_{IVa3}$，则 $F_{125}(\delta)$=短时时段词语 老 $\delta \in P_{IV}$.

S_{127}. 若 $\delta \in B_{TVa1} \cup B_{TVa2} \cup B_{TVa3} \cup B_{TVa6} \cup B_{TVa7}$，则 $F_{126}(\delta)$=长时时间副词 老 状语 $\delta \in P_{TV}$.

S_{128}. 若 $\delta \in B_{IVa3} \cup B_{IVa4} \cup B_{IVa5} \cup B_{IVa6}$，则 $F_{127}(\delta)$=长时时间副词 老 状语 $\delta \in P_{IV}$.

S_{129}．若 δ ∈ B_{IVa3}，则 F_{128}(δ)＝老 δ着 ∈ P_{IV}.

S_{130}．若 δ ∈ $B_{TVa2}\cup B_{TVa3}\cup B_{TVa7}$，则 F_{129}(δ)＝老是 δ ∈ P_{TV}.

S_{131}．若 δ ∈ B_{TVa5}，则 F_{130}(δ)＝老是 δ ∈ P_{TV}.

S_{132}．若 δ ∈ B_{IVa3}，则 F_{131}(δ)＝老是 δ ∈ P_{IV}.

S_{133}．若 δ ∈ B_{IVa6}，则 F_{132}(δ)＝老是 δ ∈ P_{IV}.

S_{134}．若 δ ∈ $U_{动}$，则 F_{133}(δ)＝老是 主谓短语 ∈ PU.

S_{135}．若 δ ∈ $B_{TVa3}\cup B_{TVa1}\cup B_{能愿}$，则 F_{134}(δ)＝老是 不 δ ∈ P_{TV}.

S_{136}．若 δ ∈ B_{TVa3}，则 F_{135}(δ)＝老是 没有 δ ∈ P_{TV}.

S_{137}．若 δ ∈ ∅，则 F_{136}(δ)＝老是 没有 抽象名词 ∈ $P_{\emptyset}$.

S_{138}．若 δ ∈ B_{IVa3}，则 F_{137}(δ)＝老是 δ着 ∈ P_{IV}.

S_{139}．若 δ ∈ $B_{TVa3}\cup B_{TVa4}$，则 F_{138}(δ)＝老是 δ着 ∈ P_{TV}.

S_{140}．若 δ ∈ $B_{TVa1}\cup B_{TVa2}\cup B_{TVa3}\cup B_{TVa4}\cup B_{TVa5}\cup B_{TVa7}$，则 F_{139}(δ)＝每…，总/总是 δ ∈ P_{TV}.

S_{141}．若 δ ∈ $B_{IVa1}\cup B_{IVa2}\cup B_{IVa3}\cup B_{IVa4}\cup B_{IVa6}$，则 F_{140}(δ)＝每…，总/总是 δ ∈ P_{IV}.

S_{142}．若 δ ∈ $B_{TVa1}\cup B_{TVa2}\cup B_{TVa3}\cup B_{TVa4}\cup B_{TVa5}\cup B_{TVa7}$，则 F_{141}(δ)＝总/总是 δ ∈ P_{TV}.

S_{143}．若 δ ∈ $B_{IVa1}\cup B_{IVa2}\cup B_{IVa3}\cup B_{IVa4}\cup B_{IVa6}$，则 F_{142}(δ)＝总/总是 δ ∈ P_{IV}.

S_{144}．若 δ ∈ $B_{TVa1}\cup B_{TVa2}\cup B_{TVa3}\cup B_{TVa4}\cup B_{TVa5}\cup B_{TVa7}$，则 F_{143}(δ)＝时段词语，总/总是 δ P_{TV}.

S_{145}．若 δ ∈ $B_{IVa1}\cup B_{IVa2}\cup B_{IVa3}\cup B_{IVa4}\cup B_{IVa6}$，则 F_{144}(δ)＝时段词语，总/总是 δ ∈ P_{IV}.

S_{146}．若 δ ∈ $B_{TVa1}\cup B_{TVa2}\cup B_{TVa3}\cup B_{TVa4}$，则 F_{145}(δ)＝总/总是 不 δ ∈ P_{TV}.

S_{147}．若 δ ∈ $B_{IVa1}\cup B_{IVa2}\cup B_{IVa3}$，则 F_{146}(δ)＝总/总是 不 δ ∈ P_{IV}.

S_{148}．若 δ ∈ $B_{TVa2}\cup B_{TVa5}$，则 F_{147}(δ)＝总/总是 没有 δ ∈ P_{TV}.

S_{149}．若 δ ∈ B_{IVa4}，则 F_{148}(δ)＝总/总是 没有 δ ∈ P_{TV}.

S_{150}．若 δ ∈ $B_{TVa3}\cup B_{TVa5}$，则 F_{149}(δ)＝总/总是 δ着（δ”）∈ P_{TV}.

S_{151}．若 δ ∈ B_{IVa3}，则 F_{150}(δ)＝总/总是 δ着（δ”）∈ P_{IV}.

S_{152}．若 δ ∈ $B_{TVa3}\cup B_{TVa5}\cup B_{TVa7}$，则 F_{151}(δ)＝通常 方式/地点状语 δ ∈ P_{TV}.

S_{153}．若 δ ∈ $B_{IVa3}\cup B_{IVa4}\cup B_{IVa6}$，则 F_{152}(δ)＝通常 方式/地点状语 δ

$\in P_{IV}$.

S_{154}. 若 $\delta \in B_{TVa3}$，则 $F_{153}(\delta)$=通常 时点状语 $\delta \in P_{TV}$.

S_{155}. 若 $\delta \in B_{IVa4}$，则 $F_{154}(\delta)$=通常 时点状语 $\delta \in P_{IV}$.

S_{156}. 若 $\delta \in B_{TVa3}$，则 $F_{155}(\delta)$=通常 时段状语 $\delta \in P_{TV}$.

S_{157}. 若 $\delta \in B_{TVa3}$，则 $F_{156}(\delta)$=通常 δ 时段宾语 $\in P_{TV}$.

S_{158}. 若 $\delta \in B_{IVa3} \cup B_{IVa4}$，则 $F_{157}(\delta)$=通常 δ 时段词语$\in P_{TV}$.

S_{159}. 若 $\delta \in \emptyset$，则 $F_{158}(\delta)$=通常 时段词语$\in P_{\emptyset}$.

S_{160}. 若 $\delta \in B_{TVa1}$，则 $F_{159}(\delta)$=通常 $\delta \in P_{TV}$.

S_{161}. 若 $\delta \in U_{动}$，则 $F_{160}(\delta)$=通常 小句 $S \in P_U$.

S_{162}. 若 $\delta \in B_{TVa3}$光杆，则 $F_{161}(\delta)$=常/常常 $\delta \in P_{TV}$.

S_{163}. 若 $\delta \in B_{TVa1} \cup B_{TVa2} \cup B_{TVa3} \cup B_{TVa4} \cup B_{TVa6}$，则 $F_{162}(\delta)$ = 常/常常 $\delta \in P_{TV}$.

S_{164}. 若 $\delta \in B_{TVa3} \cup B_{TVa4} \cup B_{TVa5}$，则 $F_{163}(\delta)$ = 常/常常 方式/时间/地点/原因状语 $\delta \in P_{TV}$.

S_{165}. 若 $\delta \in U_{动}$，则 $F_{164}(\delta)$ = 常常 S_1，$S_2 \in P_{TV \cup IV}$.（$U_{动}$表示的是动词类的全集）

S_{166}. 若 $\delta \in U_{动}$，则 $F_{165}(\delta)$=常常 不 $\delta \in P_{TV \cup IV}$.

S_{167}. 若 $\delta \in U_{动}$，则 $F_{166}(\delta)$=不 常/常常 $\delta \in P_{TV \cup IV}$.

S_{168}. 若 $\delta \in B_{TVa3} \cup B_{TVa4} \cup B_{TVa5}$，则 $F_{167}(\delta)$=常/常常 δ着 $\in P_{TV}$.

S_{169}. 若 $\delta \in B_{IVa3}$，则 $F_{168}(\delta)$=常常 δ着 $\in P_{IV}$.

S_{170}. 若 $\delta \in B_{TVa1}$，则 $F_{169}(\delta)$=往往 $\delta \in P_{TV}$.

S_{171}. 若 $\delta \in U_{IV}$，则 $F_{170}(\delta)$=往往 状语 δ或者 状语 往往 $\delta \in P_{IV}$.

S_{172}. 若 $\delta \in U_{TV}$，则 $F_{171}(\delta)$=往往 状语 δ或者 状语 往往 $\delta \in P_{TV}$.

S_{173}. 若 $\delta \in U_{IV}$，则 $F_{172}(\delta)$=往往（主 δ）$\in P_{IV}$.

S_{174}. 若 $\delta \in U_{TV}$，则 $F_{173}(\delta)$=往往（主 δ）$\in P_{TV}$.

S_{175}. 若 $\delta \in U_{IV}$，则 $F_{174}(\delta)$=往往 不/没 $\delta \in P_{IV}$.

S_{176}. 若 $\delta \in U_{TV}$，则 $F_{175}(\delta)$=往往 不/没 $\delta \in P_{TV}$.

S_{177}. 若 $\delta \in U_{IV}$，则 $F_{176}(\delta)$=往往 δ着 $\in P_{IV}$.

S_{178}. 若 $\delta \in U_{TV}$，则 $F_{177}(\delta)$=往往 δ着 $\in P_{TV}$.

S_{179}. 若 $\delta \in U_{IV}$，则 $F_{178}(\delta)$=往往 δ了 $\in P_{IV}$.

S_{180}. 若 $\delta \in U_{TV}$，则 $F_{179}(\delta)$=往往 δ了 $\in P_{TV}$.

S_{181}. 若 $\delta \in B_{TVa1} \cup B_{TVa3}$，则 $F_{180}(\delta)$=每每 $\delta \in P_{TV}$.

S_{182}. 若 δ ∈ B_{TVa2} ∪ B_{TVa3} ∪ B_{TVa4} ∪ B_{TVa5} ∪ B_{TVa6}，则 F_{181}(δ) = 每每 δ ∈ P_{TV}.

S_{183}. 若 δ ∈ B_{IVa3}，则 F_{182}(δ) = 每每 δ ∈ P_{IV}.

S_{184}. 若 δ ∈ B_{TVa3} ∪ B_{TVa4}，则 F_{183}(δ) = 每每 δ着 ∈ P_{TV}.

S_{185}. 若 δ ∈ B_{TVa3} ∪ B_{TVa6}，则 F_{184}(δ) = 每每 δ了 ∈ P_{TV}.

S_{186}. 若 δ ∈ $U_{动}$，则 F_{185}(δ) = 每每 表时点的词语，S ∈ $P_{\emptyset}$.

S_{187}. 若 δ ∈ B_{TVa1} ∪ B_{TVa2} ∪ B_{TVa3} ∪ B_{TVa4} ∪ B_{TVa5} ∪ B_{TVa6}，则 F_{186}(δ) = 每每 不 δ ∈ P_{TV}.

S_{188}. 若 δ ∈ B_{TVa3}，则 F_{187}(δ) = 每每 不 δ ∈ P_{IV}.

S_{189}. 若 δ ∈ $U_{动}$，则 F_{188}(δ) = 有时 δ ∈ P_{IV} ∪ P_{TV}.

S_{190}. 若 δ ∈ $U_{动}$，则 F_{189}(δ) = 有时 S ∈ P_{IV} ∪ P_{TV}.

S_{191}. 若 δ ∈ B_{TVa3} ∪ B_{TVa5}，则 F_{190}(δ) = 有时 δ着 ∈ P_{TV}.

S_{192}. 若 δ ∈ B_{IVa3}，则 F_{191}(δ) = 有时 δ着 ∈ P_{IV}.

S_{193}. 若 δ ∈ B_{TVa3}，则 F_{192}(δ) = 有时 δ了 ∈ P_{TV}.

S_{194}. 若 δ ∈ B_{TVa1} ∪ B_{TVa2} ∪ B_{TVa3}，则 F_{193}(δ) = 有时 不 δ ∈ P_{TV}.

S_{195}. 若 δ ∈ B_{IVa1} ∪ B_{IVa4}，则 F_{194}(δ) = 有时 不 δ ∈ P_{IV}.

S_{196}. 若 δ ∈ $(B_{TVa1} \cup B_{TVa3} \cup B_{TVa4})_{单音节}$，则 F_{195}(δ) = 偶 δ ∈ P_{TV}.

S_{197}. 若 δ ∈ $(B_{IVa3})_{单音节}$，则 F_{196}(δ) = 偶 δ ∈ P_{IV}.

S_{198}. 若 δ ∈ B_{TVa1} ∪ B_{TVa3} ∪ B_{TVa4} ∪ B_{TVa7}，则 F_{197}(δ) = 偶尔 δ ∈ P_{TV}.

S_{199}. 若 δ ∈ B_{IVa3} ∪ B_{IVa6}，则 F_{198}(δ) = 偶尔 δ ∈ P_{IV}.

S_{200}. 若 δ ∈ B_{TVa3} ∪ B_{TVa4} ∪ {有}，则 F_{199} (δ) = 偶或 δ ∈ P_{TV}.

S_{201}. 若 δ ∈ $U_{动}$，则 F_{200}(δ) = 偶或/偶尔 S ∈ P_U.

S_{202}. 若 δ ∈ B_{TVa3}，则 F_{201}(δ) = 偶或 地点状语 δ ∈ P_{TV}.

S_{203}. 若 δ ∈ B_{TVa4}，则 F_{202}(δ) = 偶尔（地点/方式/对象）状语 δ ∈ P_{TV}.

S_{204}. 若 δ ∈ B_{TVa3} ∪ B_{TVa4}，则 F_{203}(δ) = 时点/时段词语，偶尔 δ ∈ P_{TV}.

S_{205}. 若 δ ∈ B_{TVa3}，则 F_{204}(δ) = 时段词语，偶/偶或 δ ∈ P_{TV}.

S_{206}. 若 δ ∈ $(B_{TVa3} \cup B_{TVa4})_{双音节}$，则 F_{205}(δ) = 偶尔 不 δ ∈ P_{TV}.

S_{207}. 若 δ ∈ B_{TVa4}，则 F_{206}(δ) = 偶 不 δ ∈ P_{TV}.

S_{208}. 若 δ ∈ {是，有} ∪ B_{TVa3} ∪ B_{TVa5} ∪ B_{TVa6}，则 F_{207}(δ) = 随即/随后 δ ∈ P_{TV}.

S_{209}. 若 δ ∈ B_{IVa4} ∪ B_{IVa5}，则 F_{208}(δ) = 随即/随后 δ ∈ P_{IV}.

S_{210}. 若 $\delta \in$ {是，有} $\cup B_{TVa3} \cup B_{TVa5} \cup B_{TVa6}$，则 $F_{209}(\delta)$＝随即/随后 又/还/也/便/就 $\delta \in P_{TV}$.

S_{211}. 若 $\delta \in B_{IVa4} \cup B_{IVa5}$，则 $F_{210}(\delta)$＝随即/随后 又/还/也/便/就 $\delta \in P_{IV}$.

S_{212}. 若 $\delta \in B_{TVa3}$，则 $F_{211}(\delta)$＝随即/随后 地点/目的/方式/对象状语 $\delta \in P_{TV}$.

S_{213}. 若 $\delta \in B_{IVa4}$，则 $F_{212}(\delta)$＝随即/随后 地点/目的/方式/对象状语 $\delta \in P_{IV}$.

S_{214}. 若 $\delta \in U_{动}$，则 $F_{213}(\delta)$＝随即/随后 $S \in P_U$.

S_{215}. 若 $\delta \in B_{TVa3} \cup B_{TVa5} \cup B_{TVa6}$，则 $F_{214}(\delta)$＝随即/随后 δ 了 $\in P_{TV}$.

S_{216}. 若 $\delta \in B_{IVa4} \cup B_{IVa5}$，则 $F_{215}(\delta)$＝随即 δ 了 $\in P_{IV}$.

S_{217}. 若 $\delta \in$ {是} $\cup B_{TVa2} \cup B_{TVa3}$，则 $F_{216}(\delta)$＝还 $\delta \in P_{TV}$.

S_{218}. 若 $\delta \in B_{IVa1} \cup B_{IVa4}$，则 $F_{217}(\delta)$＝还 $\delta \in P_{IV}$.

S_{219}. 若 $\delta \in B_{TVa1} \cup B_{TVa3} \cup B_{TVa4} \cup B_{TVa5} \cup B_{TVa7}$，则 $F_{218}(\delta)$＝又 $\delta \in P_{TV}$.

S_{220}. 若 $\delta \in B_{IVa1} \cup B_{IVa2} \cup B_{IVa3} \cup B_{IVa4} \cup B_{IVa6}$，则 $F_{219}(\delta)$＝又 $\delta \in P_{IV}$.

S_{221}. 若 $\delta \in B_{TVa2} \cup B_{TVa5} \cup B_{TVa7}$，则 $F_{220}(\delta)$＝再 $\delta \in P_{TV}$.

S_{222}. 若 $\delta \in B_{IVa4} \cup B_{IVa6}$，则 $F_{221}(\delta)$＝再 $\delta \in P_{IV}$.

S_{223}. 若 $\delta \in B_{TVa1} \cup B_{TVa3}$，则 $F_{222}(\delta)$＝又 不 $\delta \in P_{TV}$.

S_{224}. 若 $\delta \in B_{IVa4}$，则 $F_{223}(\delta)$＝又 不 $\delta \in P_{IV}$.

S_{225}. 若 $\delta \in$ {名词} $\cup B_{TVa3}$，则 $F_{224}(\delta)$＝又 没（有）$\delta \in P_{TV}$.

S_{226}. 若 $\delta \in B_{IVa4}$，则 $F_{225}(\delta)$＝又 没（有）$\delta \in P_{IV}$.

S_{227}. 若 $\delta \in B_{TVa2} \cup B_{TVa5} \cup B_{TVa7}$，则 $F_{226}(\delta)$＝不/别/没（有）再 $\delta \in P_{TV}$.

S_{228}. 若 $\delta \in B_{IVa4} \cup B_{IVa6}$，则 $F_{227}(\delta)$＝不/别/没（有）再 $\delta \in P_{IV}$.

S_{229}. 若 $\delta \in B_{TVa2} \cup B_{TVa3}$，则 $F_{228}(\delta)$＝再 不 $\delta \in P_{TV}$.

S_{230}. 若 $\delta \in B_{IVa1}$，则 $F_{229}(\delta)$＝再 不 $\delta \in P_{IV}$.

S_{231}. 若 $\delta \in \emptyset$，则 $F_{230}(\delta)$＝再 不是/没有 名词 $\in P_{\emptyset}$.

S_{232}. 若 $\delta \in B_{TVa3}$，则 $F_{231}(\delta)$＝再 别 $\delta \in P_{TV}$.

S_{233}. 若 $\delta \in B_{IVa4}$，则 $F_{232}(\delta)$＝再 别 $\delta \in P_{IV}$.

S_{234}. 若 $\delta \in B_{TVa1} \cup B_{TVa3} \cup B_{TVa4} \cup B_{TVa5} \cup B_{TVa7}$，则 $F_{233}(\delta)$＝又 δ 了 $\in P_{TV}$.

S_{235}. 若 $\delta \in B_{IVa1} \cup B_{IVa2} \cup B_{IVa3} \cup B_{IVa4} \cup B_{IVa6}$，则 $F_{234}(\delta)$＝又 δ 了

$\in P_{IV}$.

S_{236}. 若 $\alpha\in P_{NP}$，并且 $\delta\in P_{TV}$，则 F_{235}（α，δ）$=\delta\alpha\in P_{IV}$.

S_{237}. 若 $\alpha\in P_{NP}$，并且 $\delta\in P_{IV}$，则 F_{236}（α，δ）$=\alpha\delta\in P_t$.

第二节 时间逻辑语言 $\mathscr{L}$

每种逻辑语言都包括语形和语义两部分，时间逻辑语言也不例外。

一 时间逻辑语言 $\mathscr{L}$ 的语形

时间逻辑语言 $\mathscr{L}$ 的语形包括语义类型表达式和自然语言表达式两部分。

1. 语义类型的集合 T

我们用递归的方式来定义集合 T。集合 T 为满足如下条件的最小集合：

a. e，t $\in$ T；

b. 若 a，b $\in$ T，则 $\langle a, b\rangle\in$ T；

c. T 中的元素可以有限次地运用 a 或 b 生成。且除此之外，别无其他。

2. $\mathscr{L}$ 中合式公式的集合 WF

自然语言表达式对应于 $\mathscr{L}$ 中的合式公式。

合式公式集 WF_b（$b\in T$）的递归定义如下：

a. 对于任意 $b\in T$，$Con_b\subseteq WF_b$ 且 $Var_b\subseteq WF_b$；

b. 若 $\varphi\in WF_c$，u 为 d 类型的变项，则 $\lambda u\,\varphi\in WF_{\langle c,d\rangle}$；

c. 若 $\varphi\in WF_{\langle c,d\rangle}$，且 $\beta\in WF_c$，则 $\varphi(\beta)\in WF_d$；（这些公式中的下标 b、c 和 d 均与集合 T 中的 b、c 和 d 类型对应）；

d. 若 Φ，$\psi\in WF_t$，则 $\neg\Phi$，$\Phi\wedge\psi$，$\Phi\rightarrow\psi$，$Ga\Phi$，$ZJ\Phi$，$BJ\Phi$，$ZJi\Phi$，$YZ\Phi$，$Cai\Phi$，$Ce\Phi$，$J_{未然}\Phi$，$J_{已然}\Phi$，$Z\Phi$，$ZH\Phi$，$ZZ\Phi$，$Lao\Phi$，$LS\Phi$，$ZS\Phi$，$TC\Phi$，$CC\Phi$，$WW\Phi$，$MM\Phi$，$YS\Phi$，$OU\Phi$，$OUer\Phi$，$OUh\Phi$，$SJ\Phi$，$SH\Phi$，$Hai\Phi$，$You\Phi$，$Zai\Phi\in WF_t$；

e. 若 Φ，$\psi\in WF_t$，则 $\Phi=\psi\in WF_t$；

f. 若 $\Phi\in WF_t$，且 u 为变项，则 $\forall u\Phi$，$\exists u\Phi\in WF_t$；

g. WF_b（$b\in T$）的元素都是运用 a—f 生成的。除此之外，别无其他。

二 时间逻辑语言$\mathscr{L}$的语义

$\mathscr{L}$的语义理论包括语义框架和语义解释模型两大部分。但由于本系统着重处理时间副词的形式语义，与之相关的时间结构理论也必须具体介绍。

（一）$\mathscr{L}$的语义框架

我们把$\mathscr{L}$的语义框架 Dom 定义如下：

a. 对基本类型 e，t $\in$ T 来说，满足：

$Dom_e = U$；（U 指个体定义域）

$Dom_t = \{0, 1\}$；

b. 对每种派生类型<b，c>来说，满足：

$Dom_{<b,c>} = Dom_{c}^{Dom_b}$。

（二）$\mathscr{L}$的时间结构

$\mathscr{L}$的时间结构为 $Stu = <I, i, \subseteq, \subset, \subset_{in}, \subset_{fi}, \propto, <, <>$。其定义如下：

1. I 代表该结构中的任何时段，而 i 代表任何时点。如果 i_1，i_2，$i_3 \in Stu$，有 i_1，$i_3 \in I$，且 $i_1 < i_2 < i_3$，则 $i_2 \in I$。且以上关系也适用于时段间。关系<表示的是时间（时点或时段）间的线性关系，也可叫作居前关系，<表示时段间的长短关系，即前者时段的长度短于后者时段的长度；

2. 时段 I 是时段 J 的子时段，当且仅当，对所有 $i \in I$，都有 $i \in J$，记作 $I \subseteq J$；

3. 时段 I 是时段 J 的真子时段，当且仅当，对所有 $i \in I$，都有 $i \in J$，且存在 $i' \in J$，但 $i' \notin I$，记作 $I \subset J$；

4. 时段 I 为时段 J 的初始子时段（initial subinterval），即 $I \subset_{in} J$，当且仅当，I 是 J 的子时段，且不存在 $i \in (J-I)$，使得存在 $i' \in I$，满足 $i < i'$；

5. 时段 I 为时段 J 的终结子时段（initial subinterval），即 $I \subset_{fi} J$，当且仅当，I 是 J 的子时段，且不存在 $i \in (J-I)$，使得有 $i' \in I$，满足 $i' < i$；

定义 4 和定义 5 也可以来定义时点是时段的初始时点和终结时点。

6. $I \propto J$，当且仅当，存在 $I_1 \subset_{in} I$，且 $I_2 \subset_{fi} J$，使得 $I_1 = I_2$。

这些时间结构是该系统进行语义解释的基础。

（三）$\mathscr{L}$的语义模型 M

一切语义模型都是建立在语义框架之上的。因此，$\mathscr{L}$的语义模型 M 也是在语义框架 Dom 的基础上来讨论的。

$\mathscr{L}$的语义模型 M＝<D，I，i，<，<，$\| \|_{\Omega,i,g}$>。具体定义如下：

1. D 为非空的个体集；

2. D 上的语义框架 Dom 的定义如上；

3. I 为时段的集合，i 为时点的集合，而<为时段或时点间的居前关系；<为时段间的长短关系，即 I<I'，指时段 I 的长度短于时段 I'；

4. 以 I 或 i 为基础的时间结构的各项定义如上；

5. $\| \|_{\Omega,i,g}$为赋值函项，其中，下标 g 为对自由变项的赋值函数，即 g：$Var_b \rightarrow Dom_b$。

时间逻辑语言 $\mathscr{L}$的合适公式集 WF 是通过递归定义中的 a—g 递归定义生成的。因此，$\mathscr{L}$的语义模型 M 对 WF_b的语义赋值也可通过如下递归方法加以定义。

(1) 若 $\alpha \in Con_b$，则 $\|\alpha\|_{\Omega,i,g} = \|\alpha\|_{\Omega,i} \in Dom_e$。

(2) 若 $\alpha \in Var_b$，则 $\|\alpha\|_{\Omega,i,g} = g(\alpha) = Dom_e$。

(3) 若 $\alpha \in WF_b$，且 u 为 c 类型的变项，则 $\|\lambda u\, \alpha\|_{\Omega,i,g} = f$，满足，对任意 $x \in Dom_c$，都有 $f(x) = \|\alpha\|_{\Omega,i,g[x/u]}$。

(4) 若 $\varphi \in WF_{<c,d>}$，且 $\beta \in WF_c$，则 $\|\varphi(\beta)\|_{\Omega,i,g} = \|\varphi\|_{\Omega,i,g}(\|\beta\|_{\Omega,i,g})$。

(5) 若 Φ，$\psi \in WF_t$，且 u 为变项，则 $\|\neg\Phi\|_{\Omega,i,g}$ $\|\Phi\wedge\psi\|_{\Omega,i,g}$ $\|\Phi\rightarrow\psi\|_{\Omega,i,g}$ $\|\forall u\Phi\|_{\Omega,i,g}$ $\|\exists u\Phi\|_{\Omega,i,g}$的定义如一般谓词逻辑中的定义。

(6) 若 $\Phi \in WF_t$，$\|Ga_1\Phi\|_{\Omega,i,g} = 1$，当且仅当，如果：

a. I 为该模型的参照时间段，一般理解为讲话时间；

b. (m_1, m_2) 为由满足条件 $m_1 < m_2$ 的时点 m_1 和 m_2 构成的开区间时间段；

则 $\|Ga_1\Phi\|_{\Omega,i,g} = 1$，当且仅当，存在 i，$m_1$，$m_2 \in M$，I，I'，I'' $\in$I，满足 I' = $\{m_1\}$，$\{m_2\} \subset_{fi}$ I，i$\in$I，I'' 是说话者的主观感受时段，$\|\Phi\|_{\Omega}$，I'，g=1，且 $(m_1, m_2) \subset$I''。

(7) 若 $\Phi \in WF_t$，则 $\|Ga_2\Phi\|_{\Omega,i,g} = 1$，当且仅当，存在 i，i'，满足，i$\in$I，i'$\in I_{时点}$'，且 $I_{时点}$'<I，I'$\cap$I=$\emptyset$，使得 $\|\Phi\|_{\Omega,i',g} = 1$。其中，I 为说话者主观参照时点所组成的时段，而 $I_{时点}$' 为时点时间词所表示的时段，“<”表示时段间的居前关系。

(8) 若 $\Phi \in WF_t$，则 $\|Ga_3\Phi\|_{\Omega,i,g} = 1$，当且仅当，存在 i，i$\in$I，且 I$\subset_{in}$I，使得 $\|\Phi\|_{\Omega,i,g} = 1$。

（9）若 $\Phi \in WF_t$，则 $\|Ga_4\ \Phi\|_{\Omega,i,g}=1$，当且仅当，存在时段 I 和 I'，满足 I<I'，使得 LAST（Φ）^{预想}=I'，但 LAST（Φ）^{实际}=I。

（10）若 $\Phi \in WF_t$，则 $\|ZJ\ \Phi\|_{\Omega,i,g}=1$，当且仅当，存在 $i \in I$，且 $i' \in I$ 满足 $i'<i$，并且 $\neg(i' \subset_{in} I)$ 且 $\neg(i \subset_{fi} I)$，使得：$\|\Phi\|_{\Omega,i',g}=1$。其中，I 为事件 Φ 所存在或持续的时段，i 为参照时间，而 i' 为过去的某时点，但它包含在时段 I 当中。

（11）若 $\Phi \in WF_t$，则 $\|BJ\ \Phi\|_{\Omega,i,g}=1$，当且仅当，i 为参照时间，存在 i'，满足 $i<i'$，且 $i' \subset_{in} I$，使得：$\|\Phi\|_{\Omega,i',g}=1$。其中，I 为事件 Φ 所发生或进行的时段，i 为参照时间，而 i' 为将来某时点，为时段 I 的起点。

（12）若 $\Phi \in WF_t$，则 $\|(YZ)_1\ \Phi\|_{\Omega,i,g}=1$，当且仅当，存在时点 i 和 i'，i"，满足：i 为说话时间，i'，i" 分别为 i 之前的时点，即 $i''<i'<i$，假设时点 i" 到 i' 的时段为 I_1，时点 i" 到 i 的时段为 I_2，时点 i" 为起点，终点不确定的时段为 I_3。则有：$\|\Phi\|_{\Omega,I1,g}=1$，或者 $\|\Phi\|_{\Omega,I2,g}=1$ 或者 $\|\Phi\|_{\Omega,I3,g}=1$。

（13）若 $\Phi \in WF_t$，则 $\|(YZ)_2\ \Phi\|_{\Omega,i,g}=1$，当且仅当，存在时点 i 和 i'，i"，i"'，满足：i 为参照时间，i'，i"，i"' 分别为 i 之前的时点，即 $i'''<i''<i'<i$，假设时点 i"' 到 i" 的时段为 I_1，时点 i" 到 i' 的时段为 I_2，时点 i' 到 i 的时段为 I_3，i 为起点的时段为 I_4，则有：$\|\Phi\|_{\Omega,I1,g}=1$，且 $\|\Phi\|_{\Omega,I3,g}=1$ 但 $\|\Phi\|^{\text{主观}}_{\Omega,I4,g}=1$。

（14）若 $\Phi \in WF_t$，则 $\|Cai_1\ \Phi\|_{\Omega,i,g}=1$，当且仅当，若：

a. I 为该模型的参照时间段，一般理解为讲话时间；

b.（m_1，m_2）为由满足条件 $m_1<m_2$ 的时点 m_1 和 m_2 构成的开区间时间段；

则 $\|Cai_1\ \Phi\|_{\Omega,i,g}=1$，当且仅当，存在 i，$m_1$，$m_2 \in M$，I，I'，I" $\in$ I，满足 I'=$\{m_1\}$，$\{m_2\} \subset_{fi}$ I，$i \in I$，I" 是说话者的主观感受时段，$\|\Phi\|_{\Omega,I',g}=1$，且（m_1，m_2）$\subset$ I"。

（15）若 $\Phi \in WF_t$，则 $\|Cai_2\ \Phi\|_{\Omega,i,g}=1$，当且仅当，存在时点 i，i' 和 i"，满足：i 为说话时间，且 $i''<i'<i$，使得：$\|\Phi\|^{\text{实际}}_{\Omega,i',g}=1$，且 $\|\Phi\|^{\text{预期}}_{\Omega,i'',g}=1$。

（16）若 $\Phi \in WF_t$，则 $\|Cai_3 i\|_{\Omega,i,g}=1$，当且仅当，存在时点 i 和 i'，满足：i 为说话时间，也是时点时间名词所对应的时间，$i'<i$，使得：$\|i\|^{\text{实际}}_{\Omega,i,g}=1$，且 $\|i\|^{\text{预期}}_{\Omega,i',g}=1$。

（17）若 $\Phi \in WF_t$，则 $\|Cai_4\ \Phi\|_{\Omega,i,g}=1$，当且仅当，存在时点 i，i' 和

i"，满足：i 为说话时间，且 i"<i'<i，i'$\subseteq_{in}$I，i$\subseteq_{fi}$I，i"$\subseteq$I'，i$\subseteq$I'，τ（Φ）$\in$I，使得：$\|\Phi\|^{实际}_{\Omega,I,g}=1$，而 $\|\Phi\|^{预期}_{\Omega,I,g}=1$。

（18）若 $\Phi\in WF_t$，则 $\|Ce\ \Phi\|_{\Omega,i,g}=1$，当且仅当，存在 i' $\in$I，满足 i'<i，且有 i" $\in$I，满足 i" ∞ i'，使得：$\|\Phi\|_{\Omega,i'',g}=1$。

（19）若 $\Phi\in WF_t$，则 $\|J_{未然}\Phi\|_{\Omega,I,g}=1$，当且仅当，有时段/时点 i 和 i'，满足 i<i'，使得 $\|\Phi\|_{\Omega,i',g}=1$。

（20）若 $\Phi\in WF_t$，则 $\|J_{已然1}\Phi\|_{\Omega,i,g}=1$，当且仅当，有时点 i、i'和 i"，满足（（i=说话时间）$\wedge$（i'=说话人预期的事件发生的时间）$\wedge$（i"=事件实际发生的时间）$\wedge$（i"<i'<i）），使得 $\|\Phi\|_{\Omega,i'',g}=1$。

（21）若 $\Phi\in WF_t$，则 $\|J_{已然2}\Phi\|_{\Omega,i,g}=1$，当且仅当，有时点 i、i'和 i"，满足（（i=说话时间）$\wedge$（i'=说话人预期的事件发生的时间）$\wedge$（i"=事件实际发生的时间）$\wedge$（i'<i"<i）），使得 $\|\Phi\|_{\Omega,i'',g}=1$。

（22）若 $\Phi\in WF_t$，则 $\|J_{已然3}\Phi\|_{\Omega,i,g}=1$，当且仅当，存在时段 I、I'，满足（（I'=说话人预期的事件持续的时间）$\wedge$（I=事件实际持续的时间）$\wedge$（I<I'<i）（i 为说话时间），使得 $\|\Phi\|^{预期}_{\Omega,I',g}=1$，且 $\|\Phi\|^{实际}_{\Omega,I}=1$。

（23）若 $\Phi\in WF_t$，则 $\|J_{已然4}\Phi\|_{\Omega,i,g}=1$，当且仅当，存在时段 I、I'，满足（I'=说话人预期的事件持续的时间）$\wedge$（I=事件实际持续的时间）$\wedge$（I'<I），且 i 为说话时间，使得 $\|\Phi\|_{\Omega,I,g}=1$。

（24）若 $\Phi\in WF_t$，则 $\|J_{已然5}\Phi\|_{\Omega,i,g}=1$，当且仅当，存在时段 I 和时点 i'和 i"，且存在事件 e，τ（e）$\subseteq$I，且 i'为 I 的最大上限，满足 i' $\models$ $\neg$e，且满足 $\|\Phi\|_{\Omega,i'}=1$，同时 i'<i"<i(i 为说话时间)，i"为说话人预期的事件 Φ 发生的时间。

（25）若 $\Phi\in WF_t$，则 $\|J_{已然6}\Phi\|_{\Omega,i,g}=1$，当且仅当，存在时点 i'和 i"，满足 i'<i"<i,其中，i=说话时间，满足 $\|\Phi\|^{预期}_{\Omega,i',g}=1$，且 $\|\Phi\|^{实际}_{\Omega,i'',g}=1$。

（26）若 $\Phi\in WF_t$，则 $\|J_{已然7}\Phi\|_{\Omega,i,g}=1$，当且仅当，存在时段 I 和时点 i'和 i"，且存在事件 e，τ（e）$\subseteq$I，且 i'为 I 的最大上限，满足 i' $\models$ $\neg$e，i'<i"，使得 $\|\Phi\|_{\Omega,i'',g}=1$。

（27）若 $\Phi\in WF_t$，则 $\|J_{已然8}\Phi\|_{\Omega,i,g}=1$，当且仅当，存在时段 I 和时点 i、i'和 i"，其中，i 为说话时间，i'为时段 I 的最大上限，且 i'<i"<i;存在事件 e，τ（e）$\subseteq$I，满足 i' $\models$ $\neg$e，且 $\|\Phi\|^{实际}_{\Omega,i',g}=1$，而 $\|\Phi\|^{预期}_{\Omega,i'',g}=1$。

（28）若 $\Phi\in WF_t$，则 $\|Z(\Phi)\|_{\Omega,i,g}=1$，当且仅当，存在 i'$\in$I，满足 i$\subset$i'并且$\neg$(i$\subset_{fi}$i')且$\neg$(i$\subset_{in}$i')，使得 $\|\Phi\|_{\Omega,i',g}=1$。

（29）若 $\Phi \in WF_t$，则 $\| ZH\,\Phi \|_{\Omega,i,g}=1$，当且仅当，存在 $i' \in I$，满足 $i' \in I$，且 $\neg(i \in_{fi} I)$ 且 $\neg(i \in_{in} I)$ 且 $i'=i$ 使得：$\| \Phi \|_{\Omega,i',g}=1$。

（30）若 $\Phi \in WF_t$，则 $\| ZZ\,\Phi \|_{\Omega,i,g}=1$，当且仅当，存在 $i' \in I$，满足 $i \subset i'$，且 $\neg(i \subset_{fi} I)$ 且 $\neg(i \subset_{in} I)$ 且 $i'=i$，使得：$\| \Phi \|_{\Omega,i'}=1$。

（31）若 $\Phi \in WF_t$，则 $\| Lao_1\,\Phi \|_{\Omega,i,g}=1$，当且仅当，$\#|\{i \in I | [\![\varphi]\!]_i=1\}|/\#|\{i \in I | [\![\varphi]\!]_{i'}=1 \vee [\![\varphi]\!]_{i'}=0| \geq 80\%$。

（32）若 $\Phi \in WF_t$，则 $\| Lao_2\Phi \|_{\Omega,i,g}=1$，当且仅当，存在 $i', i'' \in I$，满足 $i''<i'<i$，并且 $\neg(i \subset_{fi} I)$ 且 $\neg(i'' \subset_{in} I)$，使得 $\| \Phi \|_{\Omega,i',g}=1$ 且 $\| \Phi \|_{\Omega,i'',g}=1$。

（33）若 $\Phi \in WF_t$，则 $\| LS_1\Phi \|_{\Omega,i,g}=1$，当且仅当，$\#|\{i \in I | [\![\varphi]\!]_i=1\}|/\#|\{i \in I | [\![\varphi]\!]_{i'}=1 \vee [\![\varphi]\!]_{i'}=0| \geq 80\%$。

（34）若 $\Phi \in WF_t$，则 $\| LS_2\Phi \|_{\Omega,i,g}=1$，当且仅当，存在 $i', i'' \in I$，满足 $i''<i'<i$，并且 $\neg(i \subset_{fi} I)$ 且 $\neg(i'' \subset_{in} I)$，使得 $\| \Phi \|_{\Omega,i',g}=1$ 且 $\| \Phi \|_{\Omega,i'',g}=1$。

（35）若 $\Phi \in WF_t$，则 $\| ZS_1\,\Phi \|_{\Omega,i,g}=1$，当且仅当，存在时段 I_1，I_2，I_3，…，满足 I_1，I_2，I_3，$\cdots<i$，且 I_1，I_2，I_3，…有相同的条件，$\#|\{i' \in (I_1 \vee I_2 \vee I_3 \vee \cdots) | [\![\varphi]\!]_{i'}=1\}|/\#|\{i' \in (I_1 \vee I_2 \vee I_3 \vee \cdots) | [\![\varphi]\!]_{i'}=1 \vee [\![\varphi]\!]_{i'}=0\}| \geq 90\%$。

（36）若 $\Phi \in WF_t$，则 $\| ZS_2\Phi \|_{\Omega,i,g}=1$，当且仅当，存在 $i', i'' \in I$，满足 $i''<i'<i$，并且 $\neg(i \subset_{fi} I)$ 且 $\neg(i'' \subset_{in} I)$，使得 $\| \Phi \|_{\Omega,i',g}=1$ 且 $\| \Phi \|_{\Omega,i'',g}=1$。

（37）若 $\Phi \in WF_t$，则 $\| TC(\Phi) \|_{\Omega,i,g}=1$，当且仅当，存在时点 i'，时段 I 和 n，满足 $i'<i$，$I<i$，i 为参照时间，$n \geq 4/5$，满足：$\#|\{i' \in I | [\![\varphi]\!]_i=0\}|/\#|\{i' \in I | [\![\varphi]\!]_i=1\} \vee [\![\varphi]\!]_{i'}=0| \leq n$。

（38）若 $\Phi \in WF_t$，则 $\| CC(\Phi) \|_{\Omega,i,g}=1$，当且仅当，存在时点 i'，时段 I 和 n，满足 $i'<i$，$I<i$，i 为参照时间，$2/5<n<4/5$，满足：$\#|\{i' \in I | [\![\varphi]\!]_i=0\}|/\#|\{i' \in I | [\![\varphi]\!]_i=1\} \vee [\![\varphi]\!]_{i'}=0| \leq n$。

（39）若 $\Phi \in WF_t$，则 $\| WW\,\Phi \|_{\Omega,i,g}=1$，当且仅当，存在时点 i'，时段 I 和 n，满足 $i'<i$，$I<i$，i 为参照时间，$2/5<n<4/5$，满足：$\#|\{i' \in I | [\![\varphi]\!]_{i'}=0\}|/\#|\{i' \in I | [\![\varphi]\!]_{i'}=1\} \vee [\![\varphi]\!]_{i'}=0| \leq n$。

（40）若 $\Phi \in WF_t$，则 $\| MM_1\,\Phi \|_{\Omega,i,g}=1$，当且仅当，存在时点 i'，时段 I 和 n，满足 $i'<i$，$I<i$，i 为参照时间，$2/5<n<4/5$，满足：$\#|\{i'$

$\in I|【\varphi】_{i'}=0\}|/\#|\{i'\in I|【\varphi】_{i'}=1\}\vee【\varphi】_{i'}=0|\leqslant n$。

(41) 若 $\Phi\in WF_t$，则 $\|MM_2\,\Phi\|_{\Omega,i,g}=1$，当且仅当存在时点 i'和时段 I，i 为参照时点，满足 $I<i$，且 $i'\in I$，使得 $\|\Phi\|_{\Omega,I,g}=1$。

(42) 若 $\Phi\in WF_t$，则 $\|YS\,\Phi\|_{\Omega,i,g}=1$，存在时点 i'，时段 I 和 n，满足 $i'<i$，$I<i$，i 为参照时间，$1/5<n<4/5$，满足：$\#|\{i'\in I|【\varphi】_{i'}=0\}|/\#|\{i'\in I|【\varphi】_{i'}=1\}\vee【\varphi】_{i'}=0|\leqslant n$。

(43) 若 $\Phi\in WF_t$，则 $\|OU\,\Phi\|_{\Omega,i,g}=1$，当且仅当，存在时点 i'，时段 I 和 n，满足 $i'<i$，$I<i$，i 为参照时间，$1/100<n<1/5$，满足：$\#|\{i'\in I|【\varphi】_{i'}=0\}|/|\{i'\in I|【\varphi】_{i'}=1\}\vee【\varphi】_{i'}=0|\leqslant n$。

(44) 若 $\Phi\in WF_t$，则 $\|OUer\,\Phi\|_{\Omega,i,g}=1$，存在时点 i'，时段 I 和 n，满足 $i'<i$，$I<i$，i 为参照时间，$1/100<n<1/5$，满足：$\#|\{i'\in I|【\varphi】_{i'}=0\}|/\#|\{i'\in I|【\varphi】_{i'}=1\}\vee【\varphi】_{i'}=0|\leqslant n$。

(45) 若 $\Phi\in WF_t$，则 $\|OUh\,\Phi\|_{\Omega,i,g}=1$，当且仅当，存在时点 i'，时段 I 和 n，满足 $i'<i$，$I<i$，i 为参照时间，$1/100<n<1/5$，满足：$\#|\{i'\in I|【\varphi】_{i'}=0\}|/\#|\{i'\in I|【\varphi】_{i'}=1\}\vee【\varphi】_{i'}=0|\leqslant n$。

(46) 若 $\Phi\in WF_t$，则 $\|SH\,\Phi\|_{\Omega,i,g}=1$，当且仅当，存在时点 i、i'、i"，时段 I，I'和事件 Φ'为与 Φ 相对的前一事件，满足 $i\subset_{fi}I$，且 $\|\Phi'\|_{\Omega,I}=1$，同时，$i<i'<i''$，且 $\neg(i'\subset_{in}I')$ 但 $i''\subset_{in}I'$，使得：$\|\Phi\|_{\Omega,I',g}=1$。

(47) 若 $\Phi\in WF_t$，则 $\|SJ\,(\Phi)\|_{\Omega,i}=1$，当且仅当，存在时点 i、i'、i"，时段 I，I'和事件 Φ'为与 Φ 相对的前一事件，满足 $i\subset_{fi}I$，且 $\|\Phi'\|_{\Omega,I}=1$，同时，$i<i'<i''$，且 $i'\subset_{in}I'$，使得：$\|\Phi\|_{\Omega,I',g}=1$。

(48) 若 $\Phi\in WF_t$，则 $\|Hai\,\Phi\|_{\Omega,i,g}=1$，当且仅当，存在两个时段 I 和 I，满足 $I<I'<i$，$\|\Phi\|_{\Omega,I}=\|\Phi\|_{\Omega,I'}=1$。

(49) 若 $\Phi\in WF_t$，则 $\|You\,\Phi\|_{\Omega,i,g}=1$，当且仅当，存存在两个时段 I 和 I，满足 $I<I'<i$，$\|\Phi\|_{\Omega,I}=\|\Phi\|_{\Omega,I'}=1$。

(50) 若 $\Phi\in WF_t$，则 $\|Zai\,\Phi\|_{\Omega,i,g}=1$，当且仅当，存在两个时段 I 和 I，满足 $I<I'<i$，$\|\Phi\|_{\Omega,I}=\|\Phi\|_{\Omega,I'}=1$。

以上就是本书所讨论系统中的时间逻辑语言 $\mathscr{L}$ 的语义模型及其赋值情况，且赋值函数都是相对于 g 和模型 Ω 而定义的。

第三节　翻译部分

逻辑系统的翻译部分承担着把灵活丰富的自然语言翻译为抽象的逻辑

语言的重任。本部分包括三个方面，即句法范畴与逻辑语义类型的映射函数；翻译中常用的逻辑变项及其所对应的语义类型；词汇和句法的翻译规则等。

一 从句法范畴标记集 Cat 到语义类型集 T 的映射函项

A. $f(B_{PN})=e, f(P_t)=t$；

B. $f(B_{CN})=f(P_{IV})=<e,t>$；

C. $f(A/B)=<f(B),f(A)>$；

D. $f(A\backslash B)=<f(A),f(B)>$。

二 翻译中常用的逻辑变项符号与其语义类型的对应关系

逻辑变项符号	语义类型
x，y，z，……	e
P，Q，……	$<e, t>$
P（，Q……	$<<e, t>, t>$
……	……

三 翻译规则

翻译规则包括自然语言中的词汇和句法向逻辑语言转换的具体规则。具体内容如下：

R_1. 若 $\alpha \in B_{PN}$，则α翻译为：α的汉语拼音 $\in$ Dom f（α）或者α的汉语拼音 $\in Dom_e$；

R_2. 若 $\alpha \in B_{CN}$，则 F_2（α）＝所有α，翻译为：

$\lambda\mathscr{P}\forall x$[α的汉语拼音$(x) \rightarrow P(x)$]；

R_3. 若 $\alpha \in B_{CN}$，则 F_2（α）＝有的 α或一ζα，均可翻译为：

$\lambda\mathscr{P}\exists x$[α的汉语拼音$(x) \wedge P(x)$]；

R_4. 若 $\alpha \in B_{CN}$，则 F_3（α）＝这/那 ζα，可翻译为：

$\lambda\mathscr{P}\exists x[\forall y$[α的汉语拼音$(y) \leftrightarrow y=x] \wedge \mathscr{P}(x)$；

R_5. 若 $\alpha \in B_{CN}$，则 F_4（α）＝定语α，可翻译为：

$\lambda\mathscr{P}\exists x$[α的汉语拼音$(x) \wedge You(x) \wedge \mathscr{P}(x)$]；

R_6. 若 $\delta \in B_{TVa2} \cup B_{TVa3} \cup B_{TVa6} \cup B_{TVa7}$，则 $F_5(\delta)$可翻译为：

$\lambda\mathscr{P}(\lambda x\mathscr{P}((\lambda y(Ga(\delta'(x,y))))$，其中，$\delta'$是 δ 的翻译；

R_7. 若 $\delta \in B_{IVa3} \cup B_{IVa5}$，则 $F_6(\delta)$翻译为：

λx [Ga (δ' (x))]，其中，δ'是δ的翻译；

R_8. 若 $\delta \in B_{TVa2} \cup B_{TVa3} \cup B_{TVa6} \cup B_{TVa7}$，则 $F_7(\delta)$可翻译为：

$\exists e \exists_i[\lambda\mathscr{P}(\lambda x\mathscr{P}((\lambda y(Ga(\delta'(x,y)))) \wedge i=$时点时间词语' $\wedge \tau(\delta'(x,y)) \subseteq i]$，其中，δ'是δ的翻译，时点时间词语'为时点时间词语所对应的逻辑翻译，$\tau(\delta'(x,y))\subseteq i$ 表示 $\delta'(x,y)$的发生时间为 i；

R_9. 若 $\delta \in B_{IVa3} \cup B_{IVa5}$，则 $F_8(\delta)$可翻译为：

$\exists e \exists_i[\lambda x[Ga(\delta'(x)) \wedge i=$时点时间词语' $\wedge \tau(\delta'(x)) \subseteq i]$，其中，δ'是δ的翻译，时点时间词语'为时点时间词语所对应的逻辑翻译，$\tau(\delta'(x)) \subseteq i$ 表示 δ' (x) 的发生时间为 i；

R_{10}. 若 $\delta \in \emptyset$，则 $F_9(\delta)$可翻译为：

$\lambda x[\exists_i(i=$时点时间词语' $\wedge Ga(R(x,i)))]$，其中，δ'是δ的翻译，时点时间词语'为时点时间词语所对应的逻辑翻译，R 为二元关系“是”；

R_{11}. 若 $\delta \in B_{TVa2} \cup B_{TVa3} \cup B_{TVa6} \cup B_{TVa7}$，则 $F_{10}(\delta)$可翻译为：

$\exists e \exists_i[\lambda\mathscr{P}(\lambda x\mathscr{P}((\lambda y(Ga(\delta'(x,y)))) \wedge \tau(\delta'(x,y))=i]$，其中，δ'是δ的翻译，$\tau(\delta'(x,y))=i$ 表示时点 i 就是 δ' (x, y) 发生的时间；

R_{12}. 若 $\delta \in B_{Iva3} \cup B_{Iva5}$，则 $F_{11}(\delta)$可翻译为：

$\exists e \exists_i[\lambda x(Ga(\delta'(x)))) \wedge \tau(\delta'(x))=i]$，其中，δ'是δ的翻译，$\tau(\delta'(x))=i$ 表示时间 i 就是事件 δ' (x) 发生的时间；

R_{13}. 若 $\delta \in B_{TVa2} \cup B_{TVa3} \cup B_{TVa6} \cup B_{TVa7}$，则 $F_{12}(\delta)$可翻译为：

$\exists e \exists_I[\lambda\mathscr{P}(\lambda x\mathscr{P}((\lambda y(Ga(\delta'(x,y)))) \wedge I=$时段时间词语' $\wedge LAST(\delta'(x,y))=I]$，其中，δ'是δ的翻译，时段时间词语'为时段时间词语所对应的逻辑翻译，LAST 指的是事件 δ' (x, y) 所持续的时间；

R_{14}. 若 $\delta \in B_{IVa3} \cup B_{IVa5}$，则 $F_{13}(\delta)$可翻译为：

$\exists e \exists_I[\lambda x(Ga(\delta'(x))) \wedge I=$时段时间词语' $\wedge LAST(\delta'(x))=I]$，其中，δ'是δ的翻译，时段时间词语'为时段时间词语所对应的逻辑翻译，LAST 指 δ' (x) 所持续的时间；

R_{15}. 若 $\delta \in B_{TVa2} \cup B_{TVa3} \cup B_{TVa6} \cup B_{TVa7}$，则 $F_{14}(\delta)$可翻译为：

$\exists e \exists_I[\lambda\mathscr{P}(\lambda x\ \mathscr{P}(\lambda y(Ga(\delta'(x,y)))) \wedge I=$时段时间词语' $\wedge LAST(\delta'(x,y))=I]$，其中，δ'是δ的翻译，时段时间词语'为时段时间词语所对应的逻辑翻译，LAST 指的是事件 δ' (x, y) 所持续的时间；

R_{16}. 若 $\delta \in B_{Iva3} \cup B_{Iva5}$，则 $F_{15}(\delta)$可翻译为：

$\exists e \exists_I [\lambda x(Ga(\delta'(x))) \wedge I=$时段时间词语$' \wedge LAST(\delta'(x))=I]$，其中，$\delta'$是$\delta$的翻译，时段时间词语’为时段时间词语所对应的逻辑翻译，LAST指事件δ'（x）所持续的时间；

R_{17}. 若$\delta \in B_{TVa3} \cup B_{TVa6} \cup B_{TVa7}$，则$F_{16}(\delta)$可翻译为：

$\lambda \mathscr{P}(\lambda x \mathscr{P}((\lambda y(Ga(\delta'(x,y)))) \wedge \exists_{i1} \exists_{i2}(i_1 < i_2 \wedge \tau(\delta'(x,y)) \subseteq i_1 \wedge \tau(\delta''(x,y)) \subseteq i_2]$，其中，$\delta'$是$\delta$的翻译，$\tau(\delta'(x,y)) \subseteq i$表示事件$\delta'$（$x$，$y$）的发生时间为i；

R_{18}. 若$\delta \in B_{IVa3} \cup B_{IVa5}$，则$F_{17}(\delta)$可翻译为：

$\lambda x(Ga(\delta'(x))) \wedge \exists_{i1} \exists i_2(i_1 < i_2 \wedge \tau(\delta'(x)) \subseteq i_1 \wedge \tau(\delta''(x)) \subseteq i_2]$，其中，$\delta'$是$\delta$的翻译，$\tau(\delta'(x)) \subseteq i$表示$\delta'$（$x$）的发生时间为i；

R_{19}. 若$\delta \in B_{TVa3} \cup B_{TVa6} \cup B_{TVa7}$，则$F_{18}(\delta)$可翻译为：

$\lambda \mathscr{P}(\lambda x \mathscr{P}((\lambda y(Ga(\delta'(x,y)))) \wedge \exists_{i1} \exists_{i2}(i_1 < i_2 \wedge \tau(\delta'(x,y)) \subseteq i_1 \wedge \tau(\delta''(x,y)) \subseteq i_2]$，其中，$\delta'$是$\delta$的翻译，$\tau(\delta'(x,y)) \subseteq i$表示$\delta'$（$x$，$y$）的发生时间为i；

R_{20}. 若$\delta \in B_{IVa3} \cup B_{IVa5}$，则$F_{19}(\delta)$可翻译为：

$\lambda x(Ga(\delta'(x))) \wedge \exists_{i1} \exists_{i2}(i_1 < i_2 \wedge \tau(\delta'(x)) \subseteq i_1 \wedge \tau(\delta''(x)) \subseteq i_2]$，其中，$\delta'$是$\delta$的翻译，$\tau(\delta'(x)) \subseteq i$表示$\delta'$（$x$）的发生时间为i；

R_{21}. 若$\delta \in B_{TVa2}$，则$F_{20}(\delta)$可翻译为：

$\lambda \mathscr{P}(\lambda x \mathscr{P}((\lambda y(Ga(\delta'(x,y)))) \wedge \exists_{i1} \exists_{i2}(i_1 < i_2 \wedge \tau(\delta'(x,y)) \subseteq i_1 \wedge \tau(\delta''(x,y)) \subseteq i_2]$，其中，$\delta'$是$\delta$的翻译，$\tau(\delta'(x,y)) \subseteq i$表示事件$\delta'$（$x$，$y$）的发生时间为i；

R_{22}. 若$\delta \in B_{TVa1} \cup B_{TVa3}$，则$F_{21}(\delta)$可翻译为：

$\lambda \mathscr{P}(\lambda x \mathscr{P}(\lambda y(ZJ(\delta'(x,y)))))$，其中，$\delta'$是$\delta$的翻译；

R_{23}. 若$\delta \in B_{IVa4}$，则$F_{22}(\delta)$可翻译为：

$\lambda x(ZJ(\delta'(x)))$，其中，$\delta'$是$\delta$的翻译；

R_{24}. 若$\delta \in B_{TVa2} \cup B_{TVa3}$，则$F_{23}(\delta)$可翻译为：

$\lambda \mathscr{P}(\lambda x \mathscr{P}(\lambda y(ZJ(\neg \delta'(x,y)))))$，其中，$\delta'$是$\delta$的翻译；

R_{25}. 若$\delta \in B_{IVa4}$，则$F_{24}(\delta)$可翻译为：

$\lambda x(ZJ(\neg \delta'(x)))$，其中，$\delta'$是$\delta$的翻译；

R_{26}. 若$\delta \in \emptyset$，则$F_{25}(\delta)$可翻译为：

$\exists y(Py \wedge ZJ(\neg YOU(x,y)))$，其中，P为“名词”所对应的逻辑谓词；

R_{27}. 若 $\delta \in B_{TVa3}$，则 $F_{26}(\delta)$可翻译为：

$\lambda\mathscr{P}(\lambda x \mathscr{P}(\lambda y(ZJ(\neg\delta'(x,y)))))$，其中，δ'是δ的翻译；

R_{28}. 若 $\delta \in \{$是，有$\} \cup B_{TVa3}$，则 $F_{27}(\delta)$可翻译为：

$\lambda\mathscr{P}\lambda x\mathscr{P}(\lambda y(ZJ(\delta'(x,y))))$，其中，δ'是δ的翻译；

R_{29}. 若 $\delta \in B_{IVa4}$，则 $F_{28}(\delta)$可翻译为：

$\lambda x(ZJ(\delta'(x)))$，其中，δ'是δ的翻译；

R_{30}. 若 $\delta \in B_{TVa3}$，则 $F_{29}(\delta)$可翻译为：

$\lambda\mathscr{P}(\lambda x \mathscr{P}(\lambda y(\delta'(x,y)) \wedge ZJ(BY(\delta'(x,y),Fangshi'))))$，或者 $\lambda\mathscr{P}(\lambda x\mathscr{P}((\lambda y(\delta'(x,y)) \wedge ZJ(TO(\delta'(x,y),Duixiang'))))$，或者 $\lambda\mathscr{P}(\lambda x\mathscr{P}((\lambda y(\delta'(x,y)) \wedge ZJ(IN(\delta'(x,y),Didian'))))$。其中，δ'是δ的翻译，谓词“BY”、“TO”、“IN”分别可以解释为“……通过……方式”、“……在……地方”、“……是对……而言的”；而“Fangshi'”、“Duixiang'”、“Didian'”则分别是“方式状语”、“对象状语”和“地点状语”中表示“方式”、“对象”和“地点”的词所对应的逻辑词项；

R_{31}. 若 $\delta \in B_{TVa4}$，则 $F_{30}(\delta)$可翻译为：

$\lambda x(\delta'(x) \wedge ZJ(BY(\delta'(x),Fangshi')))$，或者 $\lambda x(\delta'(x) \wedge ZJ(TO(\delta'(x),Duixiang')))$，或者 $\lambda x(\delta'(x) \wedge ZJ(IN(\delta'(x),Didian')))$。其中逻辑谓词和词项的意义同 $F_{29}(\delta)$；

R_{32}. 若 $\delta \in \{$是$\} \cup B_{TVa2} \cup B_{TVa3}$，则 $F_{31}(\delta)$可翻译为：

$\lambda\mathscr{P}\lambda x\mathscr{P}(\lambda y(ZJ(\neg\delta'(x,y))))$，其中，δ'是δ的翻译；

R_{33}. 若 $\delta \in B_{TVa3}$，则 $F_{32}(\delta)$可翻译为：

$\lambda\mathscr{P}\lambda x\mathscr{P}(\lambda y(ZJ(\neg\delta'(x,y))))$，其中，δ'是δ的翻译；

R_{34}. 若 $\delta \in B_{TVa2} \cup B_{TVa3}$，则 $F_{33}(\delta)$可翻译为：

$\lambda\mathscr{P}\lambda x\mathscr{P}(\lambda y(ZJ(\neg\delta'(x,y))))$，其中，δ'是δ的翻译；

R_{35}. 若 $\delta \in B_{TVa1} \cup B_{TVa3}$，则 $F_{34}(\delta)$可翻译为：

$\lambda\mathscr{P}\lambda x\mathscr{P}(\lambda y(ZJ(\neg\delta'(x,y))))$，其中，δ'是δ的翻译；

R_{36}. 若 $\delta \in \emptyset$，则 $F_{35}(\delta)$可翻译为：

$\exists y(Py \wedge ZJ(\neg YOU(x,y)))$，其中，P为“名词”所对应的逻辑谓词；

R_{37}. 若 $\delta \in B_{IVa4}$，则 $F_{36}(\delta)$可翻译为：

$\lambda x(ZJ(\neg\delta'(x)))$，其中，δ'是δ的翻译；

R_{38}. 若 $\delta \in B_{TVa3}$，则 $F_{37}(\delta)$可翻译为：

$\lambda\mathscr{P}(\lambda x\mathscr{P}((\lambda y(ZJ((Prog(\delta'(x,y)))))$，其中，δ'是δ的翻译，Prog是“着”的逻辑翻译，其语义解释为：“Prog”的语义解释为：$\|Prog(\Phi)\|_{\Omega,i}=1$，当且仅当，存在 $i'\in I$ 满足 $i\subset i'$ 并且 $\neg(i\subset_{fi} i')$ 且 $\neg(i\subset_{in} i')$，使得：$\|\Phi\|_{\Omega,i'}=1$；

R_{39}. 若 $\delta\in B_{Iva4}$，则 $F_{38}(\delta)$ 可翻译为：

$\lambda x(\delta'(x)=e\wedge ZJ(Last(e,Shiduan')))$，其中，δ'是δ的翻译，Last解释为“……持续了……时间”，Shiduan'为句中“时段词语”对应的逻辑词项；

R_{40}. 若 $\delta\in B_{TVa1}\cup B_{TVa3}\cup B_{TVa6}$，则 $F_{39}(\delta)$ 可翻译为：

$\lambda\mathscr{P}(\lambda x\,\mathscr{P}(\lambda y(BJ(\delta'(x,y)))))$，或者

$\lambda\mathscr{P}(\lambda x\,\mathscr{P}(\lambda y(ZJi(\delta'(x,y)))))$，其中，δ'是δ的翻译；

R_{41}. 若 $\delta\in B_{IVa4}\cup B_{IVa5}$，则 $F_{40}(\delta)$ 可翻译为：

$\lambda x(BJ(\delta'(x)))$，或者 $\lambda x(ZJi(\delta'(x)))$，其中，δ'是δ的翻译；

R_{42}. 若 $\delta\in B_{TVa3}$，则 $F_{41}(\delta)$ 可翻译为：

$\lambda\mathscr{P}(\lambda x\mathscr{P}((\lambda y(\delta'(x,y)=e)\wedge I=Shijian'\wedge BJ(\tau(e)\subseteq I))$，其中，δ'是δ的翻译，Shijian'为句中时间状词对应的逻辑词项，τ（e）⊆I表示事件e发生在I上；

R_{43}. 若 $\delta\in B_{TVa3}$，则 $F_{42}(\delta)$ 可翻译为：

$\lambda\mathscr{P}(\lambda x\mathscr{P}((\lambda y(\delta'(x,y))\wedge BJ(IN(\delta'(x,y),Didian')))$，其中，δ'是δ的翻译，IN解释为“……发生在……地方”，Didian'为地点状语对应的逻辑词项；

R_{44}. 若 $\delta\in B_{TVa3}$，则 $F_{43}(\delta)$ 可翻译为：

$\lambda\mathscr{P}(\lambda x\mathscr{P}((\lambda y(BJ(CD(\delta')(x,y)))))$，其中，δ'是δ的翻译，CD为程度副词对应的模态算子，在句中为δ的高阶谓词，然后CD（δ'）一起作用于论元，BJ修饰整个算子（CD（δ'）（x，y））；

R_{45}. 若 $\delta\in B_{TVa3}$，则 $F_{44}(\delta)$ 可翻译为：

$\lambda\mathscr{P}(\lambda x\mathscr{P}((\lambda y(\delta'(x,y))\wedge ZJi(IN(\delta'(x,y),Didian')))$，其中，δ'是δ的翻译，IN解释为“……发生在……地方”，Didian'为地点状语对应的逻辑词项；

R_{46}. 若 $\delta\in B_{TVa1}\cup B_{TVa2}\cup B_{TVa4}$，则 $F_{45}(\delta)$ 可翻译为：

$\lambda\mathscr{P}(\lambda x\mathscr{P}((\lambda y(YZ(\delta'(x,y)))))$，其中，δ'是δ的翻译；

R_{47}. 若 $\delta\in B_{IVa1}$，则 $F_{46}(\delta)$ 可翻译为：

$\lambda x(YZ(\delta'(x)))$，其中，$\delta'$是$\delta$的翻译；

R_{48}. 若 $\delta \in B_{TVa2} \cup B_{TVa3} \cup B_{TVa4} \cup B_{TVa5} \cup B_{TVa7}$，则 $F_{47}(\delta)$可翻译为：

$\lambda \mathscr{P}(\lambda x \mathscr{P}((\lambda y(YZ(Z(\delta'(x,y))))))$，其中，$\delta'$是$\delta$的翻译，Z代表状语所对应的逻辑翻译；

R_{49}. 若 $\delta \in B_{TVa1} \cup B_{IVa3} \cup B_{IVa4} \cup B_{IVa6}$，则 $F_{48}(\delta)$可翻译为：

$\lambda x(YZ(Z(\delta'(x))))$，其中，$\delta'$是$\delta$的翻译，Z代表状语所对应的逻辑翻译；

R_{50}. 若 $\delta \in B_{TVa2} \cup B_{TVa3} \cup B_{TVa4} \cup B_{TVa7}$，则 $F_{49}(\delta)$可翻译为：

$\lambda \mathscr{P}(\lambda x \mathscr{P}((\lambda y(YZ(Prog(\delta'(x,y))))))$，其中，$\delta'$是$\delta$的翻译，Prog为"在"对应的逻辑词项；

R_{51}. 若 $\delta \in B_{TVa1} \cup B_{IVa3} \cup B_{IVa4} \cup B_{IVa6}$，则 $F_{50}(\delta)$可翻译为：

$\lambda x(YZ(Prog(\delta'(x))))$，其中，$\delta'$是$\delta$的翻译，Prog为"在"对应的逻辑翻译；

R_{52}. 若 $\delta \in B_{TVa3} \cup B_{TVa5} \cup B_{TVa7}$，则 $F_{51}(\delta)$可翻译为：

$\lambda \mathscr{P}(\lambda x \mathscr{P}((\lambda y(YZ(Prog(\delta'(x,y))))))$，其中，$\delta'$是$\delta$的翻译，Prog为"在"对应的逻辑词项；

R_{53}. 若 $\delta \in B_{IVa3} \cup B_{IVa4} \cup B_{IVa6}$，则 $F_{52}(\delta)$可翻译为：

$\lambda x(YZ(Prog(\delta'(x))))$，其中，$\delta'$是$\delta$的翻译，Prog为"在"对应的逻辑词项；

R_{54}. 若 $\delta \in B_{TVa1} \cup B_{TVa2} \cup B_{TVa3} \cup B_{TVa5}$，则 $F_{53}(\delta)$可翻译为：

$\lambda \mathscr{P} \lambda x \mathscr{P}(\lambda y(YZ(\neg \delta'(x,y))))$，其中，$\delta'$是$\delta$的翻译；

R_{55}. 若 $\delta \in B_{IVa1} \cup B_{IVa4}$，则 $F_{54}(\delta)$可翻译为：

$\lambda x(YZ(\neg \delta'(x)))$，其中，$\delta'$是$\delta$的翻译；

R_{56}. 若 $\delta \in B_{TVa3} \cup B_{TVa4} \cup B_{TVa5}$，则 $F_{55}(\delta)$ 可翻译为：

$\lambda \mathscr{P} \lambda x \mathscr{P}(\lambda y(YZ(\neg \delta'(x,y))))$，其中，$\delta'$是$\delta$的翻译；

R_{57}. 若 $\delta \in B_{IVa3} \cup B_{IVa4}$，则 $F_{56}(\delta)$可翻译为：

$\lambda x(YZ(\neg \delta'(x)))$，其中，$\delta'$是$\delta$的翻译；

R_{58}. 若 $\delta \in B_{TVa3} \cup B_{TVa5} \cup B_{TVa6} \cup B_{TVa7}$，则 $F_{57}(\delta)$可翻译为：

$\lambda \mathscr{P} \lambda x \mathscr{P}(\lambda y(Cai(\delta'(x,y))))$，其中，$\delta'$是$\delta$的翻译；

R_{59}. 若 $\delta \in B_{TVa3} \cup B_{TVa5} \cup B_{TVa6} \cup B_{TVa7}$，则 $F_{58}(\delta)$可翻译为：

$\lambda \mathscr{P} \lambda x \mathscr{P}(\lambda y(Cai(\delta'(x,y)))) \wedge \lambda \mathscr{P} \lambda x' \mathscr{P}(\lambda y'(\delta''(x',y')))] \wedge (\tau(\delta'(x,y)) < \tau(\delta''(x',y')))$，其中，$\delta'$是"才"后的$\delta$的翻译，$\delta'$为后一个$\delta$的

翻译，“$<$”表示“先于”关系；

R_{60}. 若 $\delta \in B_{IVa5} \cup B_{IVa6}$，则 $F_{59}(\delta)$可翻译为：

$\lambda x(Cai(\delta'(x)))$，其中，$\delta'$是 δ 的翻译；

R_{61}. 若 $\delta \in B_{IVa5} \cup B_{IVa6}$，则 $F_{60}(\delta)$可翻译为：

$\lambda x(Cai(\delta'(x))) \wedge e' = \lambda x'(\delta''(x'))] \wedge (\tau(\delta'(x)) < \tau(\delta''(x')))$，其中，$\delta'$是“才”后的 δ 的翻译，δ'为后一个 δ 的翻译，“$<$”表示“先于”关系；

R_{62}. 若 $\delta \in \Phi$，则 $F_{61}(\delta)$可翻译为：

$\exists i$ [Cai (i)]，其中，i 为时点时间名词所对应的时点；

R_{63}. 若 $\delta \in B_{IVa3} \cup B_{IVa4} \cup B_{IVa5}$，则 $F_{62}(\delta)$可翻译为：

$\lambda x(Cai(\delta'(x)))$，其中，$\delta'$是 δ 的翻译；

R_{64}. 若 $\delta \in B_{TVa3} \cup B_{TVa5}$，则 $F_{63}(\delta)$可翻译为：

$\lambda \mathscr{P} \lambda x \mathscr{P}(\lambda y(Cai(\delta'(x,y))))$，其中，$\delta'$是 δ 的翻译；

R_{65}. 若 $\delta \in B_{IVa3} \cup B_{IVa5}$，则 $F_{64}(\delta)$ 可翻译为：

$\lambda x(Cai(\delta'(x)))$，其中，$\delta'$是 δ 的翻译；

R_{66}. 若 $\delta \in B_{IVa3} \cup B_{IVa5}$，则 $F_{65}(\delta)$可翻译为：

$\lambda x(Cai(\delta'(x)))$，其中，$\delta'$是 δ 的翻译；

R_{67}. 若 $\delta \in B_{TVa3} \cup B_{TVa5} \cup B_{TVa6} \cup B_{TVa7}$，则 $F_{66}(\delta)$可翻译为：

$\lambda \mathscr{P} \lambda x \mathscr{P}(\lambda y(Cai(\delta'(x,y))))$，其中，$\delta'$是 δ 的翻译；

R_{68}. 若 $\delta \in B_{TVa3} \cup B_{TVa5} \cup B_{TVa6} \cup B_{TVa7}$，则 $F_{67}(\delta)$可翻译为：

$\lambda \mathscr{P} \lambda x \mathscr{P}(\lambda y(Cai(\delta'(x,y))))$，其中，$\delta'$是 δ 的翻译；

R_{69}. 若 $\delta \in B_{TVa1} \wedge B_{TVa2} \wedge$ {试图}，则 $F_{68}(\delta)$可翻译为：

$\lambda \mathscr{P} \lambda x \mathscr{P}(\lambda y(Ce(\delta'(x,y))))$，其中，$\delta'$是 δ 的翻译；

R_{70}. 若 $\delta \in B_{IVa1}$，则 $F_{69}(\delta)$可翻译为：

$\lambda x[Ce(\delta'(x))]$，其中，$\delta'$是 δ 的翻译；

R_{71}. 若 $\delta \in B_{TVa3}$，则 $F_{70}(\delta)$可翻译为：

$\lambda \mathscr{P} \lambda x \mathscr{P}(\lambda y(Ce(\delta'(x,y))))$，其中，$\delta'$是 δ 的翻译；

R_{72}. 若 $\delta \in B_{TVa3}$，则 $F_{71}(\delta)$可翻译为：

$\lambda \mathscr{P} \lambda x \mathscr{P}(\lambda y(Ce(\delta'(x,y))))$，其中，$\delta'$是 δ 的翻译；

R_{73}. 若 $\delta \in B_{TVa3}$，则 $F_{72}(\delta)$可翻译为：

$\lambda \mathscr{P} \lambda x \mathscr{P}(\lambda y(Ce(Perf(\delta'(x,y)))))$，其中，$\delta'$是 δ 的翻译，而“Perf”表示完成态，是对助词“了”的翻译；

R_{74}. 若 $\delta \in B_{TVa3}$，则 $F_{73}(\delta)$可翻译为：

$\lambda\mathscr{P}\lambda x\mathscr{P}(\lambda y(Ce(Prog(\delta'(x,y)))))$，其中，δ’是 δ 的翻译，“Prog”表示进行态，是对助词“着”的翻译；

R_{75}. 若 $\delta \in B_{IVa3} \cup B_{IVa4}$，则 $F_{74}(\delta)$可翻译为：

$\lambda x(J_{未然}(\delta'(x)))$，其中，δ’是 δ 的翻译。或者

$\exists i \exists i'(\lambda x(J_{未然}(\delta'(x))=e' \wedge (i<i') \wedge \tau(\delta''(x))\subseteq i \wedge \tau(\delta'(x))\subseteq i')$，其中，δ’是 δ 的翻译，δ”（$x$）代表参照事件，$\tau(\delta'(x))\subseteq i$ 表示事件 δ’（x）发生在时点或时段 i 中；

R_{76}. 若 $\delta \in B_{IVa3} \cup B_{IVa4}$，则 $F_{75}(\delta)$可翻译为：

$\lambda x(J_{未然}(\delta'(x)))$，其中，δ’是 δ 的翻译；

R_{77}. 若 $\delta \in B_{IVa3} \cup B_{IVa4}$，则 $F_{76}(\delta)$可翻译为：

$\exists i'(i' \in$ 时间名词语’$) \wedge (\lambda x(J_{未然}(\delta'(x))) \wedge \tau(\delta'(x))\subseteq i')$，其中，δ’是 δ 的翻译，“时间名词语’”表示时间名词语所指示的时段，而 $\tau(\delta'(x))\subseteq i'$表示事件 δ’（$x$）发生在时点 i’中；

R_{78}. 若 $\delta \in B_{IVa3} \cup B_{IVa4}$，则 $F_{77}(\delta)$可翻译为：

$\lambda x(D(J_{未然}(\delta'(x))))$，其中，δ’是 δ 的翻译，D 表示短时时间副词所对应的模态算子；

R_{79}. 若 $\delta \in B_{IVa3} \cup B_{IVa4}$，则 $F_{78}(\delta)$可翻译为：

$\exists i \exists i'(\lambda x(J_{未然}(\delta'(x)) \wedge (i<i') \wedge \tau(\delta''(x))\subseteq i \wedge \tau(\delta'(x))\subseteq i')$，其中，δ’是 δ 的翻译，δ”（$x$）代表参照事件，$\tau(\delta'(x))\subseteq i$ 表示事件 δ’（x）发生在时点或时段 i 中；

R_{80}. 若 $\delta \in B_{TVa3}$，则 $F_{79}(\delta)$可翻译为：

$\exists i \exists i'(\lambda\mathscr{P}\lambda x\mathscr{P}(\lambda y((J_{未然}(\delta'(x,y))) \wedge (i<i') \wedge \tau(\delta''(x,y))\subseteq i_e \wedge \tau(\delta'(x,y))\subseteq i')$，其中，δ’是 δ 的翻译，δ”（$x$，$y$）代表参照事件，$\tau(\delta'(x,y))\subseteq i$ 表示 δ’（x，y）发生时间为时点或时段 i；

R_{81}. 若 $\delta \in B_{TVa3}$，则 $F_{80}(\delta)$可翻译为：

$\exists i \exists i'(\lambda\mathscr{P}\lambda x\mathscr{P}(\lambda y((J_{未然}(\delta'(x,y))) \wedge (i<i') \wedge \tau(\delta''(x,y))\subseteq i \wedge \tau(\delta'(x,y))\subseteq i')$，其中，δ’是 δ 的翻译，δ”（$x$，$y$）代表参照事件，$\tau(\delta'(x,y))\subseteq i$ 表示 δ’（x，y）发生时间为时点或时段 i；

R_{82}. 若 $\delta \in B_{TVa3}$，则 $F_{81}(\delta)$可翻译为：

$\exists i'(i' \in$ 时间词’$) \wedge (\lambda\mathscr{P}\lambda x(\mathscr{P}(\lambda y(J_{未然}(\delta'(x,y)))) \wedge \tau(\delta'(x,y))\subseteq i')$，其中，δ’是 δ 的翻译，“时间词’”代表时间词语作表述的时段，$\tau(\delta'$

$(x,y)) \subseteq i'$表示事件$\delta'(x,y)$发生在时点i'中；

R_{83}. 若$\delta \in B_{TVa3}$，则$F_{82}(\delta)$可翻译为：

$\lambda\mathscr{P}\lambda x\mathscr{P}(\lambda y(D(J_{未然}(\delta'(x,y)))))$，其中，δ'是δ的翻译，D为短时时间副词所对应的模态算子；

R_{84}. 若$\delta \in B_{IVa3} \cup B_{IVa4}$，则$F_{83}(\delta)$可翻译为：

$\lambda x(J_{已然}(\delta'(x)))$，其中，δ'是δ的翻译；

R_{85}. 若$\delta \in B_{TVa3} \cup B_{TVa4}$，则$F_{84}(\delta)$可翻译为：

$\lambda x(J_{已然}(\delta'(x)))$，其中，δ'是δ的翻译；

R_{86}. 若$\delta \in B_{TVa3} \cup B_{TVa4} \cup B_{TVa5}$，则$F_{85}(\delta)$可翻译为：

$\lambda x(J_{已然}(\delta'(x))) \wedge \exists i_{时段}(i_{时段}=时段词语') \wedge \tau(\delta'(x)) \subseteq i)$，其中，δ'是δ的翻译，$\tau(\delta'(x,y)) \subseteq i$表示事件$\delta'(x,y)$的持续时间为时段i；

R_{87}. 若$\delta \in B_{IVa3} \cup B_{IVa4} \cup B_{IVa6}$，则$F_{86}(\delta)$可翻译为：

$\lambda x(J_{已然}(\delta'(x))) \wedge \exists i_{时段}(i_{时段}=时段词语') \wedge \tau(\delta'(x,y)) \subseteq i)$，其中，δ'是δ的翻译，$\tau(\delta'(x,y)) \subseteq i$表示事件$\delta'(x,y)$的持续时间为时段i；

R_{88}. 若$\delta \in B_{IVa3} \cup B_{IVa4} \cup B_{IVa5} \cup B_{IVa6}$，则$F_{87}(\delta)$可翻译为：

$\lambda x(D(J_{已然}(\delta'(x))))$，其中，δ'是δ的翻译，D为短时时间副词对应的模态算子；

R_{89}. 若$\delta \in B_{IVa2}$，则$F_{88}(\delta)$可翻译为：

$\lambda x(C(J_{已然}(\delta'(x))))$，其中，δ'是δ的翻译，C为长时时间副词对应的模态算子；

R_{90}. 若$\delta \in B_{IVa1} \cup B_{IVa2} \cup B_{IVa3} \cup B_{IVa4} \cup B_{IVa5} \cup B_{IVa6}$，则$F_{89}(\delta)$可翻译为：

$\lambda x(J_{已然}(\delta'(x)))$，其中，δ'是δ的翻译；

R_{91}. 若$\delta \in B_{IVa1} \cup B_{IVa2} \cup B_{IVa3} \cup B_{IVa4} \cup B_{IVa5} \cup B_{IVa6}$，则$F_{90}(\delta)$可翻译为：

$\lambda x(J_{已然}(\delta'(x)))$，其中，δ'是δ的翻译；

R_{92}. 若$\delta \in B_{IVa1} \cup B_{IVa2} \cup B_{IVa3} \cup B_{IVa4} \cup B_{IVa5} \cup B_{IVa6}$，则$F_{91}(\delta)$可翻译为：

$\lambda x(J_{已然}(\delta'(x)))$，其中，δ'是δ的翻译；

R_{93}. 若$\delta \in B_{TVa2} \cup B_{TVa3} \cup B_{TVa5}$，则$F_{92}(\delta)$可翻译为：

$\lambda\mathscr{P}\lambda x\mathscr{P}(\lambda y(J_{已然}(\delta'(x,y))))$，其中，δ'是δ的翻译；

R_{94}. 若$\delta \in B_{TVa2} \cup B_{TVa3} \cup B_{TVa5}$，则$F_{93}(\delta)$可翻译为：

$\lambda\mathscr{P}\lambda x\mathscr{P}(\lambda y(J_{已然}(\delta'(x,y))))$，其中，δ'是δ的翻译；

R_{95}. 若$\delta \in B_{TVa2} \cup B_{TVa3} \cup B_{TVa5}$，则$F_{94}(\delta)$可翻译为：

$\lambda\mathscr{P}\lambda x\mathscr{P}(\lambda y(J_{已然}(\delta'(x,y)))) \wedge \exists i_{时段}(i_{时段}=时段名词语') \wedge \tau(\delta'(x,y))$

$\subseteq$i)，其中，δ'是 δ 的翻译，$\tau(\delta'(x,y))\subseteq i$ 表示事件 δ'（x，y）的持续时间为时段 i；

R_{96}. 若 $\delta\in B_{TVa3}\cup B_{TVa5}\cup B_{TVa7}$，则 $F_{95}(\delta)$可翻译为：

$\lambda\mathscr{P}\lambda x\mathscr{P}(\lambda y(J_{已然}(\delta'(x,y))))\wedge\exists i_{时段}(i_{时段}=时段名词语')\wedge\tau(\delta'(x,y))$ $\subseteq$i)，其中，δ'是 δ 的翻译，$\tau(\delta'(x,y))\subseteq i$ 表示事件 δ'（x，y）的持续时间为时段 i；

R_{97}. 若 $\delta\in B_{TVa3}\cup B_{TVa5}\cup B_{TVa7}$，则 $F_{96}(\delta)$可翻译为：

$\lambda\mathscr{P}\lambda x\mathscr{P}(\lambda y(D(J_{已然}(\delta'(x,y)))))$，其中，δ'是 δ 的翻译，D 为短时时间副词对应的模态算子；

R_{98}. 若 $\delta\in B_{TVa1}\cup B_{TVa2}$，则 $F_{97}(\delta)$可翻译为：

$\lambda\mathscr{P}\lambda x\mathscr{P}(\lambda y(C(J_{已然}(\delta'(x,y)))))$，其中，δ'是 δ 的翻译，C 为长时时间副词对应的模态算子；

R_{99}. 若 $\delta\in B_{TVa3}\cup B_{TVa4}\cup B_{TVa5}\cup B_{TVa6}\cup B_{TVa7}$，则 $F_{98}(\delta)$可翻译为：

$\lambda\mathscr{P}\lambda x\mathscr{P}(\lambda y(J_{已然}(\delta'(x,y))))$，其中，δ'是 δ 的翻译；

R_{100}. 若 $\delta\in B_{TVa3}\cup B_{TVa4}\cup B_{TVa5}\cup B_{TVa6}\cup B_{TVa7}$，则 $F_{99}(\delta)$可翻译为：

$\lambda\mathscr{P}\lambda x\mathscr{P}(\lambda y(J_{已然}(\delta'(x,y))))$，其中，δ'是 δ 的翻译；

R_{101}. 若 $\delta\in B_{TVa3}\cup B_{TVa4}\cup B_{TVa5}\cup B_{TVa6}\cup B_{TVa7}$，则 $F_{100}(\delta)$可翻译为：

$\lambda\mathscr{P}\lambda x\mathscr{P}(\lambda y(J_{已然}(\delta'(x,y))))$，其中，δ'是 δ 的翻译；

R_{102}. 若 $\delta\in B_{TVa3}\cup B_{TVa4}\cup B_{TVa5}\cup B_{TVa7}$，则 $F_{101}(\delta)$ 可翻译为：

$\lambda\mathscr{P}\lambda x\mathscr{P}(\lambda y(Z(\delta'(x,y)))$，其中，δ'是 δ 的翻译；

R_{103}. 若 $\delta\in B_{TVa3}\cup B_{TVa4}\cup B_{TVa5}\cup B_{TVa7}$，则 $F_{102}(\delta)$可翻译为：

$\lambda\mathscr{P}\lambda xF(\mathscr{P}(\lambda y(Z(\delta'(x,y))))$，其中，F 是副词所对应的模态算子，δ'是 δ 的翻译；

R_{104}. 若 $\delta\in B_{IVa4}\cup B_{IVa6}$，则 $F_{103}(\delta)$可翻译为：

$\lambda x(Z(\delta'(x)))$，其中，δ'是 δ 的翻译；

R_{105}. 若 $\delta\in B_{IVa4}\cup B_{IVa6}$，则 $F_{104}(\delta)$可翻译为：

$\lambda x[F(Z(\delta'(x)))$，其中，δ'是 δ 的翻译；

R_{106}. 若 $\delta\in B_{TVa3}\cup B_{TVa4}\cup B_{TVa5}\cup B_{TVa7}$，则 $F_{105}(\delta)$可翻译为：

$\lambda\mathscr{P}\lambda x\mathscr{P}(\lambda y(ZH(\delta'(x,y))))$，δ'是 δ 的翻译；

R_{107}. 若 $\delta\in B_{TVa3}\cup B_{TVa4}\cup B_{TVa5}\cup B_{TVa7}$，则 $F_{106}(\delta)$可翻译为：

$\lambda\mathscr{P}\lambda xF(\mathscr{P}(\lambda y(ZH(\delta'(x,y))))$，其中，F 是句中状语所对应的抽象的模态算子，这儿不作具体解释，δ'是 δ 的翻译；

R_{108}. 若 $\delta \in B_{TVa3} \cup B_{TVa4} \cup B_{TVa5} \cup B_{TVa7}$，则 $F_{107}(\delta)$可翻译为：

$\lambda\mathscr{P}\lambda x F(\mathscr{P}(\lambda y(ZH(\delta'(x,y)))))$，其中，F 是句中状语所对应的抽象的模态算子，这儿不作具体解释，δ'是 δ 的翻译；

R_{109}. 若 $\delta \in B_{IVa3} \cup B_{IVa4}$，则 $F_{108}(\delta)$可翻译为：

$\lambda x(ZH(\delta'(x)))$，其中，δ'是 δ 的翻译；

R_{110}. 若 $\delta \in B_{IVa3} \cup B_{IVa4}$，则 $F_{109}(\delta)$可翻译为：

$\lambda x F(ZH(\delta'(x)))$，其中，F 为句中状语所对应的抽象模态算子，δ'是 δ 的翻译；

R_{111}. 若 $\delta \in B_{IVa3} \cup B_{IVa4}$，则 $F_{110}(\delta)$可翻译为：

$\lambda x F(ZH(\delta'(x)))$，其中，F 为句中状语所对应的抽象模态算子，δ'是 δ 的翻译；

R_{112}. 若 $\delta \in B_{TVa3} \cup B_{TVa4} \cup B_{TVa5} \cup B_{TVa7}$，则 $F_{111}(\delta)$可翻译为：

$\lambda\mathscr{P}\lambda x\mathscr{P}(\lambda y(ZZ(\delta'(x,y))))$，δ'是 δ 的翻译；

R_{113}. 若 $\delta \in B_{TVa3} \cup B_{TVa4} \cup B_{TVa5} \cup B_{TVa7}$，则 $F_{112}(\delta)$可翻译为：

$\lambda\mathscr{P}\lambda x F(\mathscr{P}(\lambda y(ZZ(\delta'(x,y)))))$，δ'是 δ 的翻译，而 F 是句中状语对应的模态算子；

R_{114}. 若 $\delta \in B_{TVa3} \cup B_{TVa4} \cup B_{TVa5} \cup B_{TVa7}$，则 $F_{113}(\delta)$可翻译为：

$\lambda\mathscr{P}\lambda x F(\mathscr{P}(\lambda y(ZZ(\delta'(x,y)))))$，δ'是 δ 的翻译，而 F 是状语所对应的模态算子；

R_{115}. 若 $\delta \in B_{IVa6}$，则 $F_{114}(\delta)$可翻译为：

$\lambda x(ZZ(\delta'(x)))$，其中，δ'是 δ 的翻译；

R_{116}. 若 $\delta \in B_{IVa6}$，则 $F_{115}(\delta)$可翻译为：

$\exists i(i \in I) \wedge (\lambda x(ZZ(\delta'(x))) \wedge \tau(\delta'(x,y)) \subseteq i)$，其中，δ'是 δ 的翻译；

R_{117}. 若 $\delta \in B_{IVa6}$，则 $F_{116}(\delta)$可翻译为：

$\lambda x F(ZZ(\delta'(x)))$，其中，δ'是 δ 的翻译，F 是状语所对应的模态算子；

R_{118}. 若 $\delta \in B_{TVa1} \cup B_{TVa2} \cup B_{TVa3} \cup B_{TVa6} \cup B_{TVa7}$，则 $F_{117}(\delta)$可翻译为：

$\lambda\mathscr{P}\lambda x\mathscr{P}(\lambda y[Lao(\delta'(x,y)])$，其中，δ'是对 δ 的翻译；

R_{119}. 若 $\delta \in B_{IVa3} \cup B_{IVa4} \cup B_{IVa5} \cup B_{IVa6}$，则 $F_{118}(\delta)$可翻译为：

$\lambda x[Lao(\delta'(x))]$，其中，δ'是对 δ 的翻译；

R_{120}. 若 $\delta \in B_{TVa1} \cup B_{TVa2} \cup B_{TVa3} \cup B_{TVa6} \cup B_{TVa7}$，则 $F_{119}(\delta)$可翻译为：

$\lambda\mathscr{P}(\lambda x\mathscr{P}((\lambda y[Lao(\neg\delta'(x,y)])$，其中，δ'是对 δ 的翻译；

R_{121}. 若 $\delta \in B_{IVa3} \cup B_{IVa4} \cup B_{IVa5} \cup B_{IVa6}$，则 $F_{120}(\delta)$可翻译为：

$\lambda x[Lao(\neg \delta'(x))]$，其中，δ'是对δ的翻译；

R_{122}. 若 $\delta \in B_{TVa3}$，则 $F_{121}(\delta)$可翻译为：

$\lambda\mathscr{P}(\lambda x\mathscr{P}((\lambda y[Lao(\neg \delta'(x,y)])$，其中，δ'是对δ的翻译；

R_{123}. 若 $\delta \in B_{IVa4}$，则 $F_{122}(\delta)$可翻译为：

$\lambda x[Lao(\neg \delta'(x))]$，其中，δ'是对δ的翻译；

R_{124}. 若 $\delta \in \emptyset$，则 $F_{123}(\delta)$可翻译为：

$\lambda x[\exists y(y=mingci' \wedge Lao(\neg YOU(x,y)))]$，其中，δ'是对δ的翻译，mingci'是对抽象名词的翻译；

R_{125}. 若 $\delta \in B_{TVa1} \cup B_{TVa2}$，则 $F_{124}(\delta)$可翻译为：

$\lambda\mathscr{P}(\lambda x\mathscr{P}((\lambda y[Lao(\delta'(x,y)) \wedge Last(\delta'(x,y),Duanshi')])$，其中，δ'是对δ的翻译，Duanshi'是短时时段词语的翻译，Last 解释为“持续”；

R_{126}. 若 $\delta \in B_{IVa3}$，则 $F_{125}(\delta)$可翻译为：

$\lambda x[Lao(\delta'(x)) \wedge Last(\delta'(x),Duanshi')]))]$，其中，δ'是对δ的翻译，Duanshi'是短时时段词语的翻译，Last 解释为“持续”；

R_{127}. 若 $\delta \in B_{TVa1} \cup B_{TVa2} \cup B_{TVa3} \cup B_{TVa6} \cup B_{TVa7}$，则 $F_{126}(\delta)$可翻译为：

$\lambda\mathscr{P}(\lambda x\mathscr{P}((\lambda y[Lao(\delta'(x,y)) \wedge Last(\delta'(x,y),Changshi')])$，其中，δ'是对δ的翻译，Changshi'是长时时段词语的翻译，Last 解释为“持续”；

R_{128}. 若 $\delta \in B_{IVa3} \cup B_{IVa4} \cup B_{IVa5} \cup B_{IVa6}$，则 $F_{127}(\delta)$可翻译为：

$\lambda x[Lao(\delta'(x)) \wedge Last(\delta'(x),Changshi')]))]$，其中，δ'是对δ的翻译，Changshi'是长时时段词语的翻译，Last 解释为“持续”；

R_{129}. 若 $\delta \in B_{IVa3}$，则 $F_{128}(\delta)$可翻译为：

$\lambda\mathscr{P}(\lambda x\mathscr{P}(\lambda y[Lao(Prog(\delta'(x,y))])$，其中，δ'是对δ的翻译，Prog 是对“着”的翻译；

R_{130}. 若 $\delta \in B_{TVa2} \cup B_{TVa3} \cup B_{TVa7}$，则 $F_{129}(\delta)$可翻译为：

$\lambda\mathscr{P}(\lambda x\ \mathscr{P}(\lambda y[LS(\delta'(x,y)]$，其中，δ'是δ的翻译；

R_{131}. 若 $\delta \in B_{TVa5}$，则 $F_{130}(\delta)$可翻译为：

$\lambda\mathscr{P}(\lambda x\mathscr{P}((\lambda y[LS(\delta'(x,y)]$，其中，δ'是δ的翻译；

R_{132}. 若 $\delta \in B_{IVa3}$，则 $F_{131}(\delta)$可翻译为：

$\lambda x[LS(\delta'(x)]$，其中，δ'是δ的翻译；

R_{133}. 若 $\delta \in B_{IVa6}$，则 $F_{132}(\delta)$可翻译为：

$\lambda x[LS(\delta'(x)]$，其中，δ'是δ的翻译；

R_{134}. 若 $\delta \in U_{动}$，则 $F_{133}(\delta)$可翻译为：

LS(S’)，其中“主谓短语”翻译为“S’”；

R_{135}. 若 $\delta \in B_{TVa3} \cup B_{TVa1} \cup B_{能愿}$，则 $F_{134}(\delta)$可翻译为：

$\lambda\mathscr{P}(\lambda x\mathscr{P}((\lambda y[LS(\neg\delta'(x,y)]$，其中，δ’是δ的翻译；

R_{136}. 若 $\delta \in B_{TVa3}$，则 $F_{135}(\delta)$可翻译为：

$\lambda\mathscr{P}(\lambda x\mathscr{P}((\lambda y[LS(\neg\delta'(x,y)]$，其中，δ’是δ的翻译；

R_{137}. 若 $\delta \in \emptyset$，则 $F_{136}(\delta)$可翻译为：

$\lambda x[\exists y(y=mingci' \wedge (LS(\neg You'(x,y)))]$，其中，mingci’是抽象名词的翻译；

R_{138}. 若 $\delta \in B_{IVa3}$，则 $F_{137}(\delta)$可翻译为：

$\lambda x[LS(Prog(\delta'(x))]$，其中，δ’是δ的翻译，Prog是“着”的翻译；

R_{139}. 若 $\delta \in B_{TVa3} \cup B_{TVa4}$，则 $F_{138}(\delta)$可翻译为：

$\lambda\mathscr{P}(\lambda x\ \mathscr{P}(\lambda y[LS(Prog(\delta'(x,y))]$，其中，δ’是δ的翻译，Prog是“着”的翻译；

R_{140}. 若 $\delta \in B_{TVa1} \cup B_{TVa2} \cup B_{TVa3} \cup B_{TVa4} \cup B_{TVa5} \cup B_{TVa7}$，则 $F_{139}(\delta)$可翻译为：

$\lambda\mathscr{P}(\lambda x\mathscr{P}((\lambda y[\delta'(x,y) \wedge ZS(TIM(\delta'(x,y),Meishi'))])$，其中，δ’是δ的翻译，Meishi’代表“每……”所对应的逻辑词项，TIM翻译为“事件发生在……时候”；

R_{141}. 若 $\delta \in B_{IVa1} \cup B_{IVa2} \cup B_{IVa3} \cup B_{IVa4} \cup B_{IVa6}$，则 $F_{140}(\delta)$可翻译为：

$\lambda x[\delta'(x) \wedge ZS(TIM(\delta'(x),Meishi'))]$，其中，δ’是δ的翻译，Meishi’代表“每……”所对应的逻辑词项，TIM翻译为“事件发生在……时候”；

R_{142}. 若 $\delta \in B_{TVa1} \cup B_{TVa2} \cup B_{TVa3} \cup B_{TVa4} \cup B_{TVa5} \cup B_{TVa7}$，则 $F_{141}(\delta)$可翻译为：

$\lambda\mathscr{P}(\lambda x\mathscr{P}((\lambda y[ZS(\delta'(x,y)])$，其中，δ’是δ的翻译；

R_{143}. 若 $\delta \in B_{IVa1} \cup B_{IVa2} \cup B_{IVa3} \cup B_{IVa4} \cup B_{IVa6}$，则 $F_{142}(\delta)$可翻译为：

$\lambda x[ZS(\delta'(x))]$，其中，δ’是δ的翻译；

R_{144}. 若 $\delta \in B_{TVa1} \cup B_{TVa2} \cup B_{TVa3} \cup B_{TVa4} \cup B_{TVa5} \cup B_{TVa7}$，则 $F_{143}(\delta)$可翻译为：

$\exists_I(I=Shiduan') \wedge \lambda\mathscr{P}(\lambda x\mathscr{P}((\lambda y[\delta'(x,y) \wedge ZS(TIM(\delta'(x,y),I))])$，其中，δ’为δ的翻译，Shiduan’为“时段词语”所对应的逻辑词项；

R_{145}. 若 $\delta \in B_{IVa1} \cup B_{IVa2} \cup B_{IVa3} \cup B_{IVa4} \cup B_{IVa6}$，则 $F_{144}(\delta)$可翻译为：

$\exists_I(I=Shiduan') \wedge \lambda x[\delta'(x) \wedge ZS(TIM(\delta'(x), I))]$)，其中，δ'为δ的翻译，Shiduan'为“时段词语”所对应的逻辑词项；

R_{146}. 若 $\delta \in B_{TVa1} \cup B_{TVa2} \cup B_{TVa3} \cup B_{TVa4}$，则 $F_{145}(\delta)$可翻译为：

$\lambda\mathscr{P}(\lambda x\mathscr{P}((\lambda y[ZS(\neg\delta'(x,y)]))$，其中，δ'是δ的翻译；

R_{147}. 若 $\delta \in B_{IVa1} \cup B_{IVa2} \cup B_{IVa3}$，则 $F_{146}(\delta)$可翻译为：

$\lambda x[ZS(\neg\delta'(x))]$，其中，δ'是δ的翻译；

R_{148}. 若 $\delta \in B_{TVa2} \cup B_{TVa3} \cup B_{TVa5}$，则 $F_{147}(\delta)$可翻译为：

$\lambda\mathscr{P}(\lambda x\mathscr{P}((\lambda y[ZS(\neg\delta'(x,y)]))$，其中，δ'是δ的翻译；

R_{149}. 若 $\delta \in B_{IVa4}$，则 $F_{148}(\delta)$可翻译为：

$\lambda x[ZS(\neg\delta'(x))]$，其中，δ'是δ的翻译；

R_{150}. 若 $\delta \in B_{TVa3} \cup B_{TVa5}$，则 $F_{149}(\delta)$可翻译为：

$\lambda\mathscr{P}(\lambda x\mathscr{P}((\lambda y[ZS(Prog(\delta'(x,y))]))$，其中，δ'是δ的翻译，Prog为“着”所对应的逻辑翻译；

R_{151}. 若 $\delta \in B_{IVa3}$，则 $F_{150}(\delta)$可翻译为：

$\lambda x[ZS(Prog(\delta'(x))])$，其中，δ'是δ的翻译，Prog为“着”所对应的逻辑翻译；

R_{152}. 若 $\delta \in B_{TVa3} \cup B_{TVa5} \cup B_{TVa7}$，则 $F_{151}(\delta)$可翻译为：

$\lambda\mathscr{P}(\lambda x\mathscr{P}((\lambda y[(\delta'(x,y) \wedge TC(BY(\delta'(x,y), Fangshi')))])$，或者 $\lambda\mathscr{P}(\lambda x\mathscr{P}((\lambda y[(\delta'(x,y) \wedge TC(IN(\delta'(x,y), Didian')))])$。其中，δ'是δ的翻译，逻辑谓词“BY”、“IN”分别表示“……以……方式”和“……在……地点”，且“Fangshi'”为“方式状语”所对应的逻辑词项，而“Didian'”是“地点状语”对应的逻辑词项；

R_{153}. 若 $\delta \in B_{IVa3} \cup B_{IVa4} \cup B_{IVa6}$，则 $F_{152}(\delta)$可翻译为：

$\lambda x(\delta'(x) \wedge TC(BY(\delta'(x), Fangshi')))$，或者 $\lambda x(\delta'(x) \wedge TC(IN(\delta'(x), Didian')))$。其中，δ'是δ翻译，逻辑谓词“BY”、“IN”分别表示“……以……方式”和“……在……地点”，且“Fangshi'”为“方式状语”所对应的逻辑词项，而“Didian'”是“地点状语”所对应的逻辑词项；

R_{154}. 若 $\delta \in B_{TVa3}$，则 $F_{153}(\delta)$可翻译为：

$\lambda\mathscr{P}(\lambda x\mathscr{P}((\lambda y[\delta'(x,y) \wedge TC(AT(\delta'(x,y), Shidian'))])$，其中，δ'是δ的翻译，逻辑谓词“AT”表示“……在……时点发生”，“Shidian'”为

“时点状语”对应的逻辑词项；

R_{155}. 若 $\delta \in B_{IVa4}$，则 $F_{154}(\delta)$可翻译为：

$\lambda x(\delta'(x) \wedge TC(AT(\delta'(x), Shidian')))$，其中，$\delta'$是 δ 的翻译，逻辑谓词“AT”表示“……在……时点发生”，且“Shidian'”为“时点状语”所对应的逻辑词项；

R_{156}. 若 $\delta \in B_{TVa3}$，则 $F_{155}(\delta)$可翻译为：

$\lambda\mathscr{P}(\lambda x\mathscr{P}((\lambda y[\delta'(x,y) \wedge TC(Spend(\delta'(x,y), Shiduan'))])$，其中，$\delta'$是 δ 的翻译，逻辑谓词“Spend”表示“……花费……时间”，且“Shiduan'”为“时段状语”所对应的逻辑词项；

R_{157}. 若 $\delta \in B_{TVa3}$，则 $F_{156}(\delta)$可翻译为：

$\lambda\mathscr{P}(\lambda x\mathscr{P}((\lambda y[\delta'(x,y) \wedge TC(Spend(\delta'(x,y), Shiduan'))])$，其中，$\delta'$是 δ 的翻译，逻辑谓词“Spend”表示“……花费……时间”，且“Shiduan'”为“时段状语”所对应的逻辑词项；

R_{158}. 若 $\delta \in B_{IVa3} \cup B_{IVa4}$，则 $F_{157}(\delta)$可翻译为：

$\lambda x(\delta'(x) \wedge TC(Last(\delta'(x), Shiduan'))$，其中，$\delta'$是 δ 的翻译，逻辑谓词“Last”表示“……持续……时间”，且“Shiduan'”为“时段状语”所对应的逻辑词项；

R_{159}. 若 $\delta \in \emptyset$，则 $F_{158}(\delta)$可翻译为：

$\lambda x[TC(Last(x, Shiduan'))]$，其中，$\delta'$是 δ 的翻译，逻辑谓词“Last”表示“……持续……时间”，且“Shiduan'”为“时段状语”所对应的逻辑词项；

R_{160}. 若 $\delta \in B_{TVa1}$，则 $F_{159}(\delta)$可翻译为：

$\lambda\mathscr{P}(\lambda x\mathscr{P}((\lambda y[TC(\delta'(x,y))]$，其中，$\delta'$是 δ 的翻译；

R_{161}. 若 $\delta \in U_{动}$，则 $F_{160}(\delta)$可翻译为：

TC（S'），其中，S'为小句 S 的逻辑翻译；

R_{162}. 若 $\delta \in B_{TVa3}$，则 $F_{161}(\delta)$可翻译为：

$\lambda\mathscr{P}(\lambda x\mathscr{P}((\lambda y[CC(\delta'(x,y))])$，其中，$\delta'$是 δ 的翻译；

R_{163}. 若 $\delta \in B_{TVa1} \cup B_{TVa2} \cup B_{TVa3} \cup B_{TVa4} \cup B_{TVa6}$，则 $F_{162}(\delta)$可翻译为：

$\lambda\mathscr{P}(\lambda x\mathscr{P}((\lambda y[CC(\delta'(x,y))])$，其中，$\delta'$是 δ 的翻译；

R_{164}. 若 $\delta \in B_{TVa3} \cup B_{TVa4} \cup B_{TVa5}$，则 $F_{163}(\delta)$可翻译为：

$\lambda\mathscr{P}(\lambda x\mathscr{P}((\lambda y[(\delta'(x,y) \wedge CC(BY(\delta'(x,y), Fangshi')))])$，或者 $\lambda\mathscr{P}(\lambda x\mathscr{P}((\lambda y[(\delta'(x,y) \wedge CC(LOC(\delta'(x,y), Didian')))])$，或者 $\lambda\mathscr{P}(\lambda x\mathscr{P}((\lambda y$

$[(\delta'(x,y) \wedge CC(BEC(\delta'(x,y),Yuanyin')))])$，或者 $\lambda\mathscr{P}(\lambda x\ \mathscr{P}(\lambda y[(\delta'(x,y) \wedge CC(TIM(\delta'(x,y),Shijain')))]))$，等等。

其中，δ'是δ的逻辑翻译，且谓词“BY”、“LOC”、“BEC”和“TIM”分别表示“以……方式”、“在……地点”、“由于……”和“花费……时间/处于……时点”。而“Fangshi'”、“Didian'”、“yuanyin'”和“Shijian'”分别指“方式状语词语”、“地点状语词语”、“原因状语词语”和“时间状语词语”所对应的逻辑词项；

R_{165}. 若 $\delta \in U_{动}$，则 $F_{164}(\delta)$可翻译为：

$\lambda\mathscr{P}(\lambda x\mathscr{P}((\lambda y[CC(\delta'(x,y))])$，或者 $\lambda x(CC(\delta'(x)))$，其中，δ'是δ的翻译；

R_{166}. 若 $\delta \in U_{动}$，则 $F_{165}(\delta)$可翻译为：

$\lambda\mathscr{P}(\lambda x\mathscr{P}((\lambda y[CC(\neg\delta'(x,y))])$，或者 $\lambda x(CC(\neg\delta'(x)))$，其中，δ'是δ的翻译；

R_{167}. 若 $\delta \in U_{动}$，则 $F_{166}(\delta)$可翻译为：

$\lambda\mathscr{P}(\lambda x\mathscr{P}((\lambda y[\neg CC(\delta'(x,y))])$，或者 $\lambda x(\neg CC(\delta'(x)))$，其中，δ'是δ的翻译；

R_{168}. 若 $\delta \in B_{TVa3} \cup B_{TVa4} \cup B_{TVa5}$，则 $F_{167}(\delta)$可翻译为：

$\lambda\mathscr{P}(\lambda x\mathscr{P}((\lambda y[CC(Prog(\delta'(x,y)))$，其中，δ'是δ的翻译，Prog是“着”的翻译，解释同前；

R_{169}. 若 $\delta \in B_{IVa3}$，则 $F_{168}(\delta)$可翻译为：同 $F_{167}(\delta)$；

R_{170}. 若 $\delta \in B_{TVa1}$，则 $F_{169}(\delta)$可翻译为：

$\lambda\mathscr{P}(\lambda x\mathscr{P}((\lambda y[WW(\delta'(x,y))])$，其中，δ'是δ的翻译；

R_{171}. 若 $\delta \in U_{IV动}$，则 $F_{170}(\delta)$可翻译为：

$\lambda x[\delta'(x) \wedge WW(BY(\delta'(x),Fangshi'))]$，或 $\lambda x[\delta'(x) \wedge WW(LOC(\delta'(x),Didian'))]$，或者 $\lambda x[\delta'(x) \wedge WW(BEC(\delta'(x),Yuanyin'))]$，或 $\lambda x[\delta'(x) \wedge WW(TO(\delta'(x),Duixiang'))]$，或者 $\lambda x[\delta'(x) \wedge WW(TIM(\delta'(x),Shijain'))]$，等等。

其中，δ'是δ的翻译；“BY”、“LOC”、“BEC”、“TO”和“TIM”分别表示“以……方式”、“在……地点”、“因为……”、“以……为对象”和“间隔……时间”等。而“Fangshi'”、“Didian'”、“Yuanyin'”、“Duixiang'”和“Shijian'”等分别代表“方式状语”、“地点状语”、“原因状语”和“对象状语”或“时间状语”所对应的逻辑词项；

R_{172}. 若 $\delta \in U_{TV}$，则 $F_{171}(\delta)$可翻译为：

$\lambda\mathscr{P}\lambda x\mathscr{P}(\lambda y[(\delta'(x,y) \wedge WW(BY(\delta'(x,y),Fangshi')))])$，或者 $\lambda\mathscr{P}\lambda x\mathscr{P}(\lambda y[(\delta'(x,y) \wedge WW(LOC(\delta'(x,y),Didian')))])$，或者 $\lambda\mathscr{P}\lambda x\mathscr{P}(\lambda y[(\delta'(x,y) \wedge WW(BEC(\delta'(x,y),Yuanyin')))])$，或 $\lambda\mathscr{P}\lambda x\mathscr{P}(\lambda y[(\delta'(x,y) \wedge WW(TO(\delta'(x,y),Duixiang'))]$，或 $\lambda\mathscr{P}\lambda x\mathscr{P}(\lambda y[(\delta'(x,y) \wedge WW(TIM(\delta'(x,y),Shijain')))]))$，等等。

其中的解释同上；

R_{173}. 若 $\delta \in U_{IV}$，则 $F_{172}(\delta)$可翻译为：

$\lambda x(WW(\delta'(x)))$。其中，δ'是δ的翻译；

R_{174}. 若 $\delta \in U_{TV}$，则 $F_{173}(\delta)$可翻译为：

$\lambda\mathscr{P}(\lambda x\mathscr{P}((\lambda y[WW(\delta'(x,y))])$，其中，δ'是δ的翻译；

R_{175}. 若 $\delta \in U_{IV动}$，则 $F_{174}(\delta)$可翻译为：

$\lambda x(WW(\neg\delta'(x)))$，其中，δ'是δ的翻译；

R_{176}. 若 $\delta \in U_{TV动}$，则 $F_{175}(\delta)$可翻译为：

$\lambda\mathscr{P}(\lambda x\mathscr{P}(\lambda y[WW(\neg\delta'(x,y))])$，其中，δ'是δ的翻译；

R_{177}. 若 $\delta \in U_{IV动}$，则 $F_{176}(\delta)$可翻译为：

$\lambda x[WW(Prog(\delta'(x)]$，其中，δ'是δ的翻译，Prog是对“着”的翻译；

R_{178}. 若 $\delta \in U_{TV动}$，则 $F_{177}(\delta)$可翻译为：

$\lambda\mathscr{P}(\lambda x\mathscr{P}((\lambda y[WW(Prog(\delta'(x))])$，其中，δ'是δ的翻译，Prog是对“着”的翻译；

R_{179}. 若 $\delta \in U_{IV动}$，则 $F_{178}(\delta)$可翻译为：

$\lambda x[WW(Perf(\delta'(x))]$，其中，δ'是δ的翻译，Perf是对“了”的解释；

R_{180}. 若 $\delta \in U_{TV动}$，则 $F_{179}(\delta)$ 可翻译为：

$\lambda\mathscr{P}(\lambda x\mathscr{P}((\lambda y[WW(Perf(\delta'(x,y))])$，其中，δ'是δ的翻译，Perf是对“了”的解释；

R_{181}. 若 $\delta \in B_{TVa1} \cup B_{TVa3}$（$B_{TVa3}$中的动词构成动补结构时），则 $F_{180}(\delta)$可翻译为：$\lambda\mathscr{P}(\lambda x\mathscr{P}((\lambda y[MM(\delta'(x,y))])$，其中，δ'是δ的翻译；

R_{182}. 若 $\delta \in B_{TVa2} \cup B_{TVa3}$（$B_{TVa3}$中的动词构成动宾结构时）$\cup B_{TVa4} \cup B_{TVa5} \cup B_{TVa6}$，则 $F_{181}(\delta)$可翻译为：$\lambda\mathscr{P}\lambda x\mathscr{P}(\lambda y[MM(\delta'(x,y))])$，其中，δ'是δ的翻译；

R_{183}. 若 $\delta \in B_{IVa3}$，则 $F_{182}(\delta)$可翻译为：

$\lambda x[MM(\delta'(x))$，其中，δ'是 δ 的翻译；

R_{184}. 若 $\delta \in B_{TVa3} \cup B_{TVa4}$，则 $F_{183}(\delta)$可翻译为：

$\lambda\mathscr{P}(\lambda x\mathscr{P}((\lambda y[MM(Prog(\delta'(x,y))]))$，其中，$\delta'$是 δ 的翻译，Prog 是“着”的翻译；

R_{185}. 若 $\delta \in B_{TVa3} \cup B_{TVa6}$，则 $F_{184}(\delta)$可翻译为：

$\lambda\mathscr{P}(\lambda x\mathscr{P}((\lambda y[MM(Perf(\delta'(x,y))]))$，其中，$\delta'$是 δ 的翻译，Perf 是对“了”的翻译；

R_{186}. 若 $\delta \in U_{动}$，则 $F_{185}(\delta)$可翻译为：

$\lambda\mathscr{P}(\lambda x\mathscr{P}((\lambda y[MM(AT(\delta'(x,y),shidian'))]))$，或者 $\lambda x[MM(AT(\delta'(x),shidian'))]$，其中，$\delta'$是 δ 的翻译；

R_{187}. 若 $\delta \in B_{TVa1} \cup B_{TVa2} \cup B_{TVa3} \cup B_{TVa4} \cup B_{TVa5} \cup B_{TVa6}$，则 $F_{186}(\delta)$可译为：$\lambda\mathscr{P}(\lambda x\mathscr{P}((\lambda y[MM(\neg\delta'(x,y))]))$，其中，$\delta'$是 δ 的翻译；

R_{188}. 若 $\delta \in B_{TVa3}$，则 $F_{187}(\delta)$可翻译为：

$\lambda x[MM(\neg\delta'(x))$，其中，$\delta'$是 δ 的翻译；

R_{189}. 若 $\delta \in U_{动}$，则 $F_{188}(\delta)$可翻译为：

$\lambda\mathscr{P}(\lambda x\mathscr{P}((\lambda y[YS(\delta'(x,y)]))$，或者 $\lambda x[YS(\delta'(x)]$，其中，δ'是 δ 的翻译；

R_{190}. 若 $\delta \in U_{动}$，则 $F_{189}(\delta)$可翻译为：

YS（S'），其中，S'是 S 所对应的逻辑翻译；

R_{191}. 若 $\delta \in B_{TVa3} \cup B_{TVa5}$，则 $F_{190}(\delta)$ 可翻译为：

$\lambda\mathscr{P}(\lambda x\mathscr{P}((\lambda y[YS(Prog(\delta'(x,y))]))$，其中，$\delta'$是 δ 的翻译，Prog 是“着”对应的逻辑翻译；

R_{192}. 若 $\delta \in B_{IVa3}$，则 $F_{191}(\delta)$可以翻译为：

$\lambda x[YS(Prog(\delta'(x))]$，其中，$\delta'$是 δ 的翻译，Prog 是“着”对应的逻辑翻译；

R_{193}. 若 $\delta \in B_{TVa3}$，则 $F_{192}(\delta)$可翻译为：

$\lambda\mathscr{P}(\lambda x\mathscr{P}((\lambda y[YS(Perf(\delta'(x,y))]))$，其中，$\delta'$是 δ 的翻译，Perf 是对“了”的解释；

R_{194}. 若 $\delta \in B_{TVa1} \cup B_{TVa2} \cup B_{TVa3}$，则 $F_{193}(\delta)$可翻译为：

$\lambda\mathscr{P}(\lambda x\mathscr{P}((\lambda y[YS(\neg(\delta'(x,y))]))$，其中，$\delta'$是 δ 的翻译，“$\neg$”是对“不”的翻译；

R_{195}. 若 $\delta \in B_{IVa1} \cup B_{IVa4}$，则 $F_{194}(\delta)$可翻译为：

$\lambda x[YS(\neg(\delta'(x))]$，其中，δ’是δ的翻译，是对“不”的翻译；

R_{196}. 若 $\delta \in (B_{TVa1} \cup B_{TVa3} \cup B_{TVa4})_{单音节}$，则 $F_{195}(\delta)$可翻译为：

$\lambda\mathscr{P}(\lambda\mathscr{P}((\lambda y[OU(\delta'(x,y)]))$，其中，δ’是δ的翻译；

R_{197}. 若 $\delta \in (B_{IVa3})_{单音节}$，则 $F_{196}(\delta)$可翻译为：

$\lambda x[OU(\delta'(x)]$，其中，δ’是δ的翻译；

R_{198}. 若 $\delta \in B_{TVa1} \cup B_{TVa3} \cup B_{TVa4} \cup B_{TVa7}$，则 $F_{197}(\delta)$可翻译为：

$\lambda\mathscr{P}(\lambda x\mathscr{P}((\lambda y[OUer(\delta'(x,y)]))$，其中，δ’是δ的翻译；

R_{199}. 若 $\delta \in B_{IVa3} \cup B_{IVa6}$，则 $F_{198}(\delta)$可翻译为：

$\lambda x[OUer(\delta'(x)]$，其中，δ’是δ的翻译；

R_{200}. 若 $\delta \in B_{TVa3} \cup B_{TVa4} \cup \{有\}$，则 F_{199}（δ）可翻译为：

$\lambda\mathscr{P}(\lambda x\mathscr{P}((\lambda y[OUh(\delta'(x,y)]))$，其中，δ’是δ的翻译；

R_{201}. 若 $\delta \in U_{动}$，则 $F_{200}(\delta)$可翻译为：

OUer(S’)或者 OUh(S’)，其中，S’为S所对应的逻辑翻译；

R_{202}. 若 $\delta \in B_{TVa3}$，则 $F_{201}(\delta)$可翻译为：

$\lambda\mathscr{P}(\lambda x\mathscr{P}((\lambda y[(\delta'(x,y) \wedge OUh(IN(\delta'(x,y),Didian')]$，其中，δ’是δ的翻译，Didian’为地点状语中的地点所对应的逻辑词项，谓词IN为“……发生在……地方”的二元谓词；

R_{203}. 若 $\delta \in B_{TVa4}$，则 $F_{202}(\delta)$可翻译为：

$\lambda\mathscr{P}(\lambda x\mathscr{P}((\lambda y[(\delta'(x,y) \wedge OUer(IN(\delta'(x,y),Didian')]$，其中，δ’是δ的翻译，Didian’为地点状语中的地点所对应的逻辑词项，谓词IN为“……发生在……地方”的二元谓词；

或者：$\lambda\mathscr{P}(\lambda x\mathscr{P}((\lambda y[(\delta'(x,y) \wedge OUer(BY(\delta'(x,y),Fangshi')]$，其中，δ’是δ的翻译，Fashi’为方式状语中的的方式所对应的逻辑词项，谓词BY为“……通过……方式进行”的二元谓词；

或者：$\lambda\mathscr{P}(\lambda x\mathscr{P}((\lambda y[(\delta'(x,y) \wedge OUer(TO(\delta'(x,y),Duixiang')]$，其中，δ’是δ的翻译，Duixiang’为对象状语中的对象所对应的逻辑词项，谓词TO为“……是针对……”的二元谓词；

R_{204}. 若 $\delta \in B_{TVa3} \cup B_{TVa4}$，则 $F_{203}(\delta)$可翻译为：

$\lambda\mathscr{P}(\lambda x\mathscr{P}((\lambda y[(OUer(\delta'(x,y)) \wedge i=Shidian' \wedge \tau(\delta'(x,y))\subseteq i)$，其中，δ’是δ的翻译，Shidian’为句中时点词语对应的逻辑词项，$\tau(\delta'(x,y))\subseteq i$ 表示δ’（x，y）发生在时点i上；

或者 $\lambda\mathscr{P}(\lambda x\mathscr{P}((\lambda y[(\mathrm{OUer}(\delta'(x,y)))\wedge I=\mathrm{Shiduan}'\wedge\tau(\delta'(x,y))\subseteq I)$，其中，$\delta'$是$\delta$的翻译，Shiduan'为句中时段词语对应的逻辑词项，$\tau(e)\subseteq I$表示事件e发生在时段I范围内；

R_{205}．若 $\delta\in B_{TVa3}$，则 $F_{204}(\delta)$可翻译为：

$\lambda\mathscr{P}(\lambda x\mathscr{P}((\lambda y[(\mathrm{OU}(\delta'(x,y)))\wedge I=\mathrm{Shiduan}'\wedge\tau(\delta'(x,y))\subseteq I)$，其中，$\delta'$是$\delta$的翻译，Shiduan'为句中时段词语对应的逻辑词项，$\tau(\delta'(x,y))\subseteq I$表示$\delta'$（x，y）发生在时段I范围内。

或：$\lambda\mathscr{P}(\lambda x\mathscr{P}((\lambda y[(\mathrm{OUh}(\delta'(x,y)))\wedge I=\mathrm{Shiduan}'\wedge\tau(\delta'(x,y))\subseteq I)$，符号意义与上同；

R_{206}．若 $\delta\in(B_{TVa3}\cup B_{TVa4})_{双音节}$，则 $F_{205}(\delta)$可翻译为：

$\lambda\mathscr{P}(\lambda x\mathscr{P}((\lambda y[(\mathrm{OUer}(\neg(x,y)))$，其中，$\delta'$是$\delta$的翻译；

R_{207}．若 $\delta\in B_{TVa4}$，则 $F_{206}(\delta)$可翻译为：

$\lambda\mathscr{P}(\lambda x\mathscr{P}((\lambda y[(\mathrm{OU}(\neg(x,y)))$，其中，$\delta'$是$\delta$的翻译；

R_{208}．若 $\delta\in$｛是，有｝$\cup B_{TVa3}\cup B_{TVa5}\cup B_{TVa6}$，则 $F_{207}(\delta)$可翻译为：

$\lambda\mathscr{P}(\lambda x\mathscr{P}((\lambda y(\mathrm{SJ}(\delta'(x,y))))$，或者 $\lambda\mathscr{P}(\lambda x\mathscr{P}((\lambda y(\mathrm{SH}(\delta'(x,y))))$，其中，$\delta'$是$\delta$的翻译；

R_{209}．若 $\delta\in B_{IVa4}\cup B_{IVa5}$，则 $F_{208}(\delta)$可翻译为：

$\lambda x(\mathrm{SJ}(\delta'(x)))$，或者 $\lambda x(\mathrm{SH}(\delta'(x)))$，其中，$\delta'$是$\delta$的翻译；

R_{210}．若 $\delta\in$｛是，有｝$\cup B_{TVa3}\cup B_{TVa5}\cup B_{TVa6}$，则 $F_{209}(\delta)$可翻译为：

$\lambda\mathscr{P}(\lambda x\mathscr{P}((\lambda y(\mathrm{SJ}(\mathrm{YE}(\delta'(x,y)))))$，或 $\lambda\mathscr{P}(\lambda x\,\mathscr{P}(\lambda y(\mathrm{SH}((\mathrm{YE}(\delta'(x,y)))))$，或 $\lambda\mathscr{P}(\lambda x\,\mathscr{P}(\lambda y(\mathrm{SJ}(\delta'(x,y))))$，其中，$\delta'$是$\delta$的翻译，"YE"为表示重复的时间副词"又、还、也"所对应的逻辑谓词，为高阶谓词，其论元为δ'，强调该动作的重复性；我们把"随后（随即）就/便"都翻译为"随即"，因为"随即"本身就有"随后就/便"的意思；

R_{211}．若 $\delta\in B_{IVa4}\cup B_{IVa5}$，则 $F_{220}(\delta)$可翻译为：

$\lambda x(\mathrm{SJ}(\delta'(x)))$，或者 $\lambda x(\mathrm{SJ}((\mathrm{YE}(\delta'(x))))$，或者 $\lambda x(\mathrm{SH}((\mathrm{YE}(\delta'(x))))$，其中各个逻辑符号的意义同上；

R_{212}．若 $\delta\in B_{TVa3}$，则 $F_{211}(\delta)$可翻译为：

$\lambda\mathscr{P}(\lambda x\mathscr{P}((\lambda y(\mathrm{SJ}(\delta'(x,y)))\wedge\mathrm{BY}(\delta'(x,y),\mathrm{Fangshi}')))$，

或者 $\lambda\mathscr{P}(\lambda x\mathscr{P}((\lambda y(\mathrm{SJ}(\delta'(x,y)))\wedge\mathrm{TO}(\delta'(x,y),\mathrm{Duixiang}')))$，

或者 $\lambda\mathscr{P}\lambda x\mathscr{P}(\lambda y(\mathrm{SJ}(\delta'(x,y)))\wedge\mathrm{IN}(\delta'(x,y),\mathrm{Didian}')))$，

或者 $\lambda\mathscr{P}\lambda x\mathscr{P}(\lambda y(\mathrm{SH}(\delta'(x,y)))\wedge\mathrm{BEC}(\delta'(x,y),\mathrm{Mudi}')))$，

或者 $\lambda\mathscr{P}\lambda x\mathscr{P}(\lambda y(SH(\delta'(x,y)))\wedge BY(\delta'(x,y),Fangshi')))$，
或者 $\lambda\mathscr{P}\lambda x\mathscr{P}(\lambda y(SH(\delta'(x,y)))\wedge TO(\delta'(x,y),Duixiang')))$，
或者 $\lambda\mathscr{P}\lambda x\mathscr{P}(\lambda y(SH(\delta'(x,y)))\wedge IN(\delta'(x,y),Didian')))$，
或者 $\lambda\mathscr{P}\lambda x\mathscr{P}(\lambda y(SH(\delta'(x,y)))\wedge BEC(\delta'(x,y),Mudi')))$。

其中，δ'是δ的翻译，“BY”、“TO”、“IN”和“BEC”分别解释为“……以……方式……”、“……是针对……的”、“……发生在……”和“……是为了……”；

R_{213}. 若 $\delta\in B_{IVa4}$，则 $F_{212}(\delta)$可翻译为：

$\lambda x(SJ(\delta'(x)))\wedge BY(\delta'(x),Fangshi')))$，或者 $\lambda x(SJ(\delta'(x)))\wedge TO(\delta'(x),Duixiang')))$，或者 $\lambda x(SJ(\delta'(x)))\wedge IN(\delta'(x),Didian')))$，或者 $\lambda x(SH(\delta'(x)))\wedge BEC(\delta'(x),Mudi')))$，或者 $\lambda x(SH(\delta'(x)))\wedge BY(\delta'(x),Fangshi')))$，或者 $\lambda x(SH(\delta'(x)))\wedge TO(\delta'(x),Duixiang')))$，或者 $\lambda x(SH(\delta'(x)))\wedge IN(\delta'(x),Didian')))$，或者 $\lambda x(SH(\delta'(x)))\wedge BEC(\delta'(x),Mudi')))$。其中各个逻辑谓词的语义同上；

R_{214}. 若 $\delta\in U_{动}$，则 $F_{213}(\delta)$可翻译为：

SJ（S'）或者 SH（S'），其中，S'是对小句 S 的翻译；

R_{215}. 若 $\delta\in B_{TVa3}\cup B_{TVa5}\cup B_{TVa6}$，则 $F_{214}(\delta)$可翻译为：

$\lambda\mathscr{P}\lambda x\mathscr{P}(\lambda y(SJ(Perf(\delta'(x,y)))))$，

或者 $\lambda\mathscr{P}\lambda x\mathscr{P}(\lambda y(SH(Perf(\delta'(x,y)))))$。

其中，δ'是δ的翻译，Perf 是“了”所表示的完成态的翻译；

R_{216}. 若 $\delta\in B_{IVa4}\cup B_{IVa5}$，则 $F_{215}(\delta)$可翻译为：

$\lambda x(SJ(Perf(\delta'(x))))$，其中，δ'是δ的翻译；

R_{217}. 若 $\delta\in\{是\}\cup B_{TVa2}\cup B_{TVa3}$，则 $F_{216}(\delta)$可翻译为：

$\lambda\mathscr{P}\lambda x\mathscr{P}(\lambda y(Hai(\delta'(x,y))))$，δ'是δ的翻译；

R_{218}. 若 $\delta\in B_{IVa1}\cup B_{IVa4}$，则 $F_{217}(\delta)$可翻译为：

$\lambda x(Hai(\delta'(x)))$，其中，δ'是δ的翻译；

R_{219}. 若 $\delta\in B_{TVa1}\cup B_{TVa3}\cup B_{TVa4}\cup B_{TVa5}\cup B_{TVa7}$，则 $F_{218}(\delta)$可翻译为：

$\lambda\mathscr{P}\lambda x\mathscr{P}(\lambda y(You(\delta'(x,y))))$，δ'是δ的翻译；

R_{220}. 若 $\delta\in B_{IVa1}\cup B_{IVa2}\cup B_{IVa3}\cup B_{IVa4}\cup B_{IVa6}$，则 $F_{219}(\delta)$可翻译为：

$\lambda x(You(\delta'(x)))$，其中，δ'是δ的翻译；

R_{221}. 若 $\delta\in B_{TVa2}\cup B_{TVa5}\cup B_{TVa7}$，则 $F_{220}(\delta)$可翻译为：

$\lambda\mathscr{P}\lambda x\mathscr{P}(\lambda y(Zai(\delta'(x,y))))$，δ'是δ的翻译；

R_{222}. 若 $\delta \in B_{IVa4} \cup B_{IVa6}$，则 $F_{221}(\delta)$可翻译为：

$\lambda x(Zai(\delta'(x)))$，其中，δ'是δ的翻译；

R_{223}. 若 $\delta \in B_{TVa1} \cup B_{TVa3}$，则 $F_{222}(\delta)$可翻译为：

$\lambda \mathscr{P} \lambda x \mathscr{P}(\lambda y(You(\neg\delta'(x,y))))$，δ'是δ的翻译；

R_{224}. 若 $\delta \in B_{IVa4}$，则 $F_{223}(\delta)$ 可翻译为：

$\lambda x(You(\neg\delta'(x)))$，其中，δ'是δ的翻译；

R_{225}. 若 $\delta \in$ {名词} $\cup B_{TVa3}$，则 $F_{224}(\delta)$可翻译为：

$\lambda \mathscr{P} \lambda x \mathscr{P}(\lambda y(You(\neg\delta'(x,y))))$，δ'是δ的翻译；

R_{226}. 若 $\delta \in B_{IVa4}$，则 $F_{225}(\delta)$可翻译为：

$\lambda x(You(\neg\delta'(x)))$，其中，δ'是δ的翻译；

R_{227}. 若 $\delta \in B_{TVa2} \cup B_{TVa5} \cup B_{TVa7}$，则 $F_{226}(\delta)$可翻译为：

$\lambda \mathscr{P} \lambda x \mathscr{P}(\lambda y(\neg(Zai(\delta'(x,y)))))$，δ'是δ的翻译；

R_{228}. 若 $\delta \in B_{IVa4} \cup B_{IVa6}$，则 $F_{227}(\delta)$可翻译为：

$\lambda x(\neg(Zai(\delta'(x))))$，其中，δ'是δ的翻译；

R_{229}. 若 $\delta \in B_{TVa2} \cup B_{TVa3}$，则 $F_{228}(\delta)$可翻译为：

$\lambda \mathscr{P} \lambda x \mathscr{P}(\lambda y(Zai(\neg\delta'(x,y))))$，δ'是δ的翻译；

R_{230}. 若 $\delta \in B_{IVa1}$，则 $F_{229}(\delta)$ 可翻译为：

$\lambda x(Zai(\neg\delta'(x)))$，其中，δ'是δ的翻译；

R_{231}. 若 $\delta \in \emptyset$，则 $F_{230}(\delta)$可翻译为：

$\exists y(Mingci'(y)) \wedge \lambda x(Zai(\neg YOU'(x,y)))$，其中，Mingci'是“名词”所对应的逻辑谓词；

R_{232}. 若 $\delta \in B_{TVa3}$，则 $F_{231}(\delta)$可翻译为：

$\lambda \mathscr{P} \lambda x \mathscr{P}(\lambda y(Zai(\neg\delta'(x,y))))$，δ'是δ的翻译；

R_{233}. 若 $\delta \in B_{IVa4}$，则 $F_{232}(\delta)$可翻译为：

$\lambda x(Zai(\neg\delta'(x)))$，其中，δ'是δ的翻译；

R_{234}. 若 $\delta \in B_{TVa1} \cup B_{TVa3} \cup B_{TVa4} \cup B_{TVa5} \cup B_{TVa7}$，则 $F_{233}(\delta)$可翻译为：

$\lambda \mathscr{P} \lambda x \mathscr{P}(\lambda y(You(Perf(\delta'(x,y)))))$，δ'是δ的翻译，Perf是对助词“了”的翻译；

R_{235}. 若 $\delta \in B_{IVa1} \cup B_{IVa2} \cup B_{IVa3} \cup B_{IVa4} \cup B_{IVa6}$，则 $F_{234}(\delta)$可翻译为：

$\lambda x(You(Perf(\delta'(x))))$，其中，δ'是δ的翻译，Perf是对“了”的翻译；

R_{236}. 若 $\alpha \in P_{NP}$，并且 $\delta \in P_{TV}$，则 F_{235}（α，δ）可翻译为：

δ'（α'），其中，δ'是δ的翻译，α'是α的翻译；

R_{237}. 若 $\alpha \in P_{NP}$，并且 $\delta \in P_{IV}$，则 F_{236}（α，δ）可翻译为：

α'（δ'），其中，α'是α的翻译，δ'是δ的翻译。

这些翻译规则中，事件变项均被还原为它所指的具体内容，没有使用变项 e。这是出于简化系统之考虑，该系统的逻辑语言中并没有包含此变项。

第四节　小结

这样，包含时间副词的现代汉语部分语句系统的完整面貌就展现在大家面前了。由词汇，到句法，最后给出逻辑翻译和语义解释，逐步进行。

现在通过一个例句“高海在踢球”来说明该系统的运作过程。

首先，通过词汇和句法规则生成现代汉语语句“高海在踢球”，具体过程如下：

（1）高海 $\in P_{NP}$	据基本语词集合 B_{PN} 及句法规则 S_1
（2）踢 $\in B_{TVa7}$	据基本语词集合
（3）在踢 $\in P_{TV}$	据（2）和 S_{104}
（4）球 $\in B_{CN}$	据基本语词集合
（5）在踢球 $\in P_{IV}$	据（3）、（4）和 B_{TVa3}
（6）高海在踢球 $\in P_t$	据（1）、（5）和 S_{238}

其次，通过翻译规则把这个自然语句转换成逻辑语言。

A. gaohai	由（1）据 R_1
B. $\lambda P \lambda y P \lambda x\,[Z\,(Ti\,(x,\ y))]$	由（2）据 R_{102}
C. $\lambda P \exists u\,[Qiu\,(u)\ \wedge P\,(u)]$	由（3）据 R_3
D. $\lambda \mathscr{P} \lambda y \mathscr{P} \lambda x\,[Z(Ti(x,y))](\lambda \mathscr{P} \exists u[Qiu(u) \wedge \mathscr{P}(u)])$	B∧C
E. $\lambda y \exists u[Qiu(u) \wedge Z(Ti(x,u))]$	D λ—还原
F. $\lambda y \exists u[Qiu(u) \wedge Z(Ti(x,u)))(gaohai)$	E∧A
G. $\exists u[Qiu(u) \wedge Z(Ti(gaohai,u)))$	F λ—还原

G 式就是“高海在踢球”的逻辑翻译式。模态算子“Z”是时间副词“在”所对应的逻辑翻译，其语义解释为 $\|Z\,(\Phi)\|_{\Omega,i}=1$，当且仅当，存在 $i' \in I$，满足 $i \subset i'$ 并且 $\neg(i \subset_{fi} i')$ 且 $\neg(i \subset_{in} i')$，使得 $\|\Phi\|_{\Omega,i'}=1$。直观地说，“在”的解释就是：相对于参照时间 i'来说，“高海”所指的个体与“球”类个体间有“踢”的关系这个事件，在 i'上存在并持续。

其实，自然语言语句在翻译为逻辑语言时，其语义类型的生成过程也是同步的。该例句的句法范畴和语义类型的生成过程，可用树形图表示，如图 6－1 所示：

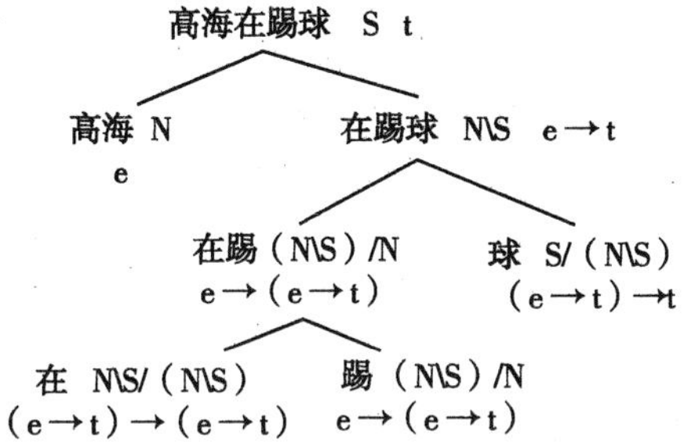

6－1 "高海在踢球"的句法语义生成过程

从这个具体语料的分析中可以发现，时间副词在语句中大多是修饰整个谓语部分的，其语义指向多为谓语部分。在与其他成分组合成语句时，其语义类型为（e→t）→（e→t），句法范畴则为（N\S）/（N\S），即其后输入一个谓语部分，其前输入一个名词性成分，即可生成一个语句。

本系统还可以生成很多包含时间副词的现代汉语语句，如"小明常常迟到"、"我就来"、"考试即将结束"，等等。篇幅原因，不再一一列举，读者可以尝试自己分析。

第七章

结　语

第一节　本书的研究步骤

本书对现代汉语时间副词的形式语义进行了系统深入的分析和研究。研究步骤大体如下。

首先，就现代汉语时间副词的界定和分类等传统问题进行讨论，在阐述前人观点的基础上给出了自己的看法。同时划定了现代汉语时间副词的范围，并给出了每类时间副词的具体成员。

其次，在对时间副词逐类分析时，每类时间副词的共性语义特征及它们的再分类体系都作了详细讨论，并以此作为本研究之纲。

再次，由于时间和精力有限，本书不可能对现代汉语中的全部时间副词进行具体分析讨论。因此，在讨论每类时间副词时，我们都选取了一些具有代表性的成员进行了详细地讨论和分析，最后也只能给出部分时间副词的语义标注。

最后，本书分析时间副词形式语义的具体方法为：先对要分析的时间副词的语义特征作深入且细致准确的探析；据此语义特征，通过大量语料，分析出它在形成语句时对其他句法成分的选择限制条件，主要考虑了：与谓词及谓词短语的搭配，与其他时间副词的连用，与时间词的共现，与否定词的共现，与动态助词“着”、“了”、“过”的搭配情况……根据上述分析，总结出该语句的句法规则；然后给出把这些句法规则翻译成逻辑语言的逻辑翻译规则，其实此翻译过程与整个语句的句法范畴和语义类型的生成过程是同步进行的；最后给出时间副词的逻辑语义解释。并在具体分析的基础上构建了一个包含时间副词的现代汉语部分语句系统。

总之，本研究从大量自然语言语料中总结规律，给出句法规则和翻译规则等逻辑语言，再根据逻辑规则生成合语法的自然语言。这样做的目的主要是希望能在自然语言和人工智能间建起一座可通达的桥梁。

第二节 本研究得出的规律

通过对时间副词形式语义的具体而详尽的分析，我们总结出如下规律。

第一，邵敬敏先生提出的词语组合的双向选择性原则，尤其是语义一致性准则和语义决定性准则，在分析中体现得淋漓尽致。如“在”的持续性和时段性决定了其不能与瞬间性动作动词连用，不能与时点词在句中共现等；“即将、终将”表示“未然”的语义特征决定了其只能与表示将来的时间词语共现；具有重复义的时间副词“又、再、还”不能与不具重复义的谓词共现；等等。

第二，词语的语义特征对其他句法成分的选择限制起决定性作用。

第三，通过这些时间副词的分析发现，谓词 B_{TVa3} 和 B_{IVa4} 具有最强的搭配能力，即它可以受很多时间副词的修饰限制。

第四，当句子中包含时间副词时，这个时间副词多为说话者要强调的焦点信息，也是句中的重音所在。

第五，时间副词在句中的语义多为后指，指向其所修饰的谓语部分。

第六，时间副词在语句中的句法范畴多为（N \ S）/（N \ S），语义类型为 $(e\rightarrow t)\rightarrow(e\rightarrow t)$。

第三节 创新点

本研究的创新点可归纳如下。

1. 在现代汉语时间副词研究现状的基础上，本书运用有关语义搭配的重要理论，如词语组合的双向选择性原则（包括语义一致性原则、语义的自足性原则和语义的决定性原则），系统地对每一类时间副词的语义特征进行分析。本研究的语义特征包括语形意义（即句法功能）、语法意义和语用意义（即推导义）。

2. 以上述各类时间副词的语义特征分析为基础，结合诸多形式语义学理论，给出各类时间副词的句法规则、逻辑翻译规则及其语义的模型论解释定义等。

3. 通过对已有的涉及汉语时间问题的部分语句系统进行调整和改进，构建了包含时间副词的汉语部分语句系统，初步完成了自然语言信息处理中形式化阶段的任务。

4. 文中给出了部分时间副词的语义标注表，这在现代汉语时间副词的语义研究史上是一个进步，同时也为今后研究时间副词提供了一个较系统的且可供参考的重要内容。

第四节 不足之处

当然，研究也存在着一些不足。归纳如下。

1. 表频时间副词所表频率的高低（高频、中频、低频）的确定有很大的主观性。使用精确度较高的形式语义方法对其进行刻画，有很大的难度。我们采用百分比的方法来刻画其所表频度，有一定的主观性。模糊语义学可能对此类副词的语义分析会有所帮助。

2. 现代汉语时间副词的划分和每个时间副词的具体归属，都是根据已有研究和本研究的具体分析而确定的，有些不甚确切的地方还有待改进和继续深入。

3. 由于时间和精力的限制，只能对部分时间副词作具体分析。对时间副词的更深更广的研究势必是今后继续努力的方向。

附录一

部分时间副词的语义标注

刚刚：[±已然]、[±完成]、[±时段]、[±主观认定时间短]

至今：[±持续]、[±时段]、[±过去到现在]

必将，终将：[±将来]、[±必然]

一直：[±持续或者重复]、[±不间断]、[±一般性]、[±时段]

才：[±主观认定时间短]、[±主观认定时间晚]、[±现实性]

曾，曾经：[±过去]、[±主体的经历性]、[±完成]、[±事件的终结性]

就：[±主观认定时间早]、[±主观认定时间短]、

在：[±进行]、[±持续]、[±时段]

正：[±时位]、[±持续]、[±同时]

正在：[±同时]、[±时段]、[±持续]

老、老是：[±次数多]、[±时间间隔短]、[±频率高]、[±持续时间长]

总，总是：[±特定时域]、[±反复多次]、[±规律]

通常：[±较长时段内]、[±规律]、[±条件]

常、常常：[±事件发生频率较高]、[±时间间隔短]

往往：[±较长时段内]、[±规律]、[±事件发生频率较高]

每每：[±规律]、[±事件发生频率较高]、[±相同的结果]、[一将来]

有时：[±事件发生频率较低]、[±时间条件不定]、[±频率低]

偶，偶尔：[±时间发生的频率极低]、[±时间不定]

随后：[±次序]、[±一事件在另一事件之后发生]

随即：[±次序]、[±一事件在另一事件之后很快发生]、[±随后就]

又：[±重复]、[±反复]、[±已实现]

还：[±重复]、[±再现]、[±主观情态]

再：[±重复]、[±继续]、[±未实现或经常性的]

附录二

时间副词的具体语料

过去时制时间副词“刚、刚刚”的具体用例

1. 白度领着元豹刚出了监狱的大门，一群记者和闲人便围了上来。(王朔：《痴人》)

2. 王局长刚走，老爷自己在陪着呢。(曹禺：《雷雨》)

3. 这会儿他刚赶来给老人家送葬。(张承志：《黑骏马》)

4. 场子里老一点的工人都还记得丁贵甲刚来的时候的样子。(汪曾祺：《羊舍一夕》)

5. 可是那时你的生命像刚点燃的一簇火，你的四肢都弹性十足。(张承志：《北方的河》)

6. 这两年小李的病刚好些。(聂建军、尚秀妍 1998 年用例)

7. 你看，它刚生下来就有本事穿过风雪跑到咱们家门口。(张承志：《黑骏马》)

8. 高妈刚一转脸，他奔了天桥，足玩了一天。(老舍：《骆驼祥子》)

9. MBA 不鼓励刚毕业的学生攻读，最好是有一定的工作经验的人，这样，他们能够明白自己能做什么，将干什么。(《MBA 宝典》)

10. 小芸刚刚分到科里。(王安林：《办公室里有蜜蜂》)

11. 去年我爹刚死，才还清棺材钱。(周晓冰 1993 年用例 申跃中)

12. 军队在张宗昌北逃后于5 月 1 日刚刚开进济南城，日军随之侵占济南商埠地区，一再向中国军民开枪寻衅，3 日即大举进攻。(《人民日报》1993 年 2 月)

13. 刚进入青春期时，青少年男女开始彼此疏远，即使是儿童时

代的好朋友，这时也会不自然地互相回避。(《中国儿童百科全书》)

14. 不过，在四五十亿年前，当地球刚刚诞生的时候，它的表面几乎找不到一滴水，当然不会有任何生命。(《中国儿童百科全书》)

15. 但并不是每个毕业生都满意他们找到的工作，因此有些 MBA 刚毕业两年就会换工作。(《MBA 宝典》)

16. 这些农民，什么时候准备的雨伞，雨才刚刚下了几分钟啊！(闵国库:《在倾斜的版图上》)

17. 孩子出世刚刚十天，他又去执行新的任务了。(《人民日报》1993 年 6 月)

18. 我们家在后院刚挖好一个防空洞。(周晓冰 1993 年用例 德兰)

19. 刚刚从内蒙古总结赤峰治沙经验回京的中国治沙暨沙业学会理事长董智勇谈起自己的切身体会：粗放的种植形式，传统的经营观念，在山青水秀的江南开始转变，在风沙肆虐的干旱西北更应该抛弃。(《人民日报》1993 年 6 月)

20. 有的已经竖起了主体工程的外壳，有的还刚刚开始土建。(姜息:《市长夫人》)

21. 他刚打算问尤金有什么事，尤金就先解释起来。(翻译作品《天才》)

22. 那天，一切都同往常一样，只是刚准备吃晚饭，突然停了电，电视没法看了，女儿挺不高兴。(《人民日报》1996 年 3 月)

现在时制时间副词“至今”的具体语例

1. 许多思想，至今有重要指导意义。(《人民日报》1994 年 4 月)

2. ……，各工业部门的职工群众中都涌现了一批劳动模范和革命骨干，他们至今还是我们学习的榜样和团结的核心。(《邓小平文选》第 2 卷)

3. 这个邮包，熊勇至今还保存着。(《人民日报》1995 年 3 月)

4. 对于“名人”的新角色，弗兰琪丝卡至今还感到不太习惯。(《人民日报》1993 年 2 月)

5. 我们也可以找到某些思想品格和道德情操，至今仍有一定教育意义。(《中华上下五千年》)

6. 在陈巴尔虎旗的鄂温克人中，至今仍实行这种保留着逃婚形式的自由婚。(《中国儿童百科全书》)

7. 其中《外套》、《鼻子》和《狂人日记》等，至今仍为世界短篇名作。(《中国儿童百科全书》)

8. 毗邻香港，至今依然是深圳的地缘优势。(《报刊精选》1994年9月)

9. 但由于老区自身条件的制约，至今依然很落后。(《人民日报》1993年6月)

10. 因为至今还有一些地区、一些部门的领导班子没有整顿好，……(《邓小平文选》第2卷)

11. 其中有一件事当时几乎家喻户晓，千古传颂，至今还令洛阳人感念不忘。(《人民日报》1995年2月)

12. 他的几个弟妹，至今一个还在一家集体单位工作，一个小妹至今还在家里待业，靠老父亲养活。(《人民日报》1994年3月)

13. 用微生物制曲、酿酒，进行食用加工，在中国更具有几千年的历史，至今仍在生产和生活中得到广泛地应用。(阴法鲁、许树安《中国古代文化史》(三))

14. 但澳政府并不满足现状，至今仍不断向公路大量投入。(《人民日报》1993年10月)

15. 这些数据显示，服务行业虽已经过多年的高速发展，至今依然在持续增长。(《报刊精选》1994年10月)

16. 因此，所有那些不善交际、性压抑、性渴念等等感受，至今依然使梅森这样的人困惑、激动，甚至给了他的一言一行以决定性的影响……(《美国悲剧》)

17. 我就知道不少青年评论工作者都曾经从事过创作，而且有些人至今还不放弃这方面的努力。(《读书》第99卷)

18. 令人遗憾的是，他的作品至今还没有制作出一盒磁带和音乐会演出的录像……(《人民日报》1993年10月)

19. 此外，金鉴明还拖欠公款3.3万元长达3年多时间，至今仍不归还。(《人民日报》1996年7月)

20. 至于何以未能制订一个妥善的计划，我至今仍然不明白。(《第二次世界大战回忆录》第2卷《最光辉的时刻》)

21.《中国教育报》也对这事作了报道，但这事却被几个部门束之高阁至今仍没落实。(《报刊精选》1994 年 8 月)

22. 国际、国内对相对论效应的不同学术观点的争论从来没有停止过，至今仍然没有得到举世公认的解答。(《读书》第 14 卷)

23. 由于该楼出现多处明显裂缝及其他严重质量问题，至今不能交付使用。(《人民日报》1993 年 2 月)

24. 我看此片也有半个世纪以上，至今不忘，其非凡的又是仍凡的女王形象。(《人民日报》1994 年 1 月)

25. 其"文章"之一，就是指从建国初期便形成的"城乡分治"的格局，至今没有改变。(《中国农民调查》)

26. 有的合资企业批准了两三年，至今还存在着外方资金不到位的问题。(《人民日报》1993 年 2 月)

27. 今年 43 岁的许海峰高位截瘫已十年，至今仍带着集尿袋。(《人民日报》1993 年 5 月)

将来时制的时间副词"必将、终将"的具体语例

1. 因此，人们终将面临能源危机的一天。(《中国儿童百科全书》)

2. 如不适时调整经济，整个城市也必将衰落。(《人民日报》1994 年 3 月)

3. 核能完全被用于造福人类的一天终将到来。(《人民日报》1995 年 1 月 a)

4. 世界正在寻找并必将找到已经出现的变化的哲学基础。(《读书》72 卷)

5. 也许她终将学会把对弗兰克的爱给予你，给予你和楼上的那个小东西。(《荆棘鸟》)

6. 但是他必将胜利。(《读书》第 18 卷)

7. 社会主义市场经济体制科学地解决了计划与市场的关系，必将极大地推动我国社会主义建设和改革开放的进一步发展。(《人民日报》1993 年 3 月)

8. 经过风风雨雨，他们也会像椰树一样健康成长，终将在风雨

中成为栋梁之材……（《人民日报》1993年1月）

恒常时制的时间副词“一直”的具体语例

1. 整整一夜，他们就这样枯坐着，似乎什么也没想，一直无聊地听着脚下车轮与铁轨忽轻忽重的碰撞声……（《中国农民调查》）

2. 我一直注意地观察孙悦。（戴厚英：《人啊人》）

3. 她掀开钢琴盖儿，反复弹练习曲中的同一个曲调，一直弹到谱子都被泪水弄得看不见了。（《读者》（合订本））

4. 我多年来一直在想，找个什么办法，不用战争手段而用和平方式……（《邓小平文选》第3卷）

5. 二十年来，我一直讨厌他，虽然他并不知道。（《没有钥匙的房间》）

6. 我一直怀疑你从一开始就不是真想娶我。（王朔：《过把瘾就死》）

7. 徐州，这座素为兵家必争之地的古彭城，两千多年以来一直具有很高的知名度。（《人民日报》1996年1月）

8. 其实，我一直叫她们婶子大娘的。（戴厚英：《流泪的淮河》）

9. 我抱住她，她一直低着头，闭上眼睛，她的脸色没有红起来，也没有苍白下去……（余华：《战栗》）

10. 对面，右边墙上还有一道门，也一直紧紧地锁着。（《罪与罚》）

11. 这说明军机处在法定名义上一直不是国家的正式机构，但这个称呼丝毫不影响它的地位和权势。（《中国儿童百科全书》）

12. 但我一直不相信他会死去。（《人民日报》1993年4月）

13. 去纽约的途中，文华一直没有考虑过他的婚姻问题。（白帆：《那方方的博士帽》）

14. 在回到车棚子去的路上，秦守本的话匣子一直没有关上，他滔滔不断地描绘着军长的神情；学着湖南话的音调……（吴强：《红日》）

实现体兼表过去时的时间副词“才”的具体语例

1. 前天早上，我上地去，才上到岭上，碰上个骑驴的媳妇，我就知道坏了。（赵树理：《小二黑结婚》）。

2. 怎么才来就要走？（吕叔湘：《现代汉语八百词》用例）

3. 才初四，不算晚。（史锡尧1991年用例）

4. 我不在家，你半夜才回来，你干什么来着？（曹禺：《雷雨》）

5. 小王二十岁才独立生活。

6. 经他说明后，我才知道他的用意。（张斌：《现代汉语虚词词典》用例）

7. 事故发生了，他才感到后悔。（同上）

经历体兼表过去时的时间副词“曾、曾经”的具体语例

1. 我国北宋时代的著名科学家沈括，在他所著的《梦溪笔谈》一书中，记述了他当年考察太行山和浙江雁荡山时，都在山地的崖壁间发现了许多卵石和螺蚌壳化石，从而证明这些地方古时候曾被大海所淹没。（《中国儿童百科全书》）

2. 吴双曾经是校园诗人。尽管当前诗已死去，但他心中多少还残留着对女性的温爱。（池莉：《让梦穿越你的心》）

3. 我曾后悔，没有勇气把需要妈原谅的话说得更为具体。（张洁：《世界上最疼我的那个人去了》）

4. 我曾经问过邯郸的一位学者：你们邯郸到底出过多少成语典故？（《人民日报》1993年8月）

5. 特别是中国和印度的一些地方，从两千多万年至二三百万年前，曾经生活着长颈鹿的祖先，不过颈和腿没有现代那么长。（《中国儿童百科全书》）

未然体兼表将来时的时间副词“就、就要”的具体语例

一、表未然

1. 学校明天就开学。

2. 演出马上就开始了。
3. 抗战时期我们就认识了。

二、表已然

1. 他们即刻就动身去北京。
2. 抗战时期我们就认识了。
3. 李明到香港就1998年了。
4. 我们认识就九十年代了。
5. 手续一会儿就办好了。
6. 这个工程开工就两个月了。
7. 妈妈突然就拿起提包跑出去了。
8. 张建原来就住这儿。

高频时间副词的具体语例

1. ……，而西方发达国家的这一比重通常都高于20%。(《WTO与中国》)

2. 无论干什么，她老看见嫂子在房梁上挂着呢。(周小兵1999年用例)

高频副词"老、老是"的具体语例

1. 谢老问我，过雪山的准备工作做好了吗?(胡殷红：《谢觉哉与王定国》，见《作家文摘》(1996B))

2. 我也不会老洗机器，你什么时候开始?(《地球杀场》)

3. 冬天用电量大，农村用电量更大，线路老化，所以老断。(当代\\电视电影《武林外传》)

4. 十岁生日的那个梦里，给人写家书常常前言不搭后话，帮人写对联却老写错别字。(何顿：《鲁提辖的刀》，见《作家文摘》(1993B))

5. 她们老担心这件事。(文学作品《飘》)

6. 这些天来，我尽量推掉应酬，晚饭后老躺在书房内阅读。（梁凤仪：《豪门惊梦》）

7. 她说她爸爸爱下，她小时候老在旁边看：……（王朔：《过把瘾就死》）

8. 他上学时老在学校里吃饭。（季安锋，2000）

9. 你怎么老不会唱！（新凤霞：《和溥仪一起唱“鬼嚎歌”》，见《作家文摘》(1995A)）

10. 他平时老不干活。（季安锋，2000）

11. 老没见你。（王朔：《一点正经没有》）

12. 玫瑰紧紧吊在他颈项上，老是觉得不对劲，换了一个姿势，又换一个姿势……（张爱玲：《红玫瑰与白玫瑰》）

13. 她老是坐在你的床边编织绒线。（《读者》(合订本)）

14. 他只好躲进厕所小憩一下，不料客人等久了也来上厕所，见厕所老是关着，便轮番敲门。（《报刊精选》1994年9月）

15. 有孩子的房间，夜夜等着我们去为一双娇儿痴女念故事，并且盖他们老是踢掉的棉被。（《读者》(合订本)）

16. “明苑”的服务小姐和先生都很相熟，对于我不苟言笑地老是一个人在这里草草地吃饭，默默地吃饭……（潘虹：《潘虹独语》(连载之三)，见《作家文摘》(1995B)）

17. 她老是带着忧伤的调子，用了几乎是生气似的声音，瞪着她那陷进去了，昏黄的眼睛，说：……（叶紫：《鬼》）

18. 这天夜里，李自成在床上翻来覆去，老是不能入睡；有一次刚刚朦胧入睡，又忽然从极不愉快的梦中惊醒。（姚雪垠：《李自成》）

19. 因为现在的敌情越来越严重；斗争越来越残酷；环境越来越艰难；老是没有上级领导的依靠不行。（刘流：《烈火金刚》）

20. 如果弄得他们老是仰着脸求咱们，那不成了不孝之子吗！（《人民日报》1993年7月）

高频副词“总、总是”的具体语例

1. 农历每月29或30天，并且日期总反映月相，如初八上弦月，十五、十六满月等。（《中国儿童百科全书》）

2. 我教过小学、中学、大学，每次总觉得学生有的地方比我强。(《读书》第91卷)

3. 多年来，每当我担心的时候，总坐在打字机前，打下两个问题及其答案。(《人性的优点》)

4. 每逢民族节日或其他喜庆之日，爪哇人总是在卡美兰乐器敲击出的变化多端的节奏下跳起土风舞。(《中国儿童百科全书》)

5. 乡里人就总羡慕城里的人，羡慕人家有钱花，住的是楼房，吃的是大米白面，穿的……(《人民日报》1996年4月)

6. 长江总是湿漉漉的，湿得并不腻人。(《读者》(合订本))

7. 他的夫人于若木同志在中财委研究室工作，总是骑车上下班，从没见她搭乘过陈云同志的汽车。(《人民日报》1996年4月)

8. 我最近总在想这个问题。(《邓小平文选》第3卷)

9. 所以，我这几天来总是心神不安。(汤雄：《吴涌根掌勺毛家湾》，见《作家文摘》(1994B))

10. 你今天总是那么沉默寡言……(《尼尔斯骑鹅旅行记》)

11. ……，因为别人的铺垫总不如自己的创造。(《人民日报》1993年10月)

12. 这位来自革命老区的代表，每逢"两会"，总不忘解放军。(《人民日报》1994年1月)

13. 晚间回家，一个人总不知道他会发现家里发生什么事情；……(《胜利与悲剧》，见《第二次世界大战回忆录》第6卷)

14. 天上望去穿，海水总不干。(《报刊精选》1994年9月)

15. 他会——总是不考虑个人的生命风险——对未来的分期支付比对现在的支付更轻易地放弃吗？(《经济发展理论》)

16. 城门白昼总不关闭。(《圣经》(简体中文))

17. 两个偷儿盯上了一位中年妇女，几欲下手，总没有机会。(傅旗平：《孙大怪传奇》，见《作家文摘》(1996A))

18. 吃全猪的希望，至开掘的终止，总没有达到。(《报刊精选》1994年8月)

19. 不论是大伏暑天，或者数九寒冬，他总捧着书不放，有时候连吃饭喝水都忘了。(《中华上下五千年》)

20. 由于地球总是侧着身子环绕太阳旋转……(《中国儿童百科

全书》)

高频副词"通常"的具体语例

1. 他通常在学校单身宿舍睡午觉。(周小兵1994年用例)

2. 弗朗西丝卡通常坐在厨房看书——从温特塞特图书馆和她参加的图书俱乐部借来的书……(《廊桥遗梦》(连载之五),见《作家文摘》(1995A))

3. 通常一天喂4次,每次填料175—450克。(《中国儿童百科全书》)

4. 一位86岁高龄的老人,仍然不停地写呀写的,通常每天要工作6小时,你能想象吗?(《人民日报》1996年新闻4)

5. 通常一天就能完成,然后再进行整体调整。(《人民日报》1993年12月)

6. 通常为一年。(《现代汉语词典》)

7. 通常是由成年母鹿充当先行者。(《中国儿童百科全书》)

8. 通常情况下,第一道题难度适中,后面的题则根据考生答题情况给出。(《MBA宝典》)

9. 通常我们单位每星期四开碰头会。(《现代汉语八百词》用例)

中频副词"常、常常"的具体语例

1. 常常有人这样猜疑:这个老师是不是有道行?(《佛法修正心要》)

2. 栽培的咖啡因常常剪修,一般不会高过2米。(《中国儿童百科全书》)

3. 学符号,到3000多年前的商朝,刻在甲骨或陶器上的数字,已十分常见。(《中国儿童百科全书》)

4. 这里常常是雷声隆隆,狂风呼啸,天气状况十分恶劣。(《中国儿童百科全书》)

5. 街上的商铺,也常常遭到他们的抢掠。(《中华上下五千年》)

6. 我常常接到一些年轻作者寄来的作品,而且往往附有很诚恳

的信……（曾卓：《诗人的两翼》）

7. 协助毛泽东完成了著名的四渡赤水战役的指挥，他常亲临前线，指挥战斗，表现得镇定自若。（《中共十大元帅》）

8. 如在租息的支付上，常发生纠纷，有的甚至大动干戈。（《人民日报》1994 年 4 月）

9. 它们常在村落附近的园圃、竹林和小乔木间活动，性情活泼好动……（《中国儿童百科全书》）

10. 他们还常坐汽车和骑马出去游玩。（文学作品《天才》）

11. 晚年的查宾常常戴着林肯的帽子，围着林肯的围巾，留着林肯的胡须……（佳山：《银幕上的林肯》，见《作家文摘》（1993B））

中频副词“往往、每每”的具体语例

1. 在这方面不同的人往往具有不同的特点。（《中国儿童百科全书》）

2. 在动物界里，往往是强者为王。（《中国儿童百科全书》）

3. 他们往往在应聘时对职位和薪水的要求非常高，但是却忽视了自己是否有能力……（《MBA 宝典》）

4. ……，外资往往对有发展潜力的企业直接参股，这种私募已成为一种比较流行的方式。（《WTO 与中国》）

5. 往往小说了却人物的悲欢离合，这些人物在现实中的命运并未结束。（寿永明 2002 年用例）

6. 戴高乐的人事政策往往难于了解。（《读者》（合订本））

7. 我做事太心急，往往没全面考虑周到就发表意见，定出办法。（老舍：《西望长安》）

8. 往往已经来不及了。（《 哈佛经理弊病诊治》

9. 我还认为，做这样的具体的小事，每每是会遭到轻蔑或嘲讽的。（《报刊精选》1994 年 2 月）

10. 在医院里每每坐到桌前吃饭的时候，她的身子要紧贴着桌子……（张洁：《世界上最疼我的那个人去了》）

11. 每每收到小红莲亲人的信，张培英总是悄悄收起，所以行里的人谁也不知此事。（闫星华、孙现富：《寻找“金穗”》，见《作家文

摘》(1996B))

12. 那之后，健美热此起彼伏，健康城每每爆满。(《人民日报》1993年7月)

13. 面对这种情形，正直的批评家焦虑而又无奈，他们每每回忆着前些年批评界出现的浓厚的理论建设的风气，重学术轻人情，应酬文章奇迹般地降至最低点。(《人民日报》1994年1月)

14. ……，请他去讲学、演出，但又与本单位的日程发生冲突时，他又总是每每服从了本单位的整体安排。(《人民日报》1993年1月)

低频副词“有时”的具体语例

1. 有时怀念日耳曼乡间啤酒节，或中关村、海淀一带的小饭铺。(《读书》第97卷)

2. 在此之前，他一下岗总要便血三四次，有时蹲厕所半小时才能出来。(《人民日报》1994年2月)

3. 我做这篇论文的时候，有时研究经济学和德国的社会民主主义。(《我的哲学的发展》)

4. 所谓易生变化，就是说，它可以有不同的偶性，例如有时运动、有时静止；对我们的感官说来有时热、有时冷；……(《利维坦》)

5. 夜很深了，老太太还有时敲敲我的门：……(《读者》(合订本))

6. 可能他有时离开英国，有时回来探听消息。(《福尔摩斯探案集》(五))

7. 他们有时跪着，有时跳着，口中念着、唱着。(《报刊精选》1994年4月)

8. 从她的眼睛里，我有时接到她的脉脉含情的流盼。(《威尼斯商人》)

9. 另一家餐馆门口的铁笼子里，有时关着一对乌脚白鸡，有时盘着一条金环蛇。(《读书》第175卷)

10. 这种在游戏中的伙伴需要有时超过了需要母亲或玩具。(方富熹、方格:《儿童的心理世界——论儿童的心理发展与教育》)

11. 接过了话茬：说实话，粮棉油价一年一个行情，住在山里的庄稼人有时不知道种什么赚钱。（《人民日报》1993年11月）

12. 他们认为，搞改革，图发展，不可能也没必要太清廉了，有时不搞点请客送礼之类的“公关活动”，就办不成事……（《人民日报》1995年6月）

13. 我不愿吹灭我的蜡，让它深夜还点在床前，它有时不动，……（徐鲁：《文坛“三剑客”：袁水拍 徐迟 冯亦代》，见《作家文摘》（1997C））

低频副词“偶尔”的具体语例

1. 解放后在北京，她们不在一个单位，不过偶尔在公众场合见过几面而已。（尹骐：《关露之死》（下），见《作家文摘》（1994B））

2. 比如，刚才说到两个月左右的婴儿趋向于注意形状，但如果当孩子偶尔对颜色表现出注意时，母亲立刻对他温柔地抚摸……（方富熹、方格：《儿童的心理世界——论儿童的心理发展与教育》，见《儿童心理》）

3. 偶或，他也让我提些问题，然后，通过解答，亲切慈祥地给我讲点历史……（叶永烈：《“文革”的“舆论总管”》，见《作家文摘》（1994B））

4. 偶或两边可以兼顾，当然皆大欢喜，对编辑说来简直像捡到金元宝一般。（《读书》第93卷）

5. 在欧洲的电影资料馆或旧货市场上，我们今天还可偶尔发现塞纳特非常成功的作品。（《世界电影史》）

6. 有些农民几十年围着田头、屋头转，偶尔赶几趟集也是为换油、盐……（《报刊精选》1994年11月）

7. 最近，偶读《东周列国志》，其中“子文循法不徇私情”一节……（《人民日报》1995年3月）

8. 一年里，也偶或套到一两只懵懂的狐狸，祖父会狞笑着，给它活扒皮。（《读者》（合订本））

9. 当时认为是资产阶级的作品，现在偶或可以在书店或旧书摊上买到。（《读书》第136卷）

10. 他自认为家庭生活对他十分珍贵，但又认为他偶尔不回家吃晚饭也是可以的。（《嘉莉妹妹》）

11. 过从日密，偶不见，则互相趋……（《读书》第45卷）

12. 偶不解：干吗动手？（《看完没笑?! 你绝对够狠!》）

表次序的时间副词“随即、随后”的具体语例

1. 以前的经济时代都有长期的稳定，随后有短期的行业震动的变革。（《未来时速》）

2. 蜂王在晴朗的日子飞出时，成百的雄蜂随后追逐。（《中国儿童百科全书》）

3. 几大班子成员随后展开了热烈的讨论。（《中国农民调查》）

4. 随即开门进去，只见满地柴草麦秸，原来这是个放草的窑洞。（马峰：《吕梁英雄传》）

5. 为抗战爆发而奔走呼号，一度上当被拉进国民党的反动学生组织，但随即认出了那种人的特务面貌而脱离。（《读书》第6卷）

6. 下颌骨完全性、粉碎性骨折，颈部动脉、静脉及周围组织严重破损，随即死亡。（《司法案例》）

7. 坦尼斯随后发现自己其实也不大清楚自己究竟身在何处。（《龙枪编年史》（二））

8. 随着流水作业线的出现，以及第一次世界大战大量的军需后勤服务和当时及以后迅速发展起来的公共服务业的来临，随即为大量接受理性主义意识形态作了准备。（《哈佛经理的谋略》）

9. 小香玉听后开心一笑，随即认认真真地告诉对方……（《人民日报》1993年1月）

10. 在电动扶梯近旁，待我们走近，它便友好地伸过右臂，与我们握手，随即在它胸部的荧光屏上显示出你的握力。（《人民日报》1993年1月）

11. 随后又在全国经济会议上明确提出……（《中国农民调查》）

12. 在摩苏尔附近飞行时发现被伊军一组萨姆—3防空导弹的雷达跟踪，随后向这个雷达发射了两枚导弹，但未击中目标。（《人民日报》1993年1月）

13. 随后又质问蚌埠市委书记方一本……（《中国农民调查》）

14. 随即鱼儿上钩，这吃甜头的人才还没来得及做太多考虑便签了合同，担任销售经理。（《哈佛经理谈判能力与技巧》）

15. 随后，马晓东携带手提箱回到上海，先后3次从银行支取郭长浩的存款1.9万元。（《司法案例》）

16. 早在1958年，禹作敏就入了党，随后又担任了几十年的村干部。（《人民日报》1993年8月）

17. 领导同志批示后，公安部交通管理局和交通部体改法规司的负责同志随即于8月20日组成暗查小组对电报中反映的问题进行了实地核查。（《人民日报》1994年4月）

18. 随即不省人事。（熊能、赵进一：《生死恨》，见《作家文摘》(1997B)）

19. 阿晓按了一下车上收音机的按钮，《幻想交响曲》的前几章随即打破了我们沉寂的气氛。（《日常生活的冒险》）

20. 凯里先生在菲利普额上亲了一下，随即离开了。（《人性的枷锁》）

21. ……，随后又打垮了东北军白凤翔的骑兵团。（《中共十大元帅》）

22. 当一线股的价格炒高之后，二级股随后跟上，因为他们业绩也不差，既然一线已经价格很高了，……（《股市宝典》）

23. 但是他还是老老实实地接了过来，把那些东西放在床上，自己也随后坐在了床上。（王小波：《未来世界》）

表重复的时间副词（“还、又、再”）的具体语例

1. 因家里生活不宽裕，这次还是借钱来看病的。（《人民日报》1995年10月）

2. 而今，刘莹还后悔当时自己没有设法给在延安的王实味写信，哪怕报个平安也好。（黄昌勇：《楚汉狂人王实味》(3)，见《作家文摘》(1996B)）

3. 如今，张老已届87岁高龄，每天还工作四至六个小时，为化工研究院翻译各种资料。（《人民日报》1996年1月）

4. 要是人能有下辈子，我左树声，还踢球……（《读者》（合订本））

5. 这一部分又有三种题型：语法改错、逻辑、阅读。（《MBA 宝典》）

6. 她低俯着头，眼眶又湿了。（琼瑶：《聚散两依依》）

7. 忽然听到雪地上有一阵轻微的脚步声向这边走了过来，于是他立刻又躺下。（古龙：《小李飞刀》）

8. 她们问他是谁写的，他又回答道……（欧阳山：《三家巷》）

9. 一段长时间下乡，运动，又下乡，又运动，见面的机会少了。（《读书》第 50 卷）

10. 祖没有体会大师的开示，又关起门来坐禅。（《佛法概要》）

11. 她拣石子在手上玩，他拿脚在沙上踢出一个坑，又踢出一个坑。（孙见喜：《贾平凹的情感历程》(1)，见《作家文摘》(1995B)）

12. 请再思考一下——那结实的夏威夷木制的盒子。（《没有钥匙的房间》）

13. 他只好晚上打开铺盖睡觉，白天再捆上；自己用一个小煤油炉煮点饭吃，吃完将炉和碗装进网兜里……（池莉：《你是一条河》）

14. 砍了一刀的龙骑兵想再砍一刀。（《战争与和平》）

15. 而且，胜了之后，他还要抱着腿再蹦跶几下，证明他还有体力。（庞泽云：《刘兆林印象》，见《作家文摘》(1996A)）

16. 可是大军刚出发，王振又后悔了，怕毁坏自己田里的庄稼，于是又下令从原路折回。（《中国儿童百科全书》）

17. 孙老元又咳嗽一阵。（刘震云：《故乡天下黄花》）

18. 他越打越起劲，去了一百天还没有回家。（《中华上下五千年》）

19. 没有再去屯留，是我终生的遗憾。（《人民日报》1995 年 5 月）

20. 门又锁上了。（《呼啸山庄》）

21. 思念未定，谷主第三刀又砍了过来。（金庸：《神雕侠侣》）

22. 但是他又惊讶了，小店不知什么时候已改成了卖新潮用品的百货店，收录机、冰箱……（中杰英：《怪摊》，见《佳作》2）

23. 说着，她眼圈又红了。（《人民日报》1995 年 7 月）

24. 那男人半信半疑地又站了好一会才走掉。（杨继光、崔晓：《失足女孩与退休教师的“父女”情》，见《作家文摘》（1997B））

25. 沈力就这样又工作了八年，创造了一个端庄、文雅、大方、诚挚的电视屏幕形象。（徐敏：《新中国荧屏的第一女性》，见《作家文摘》（1995B））

26. 于是，一些人刚上车又跳了下来。（《人民日报》1993 年 1 月）

参考文献

Alexiadou, A. , "Adverbs across Frameworks", *Lingua*, Vol. 114, 2004, pp. 677—682.

Antony Galton, *The logic of Aspect*, Oxford: Clarendon Press, 1984.

Calson, G. , "Aspects and Quantification", *Syntax and Semantics*, Vol. 14, 1981, pp. 31—64.

Chomsky, N. , *Syntactic Structure*, The Hague: Mouton, Publshers, 1957.

Chomsky, N. *The Minimalist Program*, Cambridge, Mass: **MIT** Press, 1995.

Chomsky, N. , *The New Horizons in the Study of Language and Mind*, Cambridge: Cambridge University Press, 1999.

Cinque, G. , "Issues in Adverbial Syntax", *Lingua*, Vol. 114, 2004, pp. 683—710.

Cresswell, M. J. , *Adverbial Modification*, Boston: D. Reidel Publishing Company, 1985.

Cresswell, M. J. , "Adverbs of Space and Time", *Formal Semantics and Pragmatics for Natural Language*, Spinger Netherlands, Vol. 4, 1978, pp. 171—199.

Dowty, David, *Word Meaning and Montague Grammar*, Dordrecht: Reidel Publishing Company, 1979.

Dowty David, The role of situations and presuppositions in restricting adverbial quantification, Doctoral Dissertation of the university of Rochester, 2004.

Ernst, T. , "On the Role of Semantics in a Theory of Adverb Syntax", *Lingua*, Vol. 117, 2007, pp. 1008—1033.

Fox, C. , S Lappin, "A Higher-Order, Fine-Grained Intensional Logic". In G. Alberti, K. Balough, and P. Dekker, eds. , *Proceedings of the Seventh Symposium for Logic and Language*, 2002, pp. 37—46.

Fred Landman, Frank Veltman, *Variaties of Formal Semantics*, Dordrecht: Pubilcations, 1984.

Gallin, *Intentional and Higher-order Modal Logic*, Amsterdam: North Holland, 1975.

Gennaro Chierchia, Sally McConnell-Ginet, *Meaning and Grammar* (*An introduction to se-*

mantic), Cambridge, Mass: MIT Press, 2000.

Huang, C－T., James, *Logical Relations in Chinese and the Theory of Grammar*, New York: Garland, 1998.

Johan Van Benthem, *The Logic of Time*, Dordrecht: Reidel Publishing Company, 1983.

Johan Van Benthem, *Essays in Logical Semantics*, Dorolrecht: Reidel Publishing Company, 1986.

John E. Clifford, *Tense and Tense Logic*, The Hagae: Mouton Publishers, 1975.

L. T. F. Gamut, *Logic*, *Language and Meaning* (Volume Ⅰ & Volume Ⅱ), Chicago: The University of Chicago Press, 1991.

Mourelatos, A., "Events, Processes and States", *Language and Philosophy* Vol. 2, 1978, pp. 415－434.

Parsons, T., *Events in Semantics of English: A Study in Subatomic Semantics*, Cambridge, Mass: MIT Press, 1990.

Partee, B., "Montague Grammar and Transformational Grammar", *Linguistic Inquiry*, Vol. 6, 1975, pp. 203－300.

Susan Rothstein, *Events and Grammar*, Dorelrecht: The Nether land: Kluwer Academic Publishers, 1998.

Toshiyuki Ogihara, *Tense*, *Attitudes and Scope*, Kluwer Academic Publishers, 1996.

Travis, Lisa, "The Syntax of Adverbs", *McGill Working Papers in Linguistics*, 1988, pp. 281－310.

曹凤霞：《时间副词“曾经”和“已经”》，《中山大学研究生学刊》（社会科学版）2002年第2期。

曹凤霞：《时间副词“曾经”“已经”的时态用法》，《松辽学刊》（人文社科版）2002年第6期。

曹凤霞：《副词“曾经”和“已经”的语法意义及其他》，《学术交流》2003年第11期。

陈平：《论现代汉语时间系统的三元结构》，《中国语文》1988年第6期。

陈立民：《汉语的时态和时态成分》，《语言研究》2002年第3期。

陈立民：《也说“就”和“才”》，《当代语言学》2005年第1期。

陈小荷：《主观量问题初探——兼谈副词“就”、“才”、“都”》，《世界汉语教学》1994年第4期。

陈月明：《时间副词“在”与“着$_1$”》，《汉语学习》1999年第4期。

储泽祥、刘街生：《“细节显现”与“副＋名”》，《语文建设》1997年第6期。

戴耀晶：《现代汉语时体系统研究》，浙江教育出版社1997年版。

邓守信：《汉语动词的时间结构》，见《第一届国际汉语教学讨论会论文选》，北京语言学院出版社 1986 年版。
邓小宁：《“一直”和“一向”的多角度分析》，《汉语学习》2002 年第 6 期。
董付兰：《“毕竟”的语义语用研究》，《首都师范大学学报》（哲学社会科学版）2002 年第 3 期。
方立：《逻辑语义学》，北京语言文化大学出版社 2000 年版。
冯成林：《试论汉语时间副词和时间名词的划分标准——从“刚才”和“刚”“刚刚”的词性谈起》，《陕西师范大学学报》（哲学社会科学版）1981 年第 3 期。
冯成林：《再论关于汉语时间名词和时间副词的问题》，《陕西师范大学学报》（哲学社会科学版）1986 年第 3 期。
付义琴、赵家栋：《从明代小说中的“正”、“在”看时间副词“正在”的来源》，《中国语文》2007 年第 3 期。
龚千炎：《谈现代汉语的时制表示和时态表达系统》，《中国语文》1991 年第 4 期。
龚千炎：《现代汉语的时间系统》，《世界汉语教学》1994 年第 1 期。
龚千炎：《汉语的时相时制时态》，商务印书馆 1995 年版。
关键：《“一直”“总”“老”的比较研究》，《汉语学习》2002 年第 3 期。
郭锐：《现代汉语词类研究》，商务印书馆 2002 年版。
郭春贵：《时间副词“已经”和“都”的异同》，《世界汉语教学》1997 年第 2 期。
郭风岚：《论副词“在”与“正”的语义特征》，《语言教学与研究》1998 年第 2 期。
郭志良：《时间副词“正”“正在”和“在”的分布情况》，《世界汉语教学》1991 年第 3 期。
郭志良：《时间副词“正”“正在”和“在”的分布情况（续）》，《世界汉语教学》1992 年第 2 期。
胡建刚：《副词“刚”的语义参数模式和语义发展脉络》，《语言教学与研究》2007 年第 5 期。
胡树鲜：《“还”、“也”、“又”的语言环境》，《河北师院学报》1988 年第 2 期。
胡孝斌：《说“还是”》，《语言教学与研究》1997 年第 4 期。
胡裕树：《现代汉语》，上海教育出版社 1962 年版。
胡正微：《语法场与语法意义——兼论“已经”和“曾经”的语法意义》，《语言科学》2005 年第 3 期。
黄河：《常见副词共现时的顺序》，北京大学出版社 1990 年版。
黄华新：《逻辑与自然语言理解》，吉林人民出版社 2000 年版。
黄华新、陈宗明：《符号学导论》，河南人民出版社 2004 年版。
黄华新、张则幸：《逻辑学导论》，浙江大学出版社 2005 年版。
黄自然：《汉语时制问题研究述评》，《现代语文》2007 年版。
季安锋：《时间副词“老”的意义》，《汉语学习》2000 年第 5 期。

贾改琴、邹崇理：《形式语义学和汉语语义研究》，《贵州社会科学》2009年第8期。
贾改琴：《形容词性谓语句的逻辑语义分析》，《重庆理工大学学报》2011年第5期。
贾改琴：《述补谓语句的形式语义分析》，《重庆理工大学学报》2013年第5期。
贾彦德：《汉语语义学》，北京大学出版社1999年版。
蒋琪、金立鑫：《"再"与"还"重复义的比较研究》，《中国语文》1997年第3期。
蒋严、潘海华：《形式语义学引论》，中国社会科学出版社1998年版。
金昌吉、张小荫：《现代汉语时体研究述评》，《汉语学习》1998年第4期。
靳光瑾：《现代汉语动词词义计算理论》，北京大学出版社2001年版。
黎锦熙：《新著国语文法》，商务印书馆1992年版。
李泉：《副词和副词再分类》，见《词类问题考察》，北京语言学院出版社1996年版。
李泉：《汉语语法考察与分析》，北京语言文化大学出版社2001年版。
李敬国：《句主前时间副词特点分析》，《社科纵横》1998年第5期。
李临定：《现代汉语动词》，中国社会科学出版社1990年版。
李少华：《现代汉语时间副词的分类描写》，《贵州师专学报》（社会科学版）1996年第4期。
李铁根：《"了、着、过"呈现相对时功能的几种用法》，《汉语学习》1999年第2期。
李向农：《现代汉语时点时段研究》，华中师范大学出版社2003年版。
刘靖：《时间副词"一直"与"总"的语义分析》，《广东海洋大学学报》2008年第2期。
刘建华：《副词"还、也、又、再"的重复义研究》，硕士学位论文，延边大学，2007年。
刘鑫民：《现代汉语句子生成问题研究——一个以语序为样本的探索》，华东师范大学出版社2004年版。
刘月华：《状语的分类和多项状语的顺序》，《语法研究和探索》（一），北京大学出版社1983年版。
刘月华：《实用现代汉语语法》，外语教学与研究出版社1983年版。
卢福波：《汉语名词功能转换的可能性及语义特点》，《逻辑与语言学习》1992年第6期。
卢英顺：《语义指向研究漫谈》，《世界汉语教学》1995年第3期。
陆俭明：《关于语义指向分析》，黄正德主编《中国语言学论丛》第1辑，北京语言大学出版社1997年版。
陆俭明、马真：《现代汉语虚词散论》，语文出版社1999年版。
吕叔湘：《现代汉语八百词》（增订本），商务印书馆2005年版。
吕叔湘：《中国文法要略》，商务印书馆1982年版。
马真：《关于表重复的副词"又"、"再"、"还"》，《语法研究和探索》（十），商务印书馆2000年版。

马真：《“已经”和“曾经”的语法意义》，《语言科学》2003 年第 1 期。
马真：《现代汉语虚词研究方法论》，商务印书馆 2004 年版。
马庆株：《时量宾语和动词的类》，《中国语文》1981 年第 2 期。
马庆株：《略谈汉语动词时体研究的思路——兼论语法分类研究中的对立原则》，《语法研究和探索》2000 年。
倪重阳：《副词做定语的用法考察》，《信阳师范学院学报》（哲学社会科学版）2007 年第 2 期。
聂建军、尚秀妍：《说“刚”和“刚才”》，《汉语学习》1998 年第 2 期。
彭湃：《“每每”与“往往”、“常常”》，《成都大学学报》2004 年第 2 期。
彭湃、彭爽：《“每每”与“往往”、“常常”》，《成都大学学报》（社会科学版）2004 年第 2 期。
浦喜明：《副词“再”、“又”的语用意义分析》，《陕西师范大学学报》1993 年第 3 期。
钱乃荣：《现代汉语》，高等教育出版社 1990 年版。
邵敬敏：《副词在句法结构中的语义指向初探》，见《汉语论丛》（一），华东师范大学出版社 1990 年版。
邵敬敏：《汉语语法的立体研究》，商务印书馆 2000 年版。
邵敬敏：《“语义语法”说略》，《暨南学报》（人文科学与社会科学版）2004 年第 1 期。
沈家煊：《有界与无界》，《中国语文》1995 年第 5 期。
沈家煊：《语法研究的分析和综合》，《外语教学与研究》1999 年第 2 期。
沈家煊：《跟副词“还”有关的两个句式》，《中国语文》2001 年第 6 期。
沈开木：《论“语义指向”》，《华南师范大学学报》（社会科学版）1996 年第 1 期。
施关淦：《试论时间副词“就”》，见《语法研究与探索》（四），北京大学出版社 1998 年版。
史金生：《时间副词“就、再、才”的语义语法分析》，《逻辑与语言学习》1993 年第 3 期。
史金生：《现代汉语副词的语义功能研究》，博士学位论文，南开大学，2002 年。
史锡尧：《副词“又”的语义及其网络系统》，《语言教学与研究》1990 年第 4 期。
史锡尧：《副词“才”与“都”、“就”语义的对立和配合》，《世界汉语教学》1991 年第 1 期。
寿永明：《“常常”与“往往”的语义语法特征》，《浙江师范大学学报》（社会科学版）2002 年第 2 期。
税昌锡：《汉语语义指向论稿》，东北师范大学出版社 2005 年版。
宋春阳：《面向信息处理的现代汉语“名＋名”逻辑语义研究》，学林出版社 2005 年版。
孙占林：《也谈“刚＋V＋M”和“刚才＋V＋M”》，《蒙自师专学报》1992 年第 3 期。

王力：《中国现代语法》，商务印书馆 1985 年版。
王群：《现代汉语“才”和“就”时间表达的比较研究》，《语言教学研究》2006 年第 3 期。
王志：《时间副词“正”的两个位置》，《中国语文》1998 年第 2 期。
王红斌：《后时时间副词作状语的事件句和非事件句》，《山西师范大学学报》2004 年第 2 期。
王文娟：《“曾经＋的＋NP”浅析》，《江西教育学院学报》（社会科学版）2005 年第 5 期。
卫斓、朱俐：《试谈“才、就、V 到”的语用条件及教学》，《首都师范大学学报》（哲学社会科学版）增刊 2000 年。
吴平：《句式语义的形式分析与计算》，北京大学出版社 2007 年版。
吴平、靳慧玲：《评 Parsons 的亚原子语义学》，《河北大学学报》（哲学社会科学版）2008 年第 4 期。
吴春相、丁淑娟：《现代汉语频率副词的层级和语义研究》，《汉语学习》2005 年第 6 期。
吴春相：《现代汉语时量范畴研究》，上海师范大学博士学位论文，2006 年 2 月。
吴中伟：《论副词“再”的“推延”义——兼论加强对汉语副词的语用研究》，《世界汉语教学》1997 年第 3 期。
肖奚强：《面向中文信息处理的现代汉语副词研究》，博士学位论文，上海师范大学，2001 年。
肖奚强：《“正（在）”“在”与“着”功能比较研究》，《第七届国际汉语教学讨论会论文选》2002 年。
邢福义：《关于副词修饰名词》，《中国语文》1962 年第 5 期。
邢福义、丁力等：《时间词“刚刚”的多角度考察》，《中国语文》1990 年第 1 期。
徐烈炯：《生成语法理论》，上海外语教育出版社 1988 年版。
徐烈炯：《语义学》（修订本），语文出版社 1995 年版。
杨平：《副词“正”的语法意义》，《世界汉语教学》2000 年第 2 期。
杨荣祥：《近代汉语副词研究》，商务印书馆 2005 年版。
杨淑璋：《关于“还”和“再”的区别》，《语言教学与研究》1985 年第 3 期。
杨同用、徐德宽：《汉语篇章中的时间表现形式研究》，语文出版社 2007 年版。
于根元：《副＋名》，《语言建设》1991 年第 1 期。
于思远：《“永远”超常运用新探》，《山东工业大学学报》2002 年第 4 期。
袁毓林：《词类范畴的家族相似性》，《中国社会科学》1995 年第 1 期。
张斌（主编）：《现代汉语虚词词典》，商务印书馆 2001 年版。
张斌、范开泰：《现代汉语虚词研究综述》，安徽教育出版社 2002 年版。

张静：《试论副词的范围》，《中国语文》1961 年第 8 期。
张济聊：《论现代汉语的时制与体结构》（上、下），《语文研究》1998 年第 3— 4 期。
张邱林：《副词“刚刚”语用上的节律制约》，《修辞学习》2000 年第 3 期。
张亚军：《副词与限定描状功能》，安徽教育出版社 2002 年版。
张亚军：《时间副词“正”、“正在”、“在”及其虚化过程考察》，《上海师范大学学报》（哲学社会科学版）2002 年第 1 期。
张言军：《现代汉语时间副词研究》，硕士学位论文，四川大学，2006 年。
张谊生：《现代汉语副词“才”的句式和搭配》，《汉语学习》1996 年第 3 期。
张谊生：《现代汉语副词“才”的共时比较》，《上海师范大学学报》1999 年第 3 期。
张谊生：《现代汉语副词研究》，学林出版社 2000 年版。
张谊生：《“正（在）”、“在”与“着”功能比较研究》，《语言研究》2002 年第 4 期。
张谊生：《从“曾经”的功能扩展看汉语副词的多功能性》，《汉语学习》2003 年第 5 期。
张谊生：《现代汉语副词探索》，学林出版社 2004 年版。
赵恩芳：《谈“时间副词”和“时间名词”》，《中国成人教育》1998 年第 7 期。
周礼全等：《逻辑一正确思维和有效交际的理论》，人民出版社 1994 年版。
周丽颖：《关于时间副词做定语的合理性》，《汉语文化》2007 年第 2 期。
周小兵：《“刚＋V＋M”和“刚才＋V＋M”》，《中国语文》1987 年第 1 期。
周小兵：《“常常”和“通常”》，《语言教学与研究》1994 年第 4 期。
周小兵：《频率副词的划类与使用规则》，《华东师范大学学报》（哲学社会科学版）1999 年第 4 期。
周晓冰：《充当状语的“刚”和“刚才”》，《汉语学习》1993 年第 1 期。
邹崇理：《〈逻辑，语言和意义〉述评》，《国外语言学》1995 年第 2 期。
邹崇理：《逻辑、语言和蒙太格语法》，社会科学文献出版社 1995 年版。
邹崇理：《情景语义学》，《哲学研究》1996 年第 7 期。
邹崇理：《自然语言逻辑研究》，北京大学出版社 2000 年版。
邹崇理：《刻画量化结构及其推理的汉语部分语句系统》，《西南师范大学学报》（社会科学版）2003 年第 3 期。
邹崇理：《范畴类型逻辑》，中国社会科学出版社 2008 年版。
邹海清：《频率副词的范围和类别》，《世界汉语教学》2006 年第 3 期。
邹韶华：《名词性状特征的外化问题》，《语文建设》1990 年第 2 期。

后　记

本书是在我的博士论文《现代汉语时间副词的形式语义研究》的基础上修改而成的，也是浙江省哲学社会科学规划课题后期资助项目的最终研究成果。论文付梓成册之时，心中满是感激。

2005年金秋送爽之际，恩师黄华新教授不嫌愚钝，赐我以攻读博士学位的机会，实三生之幸！求学期间，黄老师悉心指导我的各个方面：学术上，黄老师宽广的学术视野、严谨的治学精神、谦和的处世风格、豁达的人生态度……，让我受益匪浅；生活中，黄老师亲切、宽厚、无私，对学生的关心如和风细雨般滋润，使我真正感悟到人间的美好真情。难以忘怀，老师在论文写作中的悉心指导；难以忘怀，老师在经济上的慷慨资助；难以忘怀，老师在做人方面的人生教诲。虚怀若谷、睿智创新、博学多识的恩师将是我永远学习的榜样！毕业以后的六年时间里，黄老师也一直关心着我的生活、工作、科研等各个方面，无时不刻地给我悉心指导。在此，特向关心和帮助我的恩师致以崇高的敬意和诚挚的感谢！

很有幸在读博期间结识了中国社科院邹崇理研究员并得到了尊师的悉心指导。邹老师可以说是我的第二导师，他治学严谨，才识渊博，要求严格，……，这一切给我留下了深刻的印象。忘不了多次与邹老师讨论汉语词汇和句法问题的情景，忘不了邹老师为我们耐心讲解形式语义学课程的情景，也忘不了邹老师一遍遍耐心及时地为我修改小论文和博士论文的情景，……。在此，特向尊师表示衷心的感谢！

还要特别感谢我的博士后合作导师金立教授。金老师学识精湛、年轻漂亮、才华横溢、思维敏捷……，是我崇拜的偶像，也是我奋斗的方向。在读博期间，金老师带领着我们成立了语言逻辑讨论小组，提出了汉语句子的逻辑分析这一研究方向，也引领着我找到了语言逻辑的研究方法。本书的选题到成稿都受益于一次次思维的碰撞。博士后研究期间，金老师也对我的论文在各个方面给出了详细的指导，尤其是在书写浙江省哲学社会科学规划课题申报书时，金老师整整一下午在办公室陪我修改。人生路上遇到这样一位美丽睿智的老师实属不易。

使我受益终生的还有两位可亲可敬的长辈、德高望重的国内知名学者王维贤教授和陈宗明教授。

进入耄耋之年的王先生仍然思维敏捷，逻辑清晰，关注前沿，与时俱进。先生用他一生对学术的执着追求感动和影响着我们。不幸的是，王先生于 2009 年 8 月永远离开了我们，他的离去使我深感惋惜和心痛！

古稀之年的陈老师，依然保持着一颗年轻不老的心。他博古通今、知识渊博、笔耕不辍、敏锐多产，一本又一本的学术著作，一首又一首的绝妙诗词，在他飞快的键盘敲击中诞生。这本博士论文的完成也离不开陈老师的指点和帮助。陈老师的踏实勤勉不时地鞭笞着我懒惰的灵魂，陈老师崇高的学术精神不时地洗礼着我急功近利的思想。在此，谨祝陈老师及师母马老师健康长寿，永远快乐！

感谢浙江外国语学院的徐颂列教授。徐老师在百忙中抽空辅导我的论文，提出了很多极有帮助的修改意见，甚至帮我纠正别字，漏字和衍文，给了我很大的帮助。

也要特别感谢我的硕士导师唐晓嘉教授。唐老师带我走进了逻辑学领域，带领我走上了科学研究的道路；也是有了唐老师的鼓励，我才有了今天的成就！

为了读博、科研和工作，我挪用了与家庭共享的时间；为了完成书稿，我缩减了与女儿一起的快乐。在此，我要感谢为我操心、为我付出、为我解忧并为我骄傲的先生和女儿。先生的理解和支持为原本曲折的写作之旅增添了休息的驿站，女儿的懂事可人给了我无尽的爱，伴随女儿的成长，我的科研之旅不再孤单。

深深感谢含辛茹苦的父母和我的姐姐弟弟，是他们的鼎力支持，是他们的巨大鼓励，才使我有了今天的成果。这是我的处女作，我要把它献给深爱我并为我深爱的父母！

最后还要感谢中国社会科学出版社的宫京蕾女士和本书的责任校对等其他工作人员，他们为本书的顺利出版付出了辛勤的劳动，在此对他们表示诚挚的谢意！

作　者

2016 年 3 月于杭州